Gott gebe Wachstum

Gott gebe Wachstum

Historische und systematische Studien zur protestantischen Wirtschaftsethik nach Max Weber

Herausgegeben von Georg Neugebauer,
Constantin Plaul und Florian Priesemuth

DE GRUYTER

ISBN 978-3-11-070556-0
e-ISBN (PDF) 978-3-11-070561-4
e-ISBN (EPUB) 978-3-11-070565-2

Library of Congress Control Number: 2021936773

Bibliografische Information der Deutschen Nationalbibliothek
Die Deutsche Nationalbibliothek verzeichnet diese Publikation in der Deutschen Nationalbibliografie; detaillierte bibliografische Daten sind im Internet über http://dnb.dnb.de abrufbar.

Umschlagabbildung: Evangelisch Reformierte Kirche zu Leipzig. Foto: Georg Neugebauer
Druck und Bindung: CPI books GmbH, Leck

www.degruyter.com

Inhalt

Einleitung

Der auf dem Umschlag dieses Bandes abgebildete Schriftzug *Deus det incrementum* befindet sich am Giebel der Reformierten Kirche in Leipzig. Sie erhielt ihre jetzige, imposante Gestalt am Ende des 19. Jahrhunderts und seither können Besucher und Passanten – wenn sie denn darauf achten – diese Worte lesen. Der Wahlspruch prangt aber nicht nur am Kirchengebäude, er ist auch Teil des Gemeindesigels. Dort umrandet er einen Baumstumpf, der neue Zweige treibt. Das Sigel deutet auf die Flucht der Hugenotten aus Frankreich und auf ihren Wunsch hin, in der neuen Heimat neues, gottgeschenktes Wachstum zu erlangen. Es greift damit die dramatische Entstehungsgeschichte der reformierten Gemeinde in Leipzig auf. Die festgehaltene Hoffnung darauf, dass Gott Wachstum geben möge – ein Motiv, das den Briefen des Apostels Paulus entlehnt ist (1 Kor 3,6) –, hat demnach einen ganz konkreten frömmigkeitsgeschichtlichen Ort.

Der Wahlspruch vermag aber bei manchem seiner Leser zugleich eine Assoziation zu wecken, die mit den angedeuteten historischen Hintergründen nichts zu tun hat. Diese Assoziation erweitert den Bereich der reformierten Frömmigkeit um den des wirtschaftlichen Handelns und verbindet beide miteinander. Das besagte Wachstum bezieht sich dann nicht nur auf den ideellen Wert des Glaubens, sondern auch auf materielle ökonomische Werte. Diese Assoziation ist nun keineswegs willkürlich, sondern kann als weit verbreitet angesehen werden. Sie ist in der Meinung begründet, dass die Entstehung des modernen Kapitalismus in einem kausalen Verhältnis zur reformierten Frömmigkeit steht.

Dass Frappierende und auch Irritierende an dieser Assoziation besteht darin, dass es sie vermutlich nicht gäbe, wenn sie nicht so wirkmächtig durch die Arbeit eines Nationalökonomen verbreitet und – was auch dazu gehört – wenn sie nicht so bereitwillig für bare Münze genommen worden wäre. Die Rede ist natürlich von Max Weber (1864–1920), der durch seine berühmteste Studie *Die protestantische Ethik und der „Geist" des Kapitalismus* (1904/1905) den fruchtbarsten Nährboden für jene Assoziation gelegt hat. Darin entfaltet er die vielzitierte These, wonach die Mentalität, die für die Entstehung des modernen Kapitalismus erforderlich gewesen ist, in der Religion, insbesondere in der reformierten Frömmigkeit angelsächsischer Provenienz beheimatet war.

Obgleich es auch kritische Stimmen gab – allen voran die Felix Rachfahls (1867–1925) –, stieß die Weberthese von Anfang an auf Begeisterung, insbesondere in den auch politisch einflussreichen kulturprotestantischen Kreisen. Deren Vertreter sahen sich durch Weber in ihrer Überzeugung von der umfassenden Kulturbedeutung des Protestantismus für die Moderne bestätigt. So stimmte der protestantische Theologe Gottfried Traub (1869–1956) in einer Rezension ein

https://doi.org/10.1515/9783110705614-001

Loblied an und sprach von den „hochinteressanten Arbeiten von Professor *Weber* in dem Archiv für Sozialpolitik (...), die wir auch sonst unseren Lesern warm empfehlen möchten. Welch neue Gesichtspunkte aus der Geschichte des reformierten Christentums sind uns hier für das Verständnis des Kapitalismus und die Wirkung dogmatischer Gedanken für die ethische Lebenshaltung gegeben worden! *Die reformierte Frömmigkeit erscheint deutlich als der Nährboden kapitalistischen Denkens und Handelns.* Und diese These wird in den ausführlichsten und feinsten dogmengeschichtlichen Untersuchungen durch alle möglichen Wandlungen hindurch bewiesen".[1] Weber selbst argumentierte viel vorsichtiger und subtiler, Traub hingegen erachtet die sog. Weberthese als für bewiesen. Hier kommt ein für die weitere Rezeptionsgeschichte der *Protestantischen Ethik* signifikanter und irritierender Zug zur Sprache. Obwohl es von Anfang an berechtigte Zweifel und Kritik an der historiographischen Leistung Webers gegeben hat, hielten und halten eine Vielzahl von ‚Gebildeten' an deren Richtigkeit fest. Webers historische These von der Geburt des kapitalistischen Geistes in der protestantischen Frömmigkeitskultur ist – trotz ihrer historiographischen Falsifizierbarkeit[2] – fester Bestandteil des Bildungskanons. Wie konnte es dazu kommen?

Mindestens zwei Ebenen können hier auseinandergehalten werden, a) eine wissenssoziologische und b) und wissenschaftspraktische. Was erstere betrifft, so steht zu vermuten, dass sich die Weberthese in ein spezifisches Modell kultureller Selbstvergewisserung einfügt. So wie Weber selbst „Mitglied bürgerlicher Klassen"[3] gewesen ist, deren gesellschaftspolitischen Relevanzverlust er diagnostizierte, so hat die Weberthese bzw. Werk und Person dieses Gelehrten insgesamt vor allem innerhalb von Gruppen, die sich als bürgerlich verstehen oder angesehen werden, ihre Trägerschicht. Diese Bestimmung lässt sich noch dahinge-

1 Gottfried Traub, „Soziale Aufgaben," in *Theologische Rundschau*, 8 (1905), 499 – 511, 507 f. Es sei am Rande bemerkt, dass Traubs weitgehend in Vergessenheit geratene Untersuchung *Ethik und Kapitalismus. Grundzüge einer Sozialethik* (1904/²1909) als erste evangelische Wirtschaftsethik gewürdigt werden kann. vgl. Traugott Jähnichen, *Wirtschaftsethik* (Stuttgart: Kohlhammer, 2008), 56. Auch bei dem evangelische Sozialethiker Georg Wünsch (1887–1964) heißt es ganz ähnlich: „*Webers* Aufstellungen haben faszinierend gewirkt, ihre Richtigkeit stach sofort in die Augen". Georg Wünsch, *Evangelische Wirtschaftsethik* (Tübingen: Mohr, 1927), 343.

2 Im Hinblick auf Webers These von einer „unwiderlegbaren Fehlkonstruktion" zu sprechen (Heinz Steinert, *Max Webers unwiderlegbare Fehlkonstruktion. Die protestantische Ethik und der Geist des Kapitalismus* [Frankfurt am Main: Campus, 2010]), greift allerdings zu kurz und wird vor allem der komplexen Gesamtanlage der *Protestantischen Ethik* nicht gerecht. Vgl. dazu Johannes Weiß' Rezension der Steinertschen Abhandlung: Johannes Weiß, „Was steckt dahinter?" in: *European Journal of Sociology* 52 (2011), 580 – 87. Ob die Weberthese stimmt, wird im vorliegenden Band in dem Beitrag von Michael Murrmann-Kahl differenziert diskutiert.

3 Jürgen Kaube, *Max Weber. Ein Leben zwischen den Epochen* (Berlin: Rowohlt, ³2014), 19.

hend spezifizieren, dass sich an dieser Stelle die bürgerliche Mentalität mit einer Affinität zum Kulturprotestantismus – und vice versa – paart. Die Weberrezeption ist in diesem Fall Ausdruck eines Interesses, die kulturelle Wirkung des Christentums zu unterstreichen. Das mag auch ein Grund sein, warum Weber eine vergleichsweise große Breitenwirkung entfalten konnte und warum die von ihm geprägte Begrifflichkeit zum „Sprachschatz der Gebildeten“[4] – besagter Provenienz – gehört. Die Antwort auf die Frage, wie sich die breite Kritik an der Weberthese zu ihrer Rezeptionsfreudigkeit und Hartnäckigkeit verhält, hat somit auch einen milieuspezifischen Anhaltspunkt.

Doch ist das nur die eine Seite der Medaille. Die andere ist auf einer wissenschaftspraktischen Ebene anzusiedeln. Weber wird sine ira et studio ein herausragender Platz in der Wissenschaftsgeschichte des 20. Jahrhunderts bescheinigt.[5] Das hat verschiedene Gründe. Es gilt allen voran für die konsequente methodische Umsetzung des Empirisierungs- und Soziologisierungsschubs innerhalb der Nicht-Naturwissenschaften, wie er für die Zeit der klassischen Moderne signifikant ist. Weber ist bekanntlich einer der maßgeblichen Mitbegründer der modernen Soziologie. Für unseren Zusammenhang ist zudem entscheidend, dass der Nationalökonom der wirtschaftsethischen Fragestellung massiv Vorschub geleistet hat. Natürlich gab es diese der Sache nach auch schon vorher. Weber ist es aber zu verdanken, dass entsprechende Reflexionen unter dem Begriffsausdruck *Wirtschaftsethik* geführt werden. So ist die Ausbildung der Wirtschaftsethik als einer eigenständigen Disziplin durch das Werk Webers – allen voran durch die *Wirtschaftsethik der Weltreligionen* – massiv befördert worden. Damit kommt ein weiterer für diesen Zusammenhang entscheidender Forschungsbereich in den Blick. Weber hat wie kaum jemand vor ihm danach gefragt, in welchem Verhältnis Wirtschaft und Religion zueinander stehen. Dass die Wirtschaftsethik auch innerhalb der Theologie Fuß fassen konnte, ist somit in gewisser Weise ebenfalls dem Einfluss Webers – und natürlich auch Troeltschs – geschuldet.[6] Und schließlich sei in diesem Zusammenhang Webers Analyse des modernen Kapitalismus genannt, die zu den klassischen Beiträgen zu diesem Thema zählt. In allen vier Bereichen hat Weber wegweisende Reflexionen ange-

---

4 Friedrich Wilhelm Graf, „Max Weber“, in: *Religion in Geschichte und Gegenwart*, vierte Auflage, Bd. 8 (Tübingen: Mohr Siebeck, 2005), 1317–20, 1319.

5 Es ist bis zum heutigen Tage innerhalb der Wissenschaften nichts Ungewöhnliches, von Webers Werk und seiner Persönlichkeit in Superlativen zu sprechen. Ein nach wie vor bemerkenswertes Beispiel gibt Thomas Nipperdey, *Deutsche Geschichte 1866–1918*, Bd. 1: Arbeitswelt und Bürgergeist (München: Beck, 1998), 671.

6 Der Begriffsausdruck „Wirtschaftsethik“ wurde innerhalb der Theologie freilich schon vorher verwendet, vgl. dazu Rochus Leonhardt, *Ethik* (Leipzig: EVA, 2019), 462–464.

stellt, die ein Problembewusstsein zu erkennen geben, das nach wie vor als Orientierungspunkt anerkannt ist. Das macht Weber zu einem Klassiker der Kultur- und Sozialwissenschaften.

Ein Klassiker zeichnet sich mit Reinhart Koselleck formuliert dadurch aus, dass es unmöglich ist, „zu ihm zurückzukehren, aber ebenso unmöglich, über ihn hinauszukommen“.[7] Bis zum heutigen Tage erfreut sich das Webersche Werk einer intensiven Auseinandersetzung. Das „Gebirge der Weberliteratur“ (Wilhelm Hennis) dokumentiert die anerkannte Bedeutung seines Denkens, selbiges gilt für die historisch-kritische Edition seines Werkes in der Max-Weber Gesamtausgabe. Und zugleich versteht es sich fast von selbst, über Weber hinausgehen zu müssen. Das gilt allen voran in materialethischer Perspektive. Dass es nicht möglich ist, ungebrochen bei den Antworten Webers stehen bleiben zu können, kommt bereits in der Definition des Klassikers zum Ausdruck. Und Weber provoziert diesen Schritt auch selbst: In seinem berühmten Vortrag *Wissenschaft als Beruf* heißt es pointiert: „Jeder von uns dagegen in der Wissenschaft weiß, daß das, was er gearbeitet hat, in 10, 20, 50 Jahren veraltet ist. Das ist das Schicksal, ja: das ist der Sinn der Arbeit der Wissenschaft, dem sie (...) unterworfen und hingegeben ist: jede wissenschaftliche ‚Erfüllung‘ bedeutet neue ‚Fragen‘ und *will* ‚überboten‘ werden und veralten“.[8] Dieser Sachverhalt lässt sich auch noch einmal in einer anderen, auf die Wirtschaftsethik bezogenen Weise reformulieren. So hatte schon Georg Wünsch darauf hingewiesen, dass spezifische Formen „des Verhältnisses von Religion und Wirtschaft (...) auf bestimmte Zeitumstände zugeschnitten“ seien. Wirtschaftsethik habe es daher mit dem „Verhältnis der Religion zur heutigen Wirtschaft und ihren Anforderungen“ zu tun und könne daher keine allgemein für alle Zeiten gültige, sondern nur eine – wie es zugespitzt heißt – „Augenblickslösung“ geben.[9] Das, was Wünsch vor 100 Jahren der Wirtschaftsethik auf die Fahnen schrieb, hat seine Plausibilität nicht eingebüßt.

Beiden Seiten des Klassikers Webers ist der vorliegende Band verpflichtet und teilt sich darum in zwei Abteilungen. Die erste Abteilung umfasst Beiträge, die sich mit den Hintergründen und Kontexten der „Weberthese“ beschäftigen bzw. Themen berühren, die für deren Verständnis weiterführend sein sollen. Die zweite Abteilung folgt der von Weber gelegten Spur, das schwer zu fassende Verhältnis von Wirtschaft und Religion, insbesondere unter den Bedingungen des modernen

---

7 Reinhart Koselleck, „Goethes unzeitgemäße Geschichte“ (1993), in: Ders., *Vom Sinn und Unsinn der Geschichte. Aufsätze und Vorträge aus vier Jahrzehnten*, hg. und mit einem Nachwort v. Carsten Dutt (Berlin: Suhrkamp, 2014), 286–305, 287.

8 Max Weber, „Wissenschaft als Beruf,“ in: Ders., *Gesammelte Aufsätze zur Wissenschaftslehre*, hg. v. Johannes Winckelmann (Tübingen: Mohr, [4]1973), 582–613, 592.

9 Georg Wünsch, *Religion und Wirtschaft* (Tübingen: Mohr 1925), 7 f.

Kapitalismus zu bedenken. Die darin erörterten wirtschaftsethischen Fragestellungen werden in theologischer Perspektive verfolgt.[10]

Eröffnet wird die erste Abteilung durch den Beitrag von Jan Rohls *Reformierte Wirtschaftsethik in Geschichte und Gegenwart*. Rohls gibt einen Überblick über das Verhältnis von reformierter Theologie und ihrer Beurteilung der Wirtschaft von Huldrych Zwingli (1484–1531) bis Arthur Rich (1910–1992). Dabei kommt die theologische Beurteilung des Zinsnehmens in der Reformationszeit ebenso in den Blick wie die Entwicklung der Wirtschaft in den Niederlanden, England und Schottland. Auch der religiöse Sozialismus und die soziale Marktwirtschaft gehören zum breiten Spektrum reformierter Wirtschaftsethik. Eine Verbindung von beruflicher Arbeitsleistung und Erwählungsgewissheit im Sinne Max Webers kann Rohls dabei nicht sehen.

Worauf konnte sich Max Weber dann aber stützen, wenn er hier einen Zusammenhang konstruierte? Dieser Frage gehen die weiteren Beiträge der Abteilung in theologiegeschichtlicher, historiographischer und begriffsgeschichtlicher Hinsicht nach. Marianne Schröter untersucht in *Heiligung in den Reformierten Bekenntnisschriften* einen von Weber mehrfach herangezogenen Schlüsselbegriff dogmatischer und ethischer Theologie. Nach einer Skizze der komplexen reformierten Bekenntnisbildungen arbeitet sie drei Problemfelder heraus: die Bedeutung der Heiligung für das Verhältnis von Glauben und guten Werken, für den Verdienst und für das Streben nach Vollkommenheit.

Richard Pohle sucht in *Ein Riese auf den Schultern welcher Zwerge?* nach lexikalischen und historiographischen Vorstufen für Max Webers Forschungen. Dazu geht er dem Zusammenhang von religiösen und wirtschaftlichen Fragestellungen in den zeitgenössischen Lexika und Enzyklopädien ebenso wie in den Veröffentlichungen der Nationalökonomie nach. Für seine historische Einordnung von Webers Studien zu Protestantismus und Kapitalismus macht Pohle die konfessionspolitischen Auseinandersetzungen des Kulturkampfes stark.

Auch Georg Neugebauer fragt in *Seit wann ist Askese eigentlich protestantisch?* nach möglichen Vorläufern für Max Webers Überlegungen, insbesondere zum Begriff der „protestantischen Askese". Nach einer kurzen Rekapitulation der Aufbaumomente des Begriffs bei Weber arbeitet er den bislang weniger beachteten Einfluss der zeitgenössischen materialistischen Geschichtsschreibung auf die Begriffskonstruktion des Nationalökonomen heraus.

---

10 Die Aktualisierbarkeit von Webers Religionsforschung für die heutige Wirtschaftsethik sowie für die kulturelle Selbstverständigung hat der von Georg Pfleiderer und Alexander Heit herausgegebene Band *Wirtschaft und Wertekultur(en). Zur Aktualität von Max Webers ›Protestantischer Ethik‹* (Zürich: TVZ, 2008) – gezeigt. Allerdings konzentriert er sich ausschließlich auf den Aktualitätsbezug und sieht im Grunde von einer eigenen Auseinandersetzung mit Webers Schrift ab.

Einem protestantischen Theologen, dessen Einfluss auf Webers *Protestantische Ethik* innerhalb der Forschungsliteratur kontrovers diskutiert wird, widmet sich Matthias Neugebauers Beitrag *Arbeit und Beruf – Albrecht Ritschls Auffassung von der Arbeit.* Im Anschluss an Karl Holl skizziert er zunächst einen Überblick über die theologische Deutung des Berufsbegriffs vom frühen Christentum bis zur Reformation. In einem zweiten Schritt entfaltet er Ritschls komplexe Konzeptualisierung des Arbeitsbegriffs. Die Aspekte von Ritschls Arbeitskonzeption, die Neugebauer zufolge auch für die gegenwärtige Debatte von Relevanz sind, werden im Schlussabschnitt kenntlich gemacht.

Die bewusst überpointiert formulierte Frage *Stimmt Max Webers Kapitalismusthese?* bildet das Thema des Beitrags von Murrmann-Kahl. Er nähert sich ihr unter Zuhilfenahme einer Vielzahl unterschiedlicher Perspektiven, indem er etwa (kontrovers-)theologische, biographische, kapitalismustheoretische und zeitgenössische Aspekte herausarbeitet, die den Hintergrund von Webers These bilden. Murrmann-Kahl führt kritisch ihre historischen und systematischen Grenzen vor Augen, hebt aber auch hervor, in welcher wohlbestimmten Hinsicht der Webersche Ansatz immer noch bedenkenswert ist.

Während die für Webers Religionssoziologie zentrale Frage nach dem Verhältnis von Religion und nicht-religiösen Lebensordnungen meist auf ökonomische Sachverhalte abhebt, überträgt Rochus Leonhardt jene Frage auf das Verhältnis von Religion und Politik. Am aktuellen Beispiel der Öffentlichen Theologie arbeitet er bemerkenswerte Kontinuitätslinien zwischen reformierter Tradition und ihrem Verhältnis zur Welt bzw. Politik heraus und diagnostiziert eine politisch motivierte Moralisierung und Religionsvergessenheit der Öffentlichen Theologie.

In den Beiträgen der zweiten Abteilung dominieren dann systematische Fragestellungen. Sie zielen weniger auf die historische Einordnung der Weberschen Auffassung von Wirtschaft und Religion ab, sondern arbeiten vielmehr normative Orientierungen für die Gegenwart heraus. Auch wenn dabei keiner der unterschiedlichen Beiträge unmittelbar an Webers Sicht anschließt, so lassen sich dennoch unterschwellige Kontinuitäten ausmachen: zum einen in der Fokussierung des Zusammenhangs von Wirtschaft und (protestantischer) Religion, zum anderen in der prinzipiellen Anerkennung des kapitalistischen Wirtschaftssystems als der gegenwärtig gültigen Rahmenordnung wirtschaftlichen Handelns. Kritik an problematischen Fehlentwicklungen und Missständen ist dabei keineswegs ausgeschlossen, sondern bildet einen zentralen Bestandteil dieser Sicht.

Den Auftakt bildet Ulrich Barths Beitrag *Ethische Aspekte der Kapitalismus-Deutung Max Webers*. Barth hebt hervor, dass sich Webers Beitrag zum Verständnis des Kapitalismus' nicht in seinen frühen mentalitätsgeschichtlichen Studien erschöpft, sondern sein Spätwerk geradezu eine Strukturtheorie kapitalistischen Wirtschaftens bietet. Letzteres wird als leistungsstärkste Form des Umgangs mit Knappheit in der Moderne vorgestellt, die trotz ihrer großen Wirkmacht durchaus Spielräume zur sozial- und individualethischen Gestaltung zulässt.

In *Erlösung vom Kapitalismus? Theologische Ökonomiekritik in anerkennungstheoretischer Perspektive* untersucht Karl Tetzlaff Optionen der Verhältnisbestimmung von Theologie und Kapitalismus im Gespräch mit Eberhard Jüngel, Falk Wagner und Traugott Koch. Einig ist er mit ihnen in der Anerkennung menschlicher Freiheit. Allerdings zeigt er sich skeptisch gegenüber sündentheologischen Abwertungen menschlichen Selbstverwirklichungsstrebens sowie theologischer Fundamentalkritik am Ökonomischen, da dessen verantwortungsvolle Wahrnehmung eine Grundlage aller Nächstenliebepraxis bildet.

Zur wirtschaftlichen Rationalisierung in der Moderne gehört das Umstellen auf Geldwirtschaft wesentlich hinzu. Jörg Dierken nimmt diesen Sachverhalt zum Anlass, den Blick auf *Gott und Geld* in deren *Ähnlichkeit im Widerstreit* zu richten. Hierfür ruft er klassische Vorstellungen der christlichen Religionsgeschichte in Erinnerung, bietet vor allem aber philosophisch-kategoriale Reflexionen des fraglichen Zusammenhangs. In ambivalenzsensibler Perspektive richtet er sich gegen jede Verabsolutierung von Geld und Ökonomie, bei gleichzeitiger Anerkennung der durch Geld ermöglichten Freiheitsgewinne.

Bereits im Rahmen der Betrachtung des Geldes (Bitcoins) kommt ein wesentlicher Faktor des gegenwärtigen Wirtschaftslebens zum Tragen: die Digitalisierung. Traugott Jähnichen untersucht die in ihrem Zuge entstandene Netzwerk- und Feedback-Ökonomie. In *Wider die Tyrannei der Monopole – Über die Sicherung eines fairen Wettbewerbs angesichts neuer Monopolbildungen im digitalen Zeitalter* lotet er Möglichkeiten aus, die marktbeherrschende Stellung der digitalen Monopolkonzerne zu regulieren und verweist in diesem Zusammenhang auf bleibende sozialethische und individualethische Einsichten Luthers.

Dem spannungsvollen Verhältnis reformatorischer Einsichten und moderner Wirtschaftswelt geht auch Constantin Plaul nach, allerdings mit Fokus auf das Phänomen der Arbeit. In *Arbeit als Beruf – Ethisch-religiöse Überlegungen in protestantischer Perspektive* fragt er, ob eine religiöse Berufsauffassung angesichts funktionaler Differenzierung, Entfremdungserfahrung, Freizeitleben und Säkularisierung noch eine orientierende Bedeutung haben kann. Er argumentiert für die Orientierungsfunktion der prinzipiellen Möglichkeit religiöser Berufsauffassung als Maßstab guter Arbeitsbedingungen.

In eine ähnliche Richtung gehen auch die Überlegungen von Malte Dominik Krüger in seinem Beitrag *Work-Life-Balance? Evangelische Arbeitsethik heute*. Krüger skizziert zunächst die Genese der verbreiteten Rede von Work-Life-Balance. Unter Verweis auf den von Max Weber betonten geschichtlichen Zusammenhang von modernen Arbeitsverständnis und Protestantismus fragt er dann nach Kriterien und Bedingungen guter Arbeit. Im konstruktiven Anschluss an Axel Honneth findet er sie in einem bild(ungs)theoretisch fundierten Konzept von Anerkennung.

Der wirtschaftsethischen Problematik der Arbeit ist auch Florian Priesemuths Text *Wozu noch arbeiten? – Protestantische Arbeitsethik heute* zuzuordnen, in dem neuere Entwürfe evangelischer Arbeitsethik vorgestellt werden. Einzelne Autoren – Eilert Herms, Torsten Meireis und Nils Ole Oermann – kommen dabei ebenso zur Besprechung wie kirchliche Verlautbarungen. Überlegungen zu Arbeit und Konsum beschließen die Ausführungen.

Zum Abschluss sei darauf hingewiesen, dass die Beiträge von Ulrich Barth und Malte Dominik Krüger bereits an anderer Stelle erschienenen sind. Wir bringen sie hier wieder zur Publikation, da sie unseres Erachtens einer erneuten Aufmerksamkeit wert sind. Für die Angabe zu den Orten der Erstveröffentlichung sei auf die Angaben in den jeweiligen Beiträgen verwiesen.

Der überwiegende Teil der Beiträge wurde beim Reformierten Forum am 25. und 26. Oktober 2019 in Halle (Saale) vorgestellt und diskutiert. Die Herausgeber danken der Evangelischen Kirche in Deutschland, dem Reformierten Bund, der Evangelisch-Lutherischen Landeskirche Sachsens, der Evangelischen Kirche in Mitteldeutschland, dem Freundeskreis der Theologischen Fakultät der Martin-Luther-Universität Halle-Wittenberg und der Stiftung Leucorea für die Gewährung von Druckkostenzuschüssen. Zudem danken wir dem Verlag de Gruyter, namentlich Herrn Dr. Albrecht Döhnert, für die freundliche Aufnahme dieses Bandes in das Verlagsprogramm. Schließlich sind wir dem Lehrstuhlteam von Prof. Dr. Jörg Dierken (Halle/Saale) für hilfreiche Unterstützung zu Dank verpflichtet, insbesondere Gabriele Handke, Karsten Pahls und Christina Sawatzki für die mühevolle Arbeit des Formatierens und Korrekturlesens.

Aken (Elbe), Halle (Saale), Leipzig
Georg Neugebauer, Constantin Plaul, Florian Priesemuth

Historische und historisierende Perspektiven

Jan Rohls

Reformierte Wirtschaftsethik in Geschichte und Gegenwart

Anders als das Luthertum nahm das Reformiertentum mit Zwingli seinen Ausgang nicht in der Residenz- und Universitätsstadt eines stark agrarisch geprägten Kurfürstentums, sondern in einer freien Reichsstadt, in der im Mittelalter die von Rittern und Edelleuten geprägte Aristokratie gegenüber den in Zünften organisierten Handwerkern an Bedeutung verloren hatte. Der Große Rat des Stadtstaates Zürich setzte sich ebenso wie der Kleine Rat, der über die größte politische Macht verfügte, aus Mitgliedern der Zünfte zusammen. Zürich war in diesem Sinne eine Zunftstadt. Ihr politischer Kurs wurde von den wirtschaftlich potentesten Händlern und Handwerkern bestimmt.[1] Das Zürich Zwinglis hatte mit 5000 Einwohnern ungefähr dieselbe Größe wie Bern und Freiburg, während Basel und Genf die doppelte Bewohnerzahl aufwiesen. Für die Wirtschaft noch wichtiger als das Handwerk war der Handel, und zwar vor allem der Vieh-, Getreide- und Salzhandel, wobei Zürich als Umschlagplatz für den Warenaustausch zwischen Oberdeutschland und der Innerschweiz diente.[2] Allerdings war in der Reformationszeit ein wirtschaftlicher Rückgang zu verzeichnen, dessen Ursachen nicht völlig geklärt sind. Eine entscheidende Rolle dürfte der Anstieg der Bevölkerung in Stadt und Landschaft Zürich gespielt haben, der zu einer Verknappung an Lebensmitteln und Boden sowie zu Verschuldung und Verarmung führte. Es entstand auf dem Land eine Schicht armer Tagelöhner, die auf Fürsorge angewiesen waren. Als die Reformation in Zürich vom Großen Rat durchgesetzt wurde, blieb dies nicht ohne ökonomische Folgen. 1525 hörten das Großmünster- und Fraumünsterstift sowie die Bettelorden in ihrer bisherigen Form auf zu existieren. Die Klöster wurden in Spitäler und Fürsorgeeinrichtungen umgewandelt, ihr Vermögen floss in die Armenkasse. Unter Zwinglis Mitwirkung wurde von einem Ratsausschuss eine Armenordnung ausgearbeitet, die das Bettelwesen ganz beseitigen sollte. Bedürftige erhielten das Anrecht auf Teilnahme an öffentlichen Mahlzeiten und an der Krankenversorgung. Allerdings beschränkte sich die Säkularisierung des Klosterguts auf die Stadt Zürich, während in der Landschaft die Patronatsrechte oft bei auswärtigen Körperschaften lagen.[3] Das Streben der

1 Ulrich Gäbler, *Huldrych Zwingli. Eine Einführung in sein Leben und Werk* (München: Beck, 1983), 16 f.

2 A. a. O., 18 f.

3 A. a. O., 90 f.

https://doi.org/10.1515/9783110705614-002

Landgemeinden nach Befreiung aus städtischer Bevormundung fand seinen Ausdruck unter anderem in der Forderung nach Abschaffung der Leibeigenschaft und des Zehnten. Wurde die Leibeigenschaft tatsächlich abgeschafft, so erwies sich das Problem des Zehnten als komplizierter. Während radikale Reformer ihn als nicht schriftgemäß ablehnten und deshalb seine sofortige Beseitigung verlangten, wurde er von Zwingli als Einrichtung menschlichen Rechts verteidigt. Seine sofortige Aufhebung hätte gravierende Folgen für das Wirtschaftsleben, und eine Verweigerung des Zehnten lasse sich mit der Schrift nicht rechtfertigen. Vielmehr seien das Eigentum und die damit verbundenen Rechte zu respektieren, auch wenn die Verwendung des Zehnten zur Armenunterstützung wünschenswert sei.[4] Mit der Reformation Zwinglis änderte sich somit Einiges im wirtschaftlichen Gefüge der Stadt an der Limmat. Vor allem bedeutete sie nach dem Wegfall kirchlicher Instanzen – Bischof, Stifte und Klöster – einen Machtzuwachs des städtischen Rates, der die säkularisierten Kirchengüter zur Armenfürsorge und Krankenpflege verwandte.

1 Calvin und der Calvinismus in Westeuropa

Nach Zwinglis frühem Tod ging die Führung innerhalb des reformierten Zweigs der reformatorischen Bewegung schon bald von Zürich auf Genf über, das sich unter Calvin zu einem Zentrum des europäischen Protestantismus entwickelte. Als der Franzose nach seinem ersten Aufenthalt, der mit der Verbannung endete, und gestärkt durch die Straßburger Erfahrungen 1541 in die Rhonestadt zurückberufen wurde, bestand er auf der Annahme einer eigenen Kirchenordnung, den „Ordonnances ecclésiastiques“, durch den städtischen Rat. Calvins Genf zog schon bald zahlreiche französische und italienische Glaubensflüchtlinge an, die nicht nur die Einwohnerzahl der Stadtrepublik in die Höhe trieben, sondern auch neue Produktionsstrukturen in der Textilindustrie, dem Druckereigewerbe, der Goldschmiedekunst und der Uhrmacherei aufbauten. Dadurch kam es zu einer wirtschaftlichen Blüte der alten Messestadt, deren Handel in der letzten Zeit sowohl durch Frankreich als auch durch Savoyen bedrängt worden war. Zudem besaß Genf, das sich erst kurz vor der Einführung der Reformation von Savoyen getrennt hatte, nur ein schmales Territorium, und die dort betriebene Landwirtschaft genügte nicht zur Versorgung der Stadt. Das Gewerbe schließlich war nicht nur schwach ausgeprägt, sondern litt auch unter der französischen Wirtschafts-

4 A.a.O., 87f.

politik.[5] Genf war also zwar alles andere als ein ökonomisch florierendes Gemeinwesen, als Calvin sich dort endgültig niederließ. Aber als die französischen und italienischen Flüchtlinge in die Stadt strömten, unterstützte er deren Förderung von Industrie und Handel. Anders als Luther, der seinen agrarischen Hintergrund nie verleugnete, stand Calvin dem kaufmännischen Erwerbsleben aufgeschlossen gegenüber. Gegen das Zinsnehmen, ohne das Gewerbe und Handel nicht möglich sind, hatte er daher ebenso wenig grundsätzliche Bedenken wie Zwingli. Aufschlussreich für Calvins Einstellung gegenüber dem Zins ist seine Predigt über Dtn 23,18 – 20, die er am 28. Januar 1556 in St. Pierre gehalten hat. Das göttliche Gebot Dtn 23,20 lautet: „Du sollst von deinem Bruder keine Zinsen nehmen, weder Zinsen für Geld noch Zinsen für Speise, noch Zinsen für irgendetwas, wofür man Zinsen nehmen kann." Während den Juden durch dieses Gesetz untersagt ist, von anderen Juden Zinsen zu nehmen, erlaubt Gott ihnen die Zinsnahme gegenüber Heiden, mit denen sie Handel treiben. Calvin bemerkt zunächst grundsätzlich: „Dies Gebot untersagt uns, irgendeine üble Praxis anzuwenden, durch die unsere Nächsten belastet werden, und unsern Profit auf Kosten anderer zu machen."[6] Er wendet sich dabei ausdrücklich gegen die zeitgenössische jüdische Praxis der verzinsten Geldleihe nur an Nichtjuden. Denn eigentlich müssten die Juden, nachdem Gott die Christen in seine Kirche aufgenommen hat, wobei die Kirche für Calvin den Alten und den Neuen Bund umgreift, die Christen als ihre Brüder betrachten. Doch zum einen hätten sie sich aufgrund ihres Ungehorsams selbst aus der Kirche und damit aus dem Reich Gottes verbannt, und zum andern gelte das Verbot der Zinsnahme bei Geldverleih jetzt für die Christen untereinander, die ja in Christus alle Brüder seien. Mit dem Zins ist hier aber nur der überhöhte Zins im Sinne des Wuchers gemeint, der in den Augen des Genfer Reformators gegen das allgemeine Verbot des Diebstahls verstößt. Calvin will also sagen, „dass wir unsere Nächsten nicht beschweren dürfen, indem wir irgendwelchen Profit aus ihnen ziehen."[7] Gemeint ist dabei nur jener Profit, der dem Nächsten zum Schaden gereicht und bloß die eigene Bereicherung im Sinn hat. Denn es „hat Gott nicht jeden Gewinn verboten, so dass einer nicht seinen Profit machen könnte. Denn wo würde das hinführen? Wir müssten jeden Warenhandel aufgeben."[8] Calvin erkennt den Produktivzins an,

---

5 Karl Holl, „Johannes Calvin" in: Ders., *Gesammelte Aufsätze zur Kirchengeschichte*, Bd. III: *Der Westen* (Tübingen: J.C.B. Mohr, 1928), 254 – 284, 280 f.

6 Eberhard Busch, Matthias Freudenberg, Alasdair Heron, Christian Link, Peter Opitz, Ernst Saxer, Hans Scholl, Hg., *Calvin Studienausgabe*, Bd. 7: *Predigten über das Deuteronomium und den 1. Timotheusbrief (1555/1556). Eine Auswahl* (Neukirchen-Vluyn: Neukirchener Verlag, 2009), 166.

7 A. a. O., 167.

8 A. a. O., 168.

indem er den aristotelischen Satz, dass Geld kein Geld gebiert, kritisiert. Doch so sehr er die Annahme der Sterilität des Geldes als kindisch brandmarkt, der Profit muss in seinen Augen den Grundsätzen von Billigkeit und Recht gemäß der Goldenen Regel Mt 7,12 entsprechen, um nicht Wucher zu sein. Calvin hält den in Genf gesetzmäßig festgelegten Zinsfuß von fünf Prozent für durchaus angemessen. Doch will er ihn nur für den Handel gelten lassen, während es Wucher wäre, wenn man von jemandem, der sich in einer Notlage befindet, Zinsen in dieser Höhe verlangen würde.[9]

In der klassischen Stelle Ez 18,7f. wird für gerecht erklärt, „wer niemand bedrückt und dem Schuldner sein Pfand zurückgibt, wer keinen Raub begeht, sein Brot dem Hungrigen darreicht, den Nackten kleidet, wer nicht auf Wucher leiht und keinen Zins nimmt". Die Rückgabe des Pfandes bezieht Calvin auf die Armen und Bedürftigen, die genötigt sind, ihre Kleider, Betten oder Arbeitsgeräte zum Pfand zu geben. „Gott verbietet nämlich, von Witwen und Armen ein Pfand zu nehmen; auch den Mühlstein, den der Handwerker zur Gewinnung des Brotes braucht, darf man seinem Schuldner nicht wegnehmen"[10]. Ebenso wie die Pfandleihe bei Witwen und Armen wird der Wucher verboten, wobei als Wucher schon gilt, wenn einer aus dem Schaden eines anderen einen Gewinn zieht. Die Frage, ob das Zinsnehmen an sich bereits ein Frevel sei, beantwortet Calvin hingegen differenziert. Dass es Juden erlaubt war, von Heiden Zins zu nehmen, wird damit begründet, dass ansonsten die Juden benachteiligt gewesen wären, da ja die Heiden von den Juden Zins nahmen. Allerdings werde Ez 18,8 anscheinend jede Form des Zinsnehmens verurteilt. Doch man müsse statt auf die Worte auf die Sache achten, und dann ergebe sich, dass nicht jede Form des Zinsnehmens mit dem göttlichen Gesetz in Widerspruch stehe und daher Sünde sei. Wer das Geldausleihen gegen Zinsen als Beruf betreibt, gilt Calvin allerdings als Wucherer und der dabei erworbene Gewinn als unwürdig. Das Bankgewerbe wird somit verurteilt und der Bankier, der die Geldgeschäfte berufsmäßig so betreibt wie der Bauer sein Land bestellt, als Wucherer abgestempelt. Aber Calvin ist gleichwohl der Meinung, dass jemand in Einzelfällen für das Geldleihen durchaus Zins nehmen könne, ohne deshalb ein Wucherer zu sein. Nur „ein geschäftsmäßiges und gewohnheitsmäßiges Zinsnehmen ist anstößig", und „für einen Wucherer gibt es in der Kirche Gottes keinen Raum"[11]. Doch auch nicht von allen darf man Calvin zufolge Zins nehmen. Denn „von einem Armen Zins zu nehmen ist immer

---

9 A. a. O., 172f.

10 Johannes Calvin, *Auslegung des Propheten Ezechiel (Kapitel 1–20)*, aufgrund der gedruckten Vorlesungen in Auswahl übersetzt und bearbeitet von Ernst Kochs (Neukirchen-Vluyn: Neukirchener Verlag, 1938), 287.

11 A. a. O., 289.

Unrecht. Wenn aber ein Reicher, der sozusagen im Gelde schwimmt, von seinem Nachbar Geld nimmt, so tut der Nachbar noch keine Sünde, wenn er aus seinem Gelde einen gewissen Gewinn zieht! Der andere, der das Geld leiht, ist reicher als er, und er könnte es ohne Schaden entbehren, aber er will etwa ein Grundstück kaufen, um davon zu ernten; warum sollte da der Gläubiger um sein Recht betrogen werden, da doch sein Geld dem andern Gewinn bringt, der noch dazu der Vermögendere ist? Es kann also der Fall eintreten, daß einer, der Zins nimmt, deshalb nicht einfach verurteilt werden darf, weil sein Verhalten nicht im Widerspruch mit dem Gesetze Gottes steht."[12] Calvin schränkt somit die Erlaubnis des Zinsnehmens auf wenige Fälle ein, wobei die Erlaubnis in der Einsicht gründet, dass sonst ein Geschäftsverkehr, also Handel und Gewerbe, nicht möglich wären. Zinsnehmen nur um der eigenen Bereicherung willen, zumal von Armen, verurteilt er hingegen aufs schärfste, so wie er ohnehin das bedingungslose Streben nach Reichtum kritisiert. Denn wen die Gewinnsucht beherrsche, der werde zwangsläufig zum Dieb. Um der Dieberei zu entkommen, müsse die Gier, sich zu bereichern, heruntergeschraubt werden.[13] Zudem ist Calvin der Meinung, dass der ehrlich erworbene Reichtum zur Wohltätigkeit verpflichte.

Gerade dieser letzte Aspekt spielt in Calvins Kirchenordnung eine Rolle bei der Bestimmung der Aufgabe der Diakone. Es ist ja eine Besonderheit dieser Ordnung, dass sie vier kirchliche Leitungsämter kennt, nämlich neben den Pastoren die Doktoren, die Ältesten und die Diakone. Calvin beruft sich auf die Alte Kirche, wenn er zwei Arten von Diakonen unterscheidet. In der Kirchenordnung von 1561 heißt es: „Die einen waren damit beauftragt, das Armengut entgegenzunehmen, zu verteilen und zu verwalten, sowohl tägliche Almosen, als auch Besitztümer, Zinsen und Renten. Die anderen waren damit beauftragt, sich um die Kranken zu kümmern und sie zu pflegen, und die Armen zu speisen."[14] Den erstgenannten Diakonen oblag also die Verwaltung der Finanzen der Armenkasse, den anderen Diakonen die Krankenpflege und die Armenspeisung. Für die Güterverwaltung und Vorratsbeschaffung des Spitals sollte ein Fürsorger zuständig sein, „damit Spender von Armengaben sicherer sein können, daß die Güter nicht anders als in ihrem Sinn verwendet werden"[15]. Das Spital soll sowohl Kranken, die separat unterzubringen sind, wie auch arbeitsunfähigen Alten, Witwen, Waisenkindern und anderen Bedürftigen offenstehen. Vom Spital aus soll

12 A.a.O., 289.

13 Busch et al., *Predigten* (s. Anm. 6), 58.

14 Eberhard Busch, Matthias Freudenberg, Alasdair Heron, Christian Link, Peter Opitz, Ernst Saxer, Hans Scholl, Hg., *Calvin Studienausgabe*, Bd. 2: *Gestalt und Ordnung der Kirche* (Neukirchen-Vluyn: Neukirchener Verlag, 1997), 257.

15 Ebd.

auch die Fürsorge für die in der Stadt ansässigen Bedürftigen ausgehen, und eine eigene Unterkunftsmöglichkeit soll für solche Personen geschaffen werden, die eine besondere Fürsorge verdienen. Für die Armen im Spital und die Bedürftigen in der Stadt sollen auf Kosten der Kommune ein eigener Arzt und ein Wundarzt zuständig sein. Die kirchliche Armenfürsorge, mit der die Diakone betraut sind, hat vor allem den Zweck, die Bettelei zu unterbinden. Für die Durchsetzung des Bettelverbots werden vom Rat eigene Beamte abgestellt, die an den Ausgängen der Kirchen diejenigen vertreiben, die betteln wollen. Anders als in Zwinglis Zürich lag in Calvins Genf die Armenfürsorge somit in den Händen nicht des städtischen Rates, sondern der Kirche.

Es kann nach dem Gesagten keine Rede davon sein, dass Calvin die Geldwirtschaft besonders gefördert hätte. Reiche Handelsstädte wie Venedig und Antwerpen galten ihm als Babylon. Auch wenn er die Notwendigkeit des Zinsnehmens für Handel und Gewerbe durchaus anerkannte, sah er doch die stets lauernde Gefahr des Wuchers und der Übervorteilung, die für ihn unter das Diebstahlsverbot des Dekalogs fielen. Sein eigentliches Interesse lag hingegen in den sozialen Aufgaben, zu denen einen das chris liche Liebesgebot verpflichte. Das war im Calvinismus, der sich in Westeuropa ausbreitete, nicht anders. Die französischen Hugenotten verurteilten 1562 auf ihrer Nationalsynode in Orleans den Wucher und erlaubten nur einen mäßigen Zins – „mediocre profit“ –, dessen Höhe sich an den königlichen Anordnungen und darüber hinaus am Gebot der Nächstenliebe orientieren sollte.[16] Die späteren Synoden von Lyon 1563 und Verteuil 1567 haben dies ebenso bestätigt wie Lambert Danäus in seinen „Ethices christianae libri tres“ von 1577. Während im Fall von Armen die Zinsforderung gegen das Liebesverbot verstoße und man statt Geld zu leihen zur Gabe von Almosen verpflichtet sei, habe der Zins bei Wohlhabenden die Bedeutung einer Gewinnbeteiligung. Doch auch in diesem Fall sei das Liebesgebot zu beachten, damit es nicht zum Wucher komme.[17] Den Bankier, der von den Zinsen seiner Geldgeschäfte lebt, betrachtete man allgemein als Wucherer und hielt ihn vom Amt des Ältesten fern. Außerdem drohte man ihm, wenn er sich auf Geschäfte mit der katholischen Kirche einließ, die Exkommunikation an. Das heikle Zinsproblem spielte selbst für die Verwaltung des Armenguts eine Rolle, insofern man auf Synoden diskutierte, ob momentan nicht gebrauchte Gelder so angelegt werden

---

16 Karl Holl, „Die Frage des Zinsnehmens und desWuchers in der reformierten Kirche“ in: Ders., *Gesammelte Aufsätze zur Kirchengeschichte*, Bd. III, Der Westen (Tübingen: J.C.B. Mohr, 1928), 385–403, 388.

17 A.a.O., 389.

dürften, dass sie Zinsen abwerfen. Erst die Synode von Montpellier 1598 entschied endgültig, dass dies erlaubt sei, weil der Zins ja den Armen zugutekomme.[18]

Nicht anders als in Frankreich sah es in den Niederlanden aus. Hier übernahm die Synode von Antwerpen 1564 die französischen Bestimmungen von 1562 zu Wucher und Zins, während die Emder Synode von 1571 noch einen Schritt weiter ging und die reine Geldwirtschaft grundsätzlich mit der reinen Religion für unvereinbar hielt.[19] Die zur führenden Wirtschaftsmacht aufsteigenden Generalstaaten waren aber gar nicht denkbar ohne die sogenannten „Lombardiers", das heißt die vor allem aus Oberitalien stammenden Bankiers, deren Basis das Pfandleihgeschäft darstellte und die für damalige Verhältnisse hohe Zinsen von bis zu 32% verlangten.[20] In den Augen der Calvinisten musste das als Wucher betrachtet werden, und die niederländischen Synoden zögerten denn auch nicht, die Lombardiers und deren Angestellte, die „Cassierer", vom Abendmahl auszuschließen. Die Synode von Leeuwarden 1619 untersagte es den Diakonen, von den Lombardiers Geld zur Unterstützung der Armen anzunehmen.[21] Versuche der Synoden, die städtischen Magistrate dazu zu bewegen, die Institution der Lombardiers gänzlich aufzugeben und stattdessen staatliche Behörden zur Versorgung der Armen ins Leben zu rufen, scheiterten allerdings kläglich.[22]

Dieselbe Skepsis gegenüber dem Zinsnehmen wie in Genf, Frankreich und den Niederlanden herrschte schließlich in England. Hier hatte Heinrich VIII. zwar 1545 ein Gesetz erlassen, das den Zins – „interest" – als Kompensation für die Geldnutzung zuließ, gleichzeitig aber den Wucher – „usury" – verbot. Die Zinsgrenze lag bei 10%. Zwar untersagte Heinrichs Nachfolger Eduard VI. unter dem Einfluss seiner reformatorischen Berater 1551/52 jedes Zinsnehmen, aber Elisabeth I. setzte die Regelung ihres Vaters wieder in Kraft. Diejenigen, die gegen sie verstießen, wurden als Wucherer auch mit kirchlichen Strafen belegt. Gegenüber der allgemeinen staatlichen Erlaubnis des Zinsnehmens schlugen die calvinistisch geprägten Puritaner einen schärferen Kurs ein. Die Cambridger Theologen William Perkins und William Ames gestatteten die Zinsnahme nur als Gewinnbeteiligung bei einem Vermögenden, der das Geld für ein gewinnbringendes Geschäft braucht, nicht aber gegenüber Armen. Bei unverschuldetem Unglück des Geldempfängers habe der Geldgeber zudem nicht nur auf den Zins, sondern ge-

---

18 A. a. O., 390.

19 *Die Akten der Synode der Niederländischen Kirchen zu Emden vom 4.–13. Oktober 1571*, hg. v. Johann F. Goeters (Neukirchen-Vluyn: Neukirchener Verlag, 1971), 65.

20 Holl, „*Frage des Zinsnehmens*" (s. Anm. 16), 391.

21 A. a. O., 392.

22 A. a. O., 393.

gebenenfalls auch auf den geliehenen Geldbetrag zu verzichten.[23] Wie nicht nur die englischen Puritaner, sondern auch die schottischen Calvinisten über das Wirtschaftsleben dachten, lässt sich dem 1647 verabschiedeten „Westminster Larger Catechism" entnehmen. Denn dort heißt es in der Erklärung des achten Gebots unter anderem, dass es Wahrheit, Treue und Gerechtigkeit in Verträgen und im Handel zwischen Menschen fordere. Es solle jedem das Seine gegeben und unrechtmäßig erworbenes Gut dem rechten Besitzer zurückerstattet werden. Man solle gemäß den eigenen Fähigkeiten und den Erfordernissen der Anderen freizügig geben und leihen. Verlangt werden Mäßigung im Hinblick auf weltliche Güter, Vorsorge bezüglich der lebensnotwendigen Dinge, Bescheidenheit, Vermeidung unnötiger Prozesse und Bürgschaften sowie Erhaltung und Förderung des Wohls der Anderen und des eigenen Wohls. Und verboten ist neben Raub, Entführung, Annahme von Diebesgut, betrügerischem Handel, falschen Maßen und Gewichten, ungerechten Verträgen zwischen Menschen, Unterdrückung, Erpressung, Bestechung, ungerechten Preisen, Diebstahl, Selbstbereicherung, Benachteiligung des Wohlstands der Anderen auch der Wucher.[24]

2 Wirtschaft und Religion in den Niederlanden

Ebenso wenig wie bei Calvin lässt sich im Hinblick auf den westeuropäischen Calvinismus, wie er in Frankreich, in den Niederlanden und auf den britischen Inseln einschließlich der Kolonien in Neuengland Fuß fasste, von der Ausbildung eines Geistes sprechen, der den Kapitalismus beförderte. Eher wurde dieser Geist, wo er vorhanden war, von der reformierten Kirche ausdrücklich zurückgedrängt und durch Zinsvorschriften geknebelt. Das ändert allerdings nichts an der Tatsache, dass sich der ökonomische Schwerpunkt von Italien und Spanien nach Norden verlagerte und Handel und Gewerbe, mit ihnen der Geist des Kapitalismus dort aufblühten. Auch gab es Stimmen, die bezüglich der Zinsen anders dachten als die meisten reformierten Theologen und Synoden. Diese Stimmen gehörten aber gerade nicht dem Lager der calvinistischen Orthodoxie an. In seinem großen Werk „De jure belli et pacis" von 1625 befasst sich Hugo Grotius, einer der Hauptrepräsentanten der arminianischen Partei, auch mit dem Zinsverbot. Zwar sage man gewöhnlich, dass das Verbot auf dem Naturrecht beruhe, doch leuchte das überhaupt nicht ein. „Denn wenn Geldleihe ihrer Natur nach unentgeltlich

23 A. a. O., 398–400.

24 *Reformierte Bekenntnisschriften, Bd. 3/2: 1605–1675, 2. Teil: 1647–1675,* bearbeitet von Emidio Campi und Torrance Kirby (Neukirchen-Vluyn: Neukirchener Verlag, 2016), 328–330.

sein müßte, könnte man das gleiche auch von der Sachleihe verlangen und doch darf man sich für den Gebrauch einer Sache etwas ausbedingen."[25] Auch sei der aristotelische Grundsatz, dass Geld keine Früchte trage, falsch. Schließlich trügen auch Häuser und andere Sachen von Natur aus keine Frucht, sondern erst die menschliche Tätigkeit ziehe einen Nutzen aus ihnen. Aber die Zinsnahme scheine nicht nur durch das Naturrecht, sondern auch durch das göttliche Gesetz verboten. Grotius führt die klassischen alttestamentlichen Belegstellen an und fügt hinzu, dass das unter Juden geltende Zinsverbot jetzt für jedermann gelten müsse, da das Evangelium allen Unterschied der Völker aufgehoben habe. Daher lese man bei Laktanz und Ambrosius, dass der Christ kein Geld auf Zins geben dürfe, da dies bedeute, dass er aus fremder Not Vorteil ziehe, er aber dazu verpflichtet sei, dem Bedürftigen zu helfen. Doch Grotius will die Argumente gegen den Zins nicht gelten lassen. Denn der Zins sei durchaus berechtigt als „Entschädigung dessen, der das Geld leiht, dafür, daß er es lange entbehrt", ebenso als „Entschädigung für den deshalb entgangenen Gewinn" und als „Entschädigung für den Aufwand dessen, der vielen Geld leiht und es dafür vorrätig hält, sowie für die Gefahr des Verlustes, wo keine genügende Bürgschaft gegeben wird"[26]. Grotius möchte in diesen Fällen gar nicht von Zins sprechen, da dies den Verdacht des Wuchers nahelege. Daher gelangt er zu dem folgenden Schluss: „Wenn die menschlichen Gesetze gestatten, sich für den Gebrauch des Geldes oder einer anderen Sache etwas auszubedingen, wie in Holland, wo schon lange acht Prozent und bei Kaufleuten zwölf Prozent jährliche Zinsen erlaubt sind, und wenn diese Gesetze sich dabei innerhalb der Entschädigung für den entzogenen oder entgehenden Gewinn halten, so verletzen sie nicht das Naturrecht und das göttliche Recht."[27]

Eine umfassende Verteidigung des Zinses legte Claudius Salmasius 1638 mit seinem Werk „De usuris" vor. Der Franzose, in Heidelberg zum Calvinismus konvertiert, als Philologe in Leiden lehrend und alles andere als ein Vertreter reformierter Orthodoxie, betrachtete den von kirchlicher Seite geschmähten Lombardier als eine für die Wirtschaft zentrale Gestalt. Denn von ihm könne sich der Kaufmann Geld leihen, um zum günstigsten Moment seine Waren einzukaufen. Salmasius rechtfertigte dabei das Zinsnehmen naturrechtlich. Während die Menschen im Urstand nur ihrem Eigennutz frönten, entwickle sich mit dem Willen zur Gemeinschaftsbildung das auf Vernunft basierende Naturrecht, dessen

25 Hugo Grotius, *De jure belli et pacis libri tres. Drei Bücher vom Recht des Krieges und des Friedens*, Paris 1625, neuer deutscher Text und Einleitung von Dr. Walter Schätzel (Tübingen: J.C.B. Mohr, 1950), II, 12, XX, 253.
26 A.a.O., II, 12, XXI, 254.
27 A.a.O., II,12, XII,254.

Grundprinzip die Billigkeit – „aequitas" – sei. Sie müsse auch im Geldverkehr herrschen, der Salmasius zufolge die Gemeinschaft unter den Menschen ebenso fördert wie der Warenverkehr. Das Geld werde nicht nur als Tauschmittel angesehen, sondern wie jedes andere Ding als Ware, die bezahlt werden müsse. Es besteht für Salmasius wie für Grotius grundsätzlich kein Unterschied zwischen der Vermietung eines Grundstücks oder eines Hauses und der Entleihung von Geld, für das man gleichfalls einen Betrag, nämlich den Zins, zu zahlen habe. An dem Vorteil, den der Empfänger durch das geliehene Geld gewinne, werde der Verleiher bei Rückerstattung des Geldes durch den aufgeschlagenen Zins beteiligt, und zudem drücke sich darin der Dank des Empfängers aus. Salmasius sieht auch im Neuen Testament kein ausdrückliches Zinsverbot, auch wenn es der Bergpredigt Lk 6,30 – 34 zufolge die christliche Liebe verlange, dass der Geldleiher nicht berücksichtigen dürfe, ob der Empfänger das Geld wieder zurückzahlen könne oder wolle. Sich an die Vorgaben der Bergpredigt zu halten, sei aber nicht von jedem Christen, sondern nur von den Vollkommenen zu verlangen. Von den gewöhnlichen Christen müsse hingegen bloß gefordert werden, dass sie sich beim Verleihen von Geld des Wuchers enthalten und am gesetzlichen Zinssatz orientieren. Eine zur Kunst – „ars" – verselbstständigte Geldwirtschaft, die nur noch auf den eigenen Gewinn abzielt und die gesetzlich gesteckten Grenzen überschreitet, lehnt auch Salmasius ab. Ansonsten bestreitet er jedoch, dass das Zinsnehmen Sünde sei. Allerdings blieb auf Seiten der reformierten Theologen die Empörung über seine Rechtfertigung des Zinsnehmens nicht aus. Im Auftrag der Synode von Holland schrieb der calvinistische Theologe Johann Cloppenburg 1640 seinen Traktat „De foenore et usuris" – „Über Zins und Wucher" – gegen Salmasius.[28]

Die Entwicklung der sich von Spanien emanzipierenden nördlichen Niederlande zu dem in Europa führenden Wirtschaftsstandort lag weniger daran, dass hier der Calvinismus als öffentliche Religion herrschte und die führenden Unternehmer von der calvinistischen Ethik geprägt waren. Denn diese Ethik war mit ihren engen Zinsvorschriften dem kapitalistischen Geist kaum förderlich. Dass die kapitalistische Wirtschaft in Holland zur Blüte gelangte, beweist vielmehr, dass sich hier die calvinistische Ethik im Wirtschaftsleben nicht durchsetzen konnte, sondern auf den Widerstand der Unternehmer und städtischen Magistrate stieß. Hugh Trevor-Roper vertrat die Meinung, dass bei den führenden Unternehmern in Holland, auch wenn sie Calvinisten waren, nicht ihre Konfession entscheidend für ihren kapitalistischen Geist gewesen sei, sondern die Tatsache, dass sie aus Familien stammten, die aufgrund der religiösen Repression oder aus strategischen

---

28 Holl, *„Frage des Zinsnehmens"* (s. Anm. 16), 395 – 398.

Gründen aus ökonomisch hochentwickelten Gebieten wie Flandern und der Wallonie in die Generalstaaten emigriert waren.[29] Es waren vorwiegend Flamen und Wallonen, die die Elite der calvinistischen Unternehmer in Holland bildeten und von dort ihre wirtschaftlichen Beziehungen zu den unterschiedlichen Ländern Europas aufbauten. Louis de Geer beispielsweise, der von Holland aus die Kupfer- und Eisenindustrie im Schweden Gustav Adolfs aufbaute und dessen Kriege finanzierte, war ein aus Lüttich gebürtiger Calvinist, dessen katholischer Vater, ein Kaufmann, in die Generalstaaten emigriert war.[30] Hans de Witte, der Finanzier Wallensteins und des katholischen Kaisers, war ein Calvinist aus Antwerpen.[31] Es waren aber nicht nur calvinistische Flamen und Wallonen, die den kapitalistischen Geist in die nördlichen Niederlande und andere Staaten brachten, sondern mit den italienischen Emigranten hielt er auch Einzug in Genf und der Schweiz. Für Trevor-Roper stellt es sich so dar, dass die kapitalistische Ökonomie bis zur Zeit der Reformation ihren Sitz vor allem in Italien, Flandern und Süddeutschland hatte und im Lauf des 16. Jahrhunderts nach Norden wanderte. Die entscheidende Frage ist für ihn, warum im 16. Jahrhundert so viele Vertreter dieser Ökonomie die alten Zentren in den katholischen Ländern verließen und in neue, nunmehr vorwiegend protestantische Gebiete emigrierten. Seine Antwort lautet, dass die Italiener vor der römischen Inquisition und die Flamen und Wallonen vor den Truppen Albas geflohen seien.[32] Die Generalstaaten, vor allem die Hauptprovinzen Holland und Seeland, entwickelten sich dank der Zuwanderung aus den südlichen Niederlanden zum Hauptumschlagplatz der Weltwirtschaft. Der Aufstieg Amsterdams zum Zentrum des internationalen Handels und der Hochfinanz hat die Wiedereinnahme des bisherigen Zentrums Antwerpen durch Alessandro Farnese 1585 und die damit einhergehende Zwangskatholisierung zur Voraussetzung. Der Magistrat von Amsterdam gewährte wie auch andere städtische Magistrate den Emigranten Niederlassungsprämien, stellte Anfangskapital bereit und bot geeignete Lokalitäten und Steuererleichterungen an, so dass die Wirtschaft einen ungeahnten Aufschwung nahm und sich in Holland erstmalig ein echter Weltmarkt entwickelte.[33] Parallel zu Schifffahrt und Handel lief der Aufbau des Bank- und Kreditwesens. Die Bank von Amsterdam wurde 1609, die dortige Börse 1611 nach flämischen Vorbildern gegründet. Banken waren

---

29 Hugh R. Trevor-Roper, *Religion, the Reformation and Social Change and other Essays* (London, Melbourne, Toronto: Macmillan, 1967), 15 – 17.

30 A. a. O., 8 f.

31 A. a. O., 11 f.

32 A. a. O., 23 f.

33 Horst Lademacher, *Die Niederlande. Politische Kultur zwischen Individualität und Anpassung* (Berlin: Propyläen, 1993), 280 – 282.

eine italienische Erfindung, wie die niederländische Bezeichnung der Bankiers als „Lombardiers" belegt. Die Amsterdamer Bank war wegen ihrer günstigen Zinssätze und Bereitschaft zu großen risikoreichen Darlehen europaweit besonders attraktiv. Die Börse war anfangs zwar eine Warenbörse, in der mit Naturprodukten gehandelt wurde, aber 1612 kam der Effektenhandel hinzu. Die Amsterdamer Börse war die weltweit erste Aktien- und Wertpapierbörse, denn die Aktie ist, worauf der niederdeutsche Ausdruck „actie" für „Anrecht", „Anspruch" hinweist, als Wertpapier, das an unternehmensfremde Aktionäre ausgegeben wird, eine niederländische Erfindung. Die ersten derartigen Aktien wurden von der Vereenigden Oostindischen Compagnie, der VOC, ausgegeben, die damit ihre Unternehmungen finanzierte. Die VOC, gegründet durch die Zusammenlegung konkurrierender „Vorkompanien", erhielt von den Generalständen das Schifffahrts- und Handelsmonopol zwischen dem Kap der Guten Hoffnung und der Magellan-Straße und besaß bis ins 18. Jahrhundert hinein die Führungsrolle im Welthandel.[34] Sie verdrängte die Portugiesen aus dem Gewürzgeschäft und schuf sich im indonesischen Jakarta, dem zur Festung und Stadt ausgebauten „Batavia", ihr überseeisches Zentrum.[35] Ihr Pendant erhielt sie 1621 mit der Gründung der Westindischen Kompanie, kurz WIC, die für Westafrika und die beiden Amerikas zuständig, wenn auch langfristig nicht so erfolgreich wie die VOC war.[36]

Angesichts der Blüte der Wirtschaft, die ohne das Kreditwesen und die Banken nicht denkbar war, ließen sich die kirchlichen Maßnahmen gegen die „Lombardiers" in den Generalstaaten kaum mehr aufrechterhalten. Das galt vor allem für die ökonomischen Zentren im Westen des Landes, die eine Vorreiterrolle bei ihrer Aufhebung spielten. 1658 hielt die Classis von Leiden die Zinsrestriktionen für ein Überbleibsel des päpstlichen Zinsverbots, und im selben Jahr erklärten die Staaten von Holland, dass keine Kirche das Recht habe, einen Bankier wegen seines Berufs vom Abendmahl auszuschließen. Am 30. März 1658 beschlossen die Staaten von Holland und Westfriesland, dass die Geldleihe der Banken nicht in den Bereich der kirchlichen, sondern in den der weltlichen Jurisdiktion falle. Die Kirchen hätten daher nicht über die Höhe des Zinses zu entscheiden, sondern diese werde vom Magistrat festgelegt, der auch dafür sorgen werde, dass die Armen vor Wucher geschützt würden. Den Kirchen wird untersagt, die Bankiers pauschal des Wuchers zu bezichtigen. Tatsächlich hatte dieser Erlass der Staaten von Holland und Westfriesland zur Folge, dass die Synoden sich

34 A.a.O., 288f.
35 A.a.O., 292.
36 A.a.O., 305f.

fortan der Stellungnahmen zu „Lombardiers“ enthielten.[37] Doch das Thema des Zinses blieb nach wie vor theologisch relevant. Gisbert Voetius, das Haupt der Utrechter Orthodoxie, führte 1667 in seiner Disputation „De trapezitis“ die Kriterien auf, die beim Zinsnehmen unbedingt zu berücksichtigen seien. Zins dürfe nur von solchen Schuldnern verlangt werden, die über Vermögen verfügen. Außerdem müsse er mäßig sein und dürfe nicht zur Unzeit eingefordert werden. Schließlich müsse der Geldleiher immer die Förderung des Empfängers und nicht den eigenen Gewinn im Auge haben. Aus diesem Grunde fordern die Theologen die Ersetzung der privaten Lombardiers durch staatliche und kirchliche Geldinstitute.[38] Aber die reformierte Kirche hatte ihren Einfluss auf das Wirtschaftsleben längst verloren, und die Wirtschaft selbst ließ sich auch nicht für kirchliche Zwecke einspannen. Das zeigte sich unter anderem daran, dass die VOC anders als die Portugiesen und Spanier keine Mission betrieb, sondern nur am Handel und Gewinn interessiert war, eine Haltung, die nicht zuletzt von den Japanern begrüßt wurde und den Niederländern die einzige europäische Handelsniederlassung in Japan auf einer vor Nagasaki gelegenen Insel verschaffte.[39]

3 Arbeit, Eigentum, Geld und Armut in England und Schottland

Eine ähnliche Öffnung gegenüber dem Kreditwesen wie in Holland lässt sich auch in England verzeichnen. 1673 publizierte der Nonkonformist Richard Baxter, ein gemäßigter Calvinist, sein Werk „A Christian directory“, in dem er sich unter dem Stichwort „Christian politics“ auch dem Leihen und Borgen widmet und auf scholastische Weise einzelne Fälle sorgfältig voneinander unterscheidet. So sei es etwa Sünde, wenn ein Armer sich Geld borge, obwohl er wisse, dass er es nicht zurückzahlen könne, dies aber verschweige. Für Baxter kommt dies Verhalten einem Diebstahl gleich, selbst wenn der Arme sich in größter Not befände. In diesem Fall wäre stattdessen Betteln erlaubt, das zum Überleben ausreichen würde.[40] Die Frage, ob ein Kaufmann einen Handel mit geborgtem Geld treiben dürfe, auch wenn der Erfolg des Handels und damit die Rückzahlung des Kredits

---

37 Albert Hyma, „Calvinism and Capitalism in the Netherlands, 1555–1700“, *The Journal of Modern History* 10 (1938), 321–343, 333f.

38 Holl, *„Frage des Zinsnehmens“* (s. Anm. 16), 398.

39 Hyma, *„Calvinism“* (s. Anm. 37), 339.

40 Richard Baxter, *A Christian directory: or, a summ of practical theology, and cases of conscience* (London, 1707), 813.

ungewiss sei, beantwortet Baxter differenziert. Wenn der Gewinn höchstwahrscheinlich sei, hält er das Borgen für legitim. Zudem hätten manche Kaufleute so viel Landbesitz, dass er zur Rückerstattung des geliehenen Geldes ausreiche, wenn das Geschäft keinen Gewinn bringen, sondern verlustreich sein sollte. Wenn das Geschäft hingegen ein hohes Risiko in sich berge, sei derjenige, der sich Geld borge, verpflichtet, dies dem Kreditgeber mitzuteilen. Geschehe dies nicht, komme das Verhalten einem Diebstahl gleich. Diebstahl und damit Sünde sei es auch, wenn jemand sich Geld borge, nicht wissend, ob er es zum vereinbarten Termin zurückzahlen könne.[41] Grundsätzlich hält Baxter auch Pfandleihe für erlaubt, wenn es sich beim Pfand nicht um einen lebensnotwendigen Gegenstand wie Kleidung, Betten und Arbeitswerkzeuge handle. Schließlich kommt er auch auf den Zins zu sprechen, indem er die Frage stellt, ob es denn gestattet sei, für das geliehene Geld einen Zins zu verlangen. Baxter bemerkt, bevor er sie beantwortet, dass diese Frage so viele Traktate hervorgebracht habe, dass seine kurzen Ausführungen den Kenner der Materie kaum befriedigen dürften. Grundsätzlich unterscheidet er zwischen unrechtmäßigem und erlaubtem Zins. Unrechtmäßig und damit Sünde sei ein Zins dann, wenn er gegen die Gerechtigkeit oder die Nächstenliebe verstoße. Das sei zum Beispiel dann der Fall, wenn Geld zu einem bestimmten Zins verliehen werde, obgleich die Nächstenliebe ein zinsloses Darlehen verlangt hätte.[42] Auch sei man zum Verzicht auf den Zins verpflichtet, wenn die Existenz dessen, dem man Geld geliehen hat, andernfalls bedroht wäre. Grundsätzlich habe die Sorge um das Leben der Anderen durch Zinsverzicht und Almosengeben Vorrang vor der Sorge um die eigene Bequemlichkeit. Wenn der Nächste dessen bedürftig sei, habe man zudem die Pflicht, ihm Geld zinslos zu leihen. Was das traditionelle Zinsverbot betrifft, so muss es sich laut Baxter entweder durch das Naturgesetz – „Law of Nature" – oder durch ein positives „Law of supernatural Revelation", das heißt das mosaische Gesetz oder das Gesetz Christi begründen lassen.[43] Doch Baxter zufolge verbieten die entsprechenden alttestamentlichen Belegstellen nicht den Zins generell, sondern verboten werde nur die Erhebung eines Zinses gegenüber armen Volksgenossen, die auch immer da gemeint seien, wo sie nicht ausdrücklich genannt würden. Denn in Israel habe man Geld bloß an Bedürftige ausgeliehen, weil man dort keinen Kredit für kaufmännische Geschäfte gekannt habe.[44] Dagegen sei der Zins gegenüber Fremden durchaus erlaubt gewesen, auch wenn man ihnen keine Ungerechtigkeit habe zufügen dürfen. Allerdings bezögen sich die alttestamentlichen Stellen nur dann

41 A. a. O., 814.
42 A. a. O., 816.
43 A. a. O., 814.
44 A. a. O., 815.

auch auf Christen, wenn sie Teil des Naturgesetzes oder des Gesetzes Christi seien. Es gebe allerdings weder ein Gesetz Christi, das den Zins als solchen verbiete, noch werde er durch das Naturgesetz verboten. Denn der Zins als solcher verstoße weder gegen die Gerechtigkeit noch gegen die Nächstenliebe, da man ihn für Werke der Liebe an Armen und Waisen verwenden könne. Der Zins verpflichte den Reichen dazu, sich mit ihm für die Bedürftigen einzusetzen.[45]

Auch das ist natürlich alles andere als ein Freibrief für das kapitalistische Gewinnstreben, das auf Eigennutz beruht. Doch sieht man zumindest die positiven Folgen, die der Zins haben kann, wenn man ihn für die Bedürftigen verwendet. Allerdings entwickelte der englische Puritanismus, dessen Ethik in Baxters Werk ihren vollendeten Ausdruck gefunden hat, eine Auffassung vom Menschen, mit der sich der kapitalistische Geist bequem verbinden konnte. In den Verfassungsdiskussionen, die in Cromwells New Model Army geführt wurden, machten sich die Leveller für die angeborenen Freiheitsrechte jedes Individuums stark. Der Leveller Richard Overton beginnt seine 1646 veröffentlichte Flugschrift „An Arrow against all Tyrants or Tyranny" folgendermaßen: „Im Zustand der Natur ist jedem Individuum durch die Natur ein individuelles Eigentum gegeben, das niemand antasten oder sich aneignen darf. Denn ein jeder hat, so wie er ist, ein Eigentum an sich selbst, sonst könnte er nicht er selbst sein."[46] Mit dem Eigentum – englisch: „propriety", später „property" – an sich selbst habe Gott jedes Individuum erschaffen. Es impliziere die Freiheit, über sich selbst und seine gleichfalls anerschaffenen Fähigkeiten zu verfügen. Diese puritanische Vorstellung vom Menschen als einem Individuum, das vom Schöpfer mit der Freiheit zur Selbstentfaltung ausgestattet ist, teilt der selbst aus einer puritanischen Familie stammende John Locke mit den Levellern. Im zweiten seiner „Two Treatises of Government", erschienen 1689 kurz nach der Glorious Revolution, die Wilhelm III. von Oranien und seine Gemahlin Maria, die Tochter des Stuart-Königs Jakob II., auf den Thron brachte, widmet Locke ein Kapitel der Frage des Eigentums. Sowohl aus der natürlichen Vernunft als auch aus der Schriftoffenbarung ergebe sich, dass Gott die Erde den Menschen gemeinsam zur Selbsterhaltung gegeben habe. Daher stelle sich die Frage, wie einzelne Menschen zu einem Eigentum an einzelnen Teilen dieses gemeinsamen Besitzes hätten gelangen können. Obwohl die Erde mit allen niederen Lebewesen allen Menschen gemeinsam gehöre, habe doch jeder Mensch ein Eigentum an seiner eigenen Person, auf die er allein ein Recht habe, und was er mit der Arbeit seines Körpers bearbeite und so dem Na-

45 A. a. O., 816.

46 Zitiert nach Crawford Brough Macpherson, *Die politische Theorie des Besitzindividualismus. Von Hobbes bis Locke* (Frankfurt a. M.: Suhrkamp, 1967), 161.

turzustand entziehe und zu einem Werk seiner Hände mache, sei sein Eigentum. „Da er es dem gemeinsamen Zustand, in den es die Natur gesetzt hat, entzogen hat, ist ihm durch seine *Arbeit* etwas hinzugefügt worden, was das gemeinsame Recht der anderen Menschen ausschließt.“[47] Bereits wenn ich einen Apfel vom Baum pflücke, werde er durch diese Arbeit mein Eigentum. Doch dasselbe Naturgesetz, das uns auf diese Weise Eigentum gebe, begrenze auch dieses Eigentum. Denn Gott gebe uns nur so viel zum Eigentum, wie wir zu unserem Lebensunterhalt verbrauchen können, ehe es verdirbt. Dasselbe, was von den einzelnen natürlichen Dingen gelte, treffe aber auch auf die Erde selbst zu. So viel Land ein einzelner Mensch bepflüge, bepflanze, bebaue, kultiviere und so viel er von seinem Ertrag verwerten könne, so viel sei sein Eigentum. Locke beruft sich für die Legitimation des Privateigentums an Land auf den göttlichen Befehl Gen 1,28; 2,15, sich die Erde zu unterwerfen und sie zum Vorteil des Lebens zu bebauen. „Gott gab also durch das Gebot, sich die Erde zu unterwerfen, die Vollmacht, sie sich *anzueignen*. Und die Bedingung des menschlichen Lebens, das Arbeit und Stoff, der bearbeitet werden kann, erfordert, führt notwendigerweise zum *Privatbesitz*.“[48] Auch hier gelte ursprünglich, dass der einzelne Mensch sich nur so viel Land aneignen dürfe, wie er nutzen könne. Dass es gleichwohl dazu kam, dass mehr Land in privates Eigentum übergegangen ist, führt Locke auf die Erfindung des Geldes und der Übereinkunft der Menschen, ihm einen Wert beizumessen, zurück. Der größte Teil der für das Leben des Menschen wirklich nützlichen Dinge seien solche Dinge, die nach kurzer Zeit verderben. Dagegen handle es sich bei Gold, Silber und Diamanten um beständige Dinge, denen die Laune und Übereinkunft der Menschen ihren Wert als Geld gegeben habe, auch wenn man sie nicht zum Lebensunterhalt brauche. Anders als dem Ansammeln verderblicher Nahrungsmittel seien dem Menschen beim Ansammeln unverderblichen Geldes keine Grenzen gesetzt. „Er durfte von diesen beständigen Dingen so viel anhäufen, wie er wollte. Denn die *Überschreitung der Grenzen seines rechtmäßigen Eigentums* lag nicht in der Vergrößerung seines Besitzes, sondern darin, daß irgend etwas ungenutzt verdarb.“[49] Durch die Erfindung des Geldes habe sich der Mensch die Möglichkeit geschaffen, seinen Besitz beständig zu machen und ständig zu vergrößern. Zudem habe er das Geld nach gegenseitiger Übereinkunft gegen die wirklich nützlichen, weil zum Lebensunterhalt notwendigen, aber verderblichen Dinge eintauschen können. Ebenso habe er von dem Geld Land kaufen können, um es bearbeiten zu lassen und die verderblichen

---

47 John Locke, *Zwei Abhandlungen über die Regierung*, hg. und eingeleitet von Walter Euchner (Frankfurt a. M.: Suhrkamp, 1977), 217.
48 A. a. O., 221.
49 A. a. O., 229.

Produkte gegen Geld zu verkaufen. Auf diese Weise sei es zur ungleichen Verteilung des Geldes und damit des Privateigentums gekommen.

Locke hat sich in seinen „Some Considerations of the consequences of the lowering of Interest and the raising of the Value of Money“ von 1692 und den „Further Considerations raising the Value of Money“ von 1695 auch mit der Frage auseinandergesetzt, ob eine Senkung des Zinsfußes die Wettbewerbsfähigkeit Englands vor allem gegenüber der Wirtschaftsmacht Holland stärken könne. Aber hier soll es um die andere Frage gehen, wie sich auf dem Boden des von Locke propagierten Besitzindividualismus die kapitalistische Wirtschaft entwickelte. Dazu mag der Blick auf das Werk eines in Holland geborenen Hugenotten dienen, der sich in London als Arzt niederließ. Bernard de Mandeville veröffentlichte 1705 die Sixpenny Broschüre „The Grumbling Hive“, zu Deutsch „Der unzufriedene Bienenstock oder Die ehrlich gewordenen Schurken“. 1714 erschien eine um längere Kommentare erweiterte Fassung unter dem Titel „Die Bienenfabel, oder private Laster, öffentliche Vorteile“, die 1723 noch einmal um zwei Essays, darunter die „Abhandlung über Barmherzigkeit, Armenpflege und Armenschulen“, erweitert wurde. Bereits der Untertitel „private Laster, öffentliche Vorteile“ enthält die Kernthese der Bienenfabel. Danach ist es keineswegs die Tugend, die für den Wohlstand eines Gemeinwesens sorgt, sondern es sind gerade die Laster der einzelnen Bürger, die, anders als man erwarten sollte, zum Gemeinwohl beitragen. Mandeville geht davon aus, dass der Mensch wesentlich durch den Selbsterhaltungstrieb und die ihm dienende Eigenliebe geprägt sei. Sie kennzeichneten die Mitglieder dessen, was man dann die bürgerliche Gesellschaft nannte. Es seien gerade die Lasterhaften, die das allgemeine Wohl beförderten. „Der Allerschlechteste sogar/ Fürs Allgemeinwohl tätig war“[50]. Mandeville spricht von einem seltsamen Paradox. Selbst aus den Dieben und Einbrechern erwachse der Gesellschaft ein Vorteil. Denn wenn alle Mitglieder der Gesellschaft durch und durch redlich wären, dann wäre die Hälfte aller Schmiede, die die Ketten und Handschellen anfertigen, beschäftigungslos. Wenn einem widerlichen geizigen Millionär eine große Geldsumme geraubt werde, so sei gewiss, „daß, sobald dann dieses Geld zirkuliert, dem Volke der Raub zugute kommt und es einen ebenso großen und realen Gewinn daraus zieht, als wenn ein Erzbischof dieselbe Summe für Wohlfahrtszwecke hinterlassen hätte“[51]. Der Kaufmann, der Getreide und Tuch exportiert und dafür Wein und Branntwein importiert, trägt zum allgemeinen Wohl der Gesellschaft bei, indem er vom Laster seiner Mitmenschen, nämlich von

---

50 Bernard Mandeville, *Die Bienenfabel oder Private Laster, öffentliche Vorteile*, mit einer Einleitung von Walter Euchner, 2. Aufl., (Frankfurt a. M.: Suhrkamp, 1998), 84.

51 A. a. O., 135.

deren Trunksucht zehrt. „Das gleiche wäre nicht bloß von Karten- und Würfelfabrikanten zu sagen, sondern auch von Seiden- und Polsterwarenhändlern, von Schneidern und vielen anderen, die innerhalb eines Jahres verhungern müßten, wenn Eitelkeit und Luxus einmal aus dem Volke verbannt werden sollten."[52] Diese Laster seien die wahre Triebkraft des Handels und führten zur Erfindung neuer Produkte. „Stolz, Luxus und Betrügerei/ Muß sein, damit ein Volk gedeih'."[53] Der Reichtum eines Gemeinwesens beruhe also auf den Lastern seiner Bürger, ihrer Habgier und Verschwendung, ihrem Stolz, Neid und Ehrgeiz.[54] Der Geiz des Vaters fördere die Akkumulation von Kapital, während die Verschwendungssucht des Sohnes dessen Zirkulation beschleunige und die Produktion beflügle. Die Konversion der Bienen zu einem tugendhaften Leben führt bei Mandeville hingegen zum Ruin des zuvor blühenden Bienenstocks.[55]

Die bürgerliche Gesellschaft ist für Mandeville das, was Hegel als System der Bedürfnisse charakterisiert hat. Die Vielzahl der Bedürfnisse hat für ihn die Vielzahl der Wirtschafszweige zur Folge, deren Produkte die Bedürfnisse befriedigen. Je größer die Bedürfnisse, desto größer die Produktion und die Zahl der Arbeitsplätze. Die bürgerliche Gesellschaft beruhe auf dem Privateigentum und der Arbeit der Armen, die zur Vermehrung des Reichtums beitrügen.[56] Mandeville ist überzeugt, „daß in einem freien Volk, wo die Sklaverei verboten ist, der sicherste Reichtum in einer großen Menge schwer arbeitender Armer besteht"[57]. Der Reichtum werde aber umso größer sein, je billiger die Arbeit sei. Daher solle der Arbeiter nur so viel Lohn erhalten, wie er durch den Erwerb von Nahrungsmitteln zur Erhaltung seiner Arbeitskraft benötige. Die Lebensmittel wiederum könnten nur billig sein, wenn die Arbeit selbst billig sei. Weil die Armen als Arbeitskräfte notwendig seien, um die Bedürfnisse der Reichen zu befriedigen, hält Mandeville auch nichts von Einrichtungen, die darauf abzielen, das Los der Armen zu verbessern. In seiner „Abhandlung über Barmherzigkeit, Armenpflege und Armenschulen" führt er die Tugend der Barmherzigkeit zurück auf die Eigenliebe, nämlich den Wunsch, das Unlustgefühl des Mitleids, das das Leiden anderer Geschöpfe in uns auslöst, durch ein Almosen zu verringern.[58] Die wahren Beweggründe für den Bau von Hospitälern seien Stolz und Eitelkeit. Was die Armenschulen betreffe, so meine man zwar, dass Kinder, die in den Grundlagen der

52 A. a. O., 133.
53 A. a. O., 92.
54 A. a. O., 41 f.
55 A. a. O., 86–92.266–268.
56 A. a. O., 333.
57 A. a. O., 319.
58 A. a. O., 291.

Religion unterrichtet werden und das Wort Gottes lesen können, sich moralisch vervollkommnen würden. Aber in Wirklichkeit lernten die Kinder in den Armenschulen etwas, was sie später für ihre Arbeit überhaupt nicht gebrauchen könnten und sie daher nur unzufrieden mache.[59] Außerdem entdeckt Mandeville das wahre Motiv für die Einrichtung von Armenschulen durch die Hochkirche und die Presbyterianer in dem Machtbedürfnis von Vertretern des Mittelstandes, die gerne Vorsteher von Vereinen sein möchten, die sich für den vermeintlich guten Zweck einsetzen.[60] Denn es sei „weitverbreitete Ansicht, daß die Schulen nicht bloß dem Gegenwartsinteresse der Gesellschaft dienen, sondern auch das Christentum uns auffordert und verpflichtet, sie im Hinblick auf unser künftiges Wohlergehen zu errichten“[61].

Es ist verständlich, dass gerade Mandevilles Ausführungen zur Armenschule auf entschiedenen Protest stießen. So verteidigte William Hendley 1725 in seiner „Defence of the Charity Schools“ die Armenschulen mit dem Argument, dass die Kinder der Armen dort zu Bescheidenheit und Pflichterfüllung in dem ihnen von Gott zugewiesenen Stand erzogen würden.[62] Allerdings änderte die Tatsache, dass Adam Smith wie Hume und viele andere Einwände gegen Mandevilles ethische Theorie vorbrachten, nichts daran, dass er das Bild, das der Autor der Bienenfabel von der bürgerlichen Wirtschaftsgesellschaft zeichnete, grundsätzlich teilte. Smith war Schotte, und Schottland war ungeachtet des Calvinismus, der hier anders als in England herrschte, ein wirtschaftlich zurückgebliebenes Agrarland bis zu seiner 1707 vollzogenen Union mit dem prosperierenden südlichen Nachbarn.[63] Mit Smith brachte das reformierte Schottland allerdings einen Moralphilosophen hervor, der als Begründer der klassischen Nationalökonomie gilt. Am Anfang von Smith‘ „Inquiry into the Nature and Causes of the Wealth of Nations“, hervorgegangen aus Vorlesungen an der Universität Glasgow und erschienen 1776, steht die berühmte Beschreibung der Arbeitsteilung und ihrer wirtschaftlichen Vorteile. Die Arbeitsteilung, dargestellt an der Herstellung von Stecknadeln, führt nicht nur zu einer höheren Produktivität, sondern auch zur Erfindung von Maschinen, die die Arbeitsprozesse erleichtern. Eine Folge davon ist in einem gut regierten Staat das Wachstum des Wohlstands, der selbst die untersten Schichten

59 A. a. O., 319 f.
60 A. a. O., 311 f.
61 A. a. O., 315 f.
62 A. a. O., 33.
63 Trevor-Roper, *Religion* (s. Anm. 29), 396 f.

erreicht.[64] An der Wolljacke eines Tagelöhners in einem entwickelten Land macht Smith dann deutlich, wie selbst der Tagelöhner von der Arbeitsteilung profitiert. Als Ursache der Arbeitsteilung führt er die natürliche Neigung des Menschen an, zu handeln und Dinge auszutauschen. Dabei sei der Mensch auf die Hilfe anderer angewiesen, die er umso eher erhalten werde, wenn er statt an ihr Wohlwollen an ihre Eigenliebe appelliere. „Nicht vom Wohlwollen des Metzgers, Brauers und Bäckers erwarten wir das, was wir zum Essen brauchen, sondern davon, daß sie ihre eigenen Interessen wahrnehmen. Wir wenden uns nicht an ihre Menschen-, sondern an ihre Eigenliebe, und wir erwähnen nicht die eigenen Bedürfnisse, sondern sprechen von ihrem Vorteil."[65] Die Arbeitsteilung sei umso größer, je größer der Markt sei, weshalb sie in der Stadt weiter fortgeschritten sei als auf dem Dorf. Wirtschaftliches Wachstum und damit wachsender Wohlstand setzten daher die Ausweitung des Marktes voraus, weshalb Smith für den Freihandel plädiert. Der Tauschhandel führe schließlich zur Einführung des Geldes als eines allgemein akzeptierten und standardisierten Tauschmittels aus haltbarem Material.[66] Der Preis für die Ware hänge dabei nicht nur von der Nachfrage ab, sondern er setze sich zusammen aus dem Lohn der Arbeiter für die Herstellung der Ware, der Bodenrente für die Landbesitzer, deren Grund die Fabrik trägt, und dem Gewinn der Eigentümer des Kapitals, das für die Herstellung benötigt wird. Der Anstieg des Arbeitslohns beruht Smith zufolge auf der kontinuierlichen Zunahme des nationalen Wohlstands, wobei höhere Löhne zu Wachstum der Bevölkerung, Verbesserung der Gesundheit und Steigerung der Körperkräfte des Arbeiters führten.[67] Smith begründet auch die unterschiedliche Höhe des Arbeitslohns für verschiedene Arten von Arbeit, wobei die Anstrengung, die Arbeit bedeute, durch den angemessenen Lohn kompensiert werden müsse. Die Unannehmlichkeit der Arbeit solle durch die Annehmlichkeit des Verdienstes aufgewogen werden. Wenn der Produzent seine Ware verkauft habe, diene der finanzielle Erlös zum einen für seinen eigenen Lebensunterhalt und zum andern als Kapital für die künftige Warenproduktion. Die Akkumulation von Kapital komme durch Sparen zustande, indem man die finanziellen Aufwendungen für den eigenen Verbrauch senke und das so Gesparte in die Warenproduktion investiere. Dies geschehe beim warenproduzierenden Unternehmer direkt, indirekt hingegen dort, wo man dem Un-

64 Adam Smith, *Der Wohlstand der Nationen. Eine Untersuchung seiner Natur und seiner Ursachen*, aus dem Englischen übertragen und mit einer umfassenden Würdigung des Gesamtwerkes von Horst Claus Recktenwald (München: Beck, 1974), 9–15.

65 A.a.O., 17.

66 A.a.O., 22–28.

67 A.a.O., 61.

ternehmer Kapital gegen Zinsen ausleihe.[68] Durch das Sparen werde das Kapital somit produktiv genutzt, und Smith geht davon aus, dass der Spartrieb beim Menschen den Verschwendungshang übersteige.[69]

Was die Höhe des Lohns und somit den sozialen Status des Arbeiters angeht, so fordert Smith, dass er selbst im schlimmsten Fall so beschaffen sein müsse, dass er „sich mit unseren Vorstellungen über Humanität eben noch vereinbaren läßt“[70]. Es ist auch nicht so, dass Smith die Nachteile der Arbeitsteilung unberücksichtigt ließe. Er hat die Gefahr der Abstumpfung bei eintöniger Arbeit und die Ablenkung durch Alkoholkonsum durchaus gesehen und dem Staat nahegelegt, dem durch Schulbildung für Kinder der Unterschicht entgegenzuwirken.[71] Die Probleme verschärften sich jedoch gerade auf den britischen Inseln mit dem Fortschreiten der industriellen Revolution, und Lösungsvorschläge kamen auch von Seiten der reformierten Kirche Schottlands, wobei hier die entscheidende Figur Thomas Chalmers war. Chalmers hat zwar die kapitalistische Wirtschaft als solche nicht bekämpft, das Ziel der Güterproduktion aber nicht in der ständigen Erhöhung des Kapitals, sondern im Güterverbrauch gesehen. Zudem stellte er dem Erwerbstrieb des Einzelnen die soziale Pflicht der Gemeinschaft gegenüber. Die Gemeinschaft ist in seinen Augen für das leibliche und seelische Wohl ihrer Glieder verantwortlich, und gerade deshalb könne der Staat diese Aufgabe nicht übernehmen. Der Staat sei zwar in der Lage, den Armen äußerlich durch Geld zu unterstützen, doch könne er den Einzelnen nicht innerlich so fördern, dass er sich seiner eigenen Würde bewusst werde.[72] Chalmers war Pfarrer der reformierten Kirche von Schottland und wurde 1815 an die Trone’s Church nach Glasgow berufen. Wie in allen Städten, in denen die industrielle Revolution erfolgreich war, war in Glasgow die Bevölkerung sprunghaft gewachsen, ohne dass die geistliche Versorgung durch die Kirche dem nachgekommen wäre. Gerade angesichts der zunehmenden Entfremdung der Arbeiterschaft von der Kirche ging es Chalmers darum, dass die Kirche die Bevölkerung, zumal die sozial Schwachen, für sich gewinne. Zwar gab es seit den Zeiten Elisabeths I. ein Armengesetz, das nach der Union auch in Schottland Eingang fand, wonach jede Gemeinde zur Versorgung der in ihr wohnenden Armen eine Steuer erheben konnte. In Glasgow floss die Armensteuer im Town Hospital zusammen, und hinzu traten noch die Kirchen-

68 A.a.O., 289–295.
69 A.a.O., 282.
70 A.a.O., 62.
71 A.a.O., 664 f.
72 Karl Holl, „Thomas Chalmers und die Anfänge der kirchlich-sozialen Bewegung“ in: Ders., *Gesammelte Aufsätze zur Kirchengeschichte*, Bd. III: *Der Westen* (Tübingen: J.C.B. Mohr, 1928), 404–436, 421 f.

spenden, die von Presbytern an die Armen der Gemeinde verteilt wurden.[73] Chalmers kritisierte dieses System seit 1817 in Artikeln, aus denen dann sein Werk „On the Christian and Economic Polity of a Nation" entstand. Er unterschied scharf zwischen den Aufgaben des Staates, dem es obliege, die Gerechtigkeit durchzusetzen, und der freiwilligen christlichen Nächstenliebe, die in den Händen der Kirche liegen müsse. Die erzwungene Wohltätigkeit des Staates lege die freiwillige der Kirche lahm, und die Presbyter würden von den Almosenempfängern nur als Handlanger des Staates angesehen. Chalmers verwirklichte seine eigenen Vorstellungen der Armenfürsorge in St. John's, einer neugegründeten Glasgower Arbeitergemeinde. Dazu erneuerte er das im Altcalvinismus beheimatete Amt des Diakons, das für die Armenpflege zuständig war, verzichtete auf die Einnahmen der Armensteuer und bestritt die soziale Fürsorge nur aus Spendenaufkommen seiner Sonntagsgottesdienste. Die Diakone hatten dabei die Aufgabe, die Leistungsfähigkeit der Armen und die Unterstützungsmöglichkeit durch Verwandte und Nachbarn zu überprüfen. Nicht zuletzt durch den Appell an die Eigenverantwortlichkeit und die Selbstachtung des Arbeiters ließ sich die Zahl der wirklich Bedürftigen drastisch reduzieren.[74] Chalmers erhebt auch keine grundsätzlichen Einwände gegen Arbeitervereinigungen als Versuchen der Arbeiter zur Selbsthilfe. „Es lasse sich kein sittlicher Grund denken, warum der Arbeiter seine Ware, d. h. seine Arbeitskraft nicht auch so teuer wie möglich solle verkaufen dürfen. Und wenn die Arbeiter glaubten, nur durch Vereinigung oder durch Arbeitseinstellung ihr Ziel erreichen zu können, so sei auch dagegen vom sittlichen Standpunkt aus nichts einzuwenden."[75] Doch letztlich glaubt Chalmers, dass dem Arbeiter nicht schon durch gewerkschaftlichen Zusammenschluss und Schulbindung, sondern nur durch die sittliche Erziehung der christlichen Kirche geholfen werde, da nur sie ihn zu wirklicher Selbstachtung führe.

4 Calvinismus und Kapitalismus

Chalmers hat zwar mit seinem Programm der Wiederbelebung des altcalvinistischen Diakonats zur Armenpflege in Schottland keinen dauerhaften Erfolg gehabt. Aber er hat mit seinen Ideen in England den Anstoß für die Ausbildung eines christlichen Sozialismus in der anglikanischen Kirche geliefert, und sein Wunsch

73 A. a. O., 404–408.
74 A. a. O., 408–413.
75 A. a. O., 416.

nach Wiedereinführung des Diakonenamts wurde auch in Preußen diskutiert.[76] Das Elberfelder Armenpflegesystem von 1850, im reformierten Umfeld von Rheinland-Westfalen entstanden, weist gleichfalls auf Chalmers Vorschläge zurück.[77] Es war aber nicht nur Chalmers, der eine Wirkung im protestantischen Deutschland ausübte. Vielmehr lässt sich auch von einem starken Einfluss der britischen Nationalökonomie auf die Staats- und Wirtschaftsphilosophie im Umkreis des deutschen Idealismus sprechen. In seinen Vorlesungen über „Die Lehre vom Staat" von 1829–1833 geht Schleiermacher bei seiner Beschreibung der bürgerlichen Gesellschaft davon aus, „daß bürgerlicher Zustand und Eigenthum im rechtlichen Sinne sich gegenseitig bedingen"[78]. Zudem „entwikelt sich mit dem Eigenthum zugleich die Theilung der Arbeiten"[79]. Den damit entstehenden Verkehr und das Finanzwesen könne man sich aber nicht denken ohne Geld. Beim Warenaustausch kann es sich ergeben, dass der Geschäftspartner mir als gleichwertige Tauschware etwas anbietet, dessen ich nicht bedarf. Das führt laut Schleiermacher zur Entstehung des Geldes als demjenigen, „was jeder zu jeder Zeit brauchen kann"[80]. Bereits diese Zitate belegen den Rückgriff Schleiermachers auf die britische Nationalökonomie. Das ist aber nichts spezifisch Reformiertes mehr, wie überhaupt der konfessionelle Hintergrund in diesem Zusammenhang keine entscheidende Rolle mehr spielt. Doch das 19. Jahrhundert zeigte gleichwohl trotz oder gerade wegen der Unionsbestrebungen ein ausgeprägtes Interesse an der Erfassung der spezifischen Differenzen zwischen den einzelnen Konfessionen nicht nur in dogmatischer Hinsicht, sondern auch hinsichtlich ihrer Soziallehren, und in diesem Kontext sind die Überlegungen zum Zusammenhang zwischen Calvinismus und Kapitalismus zu verorten, die zu Beginn des 20. Jahrhunderts formuliert wurden.

Der in Zürich lehrende Schleiermacherschüler Alexander Schweizer war es, der in seiner „Glaubenslehre der evangelisch-reformirten Kirche" 1844 zwar die Gemeinsamkeit der Lutheraner und Reformierten in der Kritik der Missstände des Katholizismus herausstellte, aber zugleich bemerkte, dass der gemeinsame protestantische Geist in der reformierten Konfession als ein anderer Typus als im Luthertum erscheine. Kennzeichnend für die Reformierten sei die „vorherr-

---

76 A. a. O., 429–433.

77 A. a. O., 433–436.

78 Friedrich Daniel Ernst Schleiermacher, *Vorlesungen über die Lehre vom Staat*, hg. v. Walter Jaeschke, KGA II,8, (Berlin, New York: Walter de Gruyter, 1998), 116.

79 Ebd.

80 A. a. O., 118.

schende *Protestation wider alles Paganische*“[81]. Durch alle Dogmen der reformierten Konfession ziehe sich als gemeinsame Grundrichtung, „alles Heil, allen Heilsentscheid, alle Heilswirksamkeit schlechthin allein Gott zuzuschreiben als der unbedingt Alles bestimmenden Macht; niergends hingegen das Heil von kreatürlichen Entschlüssen, Handlungen oder Dingen und Ceremonien abhängig, oder Gott in seinen Rathschlüssen dadurch bedingt oder auch nur mit bestimmt zu denken“[82]. Weil die Wirksamkeit der göttlichen Gnade völlig unabhängig vom Willen der Kreatur gedacht werde, komme es zur Lehre von der absoluten Prädestination und zu einer von den kreatürlichen Elementen in den Sakramenten unabhängigen Gnadenwirkung. Der Protest gegen jede Kreaturvergötterung führe zu dem Glauben, dass Gott allein nach absolut unbedingten, als Selbstmanifestation aus ihm hervorgehenden ewigen Dekreten alles, was im Reich der Natur wie der Gnade wird und geschieht, entscheidet. Das Materialprinzip der Lutheraner, die vor allem gegen die jüdische Werkheiligkeit opponierten, die sie im Katholizismus entdeckten, sei die Rechtfertigung allein durch Glauben, das der Reformierten, die im Katholizismus die paganen Momente bekämpften, das Prinzip alleiniger Abhängigkeit schlechthin von Gott. Es handle sich um einen religiösen Determinismus im Interesse der unverkümmerten Ehre Gottes.[83] Das Materialprinzip der Lutheraner sei anthropologisch, das der Reformierten theologisch.[84] Zwar sei die Erwählung des Menschen durch Gott von allem Kreatürlichen unabhängig, aber die Bekehrung und Buße könnten ebenso wie die guten Werke im Prozess der Heiligung als Wirkung des Heiligen Geistes und damit als Zeichen der Erwählung gelten.[85]

Der in Bern lehrende Lutheraner Matthias Schneckenburger hat in seiner „Vergleichenden Darstellung des lutherischen und reformierten Lehrbegriffs“, die 1855 postum erschien, den Unterschied zwischen beiden protestantischen Konfessionen in ausdrücklicher Abgrenzung von Schweizer in der religiösen und ethischen Psychologie entdecken wollen. Dem lutherischen Quietismus stellte er die reformierte Aktuosität gegenüber.[86] Zwar ist auch für Schneckenburger das Prädestinationsdogma zentral, doch betont er die mit der Erwählungsgewissheit

---

81 Alexander Schweizer, *Die Glaubenslehre der evangelisch-reformirten Kirche dargestellt und aus den Quellen belegt*, Bd. 1 (Zürich: Orell, Füssli und Comp., 1844), 16.

82 A.a.O., 22.

83 A.a.O., 35f.40.

84 A.a.O., 42.

85 Alexander Schweizer, *Die Glaubenslehre der evangelisch-reformirten Kirche dargestellt und aus den Quellen belegt*, Bd. 2 (Zürich: Orell, Füssli und Comp., 1847), 496.

86 Matthias Schneckenburger, *Vergleichende Darstellung des lutherischen und reformirten Lehrbegriffs*, hg. v. Eduard Güder, Bd. 1 (Stuttgart: J.B. Metzler, 1855), 51.

verbundene Notwendigkeit zu guten Werken. „Wer seiner Erwählung gewiss ist, der weiss, dass er erwählt ist zu guten Werken, und nur wer nach Heiligung strebt, kann seiner Erwählung gewiss sein."[87] Unsere eigene Erwählung und die Wahrheit unseres Glaubens erproben wir und ihrer vergewissern wir uns an unseren guten Werken. Schneckenburgers Berner Kollege Bernhard Hundeshagen griff dessen Grundgedanken in seinen 1864 erschienenen „Beiträgen zur Kirchenverfassungsgeschichte und Kirchenpolitik insbesondere des Protestantismus" auf. Während Luther sich auf die Zurechtstellung des eigenen Gewissens und des Gewissens anderer gegenüber dem Irrtum konzentriert habe, komme bei Zwingli hinzu „die pflichtmässige und umfassende Sorge für die Zurechtstellung bedrohter oder zerrütteter äusserer Verhältnisse"[88]. Dem Zürcher Reformator sei es um den Kampf gegen die Sünde und den Aufbau der heiligen Gemeinde Gottes gegangen. Der freimachende Glaube erscheine bei Zwingli in engster Verbindung mit der Heiligung des Lebens als Frucht. Die Gefahr der lutherischen Fixierung auf die Rechtfertigung allein aus Glauben sieht Hundeshagen in einem „Quietismus der Frömmigkeit, der in der Ruhe der Gewissheit der jenseitigen Seligkeit sowohl die irdischen Interessen überhaupt, als auch die Ordnungen des religiösen Lebens hienieden, die zeitlichen Bedingtheiten der Pflanzung des Reiches Gottes im Bereich dieser Welt mehr oder minder als etwas, ja bis zum völligen Pausiren alles gesellschaftlichen Geistes, Gleichgültiges ansieht"[89]. Bei Zwingli und im Reformiertentum sei das anders, weil hier die Heiligung und der Gesetzesgehorsam eine zentrale Rolle gespielt hätten. Auf Schneckenburger zurückgreifend betont Hundeshagen gegenüber dem lutherischen Quietismus die Aktuosität der reformierten Frömmigkeit, die auch politische Folgen habe.

Im Sommer 1904 vor seiner Reise in die USA verfasste Max Weber den ersten Teil seines Aufsatzes „Die protestantische Ethik und der Geist des Kapitalismus". In ihm behandelt er die Themen „Konfession und soziale Schichtung", „Der ‚Geist' des Kapitalismus" und „Luthers Berufskonzeption". Der zweite Teil des Aufsatzes entstand ein Jahr nach seiner Rückkehr aus den USA 1905 und behandelt unter den Stichworten „Die religiösen Grundlagen der innerweltlichen Askese" und „Askese und kapitalistischer Geist" die „Berufsethik des asketischen Protestantismus". Als geschichtlichen Träger des asketischen Protestantismus betrachtet Weber in erster Linie den „Calvinismus *in der Gestalt*, welche er in den westeuropäischen Hauptgebieten seiner Herrschaft im Laufe insbesondere des

87 Matthias Schneckenburger, *Vergleichende Darstellung des lutherischen und reformirten Lehrbegriffs*, hg. v. Eduard Güder, Bd. 2 (Stuttgart: J.B. Metzler 1855), 177.

88 Bernhard Hundeshagen, *Beiträge zur Kirchenverfassungsgeschichte und Kirchenpolitik insbesondere des Protestantismus*, Bd. 1 (Wiesbaden: Niedner, 1864), 166.

89 A. a. O., 351.

17. Jahrhunderts annahm“[90]. Daneben führt er den Pietismus, den Methodismus und die aus dem Täufertum hervorgegangenen Sekten an. Den Anmerkungen kann man entnehmen, wie stark Weber von den konfessionstypologischen Werken Schneckenburgers und Hundeshagens zehrte.[91] Erstaunlicherweise fehlt die Darstellung Schweizers, da Weber als charakteristischstes Dogma des Calvinismus das Dogma von der Prädestination oder Gnadenwahl nennt, das ja auch Schweizer als das reformierte Zentraldogma bezeichnet hatte und das Weber in der Fassung der „Westminster Confession“ zitiert. Danach weise Gott nach seinen unerforschlichen Ratschlüssen jedem Menschen sein Geschick zu, und auf Seiten des Menschen habe die pathetische Unmenschlichkeit dieser Lehre zum „Gefühl einer unerhörten inneren *Vereinsamung des einzelnen Individuums*“ geführt.[92] Mit dem Wegfall aller kirchlich-sakramentalen Heilsvermittlung sei hier der Prozess der Entzauberung der Welt zum Abschluss gekommen. Die radikale Individualisierung habe sich im Calvinismus allerdings mit der Pflicht zur sozialen Arbeit zum Ruhme Gottes, in dessen Dienst man auch die Berufsarbeit gestellt habe, verbunden. Unter den epigonalen Nachfolgern Calvins sei dann die Frage nach der Erkennbarkeit der eigenen Erwähltheit aufgetaucht, wobei der Einzelne verpflichtet worden sei, sich für erwählt zu halten. So habe man „jene selbstgewissen ‚Heiligen‘ gezüchtet, die wir in den stahlharten puritanischen Kaufleuten jenes heroischen Zeitalters des Kapitalismus und in einzelnen Exemplaren bis in die Gegenwart wiederfinden. Und andererseits wurde, um jene Selbstgewißheit zu *erlangen*, als hervorragendstes Mittel *rastlose Berufsarbeit* eingeschärft“[93]. Für den Calvinisten müsse sich der Glaube in seinen objektiven Wirkungen bewähren, so dass die Heiligung und mit ihr die guten Werke als Zeichen der Erwählung gelten, was dann zur systematischen Selbstkontrolle und innerweltlichen Askese im Beruf führe. Vor allem an Baxters „Christian Directory“ verdeutlicht Weber, dass für den Puritaner das sittlich Verwerfliche das Ausruhen auf dem Besitz und der Genuss des Reichtums seien, während das rastlose Handeln als gottgewollt gelobt werde. Damit sei die religiöse Grundlage geschaffen für die ethische Verklärung des Fachmenschentums und des Geschäftsmenschen. Zwar habe sich der Calvinismus gegen die Unrechtlichkeit und die triebhafte Habgier im Wirtschaftsleben gewandt, nicht aber gegen die Erlangung von Reichtum als Frucht der Berufsarbeit. Denn „die religiöse Wertung der rastlosen, stetigen, systematischen, weltlichen Berufsarbeit als schlechthin höchsten asketischen Mittels und

90 Max Weber, *Die protestantische Ethik I. Eine Aufsatzsammlung*, hg. v. Johannes Winckelmann, 7., durchgesehene Aufl. (Gütersloh: Gütersloher Verlagshaus Gerd Mohn, 1984), 115.

91 A. a. O., 194.203.206.209 f.213 u. ö.

92 A. a. O., 122.

93 A. a. O., 129.

zugleich sicherster und sichtbarster Bewährung des wiedergeborenen Menschen und seiner Glaubensechtheit mußte ja der denkbar mächtigste Hebel der Expansion jener Lebensauffassung sein, die wir hier als ‚Geist' des Kapitalismus bezeichnet haben"[94]. Durch den asketischen Sparzwang komme es so zur Kapitalbildung, wobei die Hemmung des konsumtiven Verbrauchs des Erworbenen seiner produktiven Verwendung als Anlagekapital zugutegekommen sei. Auf diese Weise sei der isolierte Wirtschaftsmensch entstanden, der in der literarischen Figur des Robinson Crusoe das bürgerliche Gegenbild von Bunyans christlichem Pilger sei.

Es soll hier nicht auf die heftige Debatte eingegangen werden, die sich an Webers These vom Zusammenhang zwischen Calvinismus und Kapitalismus entzündete.[95] Mir scheint dieser Zusammenhang eher zweifelhaft, zumal wenn man den Geist des Kapitalismus in Verbindung bringt mit dem Prädestinationsdogma und den guten Werken als Zeichen der Erwählung. Wenn man überhaupt einen Zusammenhang zwischen Kapitalismus und Calvinismus annehmen möchte, halte ich es für wesentlich plausibler, dass die moderne kapitalistische Wirtschaftsgesinnung eine theoretische Grundlage erhalten hat durch die puritanische Vorstellung des Besitzindividualismus, dass Gott jeden einzelnen Menschen mit dem Eigentum an sich selbst und seinen eigenen Fähigkeiten geschaffen habe. Webers These ist jedoch ein Beispiel dafür, wie bestimmte die Moderne charakterisierende Phänomene unter Berufung auf die Konfessionstypologie des 19. Jahrhunderts auf konfessionelle Wesenszüge zurückgeführt wurden. Sie bildete dann ihrerseits die Grundlage für die Darstellung der Wirtschaftsethik des Calvinismus, die Ernst Troeltsch in seinen 1912 erschienenen „Soziallehren der christlichen Kirchen und Gruppen" bot. Webers Erkenntnisse seien ihm „durch die Anschauung vom amerikanischen und niederrheinischen Leben bestätigt" worden.[96] Troeltsch zeigt sich überzeugt, dass die Wirtschaftsethik sich aus geringfügigen Anfängen zu größter historischer Bedeutung für die Entwicklung des modernen Wirtschaftsgeistes und des Calvinismus selbst entfaltet habe. Mit dem Luthertum habe sie die Hochschätzung der Arbeit als von Gott verordnete Berufsbetätigung und Mittel der Selbstzucht ebenso geteilt wie die Forderung der allgemeinen Arbeitspflicht und die Beseitigung des Mönchtums und des Bettels. Ungeachtet seiner Angriffe auf den Reichtum habe aber schon

94 A. a. O., 180.

95 Vgl. besonders die Kritik von Felix Rachfahl, „Kalvinismus und Kapitalismus" in: Max Weber, *Die protestantische Ethik II. Kritiken und Antikritiken*, hg. v. Johannes Winckelmann, 4., erneut durchgesehene Aufl. (Gütersloh: Gütersloher Verlagshaus Gerd Mohn, 1982), 57–148.

96 Ernst Troeltsch, *Die Soziallehren der christlichen Kirchen und Gruppen*, Neudruck der Ausgabe Tübingen 1912, Teilband II (Tübingen: J.C.B. Mohr [PaulSiebeck], 1994), 704, Anm. 381.

Calvin der reformierten Wirtschaftsethik eine Wendung gegeben, die sie vom Luthertum unterschied. Er habe nämlich die geldwirtschaftlich-industrielle Produktion neben der agrarischen positiv anerkannt und das kanonische Zinsverbot ebenso wie die scholastische Geldtheorie verworfen. „Aus dieser Genfer Praxis ist dann eine vorsichtig eingegrenzte Rezeption des Kapitalismus in die calvinistische Ethik aller Länder überhaupt übergegangen.“[97] Die Verpflichtung zur Arbeit, verbunden mit der Hemmung der Konsumtion und des Luxus hätten zur Kapitalbildung geführt, die dann wiederum der Investition diente. Entscheidend ist aber für Troeltsch nicht der Beitrag des Calvinismus zur Ausbildung des kapitalistischen Systems, sondern der Geist oder die Wirtschaftsgesinnung, die dem System seinen festen Halt in den Gemütern gibt. Diesen Geist beschreibt Troeltsch im Rückgriff auf Webers These von der Bedeutung der calvinistischen Erwählungsgewissheit für das bürgerliche Berufsethos. „Die protestantische Berufsethik mit ihrer reformierten Rezeption des kapitalistischen Erwerbes und ihrer reformierten Strenge und Kontrolle der Erwählungsgewißheit bestätigenden Arbeitsleistung machte den Dienst im Beruf, die systematische Ausnützung der Arbeitskraft, zu einer um ihrer selbst willen notwendigen und gottverordneten Leistung, im Verhältnis zu der der Gewinn die göttliche Bestätigung und Anerkennung ist.“[98] Diese von Weber behauptete Verbindung von beruflicher Arbeitsleistung und Erwählungsgewissheit begegnet meines Erachtens im Calvinismus an keiner Stelle, so dass man die moderne hedonistische Form der kapitalistischen Wirtschaft, wie sie bei Adam Smith vorliegt, auch nicht wie Troeltsch als Säkularisierung der religiösen Wirtschaftsethik des Calvinismus betrachten kann. Denn Troeltsch meint ja wie Weber, es gleite die calvinistische Auffassung des Kapitalismus „bei der Ermattung der religiösen Triebfedern und der Verdünnung der religiösen Atmosphäre leicht in die rein weltliche Auffassung hinüber“[99]. In seinem Beitrag „Die Weber-These im 20. Jahrhundert“ verweist Hartmut Lehmann auf eine doppelte Paradoxie: „Auf der einen Seite überwiegen in der neueren Weber-Literatur die Einwände und Vorbehalte gegen seine These. Auf der anderen Seite scheint es aber so, als ob die Kritik dieser These nicht eigentlich geschadet, sondern diese nur noch populärer gemacht habe. Auf der einen Seite hat sich in den vergangenen Jahrzehnten keiner der Nobelpreisträger auf dem Gebiet der Wirtschaftswissenschaften, die sich zur Entstehung des Kapitalismus äußerten, auf Webers spezifische Einsichten über den Zusammenhang von protestantischer Ethik und den Geist des Kapitalismus berufen. Auf der an-

97 A. a. O., 709.
98 A. a. O., 716.
99 A. a. O., 717.

deren Seite gehört dieser Text Webers für Studierende der Soziologie und Geschichte in vielen Ländern der westlichen Welt und auch in Japan nach wie vor zur Pflichtlektüre. Vielleicht liegt der eigentliche Beitrag Webers zum besseren Verständnis der Entstehung und Bedeutung des modernen Kapitalismus somit darin, dass er durch eine teilweise – manche Weberkritiker würden sagen: weitgehend – falsche Antwort viele Wissenschaftler angeregt hat, nach einer besseren, einer überzeugenderen Antwort zu suchen."[100] Obwohl er sich weitgehend der umstrittenen Weber-These anschließt, sieht Troeltsch jedoch ganz richtig, dass auch in der calvinistischen Ethik der christliche Liebesgedanke nach wie vor eine zentrale Rolle spielt. Dieser Gedanke verlange aber vom Kapitalbesitzer, dass aller Überschuss gemeinnützigen Zwecken vor allem der kirchlichen Liebestätigkeit dienen solle. Daher kommen auch die Kritik des Wuchers und das Zinsverbot gegenüber Armen, für die die Diakone zuständig seien. Treffend bemerkt Troeltsch, dass es nur so zu verstehen sei, „daß gegenüber der modernen Ausbildung des Kapitalismus der Umschlag in einen christlichen Sozialismus immer nahe gelegen hat und noch nahe liegt"[101]. In den reformierten Ländern gebe es daher sozialistische Geistliche, was auf dem Boden des Luthertums undenkbar sei. Damit erkläre sich aber auch das „ungeheure Selbstgefühl des Calvinismus, die einzige, dem modernen Leben gewachsene Form des Christentums zu sein, indem er einerseits die modernen Produktionsformen vor dem Gewissen zu rechtfertigen und andererseits deren Ausartungen durch den christlichen Sozialismus zu bekämpfen weiß"[102].

5 Religiöser Sozialismus und soziale Marktwirtschaft

„Aber es herrscht ein schreckliches Elend unter den niedern Klassen, besonders den Fabrikarbeitern im Wuppertal; syphilitische und Brustkrankheiten herrschen in einer Ausdehnung, die kaum zu glauben ist; in Elberfeld allein werden von 2500 schulpflichtigen Kindern 1200 dem Unterricht entzogen und wachsen in den Fabriken auf, bloß damit der Fabrikherr nicht einem Erwachsenen, dessen Stelle sie vertreten, das Doppelte des Lohnes zu geben nötig hat, das er einem Kinde

---

100 Hartmut Lehmann, „Die Weber-These im 20. Jahrhundert" in: Ansgar Reiss, Sabine Witt, Hg., *Calvinismus. Die Reformierten in Deutschland und Europa* (Dresden: Sandstein Verlag, 2009), 378–383, 383.
101 A.a.O., 721.
102 A.a.O., 722.

gibt. Die reichen Fabrikanten aber haben ein weites Gewissen, und ein Kind mehr oder weniger verkommen zu lassen, bringt keine Pietistenseele in die Hölle, besonders wenn sie alle Sonntage zweimal in die Kirche geht."[103] So beschreibt der reformierte Fabrikantensohn Friedrich Engels 1839 in seinen „Briefen aus dem Wuppertal" die Diskrepanz zwischen der Frömmigkeit des pietistischen Kapitalisten und der Ausbeutung seiner Fabrikarbeiter zur Reduktion der Lohnkosten. Der Sozialismus war die Antwort auf die mit der Frühphase des Industriekapitalismus verbundene Form der Ausbeutung der Arbeitskraft des sich nun ausbildenden Proletariats. Und Troeltsch bemerkt richtig, dass sich gerade im Reformiertentum neben der dem Amt des Diakons unterstellten kirchlichen Armenpflege ein spezifisch christlicher Sozialismus ausgebildet habe, der die Auswüchse des Industriekapitalismus bekämpfte. In der Schweiz propagierten vor allem Leonhard Ragaz und Hermann Kutter in Zürich einen religiösen Sozialismus. Für Kutter stellt der an Marx und Engels sich anschließende Sozialismus in Gestalt der Sozialdemokratie als Revolution des Menschen gegen die Entfremdung und Verdinglichung den wahren Humanismus dar, der auch das Ziel des Christentums sei und im Reich Gottes realisiert werde. Die Sozialdemokratie, obgleich selbst atheistisch, sei ohne es zu wollen, ein Werkzeug des lebendigen Gottes, während das herrschende Kirchenchristentum den lebendigen Gott trotz des Bekenntnisses zu ihm in Wirklichkeit leugne. Diese These vertritt Kutter in seinem 1903 erschienenen Werk „Sie müssen. Ein offenes Wort an die christliche Gesellschaft". Die Sozialdemokraten seien revolutionär, weil Gott es sei, sie müssten vorwärts, weil Gottes Reich vorwärts müsse, und sie seien Männer des Umsturzes, weil Gott der große Umstürzler sei. Sie müssten als Werkzeuge Gottes der bestehenden bürgerlichen Welt das Gericht ansagen und die Revolution propagieren, die eine neue gerechte Welt schaffe.[104]

Leonhard Ragaz teilte mit Kutter die Überzeugung, dass zwischen dem Evangelium Jesu und dem Sozialismus ein notwendiger Zusammenhang bestehe. Denn die Botschaft vom kommenden Gottesreich – so Ragaz in dem Vortrag „Das Evangelium und der soziale Kampf der Gegenwart" von 1906 – impliziere einen sozialen Zug, der die Ersetzung der kapitalistischen durch eine auf Solidarität und Gemeinwohl ausgerichtete sozialistische Wirtschaftsordnung verlange. Die Arbeit sowie die Verteilung der materiellen Güter und die Auffassung vom Sinn des Lebens würden in ihr aus der Entfremdung befreit, wobei die soziale Bewegung verbunden sei mit einer religiösen Erneuerung, und beide führten eine neue Welt

---

103 Friedrich Engels, „Briefe aus dem Wuppertal" in: Karl Marx, Friedrich Engels, *Werke*, Bd. 1 (Berlin: Akademie-Verlag, 1976), 418.

104 Jan Rohls, *Protestantische Theologie der Neuzeit*, Bd. II: *Das 20. Jahrhundert*, unveränderte Studienausgabe (Tübingen: Mohr Siebeck, 2018), 173.

herauf. Zwar kommt es 1906 durch Ragaz und Kutter zur Gründung der Religiös-Sozialen Konferenz, doch übt Kutter von Anfang an Kritik an der einseitigen sozialpolitischen Aktivität der Pfarrer und betont, dass das Entscheidende die Predigt vom lebendigen Gott und dessen Reich bleibe. Der Bruch zwischen Kutter und Ragaz bahnt sich bereits auf dem Ersten Internationalen Kongress religiöser Sozialisten an, der 1910 in Besancon stattfindet und bei dem es um konkrete Schritte zur genossenschaftlichen Umgestaltung des Wirtschaftslebens geht. Vollzogen wird der Bruch, als Ragaz im Züricher Generalstreik von 1912 für die Arbeiter Partei ergreift und in die Sozialdemokratische Partei eintritt. Der Bruch vertieft sich noch während des ersten Weltkriegs, in dem Kutter Deutschland verteidigt, während Ragaz im Weltkrieg das Gericht über die bürgerliche Welt sieht, das dem Kommen des Reiches Gottes vorausgeht, und sich auf die Seite der Westmächte stellt.[105] Nach dem Krieg bemüht sich Ragaz angesichts der russischen Oktoberrevolution um eine Neuorientierung des religiösen Sozialismus. Zwar stimmt seine Bestimmung des Reiches Gottes inhaltlich mit der Vorstellung der gerechten klassenlosen Gesellschaft der bolschewistischen Revolutionäre überein, doch lehnt er Lenins Gewaltglauben entschieden ab.[106]

1929 veröffentlicht Ragaz als reife Frucht seiner Lebensarbeit die Vortragssammlung „Von Christus zu Marx – von Marx zu Christus“. Zwar sei der Sozialismus im Grunde eine idealistische Bewegung „gegen eine Welt, die den Geist an die Materie, den Menschen an das Geld, die Seele an die Maschine hingibt“[107]. Aber die Tragödie des Sozialismus bestehe darin, dass er sich mit einer naturalistischen Weltanschauung verbunden habe, die seinem innersten Wesen widerspreche. Dadurch sei er in den Gegensatz zur Religion geraten, und als Sohn der falschen Ehe des Sozialismus mit der naturalistischen Weltanschauung gilt Ragaz der Bolschewismus. „Er wollte alles oder nichts; er griff nach dem Unbedingten; er wollte sozusagen das Reich Gottes vom Himmel reißen; aber er tat es auf Grund eines Kredos der Gewalt, er verwickelte den Sozialismus in weltgeschichtliche Verbrechen, er watete in Blut hinein – alles, weil er an keinen Gott und keine Seele glaubte und das das Reich Gottes und des Menschen auf Erden haben wollte.“[108] Das Ende sei die gegenwärtige Katastrophe des Sozialismus: auf der einen Seite ein sozialistischer Militarismus, auf der anderen Seite ein verbürgerlichter Sozialismus. Und als Mahnung an sein Versagen recke sich der Faschismus als falscher Erbe der dem Sozialismus anvertrauten Wahrheit empor. Für Ragaz ist die

105 A. a. O., 174 f.
106 A. a. O., 320 f.
107 Leonhard Ragaz, *Von Christus zu Marx – von Marx zu Christus. Ein Beitrag* (Wernigerode: Harder, 1929), 13.
108 A. a. O., 37.

Religion des wahren Sozialismus der Messianismus als Glaube an ein Reich der Gerechtigkeit auf Erden, das den Unterdrückten und Zukurzgekommenen zuteilwerden solle. Im Prinzip sei der Sozialismus die sittliche Forderung der Heiligkeit des Menschen und einer Gemeinschaft, die auf ihr beruht, sowie der sittliche Glaube, dass eine solche Gemeinschaft auch möglich sei. Ragaz unterscheidet dabei scharf zwischen dem Christentum und Christus. „Das Christentum ist die Weihe der vorhandenen Welt durch Religion, Christus ist die ewige Revolution der Welt durch Gott.“[109] Denn das Christentum habe im Laufe seiner Geschichte, von Ausnahmen abgesehen, den Neuen Himmel verkündigt, aber die Neue Erde vergessen. Dagegen habe der Sozialismus die Neue Erde verkündigt und den Neuen Himmel vergessen. Das von Christus verkündigte Reich Gottes sei aber weder bloß geistlich noch bloß weltlich, sondern durch den Geist wiedergeborene Welt. Der Neue Himmel impliziere die Neue Erde. „Das Christentum hat dadurch, daß es die soziale Wahrheit vernachlässigte, auch in seiner Vertretung der religiösen schwer gelitten.“[110] Zwar enthalte die Botschaft vom Reiche Gottes mehr als bloß Sozialismus, aber im Reiche Gottes sei der ganze Sozialismus enthalten. Auch wenn Christentum und Sozialismus jetzt getrennt seien wie zwei Teile eines zerbrochenen Rings, sieht Ragaz doch für die Zukunft ihre Einheit wiedererstehen. „Dann gehen Christentum und Sozialismus auf in dem Einen, Großen, das beiden Erfüllung schafft, dann ergrünt unter dem Neuen Himmel des Christentums die Neue Erde des Sozialismus, dann ist der Ring wieder zusammengefügt, und seine Kraft wird Wunder der Erlösung wirken.“[111]

Zwar ist Karl Barth in seiner Schweizer Zeit vor dem ersten Weltkrieg entscheidend durch den religiösen Sozialismus geprägt. Aber der Vortrag „Der Christ in der Gesellschaft“, gehalten 1919 auf der religiös-sozialen Konferenz im thüringischen Tambach, markiert den Bruch mit ihm. Die abschließende Frage „Was sollen wir denn nun tun?“ wird mit der Antwort beschieden: „was kann der Christ in der Gesellschaft anderes tun, als dem Tun *Gottes* aufmerksam folgen?“[112] Für den Barth der frühen Dialektischen Theologie ist charakteristisch die Bewegung weg vom Tun des Menschen, hin zum Tun Gottes. „Das Reich Gottes fängt nicht erst mit unsern Protestbewegungen an. Es ist eine Revolution, die *vor* allen Revolutionen ist, wie sie *vor* allem Bestehenden ist.“[113] Das Reich Gottes sei die

109 A.a.O., 157.

110 A.a.O., 178.

111 A.a.O., 202.

112 Karl Barth, „Der Christ in der Gesellschaft“ in: *Anfänge der dialektischen Theologie, Teil I: Karl Barth. Heinrich Barth. Emil Brunner*, 2. Aufl., hg. v. Jürgen Moltmann (München: Chr. Kaiser Verlag, 1966), 3–37, 37.

113 A.a.O., 20.

große Negation Gottes, die allen kleinen menschlichen Negationen wie auch Positionen vorangehe. Die ursprüngliche sozialethische Bedeutung des Titels „Der Christ in der Gesellschaft" schließt Barth dadurch aus, dass der Christ, von dem hier die Rede ist, für ihn nicht das religiöse Individuum ist, um dessen gesellschaftliches Handeln es geht, sondern der Christ ist für Barth Christus als das Göttliche, das der Welt als das ganz Andere gegenübersteht. Die absolute Transzendenz Gottes schließe jede Säkularisierung Gottes, also auch die religiös-soziale Synthese von göttlichem und menschlichem Handeln aus. Damit bezieht Barth eine völlig ablehnende Haltung gegenüber dem religiösen Sozialismus. Von seiner Theologie der Transzendenz Gottes führt kein Weg zu einer theologischen Ethik. Ethische Kriterien für die Entscheidungen in der Welt lassen sich so nicht entwickeln.[114]

Schon bevor die theologische Arbeitsgemeinschaft zwischen ihm und Barth zerbrach, hatte sich der Zürcher Systematiker Emil Brunner nicht nur dem zeitgenössischen dialogischen Personalismus zugewandt, sondern auf dessen Grundlage auch einen ethischen Ansatz entwickelt, der schließlich 1932 in dem Werk „Das Gebot und die Ordnungen" mit dem Untertitel „Entwurf einer protestantisch-theologischen Ethik" mündete. In sie floss auch das Erbe des Schweizer religiösen Sozialismus mit ein, so dass Barth bereits 1925 anlässlich von Brunners Vortrag „Das Problem der Ethik" kritisch anmerkte, dass hier „auch die religiössoziale Trompete wieder einmal geblasen worden ist"[115]. Wenn Brunner, der Schüler von Ragaz und Vikar bei Kutter war, von einer theologischen Ethik spricht, so grenzt er sich damit von einer rein auf Vernunft gründenden Ethik ab und meint „eine Ethik, in der die Offenbarung selbst konstitutiv ist"[116]. Die „christliche Ethik ist die Wissenschaft von dem durch das göttliche Handeln bestimmten menschlichen Handeln"[117]. Das göttliche Handeln manifestiert sich aber für Brunner in bestimmten Schöpfungsordnungen, die zugleich Gemeinschaftsordnungen sind. Zu ihnen rechnet er außer der Lebensgemeinschaft von Ehe und Familie sowie der Volks- und Rechtsgemeinschaft, der Kulturgemeinschaft und der Glaubensgemeinschaft auch die Arbeitsgemeinschaft. In ihren Zusammenhang gehört die Wirtschaft, worunter Brunner die Beschaffung, die Verteilung und den Verbrauch lebensdienlicher Sachgüter versteht. Zu den konstitutiven Faktoren der Wirtschaft rechnet er den Boden, das Werkzeug, die Arbeit,

114 Emil Brunner, *Das Gebot und die Ordnungen. Entwurf einer protestantisch-theologischen Ethik*, 4., unveränderte Aufl., mit einer Einleitung von Rudolf Wehrli (Zürich: Theologischer Verlag Zürich, 1978), VII.
115 A.a.O., VIII.
116 A.a.O., XIV.
117 A.a.O., XIVf.

das konsumreife Wirtschaftsgut und den Zweck der Wirtschaft. Zwar sei die Wirtschaft eine ursprüngliche Schöpfungsordung Gottes, doch wirke sich die Sünde in der Wirtschaft in deren Entfremdung vom göttlichen Wirtschaftszweck aus. Zu den normativen Richtlinien der Wirtschaft rechnet Brunner erstens ihre Lebensdienlichkeit. Zweitens handle es sich bei ihr um eine Gemeinschaftsangelegenheit, so dass der Individualismus verkehrt sei. Drittens sei jeder Dienstfähige auch dienstpflichtig. Schließlich sei zwar nicht die Gleichheit, wohl aber der Ausgleich ein Postulat christlicher Wirtschaftsethik. Das Böse in der Wirtschaft führt Brunner hingegen auf drei Hauptformen zurück: die Faulheit, die Erwerbs- und Arbeitssucht, die in der Wirtschaftsdämonie gipfle, sowie der Egoismus. Nach dieser allgemeinen Charakterisierung der Wirtschaft wendet sich Brunner der heutigen kapitalistischen Wirtschaftsordnung zu. Dabei schließt er sich in seiner Beschreibung des Kapitalismus Werner Sombarts 1902 erschienenem Werk „Der moderne Kapitalismus“ an und endet mit der düsteren Bewertung des kapitalistischen Wirtschaftssystems: „Dieses System ist dienstwidrig, würdelos, verantwortungslos; mehr noch: es ist die System gewordene Verantwortungslosigkeit.“[118] Gleichwohl sei es das kapitalistische Wirtschaftssystem, durch das uns Gott heutzutage am Leben erhalte. Und das hauptsächlichste Gebot einer christlichen Wirtschaftsethik sei es, dass man sich, obgleich im Kapitalismus arbeitend, nicht von dessen Geist anstecken lasse. Allerdings sei das kapitalistische System nicht nur das Produkt einer bestimmten Wirtschaftsgesinnung, sondern auch das Produkt von Verhältnissen, die außerhalb aller Menschenmacht lägen. Brunner nennt die ungeheure Bevölkerungsvermehrung, die maschinelle Produktions- und Transporttechnik, die Erweiterung nationaler Wirtschaften zur Weltwirtschaft, den Übergang von der Natural- zur Geld- und Kreditwirtschaft. Hinter all diese Entwicklungen können wir Brunner zufolge nicht zurück zu der vom patriarchalischen Personalismus getragenen gemeinschaftsgebundenen Wirtschaftsordnung des Mittelalters. „In diesem Sinne ist der Kapitalismus unser unentrinnbares Schicksal, an dem keine Veränderungen des wirtschaftlichen Systems, die als Alternativen etwa denkbar wären, etwas ändern können.“[119] Zweifellos habe sich seit der kapitalistischen Wirtschaft der durchschnittliche Lebensstandard gehoben. Aber ebenso klar seien die negativen Folgen der kapitalistischen Wirtschaft: die Arbeitsunlust der Massen, die Ungleichheit im Besitz, die Rechtlosigkeit des Arbeiters, die Schaffung künstlicher Bedürfnisse, die Überproduktion und die Arbeitslosigkeit. Der Kapitalismus sei daher eine Wirtschaftsanarchie und widerspreche der göttlichen Ordnung. Er sei widersitt-

118 A. a. O., 408.
119 A. a. O., 410.

lich und daher vom Christen nicht bejahbar; „darum ist der Christ verpflichtet, gegen ihn und für wirkliche Ordnung zu sorgen“[120].

Auf dem Hintergrund dieser negativen Bewertung des Kapitalismus stellt Brunner die Frage nach der besseren Gerechtigkeit. Im Kommunismus als rationalem Kollektivismus mit seiner Planwirtschaft und seinem abstrakten Gleichheitsgedanken sieht er keine wahre Alternative. Denn es „kann, wie das russische Experiment zeigt, dieser Kommunismus nur durch Gewalt am Leben erhalten werden, wie er aus Gewalt geboren ist“[121]. Mit dem demokratischen Sozialismus marxistischer Prägung verbinden sich für Brunner hingegen Bürokratie, Demagogie, inkompetente Führung und allgemeine Verantwortungslosigkeit. Für die zeitgenössische sozialistische Bewegung sei aber das marxistische Programm gar nicht mehr maßgebend. Stattdessen orientiere sie sich vielfach am Genossenschaftsprinzip. Deutlich sei jedenfalls, dass die Tendenz auf eine Überwindung des Individualismus in der heutigen Wirtschaft gehe und ein Ausgleich von Kollektivem und Individuellem angestrebt werde. Dieser Tendenz könne sich die Kirche anschließen, weil sie um den Wert der Gemeinschaft wisse. „Die Kirche hat für den Gedanken der Volksgemeinschaft zu werben, um dadurch eine bessere Wirtschaftsgemeinschaft herbeiführen zu helfen.“[122] Auch wenn er vom Christen verlangt, an der Verbesserung des Wirtschaftssystems mitzuarbeiten, bestreitet Brunner, dass es so etwas wie ein christliches Wirtschaftsprogramm gebe. Er lehnt daher auch den religiösen Sozialismus ab. „Der Sozialismus – was immer man unter diesem Schlagwort verstehen möge – ist eine wirtschaftspolitische, eine bürgerliche, keine ‚religiöse‘ Sache. Er gehört zur Welt, nicht zum Gottesreich.“[123]

Während Brunner in seinem Werk „Das Gebot und die Ordnungen“ nur vage andeutet, wie die Verbesserung des kapitalistischen Wirtschaftssystems aussehen soll, wird er in seinem 1943 erschienenen Werk „Gerechtigkeit“ konkreter. Das Werk versteht sich als „der Versuch, eine Lehre von der Gerechtigkeit auf den Grundlagen des reformierten Glaubensverständnisses aufzubauen“[124]. Auch hier spielt der Gemeinschaftsgedanke eine zentrale Rolle, so dass etwa das Privateigentum für Brunner nur dann gerecht ist, wenn es unter Gemeinschaftsvorbehalt steht. Aber die Kritik am Kapitalismus fällt weit schwächer aus als im ersten ethischen Entwurf, da der konsequente Individualismus der Anfangszeit des

120 A. a. O., 411.
121 A. a. O., 413.
122 A. a. O., 415.
123 A. a. O., 418.
124 Emil Brunner, *Gerechtigkeit. Die Lehre von den Grundgesetzen der Gesellschaftsordnung*, 3., unveränderte Aufl., mit einer Einleitung von Werner Kägi (Zürich: Theologischer Verlag Zürich, 1981), XXXVIII.

neuzeitlichen Kapitalismus inzwischen durch staatliche Regulierung, durch Gewerkschaften und durch das Verantwortungsbewusstsein vieler Unternehmer und Kapitalisten modifiziert worden sei. Was Brunner nunmehr als gerechte Wirtschaftsordnung empfiehlt, ist eine Verbindung von freier Marktwirtschaft und Wirtschaftsplanung seitens der Gemeinschaft. „Sowohl im Interesse echter Bedarfsdeckung der Gemeinschaft als auch im Interesse der Freiheit ist wirtschaftliche Planung notwendig.“[125] Aus christlicher Sicht sei für eine gerechte Wirtschaftsordnung Planung im Dienst der Freiheit und des Gemeinwohls notwendig. Brunner sieht für die nächste Zukunft die Gefahr darin, dass auf der einen Seite die Auswüchse des Kapitalismus die freie Wirtschaft überhaupt diskreditierten und man deshalb den Staatssozialismus oder den totalitären Kommunismus propagiert. Auf der anderen Seite benutze man das Schreckbild des Kommunismus dazu, um als freie Wirtschaft dem verantwortungslosen Kapitalismus die Tore zu öffnen. Fragt man, wer bei Brunners eigener Konzeption einer Verbindung von freier Marktwirtschaft und staatlicher Wirtschaftsplanung Pate gestanden habe, so verweisen die Anmerkungen auf die Lehre vom mittleren Weg, die der Wirtschaftswissenschaftler Wilhelm Röpke im Schweizer Exil in seinem 1942 erschienenen Werk „Die Gesellschaftskrisis der Gegenwart“ entwickelt hatte. Zwar stehe Röpke staatlicher Planung abgeneigt gegenüber. Aber seine eigene Position laufe „auf eine Kombination von freier und staatlich überwachter – nicht dirigierter – Wirtschaft hinaus, die von dem, was hier vertreten wird, nicht allzu weit entfernt ist“[126]. Brunners Konzeption einer gerechten Wirtschaftsordnung intendiert somit eine freie, aber zugleich soziale Marktwirtschaft, wie sie dem Programm des Ordoliberalismus entspricht.

6 Schluss

Arthur Rich, der 1954 als Nachfolger auf den Lehrstuhl Brunners berufen wurde, war nicht nur dessen Schüler, sondern auch wie dieser in seinen Anfängen durch den religiösen Sozialismus von Ragaz geprägt. 1964 gründete er das Zürcher Institut für Sozialethik und konzentrierte sich auf Fragen der Wirtschaftsethik. 1984/1990 erschien sein Hauptwerk „Wirtschaftsethik“. Der erste Band trägt den Untertitel „Grundlagen in theologischer Perspektive“, der zweite „Marktwirtschaft, Planwirtschaft, Weltwirtschaft aus sozialethischer Sicht“. Im Vorwort bemerkt er, dass die erste und bisher letzte evangelische Wirtschaftsethik im deutschspra-

125 A.a.O., 215.
126 A.a.O., 329.

chigen Bereich, verfasst von Georg Wünsch, aus dem Jahre 1927 stamme. Wünsch, der selbst aus dem religiösen Sozialismus kam, hatte bereits, gestützt unter anderem auf Karl Holl, die Vorstellung von Weber und Troeltsch über die besondere Affinität des Calvinismus zum Kapitalismus korrigiert.[127] Rich sah sein Werk als einen „Beitrag zur Klärung der theologischen und ökonomischen Grundlagen für eine zeitbezogene evangelische Wirtschaftsethik"[128]. Die Leitfrage seines Werkes enthält bereits dessen Programm: „Welches sind die Bedingungen für Urteile und Entscheidungen in wirtschaftsethisch relevanten Fragen, die dem Anspruch sowohl des in der Humanität aus Glauben, Hoffnung, Liebe gegründeten Menschengerechten als auch des Rational-Sachgemäßen standzuhalten wissen?"[129]

127 Georg Wünsch, *Evangelische Wirtschaftsethik* (Tübingen: J.C.B. Mohr, 1927), 326–346.
128 Arthur Rich, *Wirtschaftsethik. Grundlagen in theologischer Perspektive*, 2., durchgesehene Aufl. (Gütersloh: Gütersloher Verlagshaus Gerd Mohn, 1985), 11.
129 Ebd.

Marianne Schroeter

Heiligung in den Reformierten Bekenntnisschriften

1 Vorbemerkungen

Bei der thematischen Fokussierung des Beitrags sind zwei Vorbemerkungen unerlässlich. Sie betreffen genau die beiden Elemente des Titels, den dogmatischen Topos der Heiligung und den Begriff „reformierte Bekenntnisschriften".

„Der Begriff der Heiligung ist der Grundbegriff der religiösen Sittlichkeit in der heiligen Schrift. Er gehört dem Alten Testament an wie dem Neuen, der Dogmatik wie der Moral. Die Wurzel desselben aber liegt in der Idee der Heiligkeit Gottes. Auf Grund der Heiligkeit Gottes soll der Mensch sich heiligen, durch dieselbe und für dieselbe: das ist die Heiligung."[1] Mit diesen Worten leitet Johann Peter Lange den entsprechenden Artikel in der zweiten Auflage der *Realenzyklopädie für protestantische Theologie und Kirche* ein. Und tatsächlich begegnet der Gedanke der Heiligung prominent in den Zusammenhängen von Gotteslehre, Christologie, Anthropologie, Rechtfertigung, Erwählung, Erneuerung, Eschatologie und formaler wie materialer Ethik. Im Parallelartikel der dritten Auflage der *RE* von August Hermann Cremer wird – ungeachtet jener Prominenz des Begriffes – allerdings konstatiert: Heiligung sei „kein eigentlich dogmatischer Begriff mit fest umgrenzter Begriffssphäre".[2] Diese Feststellung lässt sich bei einem Blick auf das verworrene Gefüge von Verhältnisbestimmungen, Verweisen und Voraussetzungen bei der Entwicklung jener Vorstellungen nur bestätigen, ist doch bereits die Lozierung des Gedankens im dogmatischen System hochumstritten und auch konfessionsidentifizierend.

So kann man vereinfachend die Verhältnisbestimmung von Rechtfertigungsgnade und Heiligung als Kriterium einer katholisch-tridentinischen oder einer reformatorischen Position lesen. Das Rechtfertigungsdekret von Trient beschreibt die Rechtfertigung als einen sich zeitlich erstreckenden Prozess, wo der Glaube an die sündenvergebende, uns zunächst fremde Gerechtigkeit Christi nur der Anfangspunkt ist, der durch die Schritte der Heiligung (*sanctificatio*) und Erneuerung (*renovatio*) ergänzt werden muss. Die durch Eingießung (*infusio*)

1 Johann Peter Lange, „Art.: Heiligung" in: *Real-Enzyklopädie für protestantische Theologie und Kirche*, 2. Auflage, Bd. 5 (Leipzig: J. C. Hinrichs'sche Buchhandlung, 1879), 718–723, hier 718.
2 August Hermann Cremer, „Art.: Heiligung" in: *Realenzyklopädie für protestantische Theologie und Kirche*, 3. Auflage, Bd. 7 (Leipzig: J. C. Hinrichs'sche Buchhandlung, 1899), 573–578, hier 574.

https://doi.org/10.1515/9783110705614-003

entstehende Rechtfertigungsgnade kann und muss folglich auf dem Weg der Heiligung und Erneuerung vermehrt werden. Damit werden die guten Werke konstitutiv zum Wachstum der Rechtfertigung und können als *merita* bezeichnet werden. Dagegen gilt der Glaube auf protestantischer Seite als das alleinige Medium des Rechtfertigungsereignisses, das als solches nicht prozessual zu denken ist, und die Heiligung lediglich als Folge der Rechtfertigungsgnade. Jede Vorstellung eines menschlichen Werkes als *meritum* ist damit ausgeschlossen.

Eine zweite Grundunterscheidung lässt sich dann innerhalb des reformatorischen Lagers vornehmen. So traf Matthias Schneckenburger zur Beschreibung der Lehrdifferenz zwischen beiden großen protestantischen Traditionen eine typologische Unterscheidung, indem er das Luthertum mit seiner Fixierung auf den Rechtfertigungsglauben als eher passiv, die reformierte Tradition dagegen durch die Herausstellung der durch die Sündenvergebungsgewissheit freigesetzten Heiligung als eher aktiv beschrieb, insofern ihr dadurch ein dynamisch-teleologisches Prinzip inhärieren würde.[3] Diese Typologisierung, die dann in der religionspsychologischen und -soziologischen Rezeption (Karl Bernhard Hundeshagen, Ernst Troeltsch) weiter ausgeführt wurde und ihre Wirkungen entfaltet hat, ist sicherlich um einiges treffsicherer als die einfache Unterscheidung über die Epitheta „Rechtfertigungslehre" vs. „Prädestinationslehre", die schon deswegen nicht funktioniert, weil die reformierte Bekenntnisbildung auch Zeugnisse bietet, die den Prädestinationsgedanken ganz vermeiden.

Die zweite Vorbemerkung soll dem Begriff „reformierte Bekenntnisschriften" gelten. Auf reformierter Seite liegt, im Unterschied zum Luthertum, keine vollständige und als abgeschlossen verstandene, quasi offizielle Sammlung von Bekenntnissen vor. Auch eine einheitliche Kriteriologie, die die Voraussetzungen für die Bildung eines solchen *corpus doctrinae* bieten könnte, existiert nicht. Dagegen begegnet eine Vielzahl textlicher Zeugnisse mit Bekenntnischarakter und Bekenntnisanspruch in verschiedensten literarischen Formen: Wir finden Glaubensbekenntnisse im engeren Sinne, theologische Lehrbestimmungen, Konsenserklärungen, Thesen, Katechismen, Kirchenordnungen, aber auch Privatbekenntnisse. Versuche, in dieser Vielfalt Übersicht zu gewinnen und entsprechende Sammlungen herzustellen, begegnen seit der Herausbildung des Selbstverständnisses als reformiertes Lager, verstärkt aber seit dem 19. Jahrhundert. Zu nennen ist hier etwa Hermann Agathon Niemeyer mit seiner 1840 erschienenen *Collectio confessionum* oder die von Philipp Schaff initiierte Samm-

3 Matthias Schneckenburger, *Vergleichende Darstellung des lutherischen und reformirten Lehrbegriffs*, hg. v. Eduard Güder, 2 Bde. (Stuttgart: Metzler, 1855). Der 3. Paragraph der Darstellung ist mit „Die guten Werke im Zusammenhange mit der subjektiven Glaubensgewissheit" überschrieben und differenziert beide Konfessionen nach dem Prinzip „aktiv/passiv" (a. a. O., 38,43).

lung von Bekenntnistexten aller Konfessionen als *Bibliotheca Symbolica Ecclesiae Universalis* aus dem Jahr 1877, die auch viele reformierte Texte präsentiert. Die neueste Unternehmung dieser Art stellen die von Heiner Faulenbach, Eberhard Busch und anderen herausgegebenen *Reformierten Bekenntnisschriften* dar, die zwischen 2002 und 2016 beim Neukirchener Verlag erschienen sind.[4]

Unter der großen Anzahl reformierter Bekenntnisse, von denen nur wenige, wie etwa der *Heidelberger Katechismus* von 1563 oder die *Confessio Helvetica posterior* von 1566 überregionale Geltung erreichen konnten, manche, wie die *Confessio Scotica* von 1560 durch die weitere Entwicklung dagegen wieder eingezogen und ersetzt wurden, finden wir auch Zeugnisse, die von geschichtlicher und kontextueller Bedingtheit ausgehen und den gebotenen Text infolge möglicher besserer hermeneutischer Einsicht als revidierbar verstehen. Als Beispiel einer frühen Form solcher „Selbsthistorisierung" sei der Schluss der Vorrede der *Confessio Helvetica posterior* von 1566 zitiert: „Vor allem aber bezeugen wir, dass wir immer völlig bereit sind, unsere Darlegungen im allgemeinen und im besonderen auf Verlangen ausführlicher zu erläutern, und endlich denen, die uns aus dem Worte Gottes eines Besseren belehren, nicht ohne Danksagung nachzugeben und Folge zu leisten im Herrn, dem Lob und Ehre gebührt."[5] Es kann festgehalten werden, dass in der reformierten Tradition generell mit dem Entstehen neuer theologisch-kirchenpolitischer Kontexte neue Bemühungen um eine entsprechende bekenntnismäßige Positionierung wahrnehmbar sind, auch aus einer gewissen Zurückhaltung in Anbetracht der Gefahr unzulässiger Überhöhungen von Schulbildungen und menschlichen Lehrsatzungen. Karl Barth beschreibt diese Eigenart der reformierten Lehrbildung in seinem Aufsatz *Wünschbarkeit und Möglichkeit eines allgemeinen reformierten Glaubensbekenntnisses* mit den Worten „Wir, hier, jetzt – bekennen dies."[6]

4 Eberhard Busch und Heiner Faulenbach, Hg., *Reformierte Bekenntnisschriften*, 3 Bde. (Neukirchen-Vluyn: Neukirchener Verlag, 2002–2016).

5 „Confessio Helvetica posterior, Vorrede", Zitiert nach Georg Plasger und Matthias Freudenberg, Hg., *Reformierte Bekenntnisschriften: Eine Auswahl von den Anfängen bis zur Gegenwart* (Göttingen: Vandenhoeck & Ruprecht, 2005), 191.

6 Karl Barth, „Wünschbarkeit und Möglichkeit eines allgemeinen reformierten Glaubensbekenntnisses" in: Ders., *Vorträge und kleinere Arbeiten 1922–1925*, hg. v. Holger Finze, Karl-Barth-Gesamtausgabe, Abt. III (Zürich: Theologischer Verlag Zürich, 1990), 616.

2 Die Geschichte der altreformierten Bekenntnisbildung

In einem ersten Teil unserer Annäherungen soll ein Überblick über die Entwicklung der sog. Altreformierten Bekenntnisliteratur, die bis zur *Helvetischen Konsensusformel* von 1675 über 40 Texte mit Bekenntnisanspruch hervorgebracht hat, gegeben werden. Um in der Materialfülle Sortierung zu gewinnen, rekurriere ich auf die von Jan Rohls vorgeschlagene historisch-theologische Modellbildung in sechs Phasen.[7]

Zunächst ist erstens die unter Zwinglis Einfluss stehende deutsch-schweizerische Lehrentwicklung zwischen 1523 und 1536 zu nennen. Bei Zwinglis *Thesen* von 1523 und auch bei den *Berner Thesen* von Berchtold Haller und Franz Kolb aus dem Jahr 1528, die Zwingli redigiert hatte, handelt es sich um Materialien für öffentliche Disputationen vor dem jeweiligen städtischen Rat zur Durchführung der Reformation durch die Obrigkeit.[8] In Bern waren auch Vertreter der Oberdeutschen anwesend, die dann im Zuge der Publikation der CA auf dem Augsburger Reichstag von 1530 mit der *Confessio Tetrapolitana*[9] ein eigenes Bekenntnis vorlegten, das deutlich unionistisch gefasst war und im Abschluss der *Wittenberger Konkordie* von 1536 zwischen Luther und Bucer mündete. Zwingli selber, der die Interessen der Schweizer auf dem Augsburger Reichstag nicht vertreten sah, formulierte mit seinem *Fidei ratio* die von ihm vertretenen Positionen im Stil eines Privatbekenntnisses.[10] Nach Zwinglis Tod führte Johannes Ökolampad in Basel die deutsch-schweizerische reformierte Tradition weiter und verfasste 1531 sein *Synodalbekenntnis*, dem sein Nachfolger in Basel, Oswald Myconius, dann 1534 das sog. erste *Baseler Bekenntnis* folgen ließ. Schon zwei Jahre vorher, 1532, entstand in Bern der *Berner Synodus*, der sich der Einflussnahme des Straßbur-

---

7 Vgl. Jan Rohls, *Theologie reformierter Bekenntnisschriften*, UTB-Taschenbücher 1453 (Göttingen: Vandenhoeck & Ruprecht, 1987), 14–33.

8 Vgl. Eberhard Busch, „Zwinglis Thesen von 1523: Einleitung" in: Heiner Faulenbach und Eberhard Busch, Hg., *Reformierte Bekenntnisschriften*, Bd. 1/1 (Neukirchen-Vluyn: Neukirchener Verlag, 2002), 68–85; Wilhelm H. Neuser, „Berner Thesen von 1528: Einleitung" in: Heiner Faulenbach und Eberhard Busch, Hg., *Reformierte Bekenntnisschriften*, Bd. 1/1, (Neukirchen-Vluyn: Neukirchener Verlag, 2002), 197–202.

9 Vgl. Wilhelm H. Neuser, „Confessio Tetrapolitana von 1530: Einleitung" in: Heiner Faulenbach und Eberhard Busch, Hg., *Reformierte Bekenntnisschriften*, Bd. 1/1 (Neukirchen-Vluyn: Neukirchener Verlag, 2002), 447–455.

10 Vgl. Wilhelm H. Neuser, „Zwinglis ‚Fidei ratio' von 1530: Einleitung" in: Heiner Faulenbach und Eberhard Busch, Hg., *Reformierte Bekenntnisschriften*, Bd. 1/1 (Neukirchen-Vluyn: Neukirchener Verlag, 2002), 421–424.

ger Reformators Wolfgang Capito verdankte. Mit Genehmigung des Berner Rates verfasste Capito eine Vorlage von 16 Artikeln, der von der Synode weitere 28 hinzugefügt wurden. Die oberdeutschen unionistischen Einflüsse, gerade in der Abendmahlsfrage, sind in diesem Text deutlich spürbar. Dies gilt auch für das zweite Basler Bekenntnis, die *Confessio Helvetica prior* von 1536.[11] Geschrieben in Vorbereitung auf das ausgerufene allgemeine Konzil in Mantua arbeiteten an diesem Text alle deutsch-schweizerischen Städte, die sich der Reformation angeschlossen hatten, mit. Die *Confessio Helvetica prior*, die dann in ihrer deutschsprachigen Version alle Zugeständnisse an die Wittenberger wieder einzog, bildete den Abschluss der zwinglianischen Bekenntnistradition.

Die zweite Phase beschreibt die Formierung der Genfer Theologie durch Jean Calvin und deren Modifikationen durch Heinrich Bullinger. Nach Vorarbeiten von Wilhelm Farel formulierte Calvin 1536 das erste *Genfer Bekenntnis*, das zum religionsrechtlichen Grundtext der Republik erhoben wurde, jedoch nach Calvins Vertreibung aus Genf sofort an Bedeutung verlor.[12] Nach der Rückkehr aus dem Straßburger Exil, wo er mit Bucer und auch mit Melanchthon Kontakt hatte, legte Calvin neben seiner Kirchenordnung, der *Ordonnances ecclésiastiques* von 1541 vier Jahre später den *Genfer Katechismus* vor.[13] Zu einer Annäherung an die Zürcher Linie kam es durch Abschluss des *Consensus Tigurinus* im Jahr 1549.[14] Dieses Zusammentreten von Calvin und Bullinger und der damit einhergehende Ausgleich im Verständnis des Abendmahls – eher nach Zürcher Vorstellungen – löste dann den sog. Zweiten Abendmahlsstreit mit den Wittenbergern aus. Allerdings konnte Calvin durch seine Beweglichkeit in dieser Frage die von ihm vertretene Variante der Verhältnisbestimmung von Kirche und Staat im Sinne einer weitgehend von der Gemeinde verantworteten Kirchenzucht eintragen. Die beginnende überregionale Rezeption kann am Beispiel der niederländischen Flüchtlingsgemeinde um Johannes A Lasco illustriert werden. Im gleichen Jahr, 1554, entstanden der *Frankfurter Katechismus* und der *Emdener Katechismus*. Gemeinsam

11 Vgl. Ernst Saxer, „Confessio Helvetica Prior von 1536: Einleitung“ in: Heiner Faulenbach und Eberhard Busch, Hg., *Reformierte Bekenntnisschriften*, Bd. 1/2 (Neukirchen-Vluyn: Neukirchener Verlag, 2006), 33–43.

12 Vgl. Anette Zillenbiller, „Genfer Bekenntnis 1536/1537: Einleitung“ in: Heiner Faulenbach und Eberhard Busch, Hg., *Reformierte Bekenntnisschriften*, Bd. 1/2 (Neukirchen-Vluyn: Neukirchener Verlag, 2006), 97–103.

13 Vgl. Ernst Saxer, „Genfer Katechismus von 1542: Einleitung“ in: Heiner Faulenbach und Eberhard Busch, Hg., *Reformierte Bekenntnisschriften*, Bd. 1/2 (Neukirchen-Vluyn: Neukirchener Verlag, 2006), 279–288.

14 Vgl. Eberhard Busch, „Consesus Tigurinus 1549: Einleitung“ in: Heiner Faulenbach und Eberhard Busch, Hg., *Reformierte Bekenntnisschriften*, Bd. 1/2 (Neukirchen-Vluyn: Neukirchener Verlag, 2006), 467–480.

mit Calvin bemühte sich A Lasco auf der Grundlage von Melanchthons *Variata* von 1540 mit ihrem im Sinne der *Wittenberger Konkordie* weicher gefassten Abendmahlsartikel um Ausgleich mit den Lutheranern. Zwar scheiterte dieser Ausgleichsversuch, allerdings ging im Zusammenhang dieser Auseinandersetzungen die Pfalz 1560 in das calvinistische Lager über. Das Bekenntnis mit deutlich überregionaler Geltung, das diese Phase abschließt und durch seine umfassende Rezeption zur nächsten überleitet, ist die *Confessio Helvetica posterior* von 1561 (veröffentlicht 1566).[15]

Die dritte Phase umgreift die Ausbreitung des Calvinismus in West- und Osteuropa. Zunächst vollzieht sich diese Entwicklung in Frankreich, wo vor dem Hintergrund der beginnenden Verfolgung 1559 in Paris eine im Verborgenen tagende Nationalversammlung aus zwölf Gemeindeverbänden auf der Grundlage der *Confessio Helvetica posterior* und moderiert vom Calvin-Schüler Francois de Morel, die *Confessio Gallicana* verabschiedete, die – 1571 auf der Nationalsynode von La Rochelle bestätigt – auch den Namen *Bekenntnis von La Rochelle* trägt.[16] Stärker biblizistisch verankert als Calvins *Institutio* folgt sie ihr in der Verortung der Erwählungslehre zwischen Harmatologie und Christologie und vermeidet die apriorische, bereits in der Gotteslehre verankerte Fassung jenes Lehrstückes. Später ist dieses Bekenntnis für die Orientierung der französisch-reformierten Gemeinden in Preußen maßgeblich geworden. Einen engen Anschluss suchte auch die niederländische Kirche mit ihrer *Confessio Belgica* von 1561, die durch die Exilgemeinden auf den Synoden von Wesel und Emden angenommen wurde. Besonders auf die Herausbildung der schottischen reformierten Kirche hat diese Tradition dann gewirkt. Durch die *Confessio Scotica prior* von 1560 und die *Confessio Scotica posterior* von 1581 wurde die reformiert-presbyterianische Kirche qua Parlamentsbeschluss zur schottischen Staatskirche.[17] Im siebenbürgischen Ungarn vollzog sich die Durchsetzung des Calvinismus im Konflikt mit unitarischen Richtungen. Das erste reformierte ungarische Bekenntnis, die *Confessio catholica* oder *Erlauthaler Bekenntnis* wurde 1562 vom Melanchthon-Schüler Peter Delius formuliert. Nach Überarbeitung zum *Ungarischen Bekenntnis* noch im

---

15 Vgl. Georg Plasger und Matthias Freudenberg, „Confessio Helvetica posterior (Zweites Helvetisches Bekenntnis) von 1566: Einleitung" in: Dies., Hg., *Reformierte Bekenntnisschriften* (Göttingen: Vandenhoeck & Ruprecht, 2005), 187–189.

16 Vgl. Georg Plasger und Matthias Freudenberg, „Confessio Gallicana (Hugenotisches Bekenntnis) von 1559: Einleitung" in: Dies., Hg., *Reformierte Bekenntnisschriften* (Göttingen: Vandenhoeck & Ruprecht, 2005), 107–109.

17 Vgl. Georg Plasger und Matthias Freudenberg, „Confessio Scotoca (Schottisches Bekenntnis) von 1560: Einleitung" in: Dies., Hg., *Reformierte Bekenntnisschriften* (Göttingen: Vandenhoeck & Ruprecht, 2005), 124–126.

gleichen Jahr nahm die Synode von Debrecen dann 1567 die *Confessio Helvetica posterior* an. Auch in Polen geschah die reformierte Bekenntnisbildung in Auseinandersetzung mit den Antitrinitariern und mündete in eine Verständigung der Reformierten mit den Lutheranern und Böhmischen Brüdern 1570 im *Consensus von Sandomir*, wo die reformierte Seite die *Confessio Helvetica posterior* als ihre Lehrgrundlage auswies.

Die vierte Phase benennt die deutsch-reformierte Tradition und kommt zeitlich mit dem Übergang der Kurpfalz ins reformierte Lager im Jahr 1560 überein. Pfalzgraf Johann Casimir sah durch die Bestimmungen des Augsburger Religionsfriedens für sein Territorium den reichsrechtlichen Schutz gefährdet und bezog sich zum Nachweis der Konformität mit der *CA* auf Melanchthons *Variata* von 1540. In gemeinsamer Arbeit des Melanchthon-Schülers Zacharias Ursinus, des Calvin-Anhängers Caspar Olevian, von weiteren Angehörigen der Heidelberger Fakultät sowie von Mitgliedern des kurpfälzischen Kirchenrats entstand 1563 der *Heidelberger Katechismus*, der als Grundlage von Lehre und Unterricht auch deutlich überregionale Bedeutung erfuhr.[18] Eröffnet von der christologischen Begründung des Glaubenslebens gliedert der *Heidelberger Katechismus* das Material im Schema von Gesetz – Erlösung – Dankbarkeit, loziert dabei jedoch die Auslegung des Dekalogs im dritten Teil im Sinne des *usus in renatis* und vermeidet den umstrittenen Artikel zur Prädestination gänzlich. In Entgegnung des tridentinischen Messopferdekrets wurde die entsprechende Frage 80 mehrfach erweitert und fokussiert. Die Vertreibung der sog. Philippisten bzw. Kryptocalvinisten aus Wittenberg brachte neue Impulse, hat doch Christoph Pezel, der neben Caspar Cruziger dieser Richtung zugehörte, in Nassau-Siegen, in Bremen und vorübergehend auch in Baden-Durlach eine „zweite Reformation" im philippistisch-calvinistischen Sinn ausgerufen. Das *Nassauische Bekenntnis* von 1578, der *Consensus Bremensis* von 1595 (als Bekenntnis 1644) sowie das *Staffortsche Buch* von 1599 zeigen diese Entwicklung. In Anhalt bildete die *Repetitio Anhaltina* von 1579 den Übergang, in Hessen-Kassel die *Hessische Generalsynode* von 1607. Die *Confessio Sigismundi* des brandenburgischen Kurfürsten von 1614 gehört zwar auch in jene Reihe, steht jedoch als Privatbekenntnis, das keine Auswirkungen auf die Konfessionszugehörigkeit der Landeskinder hatte, auf einer anderen Ebene.

Die fünfte Phase, die Auseinandersetzung der niederländischen reformierten Kirchen mit dem Arminianismus, wurde von der *Dordrechter Synode* von 1618 und

18 Vgl. Georg Plasger und Matthias Freudenberg, „Heidelberger Katechismus von 1563: Einleitung" in: Dies., Hg., *Reformierte Bekenntnisschriften* (Göttingen: Vandenhoeck & Ruprecht, 2005), 151–153.

ihren Folgen geprägt.[19] Über die regional-nationalen Verweiszusammenhänge weit hinaus haben die Canones von Dordrecht insofern Bedeutung, als auch Vertreter aus der Pfalz, Ostfriesland, Hessen, England, Schottland, der Schweiz und anderen Territorien anwesend waren. Die Synode berief sich auf den *Heidelberger Katechismus* und die *Confessio Belgica*. Ihr Hauptthema war jedoch eine genauere Fassung der Prädestinationslehre, die sich durch die Auseinandersetzung mit Jacobus Arminius als dringlich notwendig erwiesen hatte. Dessen *Remonstranz* von 1610 bestritt die apriorische Verortung der Erwählung im Interesse einer stärkeren Betonung der Rolle des Gläubigen, was ihm von Seiten der Synode einen Synergismusverdacht eintrug.

Die sechste Phase umfasst die Herausbildung und Verbreitung des Puritanismus. Hier – im Feld der englischen Reformationsgeschichte – auch nur einen groben Überblick geben zu wollen, sprengt die Voraussetzungen dieses kurzen Beitrags.[20] Genannt seien lediglich die *Lambeth-Artikel* von 1595, die der Calvinist William Whitacker als reformierte Ergänzung der von Elisabeth I. gebilligten *39 Anglikanischen Artikel* vorlegte und die eine strenge Prädestinationslehre im Sinne der doppelten Prädestination vertraten. Auch die *Irischen Religionsartikel* von 1615 folgten dieser Lesart. In die Zeit der puritanischen Revolution und des „Long Parliament“ fielen die *Westminster Confession* und die beiden *Westminster-Katechismen* von 1647, die allerdings nach der Restauration für die englische Entwicklung keine Bedeutung mehr hatten. Stattdessen ersetzen sie in Schottland die *Confessio Scotica* von 1560. Die stets verfolgten Kongregationalisten hatten in der Hoffnung auf religionsrechtliche Anerkennung 1658 die *Savoy-Decleration* vorgelegt. Nach dem Scheitern dieser Erwartungen nahmen sie, die „Pilgerväter“, ihre Fassung von Bekenntnis und Bekenntniskritik mit in die neue Welt.

Die hier nur knapp skizzierte und notwendig zusammengefasste Entwicklung mündet ein in die *Helvetische Konsensusformel* von 1675, die in fast allen Schweizer Gebieten als erläuternder Anhang zur *Confessio Helvetica posterior* angenommen wurde, jedoch lediglich bei geistlichen oder akademischen Berufungen zur Anwendung kam.

19 Vgl. Georg Plasger und Matthias Freudenberg, „Dordrechter Canones (Dordrechter Lehrsätze) von 1619: Einleitung“ in: Dies., Hg., *Reformierte Bekenntnisschriften* (Göttingen: Vandenhoeck & Ruprecht, 2005), 221–223.

20 Vgl. u.a. Diarmaid MacCulloch, *Die zweite Phase der englischen Reformation und die Geburt der anglikanischen Via Media* (Münster: Aschendorff, 1998); Kaspar von Greyerz, *England im Jahrhundert der Reformationen*, UTB 1791 (Stuttgart: Ulmer, 1994).

3 Der Gedanke der Heiligung in seinen dogmatischen Verweiszusammenhängen

Nach diesem kirchenpolitisch-dogmengeschichtlichen Durchgang soll jetzt der Gedanke der Heiligung aus der reformierten Bekenntnistradition heraus theologisch entwickelt werden. Dabei greife ich einzelne Aspekte und Konzeptionen aus dem Gesamt der Überlieferung heraus und verzichte auf eine Rekonstruktion der historischen Entwicklung des jeweiligen Theologumenon. Vielmehr möchte ich das Verständnis von Heiligung in drei Problemfeldern vorstellen: a) Heiligung, Glaube und gute Werke, b) Heiligung und der Gedanke des *meritum* und c) Heiligung und Vollkommenheit.

Ist es gemeinsame Voraussetzung der reformatorischen Theologie, die Rechtfertigung in keiner Weise an die Erbringung von Werken zu binden, verlangt der Zusammenhang von Glauben und guten Werken doch stets nähere Erklärung. Besonders relevant wird dies, wenn die Rechtfertigung nicht nur forensisch, sondern im Sinne eines effektiven Geschehens verstanden wird. So finden wir etwa in der *Confessio Tetrapolitana* den Vorgang interpretiert als den Gläubigen verwandelndes Geschehen, als „fromm und gerecht werden".[21] Da diese neue Frömmigkeit einen tatsächlich neuen Zustand markiert, der als ein „zu der bildtnus gottes volkommen reformiert und ernewert werden"[22] beschrieben werden kann, zeigt sie sich notwendig in einem tätigen Glauben. Die Ausführungen zielen auf die Aussage, der so erneuerte Mensch könne ohne das Tun guter Werke aus Liebe nicht selig werden. Allerdings gewinnen die Werke dabei nie konstitutive Bedeutung als menschliches Wirken, ist doch ihre Befähigung rein durch den göttlichen Geist hervorgerufen und auf die göttliche Gnade zurückgebunden. Unter der Voraussetzung eines forensischen Rechtfertigungsbegriffs wird diese Rückbindung noch zwingender, ist doch hier ein Verständnis im Sinne einer tatsächlich-qualitativen *renovatio* ausgeschlossen. Jetzt werden die guten Werke ausschließlich und streng als Folge des Glaubens herausgestellt. Die *Confessio Gallicana* von 1559 etwa formuliert den entsprechenden Sachverhalt wie folgt: „... so bekennen wir doch, dass die guten Werke, die wir unter der Leitung des Heiligen Geistes tun, nicht in Rechnung kommen, uns zu rechtfertigen (Lk 17,10; Ps 6,2) oder zu verdienen, dass Gott uns für seine Kinder hält, weil wir stets in Zweifel und Unruhe hin und her schwanken würden, wenn unser Gewissen sich

21 „Confessio Tetrapolitana" in: Heiner Faulenbach und Eberhard Busch, Hg., *Reformierte Bekenntnisschriften*, Bd. 1/1 (Neukirchen-Vluyn: Neukirchener Verlag, 2002), 463,10.
22 A. a. O., 464,27 f.

nicht stützt auf die Genugtuung, durch die Jesus Christus uns erlöst hat."[23] An dieser Stelle kommt zur Rang- und Folgesortierung von Glauben und Werken vielfach die Metapher vom Baum und den Früchten zum Tragen, hier in der Fassung der *Confessio Helvetica posterior* von 1561/1566: „Obwohl wir also mit dem Apostel Paulus lehren, dass der Mensch ganz umsonst durch den Glauben an Christus gerechtfertigt werde und nicht durch irgendwelche guten Werke, wollten wir deswegen doch gute Werke nicht gering schätzen oder verwerfen, da wir wissen, dass der Mensch weder dazu erschaffen noch durch den Glauben wiedergeboren sei, damit er müßig gehe, sondern vielmehr unaufhörlich tue, was gut und nützlich ist. Denn im Evangelium sagt der Herr: ›So bringt jeder gute Baum gute Früchte‹ (Mt 7,17; 12,33)."[24]

Die Rückbindung von den Werken auf den zugrundeliegenden Glauben, auch *syllogismus practicus* genannt, ist eine weitere Weichenstellung im reformierten Verständnis von Heiligung. Sie basiert auf der dogmatischen Festlegung beinahe aller Bekenntniszeugnisse, den Zusammenhang von Glauben und Werken als einen notwendigen zu bestimmen – in der Fassung der *Confessio Gallicana* von 1559 „... indem er [der Glauben] notwendigerweise die guten Werke hervorbringt".[25] Damit geraten letztere leicht zum Ausweis oder Kennzeichen wahren Glaubens. Der Aspekt einer entsprechenden Selbstprüfung und Selbstvergewisserung prägt dann auch die Bekenntnisformulierungen seit der frühesten Zeit, allerdings ergänzt um die Warnung vor einer dementsprechenden Identifizierung beim Nächsten, zumal wenn diese negativ auszufallen droht. Hier steht die ekklesiologische Prämisse im Hintergrund, dass der Umfang und die Zugehörigkeit zur „Kirche Gottes" – der unsichtbaren Kirche – in dieser Welt verborgen bleibt.[26] Im Ergebnis einer solchen Selbstprüfung und Selbstvergewisserung könnte es dann naheliegen, die guten Werke als verdienstvolle Handlungen zu verstehen. Eine solche Interpretation als *meritum* wird allerdings von sämtlichen Bekenntnissen scharf abgelehnt. So formuliert der *Genfer Katechismus* von 1545: „Sie [die guten Werke] gefallen ihm [Gott] wohl. Aber nicht wegen der Verdienstlichkeit ihres eigenen Wertes, sondern nur indem er sie großherzig seiner Gunst wert er-

---

23 „Confessio Gallicana, Art. 22" in: Georg Plasger und Matthias Freudenberg, Hg., *Reformierte Bekenntnisschriften* (Göttingen: Vandenhoeck & Ruprecht, 2005), 117.

24 „Confessio Helvetica posterior, Kap. XVI" in: Georg Plasger und Matthias Freudenberg, Hg., *Reformierte Bekenntnisschriften* (Göttingen: Vandenhoeck & Ruprecht, 2005), 210 f.

25 „*Confessio Gallicana, Art. 22*" (s. Anm. 23), 117.

26 „... verum alia a se membra ignorant" (in: Heiner Faulenbach und Eberhard Busch, Hg., *Reformierte Bekenntnisschriften*, Bd. 1/1 [Neukirchen-Vluyn: Neukirchener Verlag, 2002], 432,33); vgl. auch „Confessio Helvetica posterior, Kap. XVII" in: Georg Plasger und Matthias Freudenberg, Hg., *Reformierte Bekenntnisschriften* (Göttingen: Vandenhoeck & Ruprecht, 2005), 219.

achtet."[27] In der Version der *Confessio Scotica* von 1560 heißt es pointiert und mit Seitenblick auf die römisch-katholische Lehre vom sog. Gnaden- oder Kirchenschatz: „Wer sich also der Verdienste seiner Werke rühmt oder auf überschüssige Werke irgendein Vertrauen setzt, möge wissen, dass er sich mit etwas brüstet, das gar nicht vorhanden ist, und dass er die Hoffnung auf Heil auf verderblichen Götzendienst gründet."[28] Ein meritorischer Wert ist schon deswegen auszuschließen, weil generell kein menschliches Werk vorstellbar ist, dass nicht gebrochen wäre vom Zustand der sündigen Existenz. Der *Heidelberger Katechismus* gibt folgende Charakterisierung: „Aber auch unsere besten Werke sind in diesem Leben alle unvollkommen und mit Sünde befleckt."[29] Dass sie dennoch Gott wohlgefällig sind, hängt mit einer Form der Anerkennung zusammen, nach der er sie so ansieht „... als ob sie vollendet und vollkommen wären".[30] Diese Anerkennung wird durch die Vorstellung unterstützt, dass „... diese Werke überdies durch den Heiligen Geist aus Gottes Gnade getan sind"[31] – so die Formulierung der *Confessio Helvetica posterior* – sie sich also eigentlich göttlichem Willen und göttlicher Initiative verdanken.

Die Heiligung ist als dynamischer Vorgang zu verstehen, der das Glaubensleben und den Selbst- und Weltumgang des Menschen bestimmen soll. In seiner 229. Frage formuliert der *Genfer Katechismus* von 1545: Sie „... zeigt uns nämlich das vorgegebene Ziel, dem wir uns annähern und das wir anstreben sollen".[32] Als ein solcher Prozess erstreckt sie sich allerdings über das irdische Leben des Menschen hinaus. Der *Heidelberger Katechismus* setzt nach Ausführungen zum zweiten Gebrauch des Gesetzes Heiligung und Gesetz in den Zusammenhang des *usus in renatis*, wenn er ausführt: „Zweitens sollen wir unaufhörlich uns bemühen und Gott um die Gnade des Heiligen Geistes bitten, dass wir je länger, je mehr zum Ebenbild Gottes erneuert werden, bis wir nach diesem Leben das Ziel der Voll-

---

27 „Genfer Katechismus, Antwort zu Frage 121" in: Georg Plasger und Matthias Freudenberg, Hg., *Reformierte Bekenntnisschriften* (Göttingen: Vandenhoeck & Ruprecht, 2005), 77.

28 „Confessio Scotica, Abschnitt 15" in: Georg Plasger und Matthias Freudenberg, Hg., *Reformierte Bekenntnisschriften* (Göttingen: Vandenhoeck & Ruprecht, 2005), 137.

29 „Heidelberger Katechismus, Antwort zu Frage 62" in: Georg Plasger und Matthias Freudenberg, Hg., *Reformierte Bekenntnisschriften* (Göttingen: Vandenhoeck & Ruprecht, 2005), 167.

30 „Genfer Katechismus, Antwort zu Frage 123" in: Georg Plasger und Matthias Freudenberg, Hg., *Reformierte Bekenntnisschriften* (Göttingen: Vandenhoeck & Ruprecht, 2005), 78.

31 „Confessio Helvetica posterior, Kap. XVI" in: Georg Plasger und Matthias Freudenberg, Hg., *Reformierte Bekenntnisschriften* (Göttingen: Vandenhoeck & Ruprecht, 2005), 211.

32 „Genfer Katechismus, Frage 229" in: Georg Plasger und Matthias Freudenberg, Hg., *Reformierte Bekenntnisschriften* (Göttingen: Vandenhoeck & Ruprecht, 2005), 93.

kommenheit erreichen."[33] Es entspricht Gottes Absicht mit seinem Geschöpf, ihn „... zuletzt zu verherrlichen zur Demonstration seiner Barmherzigkeit und zum Lobe des Reichtums seiner herrlichen Gnade"[34], wie es die *Dordrechter Canones* von 1619 beschreiben. Dieses Konzept von Vollkommenheit lehnt sowohl chiliastische Vorstellungen eines innerweltlichen Zwischenreiches als „Träume"[35] ab. Eine noch deutlichere Kritik erfährt allerdings die römisch-katholische Vorstellung eines Purgatoriums. Zwingli bekennt 1530 in seinem *Fidei ratio:* „Zwölftens glaube ich, dass die Erfindung des Fegefeuers ebenso sehr, wie sie ihren Erfindern Gewinn brachte, etwas ist, das die in Christus frei geschenkte Erlösung verachtet."[36]

4 Schluss

Schon diese knappe Skizze hat gezeigt, dass der Gedanke der Heiligung in der altreformierten Bekenntnistradition – bei aller Vielfarbigkeit der Zeugnisse – stets eine prominente Stellung einnimmt. Platziert als Scharnier zwischen Rechtfertigung und tätigem christlichen Leben hat er insofern besonderes Gewicht, weil seine Beschreibung die schwierige Verhältnisbestimmung von Glauben und Werken angeht. Zentral ist die Aussage, dass die Heiligung eine prozessuale Größe darstellt. Intendiert ist ein „Werden" im Sinne des dritten Gebrauchs des Gesetzes, das durchaus das irdische Leben überschreiten und eschatologischen Charakter tragen kann. Die guten Werke geschehen dabei mit Notwendigkeit. Allerdings findet sich einhellig die Warnung, dieses Tätigwerden nicht als rein selbstständiges und freies Agieren des Menschen misszuverstehen, sondern letztlich eine Zulassung oder sogar eine Initiierung Gottes vorauszusetzen. Die Bezeichnung als „notwendig" birgt darüber hinaus die Gefahr eines Rückschlussversuches auf die Qualität des die Werke tragenden Glaubens und damit letztlich auf den Stand des Erwähltseins. Diesem *syllogismus practicus* wird durch das ekklesiologische

33 „Heidelberger Katechismus, Antwort zu Frage 115" in: Georg Plasger und Matthias Freudenberg, Hg., *Reformierte Bekenntnisschriften* (Göttingen: Vandenhoeck & Ruprecht, 2005), 182.

34 „Dordrechter Canones, Art. 7" in: Georg Plasger und Matthias Freudenberg, Hg., *Reformierte Bekenntnisschriften* (Göttingen: Vandenhoeck & Ruprecht, 2005), 225.

35 „Confessio Helvetica posterior" in: Georg Plasger und Matthias Freudenberg, Hg., *Reformierte Bekenntnisschriften* (Göttingen: Vandenhoeck & Ruprecht, 2005), 202.

36 „Fidei ratio" in: Georg Plasger und Matthias Freudenberg, Hg., *Reformierte Bekenntnisschriften* (Göttingen: Vandenhoeck & Ruprecht, 2005), 53; „Duodecimo credo purgatorii ignis figmentum tam contumeliosam rem esse in gratuitam redemptionem per Christum donatam, quam lucrosa fuit autoribus suis." (in: Heiner Faulenbach und Eberhard Busch, Hg., *Reformierte Bekenntnisschriften*, Bd. 1/1 [Neukirchen-Vluyn: Neukirchener Verlag, 2002], 444,15–17).

Modell unsichtbarer Kirche gewehrt. Gleichzeitig wird gerade durch diese Indizierung jede meritorische Interpretation verhindert, kann doch kaum etwas menschlicherseits als verdienstvoll erachtet werden, was sich mit Notwendigkeit ereignet. Auch der Topos der Heiligung illustriert, wie kirchenpolitisch und kontroverstheologisch situativ die altreformierten Bekenntnisse verfasst sind. Sie machen in ihrer Vielfalt und Diversität deutlich, mit welcher Agilität reformierte Theologie den Herausforderungen ihrer jeweiligen Zeit begegnete.

Richard Pohle

Ein Riese auf den Schultern welcher Zwerge? Überlegungen zur Vorgeschichte der „Weber-These“ und zum Verhältnis von Reformierten und Kapitalismus im 19. Jahrhundert

„Bürgertum – siehe Liberalismus“. Prägnanter als dieser Registerverweis aus Albert Ehrhards vieldiskutiertem Buch über den *Katholizismus und das Zwanzigste Jahrhundert* (1902) konnte man um 1900 kaum die Distanz ausdrücken, die für wohl die meisten Zeitgenossen zwischen dem Katholizismus auf der einen und dem Bürgertum sowie der liberal-kapitalistischen Moderne auf der anderen Seite lag.[1] War der politische und wirtschaftliche Liberalismus seit dem berüchtigten *Syllabus Errorum* (1864) nicht nur den ultramontanen Katholiken zum Reizwort und Inbegriff aller modernen Fehlentwicklungen geworden, so fremdelte das katholische Milieu in vergleichbarer Weise auch mit dem Bürgertum und seinen national-protestantisch grundierten Wertvorstellungen bzw. man bekam diese Distanz dort in allen Lebenslagen und lange sogar noch von der historischen Bürgertumsforschung präsentiert.[2]

„Kapitalismus – siehe Calvinismus/Protestantismus“. Diese anlog zu bildende Zuschreibung fehlt leider in Ehrhards Register,[3] sie wäre aber nicht nur aus katholischer Perspektive durchaus naheliegend gewesen, schließlich gehörte die Korrelation von Protestantismus und Kapitalismus, von evangelischem Bekenntnis und wirtschaftlichem Erfolg längst zum argumentativen Repertoire des aus-

---

1 Albert Ehrhard, *Der Katholizismus und das zwanzigste Jahrhundert im Lichte der kirchlichen Entwicklung der Neuzeit*, 4. bis 8. revidierte Auflage (Stuttgart, Wien: Jos. Roth'sche Verlagsbuchhandlung, 1902). Vgl. dazu vor allem Olaf Blaschke, „Bürgertum und Bürgerlichkeit im Spannungsfeld des neuen Konfessionalismus 1830 bis 1930“ in: Juden, Bürger, Deutsche. Zur Geschichte von Vielfalt und Differenz 1800–1933, hg. v. Andreas Gotzmann, Rainer Liedtke, Till van Rahden (Tübingen: Mohr, 2001), 33–66.

2 Zur Rolle der Religion in der Bürgertumsforschung siehe zuletzt Thomas Mergel, „Die Sozialgeschichte des neuzeitlichen Bürgertums im Bielefelder SFB 177 (1986–1997)“ in: *Bürgertum. Bilanzen, Perspektiven, Begriffe*, hg. v. Manfred Hettling, Richard Pohle (Göttingen: Vandenhoeck&Ruprecht, 2019), 83–103, bes. 97 ff.

3 Es fehlt überhaupt jeder Bezug zur Wirtschaft, einzig die „Industrie“ kommt vor, allerdings nur im Zusammenhang mit dem Sozialismus, der dem Liberalismus in Sachen ‚Irrtümer der Moderne‘ kaum nachstand.

https://doi.org/10.1515/9783110705614-004

gehenden Kulturkampfes, von dessen konfessionellem Manichäismus nicht nur Ehrhards (eigentlich durchaus reform-katholisches) Buch geprägt war, sondern von dem auch die Debatten der Nationalökonomie jener Jahre keineswegs frei waren.[4] Als selbstbewusstem „Mitglied der bürgerlichen Klassen“ und „erzogen in ihren Anschauungen und Idealen“[5] waren Max Weber diese Wert- und Vorurteile also keineswegs fremd. Und auch wenn die Polemik seiner Protestantismusstudien sich vor allem auf das lutherische Kirchentum bezog, so war ihm diese kulturkämpferische Verknüpfung doch offenbar so sehr eine allgemeine Erfahrungstatsache, dass eine empirische Absicherung gegen deren „ganz unbegründete Anzweiflung“ für ihn gar nicht in Betracht kam, ja es im Gegenteil erst einmal darum ging, sie überhaupt zu „erklären“.[6]

Über der Wert der verwendeten Quellen und die Reichweite und Plausibilität dieser Erklärung ist seither unendlich viel gestritten und geschrieben worden, aber nicht zuletzt die Beiträge dieses Bandes zeigen ja, dass auch zeitbedingte Vorurteile zu anhaltend fruchtbaren Fragestellungen werden können.[7] Worauf sich der für Weber also im besten Sinne „fragliche“ vorwissenschaftliche Konsens jedoch historiographisch gründete, was also die Evidenz jener Verknüpfung von reformierten Protestanten und Kapitalismus in der deutschen Debatte zum Ende des 19. Jahrhunderts betrifft, das ist nach wie vor kaum untersucht.[8] Ein Grund

---

4 Vgl. Thomas Nipperdey, „Max Weber, Protestantism, and the Context of the Debate around 1900“ in: *Weber's Protestant Ethic. Origins, Evidence, Contexts*, hg. v. Hartmut Lehmann, Guenther Roth (Cambridge University Press, 1993), 73–81. Zu Ehrhard siehe auch die Rezension Ernst Troeltschs in der *Christlichen Welt* von 1902, jetzt in: Ernst Troeltsch, *Rezensionen und Kritiken (1901–1914)*, Bd. 4, Kritische Gesamtausgabe (Berlin, New York: De Gruyter, 2004), 194–206.

5 MWG [= Max Weber-Gesamtausgabe] I/4,2, 568 (GPS, 20).

6 MWG I/18, 145, Anm. b23 (GRS I, 28, Anm. 3).

7 Für eine systematisch weiterführende Historisierung der Weberschen Fragestellung vgl. auch Friedrich Wilhelm Graf, „Beeinflussen religiöse Weltbilder den ökonomischen Habitus?“ in: *Wirtschaftsgeschichte als Kulturgeschichte. Dimensionen eines Perspektivenwechsels*, hg. v. Hartmut Berghoff, Jakob Vogel (Frankfurt, New York: Campus, 2004), 241–264, bes. S. 254 f. Zum weiterhin auch analytischen Wert der Protestantismusstudien siehe nur Thomas Sokoll, „The Moral Foundation of Modern Capitalism: Towards a Historical Reconsideration of Max Weber's ‚Protestant Ethic'“ in: *Moralizing Capitalism, Agents, Discourses and Practices of Capitalism and Anti-Capitalism in the Modern Age*, hg. v. Stefan Berger, Alexandra Przyrembel (Cham: Palgrave Macmillan, 2019), 79–110.

8 Weitgehend allein steht da Paul Münch, „The Thesis before Weber: An Archaeology“ in: *Weber's Protestant Ethic: Origins, Evidence, Contexts*, eds. Hartmut Lehmann, Guenther Roth (Cambridge: Cambridge University, 1993), 51–72. Auch die hier angestellte „Archäologie“ kann nur einzelne, obere Schichten der deutschen Debatte freilegen, soweit sie in der allgemein- und wirtschaftsgeschichtlichen Literatur sichtbar werden. Eine Diskursgeschichte, noch dazu „der“ Reformierten kann und will sie nicht ersetzen.

hierfür war sicherlich die Bedeutung der nachfolgenden Kontroverse mit Sombart, Brentano, Fischer, Rachfahl und anderen, deren Beiträge, Kritiken und Antikritiken Weber in die Ausgabe der *Gesammelten Aufsätze zur Religionssoziologie* (GRS I) von 1920 einarbeitete und so zu den dominierenden Referenzen seines Problems machte. Aber auch sonst ist Weber an dieser Stelle kein sehr zuverlässiger Ausgangspunkt zu einer Archäologie dieses fraglichen Zusammenhangs. Allseits bekannt und zu Beginn prominent zitiert ist natürlich die badische Berufsstatistik seines Schülers Martin Offenbacher, über deren historische Aussagekraft im Weberschen Argument man allerdings trefflich streiten kann.[9] Hinzu kommen einige spärliche Hinweise auf Eberhard Gotheins *Wirtschaftsgeschichte des Schwarzwaldes* (1892) mit der berühmten Formulierung vom Calvinismus als der „Pflanzschule der Kapitalwirtschaft" sowie den in der Ausgabe der Gesammelten Schriften zur Religionssoziologie (GRS) getilgten Georg Jellinek, dessen Interpretation der Entstehung der Menschenrechte aus dem Geist des Calvinismus (1895)[10] Weber, wie er schreibt, erst zur erneuten Beschäftigung mit dem Puritanismus angeregt habe.[11] In der späteren Ausgabe der GRS kommen dann noch einmal und zur Bekräftigung dieses gerade nicht „neuen" Zusammenhangs Émil de Laveleye und Matthew Arnold hinzu (beide ohne nähere Titel),[12] doch in der Hauptsache sind es eben jene verstreuten Quellen theologischer und poimenischer Literatur des 17. und 18. Jahrhunderts,[13] auf die Weber sich bezieht und die so nur wenig Anhaltspunkte bieten, um die unmittelbare Vorgeschichte der „Weber-These" oder eben auch nur jenes „bürgerlichen" Vorurteils von Reformiertentum und Kapitalismus im 19. Jahrhundert zu rekonstruieren.

---

9 Martin Offenbacher, *Konfession und soziale Schichtung: eine Studie über die wirtschaftliche Lage der Katholiken und Protestanten in Baden* (Tübingen: Mohr, 1900). Vgl. dazu nur Heinz Steinert, *Max Webers unwiderlegbare Fehlkonstruktionen. Die protestantische Ethik und der Geist des Kapitalismus* (Frankfurt a. M.: Campus, 2010), bes. 42 ff.

10 Georg Jellinek, *Die Erklärung der Menschen- und Bürgerrechte: ein Beitrag zur modernen Verfassungsgeschichte* (Leipzig: Duncker & Humblot, 1895).

11 MWG I/18, 352., Anm. 196.

12 MWG I/18, 145, Anm. b23 (GRS I, 28, Anm. 3). MWG I/18, 145, Anm. 84 f. legt nahe, dass Weber beide nur sekundär über Levys *Studien über das englische Volk* (1919) rezipiert haben könnte. Dies ist angesichts der breiten deutschen Rezeption Laveleyes (u. a. über Blutschli, Virchow, Troeltsch) aber eher unwahrscheinlich. Vgl. dazu nur Manuel Borutta, *Antikatholizismus. Deutschland und Italien im Zeitalter der europäischen Kulturkämpfe* (Göttingen: Vandenhoeck & Ruprecht, 2010), 118, Anm. 245.

13 Und auch hier ist es gerade nicht die konfessionelle Kontroversliteratur des 18. Jahrhundert. Vgl. dazu Münch, *„Thesis"* (s. Anm. 8).

1 Lexikalische und historiographische Befunde

Was macht also der Historiker, wenn er die Entwicklung solch vermeintlich gesicherter Verknüpfungen untersuchen will? Er schaut wieder ins Register und ins Lexikon, genauer in die vielen Handbücher und Konversationslexika „für die gebildeten Stände", deren zahlreiche Auflagen und Überarbeitungen recht verlässlich den vor allem bürgerlich-protestantischen Diskurs des Jahrhunderts mit all seinen Vorurteilen abbildeten.[14]

Doch der Befund in den *Meyers*, *Pierers* und *Brockhaus'*, im katholischen *Herder* ebenso wie in den spezielleren Staatslexika von *Wagener* oder *Rotteck-Welcker* ist ernüchternd, ja er geht eigentlich gegen null. Und das liegt nicht daran, dass die Debatten der historisch orientierten Nationalökonomie um die Ursprünge und Kulturbedeutung des „Kapitalismus" erst in den 1890er Jahren in Gang gekommen waren und sich also erst hier der politisch-soziale Kampfbegriff in einen wissenschaftlichen und Epochenbegriff zu wandeln begann.[15] Denn auch mit den begrifflichen Äquivalenten und denkbaren Ableitungen (Kapital- oder Geldwirtschaft, Industrie, Gewerbefleiß u. ä.) verhält es sich nicht viel anders, fand nicht nur der Kapitalismus in den allgemeinen, auf ein bildungsbürgerliches Publikum zielenden Lexika noch kaum statt, sondern erst recht nicht seine Verbindung zu den in der Erinnerungskultur des 19. Jahrhunderts lange zusätzlich marginalisierten und hinter Lutherkult und „Hugenottenmythos" zurücktretenden Calvinisten.[16] Schaut man nämlich unter den einschlägigen „reformierten" Stichworten (Reformation, Reformierte Kirche, Calvin, Zwingli, Hugenotten, Refugués, Puritanismus usw.), so erschöpfen sich auch diese Artikel fast ausschließlich in kurzen, oft kritischen biographischen oder ereignisgeschichtlichen Darstellungen der Schweizer Reformation, der Verfolgung der Hugenotten in Frankreich oder ihrer Ansiedlung durch die deutschen Fürsten. Darüber hinaus gehende Fragen etwa zum Abendmahlsverständnis, zum Rigorismus Calvins oder zur Synodalverfassung fallen dagegen schon merklich ab, ja sie unterliegen vielfach dem Bemühen innerprotestantischer Harmonisierung oder Nivellierung:

---

14 Siehe dazu vor allem Ulrike Spree, *Das Streben nach Wissen. Eine vergleichende Gattungsgeschichte der populären Enzyklopädie in Deutschland und Großbritannien im 19. Jahrhundert*, (Berlin, Boston: De Gruyter, 2010).

15 Und diese „Wissenschaftlichkeit" war es, nicht mehr der Anspruch auf „Bildung", die die „Lexikalität" eines Sachverhaltes oder Terminus verbürgte. Vgl. ebd. S. 82ff. und zur Begriffsgeschichte schon Richard Passow, *„Kapitalismus": eine begrifflich-terminologische Studie*, 2. verb. Auflage (Jena: Fischer, 1927) sowie den Art. „Kapital" in: *GGr* 3 (1982), 399–454.

16 Vgl. Stefan Laube, „Calvinistische Splitter in der deutschen Reformationserinnerung zwischen Union (1817) und Calvin-Jubiläum (1909)", *Archiv für Kulturgeschichte* 91 (2009), 161–191.

ob Pierers *Universal-Lexikon der Gegenwart und Vergangenheit* (1824–1836), *Meyers Conversations-Lexika* der 1850er Jahre oder das vom Frühliberalismus geprägte (und insofern sehr Calvin-kritische) *Rotteck-Welckersches Staatslexikon* in den 1830er und 1860er Jahren – sie alle verweisen darauf, dass derartige „dogmatische Subtilitäten"[17] oder konfessionelle „Nebenfragen" seit der Aufklärung ihre Bedeutung doch weitgehend verloren hätten[18] oder allenfalls noch „unwesentliche Punkte" beträfen,[19] und der Brockhaus von 1867 stellte gar fest, dass die Lehren beider Konfessionen sich schon im 18. Jh. einander so sehr durchdrungen hätten, dass die preußische Union doch „hinlänglich gerechtfertigt" sei.[20] Spezifisch reformierte oder calvinistische Positionen oder gar Dispositionen zu betonen, wie sie etwa das konservative *Wagenersche Staatslexikon* im Zusammenhang von reformierter Traditionslosigkeit, daraus folgender Einsamkeit und einem spezifischen Zukunfts- und Gestaltungsdrang erkennen wollte,[21] lag den meisten (pro-)preußischen Autoren also fern, zumal der eigentliche Gegner, daran ließ kein Artikel einen Zweifel, „ultra montes", also in Rom saß, von wo aus, so der Rotteck-Welcker in bekannt markigen Worten, die jesuitischen und papistischen „Kreaturen" weiterhin ausströmten, um die deutsche Einheit, Größe und Glaubensfreiheit zu unterminieren.[22]

---

17 Art. „Reformierte Kirche" in: *Das große Conversations-Lexikon für die gebildeten Stände*, hg. v. Joseph Meyer, 2. Abt. 5. Band (Hildburghausen: Bibliographisches Institut, 1850), 685.

18 Georg Friedrich Kolb, Art. „Hugenotten" in: *Das Staatslexikon. Enzyklopädie der sämtlichen Staatswissenschaften für alle Stände*, Bd. 8, hg. v. Karl von Rotteck, Karl Welcker (Leipzig: Brockhaus, 1863), 371–386 (fortan Rotteck-Welcker), hier 371. Im Gegensatz zur ersten Auflage wurden die reformatorischen „Meinungsverschiedenheiten" erst hier durch den Zusatz der „Nebenfragen" nivelliert.

19 Art. „Reformierte Kirche" in: *Encyclopädisches Wörterbuch der Wissenschaften, Künste und Gewerbe* (Nachdruck als Universal-Lexikon oder vollständiges encyclopädisches Wörterbuch), hg. v. Heinrich August Pierer (Altenburg: Pierer 1824–1835), Bd. 17 (1832), 539–542, hier 542 (fortan Pierer).

20 Art. „Reformierte Kirche" in: *Allgemeine Deutsche Real-Encyklopädie für die gebildeten Stände. Conversations-Lexikon*, Bd. 12 (Leipzig: Brockhaus, 1867), 355 (fortan Brockhaus). Aktualisierte Rechtfertigungen der (preußischen) Union finden sich unter diesem Stichwort auch in allen Auflagen des Pierer und es wäre ein lohnendes Unterfangen, einmal den Stand der Union anhand der Lexika zu untersuchen.

21 Art. „Reformierte Kirche" in: *Staats- und Gesellschaftslexikon – Neues Conversationslexikon*, hg. v. Hermann Wagener, 23 Bde. (Berlin: Heinicke, 1859–1867), Bd. 16 (1864), 797–800, hier 800: „Dazu kommt, daß die Loslösung von der Vergangenheit doch wohl ein Gefühl der Einsamkeit erzeugt und umso mehr dringt, die Zukunft für sich zu erringen; und ist die Gegenwart gegenüber dem Gotte, vor welchem man stehet, das völlig Richtige, umso mehr hat man Verpflichtung, gestaltend in dieselbe einzugreifen." Vgl. dazu auch MWG I/18, 278 ff. (GRS I, 93 ff.).

22 Art. „Reformation" (Jürgens), in: *Rotteck-Welcker* (s. Anm. 18), Bd. 12 (1863), 362–390, bes. 388 f.

Wirtschaftliche oder wirtschaftsgeschichtliche Aspekte hatten in diesen Beiträgen meist keinen Anknüpfungspunkt, lag der Fokus lange auf den ins Kirchenpolitische gewendeten Debatten um nationale Einheit und staatsbürgerliche Freiheit. Tauchten sie hingegen doch einmal auf, dann dort, wo es um exilierte Hugenotten oder Belgier ging. Es vergisst (abgesehen vom Herder) kein Lexikon, auf den „Gewerbefleiß" und die industriellen und handwerklichen Fertigkeiten der Verfolgten hinzuweisen und auf die eben auch wirtschaftlichen Motive und Erfolge der sie aufnehmenden Länder. Ihre Fertigkeiten und ihre Industrie jedoch werden in den Artikeln nicht mit ihrer spezifischen Konfession oder einer daraus ableitbaren (Berufs-)Ethik oder Mentalität verknüpft, wie noch in den Reiseberichten und ökonomisch-utilitaristischen Debatten des 18. Jahrhunderts,[23] sondern in der Regel wird hier auf ihre Herkunftsregion und den Stand der dortigen wirtschaftlichen Entwicklung verwiesen. Die nordfranzösischen oder belgischen Konfessionsflüchtlinge etwa, die sich seit der Reformation im Bergischen ansiedelten, brachten, so der Brockhaus von 1824,[24] neben allgemeinem Gewerbefleiß nämlich vor allem reiche Bargeldbestände und „den Geschmack der französischen Industrie" in Seide, Baumwolle, Spitze usw. überhaupt erst mit und konnten ihre Geschäfte dann unter einer in Religionssachen duldsamen und dem Handel wie der Industrie zugeneigten Regierung zum allgemeinen Nutzen ausweiten. Auch der Pierer von 1832 bescheinigte den *Réfugiés*, dass sie als „fast durchgehends rechtliche Leute [...] ihrem neuen Vaterlande vorzüglich durch Anlegung von Fabriken sehr nützlich" wurden und zudem etwas „französische Leichtfertigkeit auf teutschen Boden verpflanzten."[25]

Einzig das Staatslexikon von Rotteck-Welcker geht hier einen Schritt weiter insofern, als es schon die Aufnahme und Ausbreitung des Calvinismus in der Schweiz und in Frankreich mit einem besonderen wirtschaftlichen Geist verknüpfte: während nämlich die Lehre Luthers mehr den damaligen Bewohnern des mittleren Deutschlands entsprochen habe, sei jene Calvins „mehr zur Verbreitung unter den gewerbfleißigen, vergleichsweise aufgeklärten, an freiere Formen gewöhnten und nüchternen (dem leeren Pompe abholden) Einwohnern des größeren Theils der Schweiz geeignet" gewesen.[26] Und in Frankreich waren es wiederum die gewerbfleißigen und gebildeten Stände und Städte, die sich der neuen Lehre anschlossen, und nach der Flucht waren sie es auch, die sich überall in

23 Vgl. Münch, *„Thesis"* (s. Anm. 8), 62 ff.

24 Art. „Berg, das Bergische" in: *Brockhaus* (s. Anm. 20), Suppl. (1824), 29–32.

25 Art. „Réfugiés" in: *Pierer* (s. Anm. 19), Bd. 17 (1832), 543.

26 Georg Friedrich Kolb, Art. „Hugenotten" in: *Rotteck-Welcker* (s. Anm. 18), Bd. 8 (1838), 260–283, hier 260.

Europa wieder in „Colonien“ zusammenfanden und ganze Gegenden „in blühende Zustände“ versetzten.[27]

Hier nun könnte man am ehesten noch an das Webersche Argument von der „Wahlverwandtschaft“ von kapitalistischem Geist und puritanischer Berufsethik denken, grundsätzlich aber, so kann sicher gesagt werden, wird Konfession (oder eine sich daraus entwickelnde spezifische konfessionelle Kultur) in den Lexika des 19. Jh. als eigener Faktor in der Erklärung wirtschaftlicher Entwicklung gerade nicht in Erwägung gezogen.[28] Und selbst die reformierten Heldengeschichten des Vormärz, also Georg Webers *Geschichtliche Darstellung des Calvinismus im Verhältnis zum Staat* (1836) oder Carl Bernhard Hundeshagens Rede *Über den Einfluß des Calvinismus auf die Ideen vom Staat und staatsbürgerlichen Freiheit* (1842) heben sich davon kaum ab, da sie zwar Geld, Bildung und „Betriebsamkeit“ der Hugenotten herausstellten, doch dies eben nicht an die Konfession oder eine spezifische Berufsethik banden, sondern an den Entwicklungsstand ihres Herkunftslandes und seiner Technologie, die sie dann ins Exil mitbrachten.[29] Während sie auf der ideengeschichtlichen und staatsrechtlichen Ebene durchaus den Einfluß der reformierten Theologie betonten, also den republikanischem Geist des Calvinismus hervorhoben und seinen Einfluß auf die Vorstellungen von Volkssouveränität, Widerstandsrecht, Gewaltenteilung usw., blieben entsprechende Verknüpfungen zur Ebene der Wirtschaft weitgehend aus.[30]

---

27 Ebd., 281. Vgl. auch den Art. „Réfugiés“ in: *Wagener* (s. Anm. 21), Bd. 17 (1864), 1–6, wo der spezifisch industrielle „Berufskreis“ der französischen Reformierten allerdings nicht mit deren religiösem Weltbild, sondern mit ihrer Ausschaltung vom Staatsdienst begründet wurde. Dieses „industrielle Element“ brachten sie dann mit und wurden nicht zuletzt in Brandenburg „unsere, dafür auch gut belohnten, Lehrmeister“ – letztlich seien es also die eingeräumten Sonderbedingungen und Privilegien gewesen, die ihren Erfolg bewirkten, weshalb der Autor die Réfugiés in Brandenburg auch nicht als „l'église de désert“, sondern als „l'église de l'oase“ bezeichnet wissen wollte.

28 Inwiefern sich der Befund auf das 20. Jahrhundert übertragen lässt, muss hier (auch wegen der sich verändernden Bedeutung der Konversationslexika allgemein) offen bleiben. Einem ersten Eindruck nach ändert sich dies aber auch in den 1920/30er Jahren noch nicht, sondern schlägt erst in den 1950er Jahren um, wo die Weber-Rezeption auch unter den Vorzeichen des Antimarxismus wieder zunimmt. Vgl. etwa die 3. Aufl. der RGG, wo der Art. *Kapitalismus* Weber in diesem Punkt bestätigt findet, während er dagegen im Art. *Puritanismus* als hinreichend „widerlegt“ gilt.

29 Georg Weber, *Geschichtliche Darstellung des Calvinismus im Verhältnis zum Staat* (Heidelberg: Mohr, 1836), 357 ff.

30 Carl Bernhard Hundeshagen, *Über den Einfluß des Calvinismus auf die Ideen vom Staat und staatsbürgerlicher Freiheit* (Bern, 1842), 16 weist zwar als „Kern“ des reformierten Protestantismus in Frankreich die „reichen, blühenden Handelsstädte“ aus, für den „Calvinismus überhaupt“ (31), also für die Niederlande, Schottland, die Schweiz oder die Diaspora, folgt daraus allerdings nichts, werden hier nur die ideengeschichtlichen Wirkungen konstatiert.

Und eben dies lässt sich auch bei der an Mentalitäts- oder gar Wirtschaftsgeschichte ohnehin noch kaum, dafür aber an Machtpolitik und den großen Taten großer Männern interessierten kleindeutsch-borussischen Historiographie beobachten, also bei Ranke, Droysen oder Treitschke. Für Letzteren, dessen *Deutsche Geschichte im Neunzehnten Jahrhundert* (1879) auf den jungen Weber den größten Eindruck gemacht hatte und der bei aller kritischen Auseinandersetzung auch später ein steter Bezugspunkt blieb,[31] standen Calvin und der Calvinismus deshalb auch ganz im Schatten Luthers als dem eigentlichen deutschen Helden.[32] Das heißt nicht, dass Treitschke nicht auch dem Calvinismus evangelisches „Heldentum" attestieren, ja seine Anhänger im Kampf der Niederlande gegen Spanien sogar zu den „besten Protestanten" machen konnte, allein für die nationale, die staatsbildende Aufgabe taugten ihm diese zwar streitbaren, dann aber doch zu republikanischen Beispiele nicht.[33] Erst unter den auch konfessionell „paritätischen" Vorzeichen Preußens konnte für Treitschke jene „zugleich fromm[e] und frei[e]" Macht entstehen, deren über das Reich hinausgreifende „Heldengeschichte" er schreiben wollte, in der jedoch den Reformierten oder der Wirtschaft keinerlei weitere (noch gar Haupt-) Rolle beigemessen wurde.[34] In Rankes *Zwölf Büchern Preußischer Geschichte* (1874) sah es da nicht viel anders aus, fanden die Reformierten – im Register wieder nur mit dem sprechenden Eintrag „siehe Hugenotten" versehen – allenfalls Erwähnung als französische Glaubensflüchtlinge.[35] Ihren Beitrag für die Entwicklung des Landes schätzte er dabei gar nicht einmal gering ein, seien sie es doch erst gewesen, die Preußen in näheren Kontakt „mit dem vorgeschrittenen romanischen Europa" gebracht hätten. Doch mehr als auf die „Pflege der Gewerbe", um die es dem („Großen Kurfürsten") Friedrich Wilhelm eben auch gegangen war, kam es Ranke hier auf die „innige Beziehung" zur französischen, d.i. europäischen Literatur an, die so möglich wurde und die nun die politische „Coalitaion" gegen das katholische Frankreich um eine solche des „forschenden Geistes" erweiterte. Die Reformierten als solche spielten

31 Vgl. Michael Sukale, *Max Weber. Leidenschaft und Disziplin. Leben, Werk, Zeitgenossen* (Tübingen: Mohr Siebeck, 2002), 108 ff.

32 Heinrich von Treitschke, *Luther und die deutsche Nation* (Berlin: Reimer 1883). Vgl. auch Laube, *„Calvinistische Splitter"* (s. Anm. 16), 169 f.

33 Heinrich von Treitschke, „Die Republik der vereinigten Niederlande" (1869), in: Ders., *Historische und politische Aufsätze*, Bd. 2, 5. Auflage (Leipzig: Hirzel, 1886), 403 – 538, hier 410.

34 Heinrich von Treitschke, *Deutsche Geschichte im Neunzehnten Jahrhundert*, Bd. 1. (Leipzig: Hirzel, 1879), 26 ff. u. 93.

35 Leopold von Ranke, *Zwölf Bücher Preußischer Geschichte*, Bde. 25 – 29, *Sämtliche Werke* (Berlin: Duncker und Humblot, 1874), bes. Bd. 25, 357 ff. u. 451.

fortan keine Rolle mehr, war ihre Aufgabe in der Stärkung des „protestantischen Princips“ weitgehend erfüllt.

Und auch Droysens *Geschichte der preußischen Politik* (1855/1886) folgt dieser Erzählung im Grundsatz: im Mittelpunkt steht hier denselben Legitimationsbedürfnissen entsprechend wiederum die preußische Staatsbildung, während konfessionelle Fragen trotz oder wegen des reformierten Herrscherhauses weitgehend ausgeklammert wurden. In Band 2 heißt es hier geradezu programmatisch, die Protestanten seien doch „trotz des Streits ihrer Theologen evangelisch eins“.[36] Bei der Aufnahme der Hugenotten nun, die er im dritten Band behandelt,[37] steht zunächst und über weite Strecken der große Kurfürst im Mittelpunkt, der aus „Empörung“ über die Verfolgung (nicht nur der Hugenotten, sondern auch der Litauer oder Ungarn) zum „defensor fidei“, zum „Patron und Vater“ aller bedrängten Evangelischen stilisiert wurde. Das *Edict von Potsdam* (1685) war ihm denn auch eine „fromme Pflicht“ und die Ankunft der Flüchtlinge ein Ereignis, das trotz aller Gefahren und Bedenken über den Hof hinaus ganz Preußen in Erregung versetzte, immerhin kämen ja die edelsten und charakterstärksten Familien Frankreichs, unter ihnen eben auch „Geschäftsleute in großer Zahl, welche die fortgeschrittene Industrie Frankreichs ihrer neuen Heimat zuführten.“ So weit, so bekannt – allerdings, folgen wir Droysen weiter, gab es da ja noch ein „eigenthümlich neues Element, das diese an ernsten und erhebenden Erinnerungen so reichen ‚Colonien‘ mit ihrem geschlossenen Gemeindeleben, ihren frommen Stiftungen, ihrem Schul- und Armenwesen, mit ihrer Bildung und ihrer Industrie der Stadt und dem Staate brachten.“[38] Doch wo man jetzt darauf hoffen würde zu erfahren, was das „neue“ Element nun auszeichnete, was also in unserem Fall der hugenottischen Industrie denn nun „eigenthümlich“ sei, da schweigt Droysen leider, war für ihn mit Hinweis auf die konfessionelle Hilfspflicht des Kurfürsten und dessen Zuversicht die Integration der Flüchtlinge betreffend das Thema erledigt. Diese Reihe an Beispielen oder auch nur die Aufzählung des eigentümlich „Neuen“ bei Droysen dürfte mehr als deutlich gemacht haben, dass wirtschaftliche Fragen, und noch dazu solche, die an der Union aller Protestanten gerührt und Reformierte und Lutheraner neuerlich geschieden hätten, schlicht nicht im Interesse oder auch nur im Blickfeld Droysens und der anderen borussischen Zeit-Historiker lagen und insofern auch nicht thematisiert wurden.

---

36 Johann Gustav Droysen, *Geschichte der Preußischen Politik*, Bd. 2, 2. Aufl. (Leipzig: Veit, 1870), 285.

37 Ders., *Geschichte der Preußischen Politik*, Bd. 3, 2. Aufl. (Leipzig: Veit 1872), 184 u. 529 ff.

38 A. a. O., 531.

2 Nationalökonomie

Zuständig für diese Zusammenhänge, und das erklärt dieses Desinteresse der Historiker vielleicht etwas, war nämlich ihrem Selbstverständnis nach die Nationalökonomie, deren in Deutschland dominierende historische Schule gegenüber der Klassischen Theorie auch den Einfluß der Kultur (und damit der Moral und der religiösen Ethik) auf die Wirtschaft bzw. zunächst auf deren Theorie untersuchte.

Gustav Schmoller, einer ihrer jüngeren Vordenker, hatte dabei 1860 in seiner Dissertation den eigentlich verheißungsvollen Auftakt für unsere Frage gegeben und die mittelbare Bedeutung der deutschen Reformation für die Politische Ökonomie betont. Denn obschon die wirtschaftlichen Vorstellungen Luthers, Zwinglis und Melanchthons zu Arbeit, Zins und Monopol „keinen großen Fortschritt gegenüber den Ansichten des Mittelalters" bedeuteten und ihre „Hervorhebung des sittlichen Moments in der Volkswirtschaft" geradezu in (staats-) kommunistische Verhältnisse geführt hätten, so sei es auf lange Sicht ihre Befreiung des Geistes von der Herrschaft der Autorität und der harmonische Ausgleich jenes Geistes mit der ihn tragenden Materie, sprich: der Ökonomie gewesen, die „in den protestantischen Ländern denjenigen Schwung und diejenige Kraftentfaltung möglich gemacht [hat], denen wir unser modernes Kulturleben danken".[39] Auch Schmoller betonte dabei schon die Bedeutung des durch Luther *und* Zwingli veränderten Arbeits- und Berufsverständnisses für die moderne Kultur, also für die Politische Ökonomie ebenso wie für die Dampfmaschine,[40] allein eine spezifische Wirkung der reformierten Lehre, für die Calvin als Nichtdeutscher ohnehin nicht berücksichtigt wurde, thematisierte er weder dort, noch in seinem 40 Jahre später erschienenen *Grundriß der Allgemeinen Volkswirtschaftslehre* (1900), in dem er zwar die „Arbeitsamkeit" der Protestanten rühmte, beides jedoch umstandslos und allgemein der nordeuropäischen Welt zuschlug.[41]

Während also Schmoller ebenso wie der für Weber als Abgrenzung wichtige Werner Sombart mit seiner im Handwerk, bei Kleinkrämern und Juden ansetzenden Kapitalismusgeschichte für unsere Perspektive keine Anhaltspunkte lie-

39 Gustav Schmoller, „Zur Geschichte der national-ökonomischen Ansichten in Deutschland während der Reformations-Periode", *Zeitschrift für die gesamte Staatswissenschaft* Bd. 16 (1860), 461–716, hier 713 u. 715.

40 A. a. O., 716.

41 Ders., *Grundriß der allgemeinen Volkswirtschaftslehre*, Bd. 1 (Leipzig: Duncker & Humblot, 1900), 170.

fert,[42] führen die Ansätze Lujo Brentanos und Eberhard Gotheins wenigstens ein kleines Stück weiter.

Brentano nämlich war es, der in seiner Antrittsvorlesung über *Die klassische Nationalökonomie* (1888) erstmals den auf Weber vorausweisenden Begriff des „Handelsgeistes" in die Debatte einführte, ihn allerdings bereits in den italienischen Renaissance-Republiken verortete und von dort auf alle anderen Bereiche des Wirtschaftslebens ausgreifen sah.[43] Der spezifische Anteil der Reformation dagegen war ihm zunächst nur mit Blick auf England relevant. Denn, so Brentano wiederum in einem Vortrag über *Ethik und Volkswirtschaft in der Geschichte* (1901), die puritanische Trennung von Gemeinde und Staat, also die calvinistische Kirchenverfassung und das dort verankerte Widerstandsrecht hätten eben nicht nur einen politischen, sondern auch einen ökonomischen Realismus und einen „Independentismus" begünstigt, ohne den das zähe Ringen und der wirtschaftliche Aufstieg gerade des kleinen Mittelstandes und der Arbeiter nicht denkbar gewesen wäre[44] – und in Variation des Weberschen Arguments heißt es dazu dann 1916 noch einmal: „[S]obald die Puritaner [jedoch] Kapitalisten wurden, beeilten sie sich, dem Puritanismus den Rücken zu kehren; umgekehrt haben die im Kampf gegen die großen Kapitalisten stehenden arbeitenden Klassen Englands und die kleinen Krämer noch während des ganzen 19. Jahrhunderts die Masse der dortigen Methodisten und Baptisten gebildet."[45]

Auch bei Brentano steht der (englische) Puritanismus also gewissermaßen an der Wiege des Kapitalismus, allerdings ist seine Rolle hier nicht die eines religionspsychologischen Antriebs. Im Gegenteil interessierte sich Brentano zeitlebens gerade für die Strategien der Menschen, dessen enge moralischen Grenzen zu

---

42 Werner Sombart, *Der moderne Kapitalismus*, Bd. 1, *Die Genesis des Kapitalismus* (Leipzig: Duncker & Humblot, 1902), 380 sieht zwar (mit Gothein), dass der Protestantismus den Kapitalismus wesentlich gefördert hat, ja es sei überhaupt „eine zu bekannte Thatsache, als daß sie des Weiteren begründet zu werden brauchte", doch für die entscheidende *auri sacra fames* seien sie eben kein entscheidender Faktor gewesen.

43 Lujo Brentano, „Die klassische Nationalökonomie" (1888), in: Ders., *Der wirtschaftende Mensch in der Geschichte: Gesammelte Reden und Aufsätze* (Leipzig: Felix Meiner, 1923), 1–33, bes. 22 und 27 f. Vgl. sehr viel ausführlicher zu Brentano Peter Ghosh, „From the ‚spirit of capital' to the ‚spirit' of capitalism. The transition in German economic thought between Lujo Brentano and Max Weber", in: *History of European Ideas* 35 (2009), 62–92 u. Steinert, *Fehlkonstruktion* (s. Anm. 9), 81 ff.

44 Lujo Brentano, „Ethik und Volkswirtschaft in der Geschichte" (1901), in: Ders., *Der wirtschaftende Mensch in der Geschichte: Gesammelte Reden und Aufsätze* (Leipzig: Felix Meiner, 1923), 34–76, bes. 59 ff.

45 Ders., *Die Anfänge des modernen Kapitalismus* (München: Verl. der K. B. Akad. der Wissenschaften, 1916), 148.

umgehen (oder sie eben ganz abzulegen, wenn es möglich war). Was er jedoch als langfristig wirksam anerkannte, waren die vom Puritanismus geschaffenen Strukturen, insbesondere die Kirchenverfassung und die Verbindung zu den sie tragenden sozialen Schichten.[46]

Der letzte derjenigen Nationalökonomen, die sich unmittelbar vor Weber mit dem möglicherweise besonderen Verhältnis von Reformierten und Kapitalismus auseinandergesetzt haben und der ganz ähnlich strukturell argumentierte wie Brentano, war Eberhard Gothein. In seiner 1892 erschienenen *Wirtschaftsgeschichte des Schwarzwaldes* diskutiert er nämlich unter dem Stichwort „Erziehung zur Industrie“ den Einfluß der calvinistischen Diaspora, genauer der holländischen und französischen Hugenotten auf die Wirtschaft Badens und speziell Mannheims: „Wer“, so Gothein dabei in der berühmten, später von Weber, Sombart und anderen zitierten Formulierung, „den Spuren der kapitalistischen Entwicklung nachgeht, in welchem Lande Europas es auch sei, immer wird sich ihm dieselbe Thatsache aufdrängen: Die calvinistische Diaspora ist zugleich die Pflanzschule der Kapitalwirtschaft. Die Spanier drückten sie mit bitterer Resignation dahin aus: ‚Die Ketzerei befördert den Handelsgeist.‘ Und auch in unserm Gebiete wird uns in mannigfachen Formen diese Erscheinung sich zeigen.“[47]

Als „Lehrer einer neuen Art wirtschaftlicher Betriebsamkeit“ sah Gothein sie überall im protestantischen Europa gern aufgenommen, allein die Gründe dieser Betriebsamkeit bewegen sich im Wesentlichen in den schon oben gezeichneten, bei Gothein allenfalls strukturell weitergedachten Bahnen – und das ist es ja, was Weber an dieser Stelle an ihm kritisierte. Bei ihm liest es sich nämlich zunächst genauso, wie es auch die Lexika geschildert hatten: die Hugenotten brachten Geld, höhere Bildung und bestehende Handelsbeziehungen bereits mit und importierten dabei auch das Modell und die Erfahrung holländischer Gewerbefreiheit, die sie ebenso wie ihre eher republikanische Kirchenverfassung auf Mannheim übertragen konnten. Gerade diese Stadt war ihm also ein großes sozialpolitisches Experiment des Kurfürsten Karl Ludwig, in dem die Reformierten über ihr kulturelles und bares Kapital und, das ist ähnlich wie bei Brentano, über die von der Kirchenverfassung abgeleiteten politischen Strukturen die Erzieher zur Industrie werden sollten, was für Gothein auch großartig aufgegangen war, sieht man einmal vom anhaltenden Streit um die Konkordienkirche ab, die von Reformierten und Lutheranern (und späterhin auch von Katholiken) gemeinsam genutzt und zum Symbol der neuen Stadt und des neuen Geistes darin werden

46 Vgl. Steinert, *Fehlkonstruktionen* (s. Anm. 9), 84.

47 Eberhard Gothein, *Wirtschaftsgeschichte des Schwarzwaldes und der angrenzenden Landschaften* (Straßburg: Trübner, 1892), 674. Zitat Weber, MWG I/18, 141 (GRS I, 27).

sollte – und es eben nicht wurde. Der Zusammenhang von Konfession und Wirtschaftsweise bzw. Erfolg war von Gothein also eher lose geknüpft und noch ohne spezifische Begründung, denn auch die Vermutung, dass die exklusive und strenge Diasporagemeinschaft die Ursache ihres wirtschaftlichen Erfolges gewesen sein könnte, hatten diese nicht exklusiv, sondern teilten sie mit anderen Flüchtlingsgruppen und vor allem mit den Juden.

Vor dem Hintergrund dieser also schon relativ lange in immer denselben argumentativen Bahnen laufenden Diskussion[48] ist es also durchaus verständlich, dass Weber endlich auf eine weitergehende *Erklärung* dieser weithin vorausgesetzten Korrelation drängte, die eben auch die psychologisch-theologischen Antriebe jener Betriebsamkeit ins Auge fassen und sie nicht immer bloß als geistige Importware behandeln sollte. Außerdem lag in dieser Frage ja auch ein nicht geringes politisches Potential, denn mit dem Kulturkampf ist dieser Zusammenhang zuletzt und seit dem 18. Jahrhundert ja erstmals wieder sehr offensiv und wertend thematisiert worden.

3 „Fingerzeige" des Kulturkampfes

Wir sind damit wieder beim Anfang angelangt und bei der in unseren Augen wohl entscheidenden Spur, wenn es darum geht, die deutschen Vorläufer jener „Weberthese" oder besser: der These von der besonderen Beziehung von Reformierten und Kapitalismus im 19. Jh. zu identifizieren. Schon Paul Münch hatte in seiner Archäologie der „These" vor allem auf die Gemeinplätze des 17. Jahrhunderts („the lazy Catholic") und die sich versachlichende ökonomische Debatte des ausgehenden 18. Jahrhunderts hingewiesen, um dann das Wiederaufflammen gerade des stereotyp-konfessionellen Denkens im Kulturkampf bei jenen „Zwergen" wenigstens anzudeuten, auf deren Schultern schließlich der „Riese" Weber stand.[49] Münch verweist dazu etwa auf Friedrich Hummels vom Evangelischen

48 Vgl. ganz ähnlich argumentierend Louis Bein, *Die Industrie des sächsischen Voigtlandes. Wirthschaftsgeschichtliche Studien*, 2 Bde., (Leipzig: Duncker & Humblot, 1884), bes. Bd. 2, 2 f., nach dem die niederländischen Flüchtlinge zwar ihren Fleiß und ihre erprobte Kunstfertigkeit im Textilgewerbe mitgebracht hätten, letztlich soll aber vor allem anderen die „gastliche Aufnahme" und die „landesfürstliche Fürsorge" zum Erfolg der Gewerbe beigetragen haben; oder Georg Schanz, *Zur Geschichte der Colonisation und Industrie in Franken* (Erlangen: Deichert, 1884), 4 f., 6 f., 265 ff., der die industrielle Überlegenheit und Geschicklichkeit der eingewanderten Franzosen in Erlangen betont und zwar auch die Konflikte mit dem lutherischen Konsistorium und Unterschiede des „Gemüts" erwähnt, diese letztlich aber auf nationale, nicht auf konfessionelle Unterschiede zurückführt.

49 Münch, „*Thesis*" (s. Anm. 8), 56 u. 71.

Bund herausgegebene Flugschrift *Was giebt der evangelische Protestantismus den ihm zugehörigen Völkern vor den römisch-katholischen voraus?* (1895) oder James Johnstons *A Century of Christian Progress and its Lessons* (1888) – beides unsägliche, das konfessionelle Lagerdenken noch imperial ausdehnende Pamphlete.[50] Der in unserem Zusammenhang entscheidende und bei diesen beiden wie auch bei Weber genannte Autor war allerdings der belgische Nationalökonom und liberal-katholische Publizist Émile de Laveleye, dessen 1875 erstmals von Johann Caspar Bluntschli übersetzte Kampfschrift über *Protestantismus und Katholizismus in ihren Beziehungen zur Freiheit und Wohlfahrt der Völker* vielfach den Anstoß gab, die vermeintliche Überlegenheit der protestantischen Länder oder Regionen an Reichtum und Wohlstand, Bildung, Willenskraft, Liebe zur Freiheit, Mäßigung, Selbstbeherrschung usw. aufzuzeigen.[51] Interessant ist hieran nun nicht so sehr, dass Laveleye zu dem Ergebnis kommt, dass, „wo immer die beiden Religionen in demselben Lande existieren, [...] die Protestanten thätiger, industrieller, haushälterischer und folglich reicher" seien als die Katholiken,[52] sondern dass er dabei – anders als etwa Hummel und das Gros der evangelischen Kulturkämpfer – den reformierten Protestantismus explizit und prominent herausstellt: „Als sie [nach 1662, R. P.] aus Frankreich vertrieben wurden, brachten die Protestanten ihren Unternehmungsgeist sowie ihre Sparsamkeit nach England, Preußen und Holland und bereicherten jeden Landstrich, in dem sie sich niederließen. So verdanken reformirten Lateinern die Deutschen zum Theil ihren Fortschritt. Die in Folge jenes Widerrufes Flüchtiggewordenen brachten verschiedenartige Fabrikationen mit nach England, darunter die Seide, und die Jünger Calvins waren es, die Schottland civilisierten."[53]

---

50 Friedrich Hummel, *Was giebt der evangelische Protestantismus den ihm zugehörigen Völkern bis heute vor den römisch-katholischen Völkern voraus? Vortrag, gehalten bei der VII. General-Versammlung des Evang. Bundes zur Wahrung der deutsch-protestantischen Interessen, in Bochum, 9. August 1894* (Leipzig: Braun, 1895); James Johnston, *A Century of Christian Progress and its Lessons* (London: Nisbet, 1888).

51 Émile de Laveleye, „Le Protestantisme et le catholicisme dans leurs rapports avec la liberté et la prospérité des peuples, étude d'économie sociale" in: *Revue de Belgique* 19 (1875), 5–41; Ders., *Protestantismus und Katholizismus in ihren Beziehungen zur Freiheit und Wohlfahrt der Völker*, Autorisirte [sic] deutsche Ausgabe mit Vorwort von Johann Caspar Bluntschli (Nördlingen: C.H. Beck, 1875). Vgl. dazu Art. „Laveleye" in: *Handwörterbuch der Staatswissenschaften*, 2. Aufl. (Jena: Fischer, 1900), 535–537 (mit ausführlicher Bibliographie) sowie zur Diskussion um Laveleye und die katholische „Inferiorität" Martin Baumeister, *Parität und katholische Inferiorität. Untersuchungen zur Stellung des Katholizismus im Deutschen Kaiserreich* (Paderborn, München: Schöningh, 1987), 75ff.

52 Laveleye, *Protestantismus* (s. Anm. 51), 5.

53 A.a.O., 6.

Natürlich kommt auch Laveleye in der Folge nicht umhin, Calvin, Knox, Zwingli *und* Luther, mithin den ganzen Protestantismus in diese wirtschaftliche Erfolgsgeschichte einzupassen – um sie eben dann dem ultramontanen Katholizismus als Spiegel vorzuhalten –, allerdings scheint er für den deutschen Sprachraum tatsächlich der erste und lange auch der einzige gewesen zu sein, der die „Jünger Calvins", ihre Bildung und ihr in seinen Augen besonders intensives „religiöses Bewußtsein" zu den eigentlichen Motoren der wirtschaftlichen Entwicklung erklärt hatte.[54] Die angeführten Gründe sind dabei so vielfältig wie eklektisch, und auch die innerprotestantischen Gegensätze, die Bluntschli in seinem Vorwort noch als bedeutend hervorhob und gerade in Preußen als „großen providentiellen Segen" pries,[55] werden hier sehr großzügig behandelt und, wo nötig, übergangen. Während für Laveleye nämlich der gemeine „Volksunterricht" und eine ausgeprägte Buch- bzw. Lesekultur als Bedingungen der „Ausübung politischer Freiheit und Erzeugung des Wohlstandes" noch als ein Erbe der Reformation allgemein galten, wird die strenge „Sittlichkeit" als weitere „Quelle alles Gedeihens der Nationen" schon deutlich „reformierter" illustriert, dienen hier nur noch die „rauen Calvinisten" Englands, Amerikas oder die holländischen Geusen als Gegenbilder französischer, resp. katholischer Amoralität.[56] Ebenso verfährt er dann auch in Bezug auf die politischen Gegenbegriffe, wo Despotie und Anarchie den „freien" Institutionen der reformierten Tradition gegenübergestellt und apodiktisch festgehalten wird: „Die den protestantischen Völkern naturgemäße Regierungsform ist die repräsentative."[57] Dass sich lutherische Beispiele hierfür schwerlich finden ließen, bekümmert Laveleye offenbar nicht. Vielmehr wird – Brentano und Weber teils vorwegnehmend – über den Einfluß der freieren „Cultusformen auf das politische Leben und die politische Oekonomie" diskutiert, wird die „ascetische Seite" des (reformierten) Protestantismus als Bedingung der „Selbstregulierung" und Voraussetzung eines „freiheitlichen Lebens" betont oder die von Calvinisten und Presbyterianern in der Reformation glücklich „wiederhergestellte" republikanische Kirchenorganisation gerühmt – ganz so als gäbe es die episkopal-lutherischen Traditionen gar nicht.[58] Die übrigen angeführten Merkmale des Protestantismus, nämlich sein angeblich intensiveres religiöses Bewußtsein, seine Modernität und Aufgeklärtheit, seine nationale Identifikationsbereitschaft, seine soziale, antirevolutionäre Dimension usw.,[59] sind dann wieder weniger eindeutig nur den Reformierten zuzuordnen,

---

54 A.a.O., 35.
55 A.a.O., VI.
56 A.a.O., 16f. u. 19.
57 A.a.O., 20.
58 A.a.O., 21 u. 24.
59 A.a.O., 35ff.

wichtig scheint Laveleye aber ohnehin, dass sich so auch noch alle übrigen antikatholischen Ressentiments der Zeit in das Argument katholischer Inferiorität einpassen ließen.

Konstruktionen wie die von Laveleye waren vor dem eigentlich monokonfessionellen Hintergrund des belgischen Kulturkampfes gar nicht so außergewöhnlich, bildete die eigene Reformationsgeschichte im 19. Jahrhundert vielfach den Hintergrund, vor dem liberale und ultramontane Katholiken ihre gesellschaftlichen und politischen Kontroversen austrugen.[60] Diese spezifisch-belgische Perspektive Laveleyes, die ihn wie die meisten liberalen Katholiken ostentativ Partei ergreifen ließ für einen reformierten (im ganzen aber eher vage vorgestellten) Protestantismus, versetzte die deutsche Übersetzung Bluntschlis nun also in einen deutlich anderen Kontext, in dem gegen den Katholizismus und im Sinne der preußischen Unionspolitik ja, wie gesehen, gerade die Einheit des Protestantismus, wenngleich unter tendenziell lutherischen Vorzeichen betont wurde. Von diesem kirchenpolitischen Konsens des deutschen Kulturkampfes hob sich Laveleyes Betonung des reformierten Erbes für die „Freiheit und Wohlfahrt der Völker“ damit aber noch einmal und umso stärker ab und es wäre – abgesehen von der Frage, ob diese Akzentverschiebung intendiert war – nicht nur mit Blick auf die protestantische „Ascese“ durchaus verlockend, hier mit Wiliam E. Gladstone einen Anstoß für Webers Fragen zu sehen.[61] In einem bei Laveleye werbewirksam abgedruckten Brief an den Verfasser zeigt jener sich jedenfalls überzeugt, „daß die zwar gedrängten aber bedeutsamen und gewichtigen Fingerzeige Ihrer Broschüre, auch wenn sie in der Folge keine umfassendere Ausarbeitung von Ihrer eigenen Feder bringen sollten, dennoch das Forschen Anderer, die sich mit dem Studium der Geschichte und mit den Beobachtungen des Lebens befassen mögen, zu einer durchgreifenden Prüfung und Untersuchung dieses ausgedehnten und fruchtbaren Feldes veranlassen dürften.“[62]

---

60 Vgl. Joannes Koll, „Die Reformation in der Kontroverse. Nation und Protestantismus bei belgischen Katholiken und Liberalen im 19. Jahrhundert“ in: *Nation und Religion in Europa. Mehrkonfessionelle Gesellschaften im 19. und 20. Jahrhundert*, hg. v. Heinz-Gerhard Haupt, Dieter Langewiesche (Frankfurt a. M., New York: Campus, 2004), 99–134.

61 Liest man Laveleye mit Blick auf die Themen der *Protestantischen Ethik*, dann lassen sich durchaus noch weitere Parallelen finden, etwa die Hinweise auf die protestantischen Sekten (Quäker und Presbyterianer), die Betonung der „Wirkung der Religion auf den Geist der Menschen“ und seine „Organisation des Staates“ oder aber der Vergleich der erfolgreichen und freien protestantischen Völker mit denen anderer Weltreligionen. Vgl. Laveleye, *Protestantismus* (s. Anm. 51), 16, 21, 28 f. u. ö.

62 Brief Gladstones an Laveleye vom 26.05.1875, abgedruckt in: Laveleye, *Protestantismus* (s. Anm. 51), 53–55, hier 54. Ursprünglich war der Brief der englischen Ausgabe vorangestellt. Vgl. Émile de Laveleye, *Protestantism and Catholicism in their bearing upon the Liberty and Prosperity*

Gladstones Brief gleichsam als einen „Arbeitsauftrag“ für die *Protestantische Ethik* zu lesen, hätte durchaus seinen Reiz,[63] allein, ob Weber dieser tatsächlich erreicht und die „Fingerzeige“ Laveleyes ihm dieses „fruchtbare Feld“ vielleicht ein Stück weit erschlossen haben, kann auf Grundlage der vorhanden Quellen leider nicht entschieden werden. Denn Laveleye spielt zwar in den edierten Vorlesungen Webers als Nationalökonom durchaus eine Rolle,[64] Hinweise auf dessen Protestantismus-Text fehlen dort jedoch ebenso wie in den Briefen, taucht er, wie erwähnt, erst wieder 1920 in der Neuausgabe der Protestantismus-Studien im Rahmen der *Gesammelten Schriften zur Religionssoziologie* auf. Immerhin ist jedoch wahrscheinlich, dass Weber den Text schon deutlich früher kannte. Denn wie weit die vieldiskutierte „Arbeitsgemeinschaft“ mit Ernst Troeltsch in dieser Frage auch gegangen sein mochte,[65] so legt die Auseinandersetzung mit Laveleye in der erweiterten Ausgabe seines (für Weber gehaltenen) Vortrages auf dem Frankfurter Historikertag 1906 über *Die Bedeutung des Protestantismus für die Entstehung der modernen Welt* (1911) doch nahe, dass Weber spätestens hier auf dessen polemische Verknüpfung von reformiertem Protestantismus und der Freiheit *und* Wohlfahrt der Völker aufmerksam geworden sein dürfte.[66]

Unabhängig jedoch von der konkreten Bedeutung dieses „Fingerzeiges“ für Webers Fragestellung bleibt Laveleyes Text weithin der einzige Bezugspunkt für diese fragliche und all „zu bekannte Tatsache“ (Sombart) und es bedurfte im Rückblick eben doch erst der Protestantismus-Aufsätze Webers (und Troeltschs) sowie der Schärfe der anschließenden Polemiken, um den Zusammenhang von Kapitalismus und Reformierten zumindest im öffentlichen Bewußtsein so weit zu verfestigen, dass er (wenigstens in kontroverser Form) auch in die Lexika Eingang fand.[67]

---

of Nations. A study of Social Economy. With an introductory letter by W.E. Gladstone (London: John Murray, 1875).

63 Das Bild von den Fingerzeigen für das „Forschen Anderer“ passt einfach zu schön auch noch zu Webers Wissenschaftsverständnis. Vgl. MWG I/17, 80 u. 85 f. (GWL, 588 u. 593 f.).

64 In den frühen Vorlesungen bis 1899 (MWG III/1–5) wird laut Register an 11 Stellen auf Laveleye Bezug genommen.

65 Vgl. Friedrich Wilhelm Graf, *Fachmenschenfreundschaft. Studien zu Troeltsch und Weber* (Berlin, Boston: De Gruyter, 2014), bes. 10 ff.

66 Vgl. Ernst Troeltsch, *Die Bedeutung des Protestantismus für die Entstehung der modernen Welt (1906/1910)*, Bd. 8, Kritische Gesamtausgabe (Berlin, New York: Walter de Gruyter, 2001), 199–316, hier 269 f. Suchte man ferner nach Gründen, warum Weber Laveleye trotz möglicher Kenntnis nicht bzw. 1920 ohne Nachweis zitiert haben könnte, so wäre sicherlich dessen übermäßige Polemik zu berücksichtigen, die Webers Bemühen, jeden Eindruck antikatholischer Werturteile zu vermeiden, gerade konterkariert hätte. Vgl. nur MWG I/18, 330, Anm. 171 (GRS I, 119, Anm. 1) u. ö.

67 Vgl. oben Anm. 28 und aus reformationsgeschichtlicher Perspektive die Diskrepanz von Forschungsstand und öffentlichem Bild zusammenfassend Phillip Benedict, *Christ's Churches Purely Reformed. A Social History of Calvinism* (Yale: University Press, 2002), XIX u. 540 f.

4 Schluss

Die Suche nach Vorläufern der sogenannten „Weberthese“, also nach dem möglicherweise besonderen Verhältnis von reformiertem Protestantismus und Kapitalismus oder wirtschaftlichem Erfolg und Wohlstand hat weder in den Lexika des 19. Jahrhunderts noch in der borussisch-kleindeutschen Historiographie oder auch in der historischen Schule der deutschen Nationalökonomie zum Ende des Betrachtungszeitraums zu nennenswerten positiven Belegen geführt. Zwar wurde gerade den Hugenotten für die wirtschaftliche Entwicklung ihres jeweiligen Exils eine hohe Bedeutung zugeschrieben, doch wo die Autoren überhaupt an einer Erklärung dieses Zusammenhanges interessiert waren, wurden die Gründe weniger in konfessionellen Spezifika gesucht – denn die hatte man in Aufklärung und preußischer Union ja überwunden –, sondern vielmehr im bloßen Import von barem, technischem und kulturellem Kapital gesehen, also im mitgebrachtem Vermögen und im technischen Wissen und Geschmack ihres Herkunftslandes. Es war dann erst die konfessionspolitische Schärfe des Kulturkampfes, die ohnehin virulente Frage nach Begriff und Geschichte des Kapitalismus und, nicht zuletzt, das Ungenügen Webers an den hier geschilderten Erklärungen – nein: eigentlich Erklärungsverweigerungen –, die den Kontext bildeten für die Aufsätze Webers, die anschließende Debatte und die eigentümliche Rezeption der ‚Weber-These‘, die bis heute unser Bild von der Affinität der Reformierten zum Kapitalismus mitbestimmt.

Georg Neugebauer

Seit wann ist Askese eigentlich protestantisch? Überlegungen zu einem Schlüsselbegriff der *Protestantischen Ethik*

1 Einleitung

Anlässlich des 30jährigen Jubiläums des Mauerfalls trugen der Historiker Ilko-Sascha Kowalczuk und der Soziologe Detlef Pollack im Herbst 2019 einen Streit um die friedliche Revolution in der DDR aus. Die Frage, die im Raum stand, lautete: Waren die Ausreisewelle im Spätsommer 1989 oder die oppositionellen Bewegungen in der DDR die Ursache für die Massendemonstrationen im Oktober 1989 und damit für die friedliche Revolution. Die Kontrahenten waren sich zunächst darin einig, dass beide Faktoren eine Rolle spielten. Uneinigkeit herrschte aber im Hinblick auf deren Gewichtung. Während Pollack die Ausreisewellen in den Mittelpunkt rückte, bescheinigte Kowalczuk den Oppositionellen, den entscheidenden Impuls für die friedliche Revolution gegeben zu haben.

Dieser Disput sei hier angeführt, weil darin eine für die geschichtswissenschaftliche Arbeit zentrale und typische Frage in den Blick kommt. Historische Ereignisse sind das Ergebnis ganz unterschiedlicher Vorgänge und Faktoren und es ist ein ausgesprochen schwieriges Geschäft, zu taxieren, welche Vorgänge und Faktoren, die in einem ursächlichen Verhältnis zu einem historischen Ereignis stehen, in diesem Zusammenhang einen herausgehobenen Stellenwert besitzen.[1]

An der Wende vom 19. zum 20. Jahrhundert wurde in den Wirtschaftswissenschaften die Frage kontrovers diskutiert, wie der moderne Kapitalismus entstehen konnte. Letzterer wurde als ein historisches Ereignis angesehen und es wurden vielfältige Überlegungen angestellt, welche Faktoren dafür ausschlaggebend gewesen waren, dass dieses Ereignis eintrat. Es war eine Suche nach historischen Gründen, nach historischen Ursachen und es gab eine Vielzahl von Gelehrten, die sich an dieser Diskussion beteiligten. Einer von ihnen war bekanntlich Max Weber (1864–1920).

1 So fragte, um ein anderes Beispiel für diese Methodenfrage anzuführen, der Historiker Christopher Clark in seinem berühmten Werk *Sleepwalkers*, ob der Erste Weltkrieg auch ohne die Schüsse in Sarajevo ausgebrochen wäre (Christopher Clark, *The Sleepwalkers. How Europe went to War in 1914* [London: Penguin, 2013], XXVII). Auch hier geht es um die Frage nach den Ursachen von Ereignissen, in diesem Fall der Urkatastrophe des 20. Jahrhunderts.

https://doi.org/10.1515/9783110705614-005

In seiner berühmtesten Abhandlung *Die protestantische Ethik und der ‚Geist' des Kapitalismus* (1904/1905) verfolgte er diese Fragestellung. Dabei interessierte er sich vor allem für die Gesinnung bzw. Mentalität, die der moderne Kapitalismus voraussetzt. Eine Schlüsselstellung nimmt hier der Begriff der „Berufspflicht" ein. Die Mentalität, seinem Beruf gegenüber verpflichtet zu sein, bildete für ihn eine irreduzible Voraussetzung des modernen Kapitalismus. Dabei hebt er – und das ist bereits ein erster Überraschungseffekt – ausdrücklich hervor, dass diese Pflicht gegenüber dem Beruf eine Einstellung darstelle, die als irrational bezeichnet werde müsse. Diese Annahme ist aber nicht nur überraschend, sondern vor allem auch bemerkenswert, weil er den modernen Kapitalismus, der seinerseits ein hochgradig rational-effizientes Wirtschaftssystem darstellt, auch auf eine irrationale Grundlage stellt. Das aber wirft für ihn wiederum die Frage auf, wie diese irritierende Konstellation in die Welt treten konnte bzw. was die mentalitätsgeschichtlichen Grundlagen der Berufspflicht waren, die der moderne Kapitalismus voraussetzt. „Diese Entstehung ist also das eigentlich zu Erklärende".[2] Es geht um die Entstehung des kapitalistischen „Geistes". Und die Antwort auf die Frage, wo die historischen Wurzeln dieses Geistes liegen, führt ihn zur Religion, genauer zum Protestantismus.

Diese christliche Konfession interessiert ihn aber nicht primär ihrem Lehrgehalt nach. Viel wichtiger ist für ihn die praktische Gestalt des Protestantismus. Anders formuliert: Es ist der Protestantismus als eine spezifische Form der Lebensführung bzw. der Motivation menschlichen Handelns, auf die er bei der Suche nach den historischen Wurzeln des kapitalistischen Geistes stößt. Und hier ist es vor allem die Handlungsformation des Protestantismus, die er Askese nennt. Die protestantische Askese ist für ihn der Schlüssel zum Geist des Kapitalismus geworden bzw. zu dessen Berufspflicht.

Angewandt auf das eingangs angeführte Beispiel historischen Arbeitens bedeutet das: Weber erblickt in der protestantischen Askese eine maßgebliche Größe, um die Entstehung der Mentalität erklären zu können, auf der die moderne Erwerbswirtschaft aufbaut. Anders formuliert: Ohne die protestantische Askese lässt sich der moderne Kapitalismus nicht hinlänglich verständlich machen und damit auch nicht adäquat erklären. Und genau mit dieser – keineswegs monokausal zu verstehenden – Verbindung bescheinigt Weber dem Protestantismus eine Schlüsselstellung für die Genese der modernen Kultur und der modernen

2 Max Weber, „Die protestantische Ethik und der ‚Geist' des Kapitalismus" in: Ders., *Die protestantische Ethik und der Geist des Kapitalismus/Die protestantischen Sekten und der Geist des Kapitalismus. Schriften 1904–1920*, hg. v. Wolfgang Schluchter in Zusammenarbeit mit Ursula Bube, Max Weber-Gesamtausgabe, I/18 (Tübingen: Mohr Siebeck, 2016), 123–215.242–425, 152. Im Folgenden zitiert als PE.

Gesellschaft, die seiner Auffassung nach maßgeblich vom Kapitalismus bestimmt wird.[3]

Was aber heißt „protestantische Askese“? Dieser Begriff hat sich in den Kultur- und Geisteswissenschaften unserer Tage längst etabliert. Aber die Erfolgsgeschichte dieses Begriffs täuscht darüber hinweg, dass er sich alles andere als von selbst versteht. Für die protestantische Theologie der Zeit um 1900 ist die Verbindung von Protestantismus und Askese geradezu kontraintuitiv. An der Wende vom 19. zum 20. Jahrhundert wäre wohl kaum ein protestantischer Theologe auf die Idee gekommen, den Begriff der protestantischen Askese zu verwenden. Denn lehrtechnisch gesprochen schwebt über dem Askesebegriff gleichsam das Damoklesschwert der Werkegerechtigkeit. Gleichwohl beruft sich Weber in seiner bekanntesten Arbeit ausdrücklich auf die protestantische Forschungsliteratur, ohne die er seinen Aufsatz nicht hätte schreiben können. In seinen Ausführungen hebt er ausdrücklich hervor: „Ich brauche kaum besonders zu betonen, daß diese Skizze [sc. zu den religiösen Grundlagen der innerweltlichen Askese, G.N.], soweit sie sich auf rein dogmatischem Gebiet bewegt, überall an die Formulierungen der kirchen- und dogmengeschichtlichen Literatur, also an die ‚zweite Hand‘ angelehnt ist und insoweit schlechterdings keinerlei ‚Originalität‘ beansprucht.“[4] Das Irritierende ist in diesem Zusammenhang nur, dass sich eben der Begriffsausdruck der „protestantischen Askese“ in der damaligen protestantischen Forschungsliteratur nicht findet.

Wie aber kommt Weber darauf, dieses Kompositum von Protestantismus und Askese zu bilden? Dieser Frage soll im Folgenden nachgegangen werden. Dazu ist zunächst kurz zu umreißen, wie Weber den Begriff der protestantischen Askese

---

3 In späteren Schriften tritt neben dem modernen Kapitalismus – dann im Verbund mit Wissenschaft und Technik – noch die Bürokratie als weitere ‚Superstruktur‘ der modernen Gesellschaft auf den Plan. Ähnlich wie in der *Protestantischen Ethik* schreibt Weber dann voller Pathos: „Geronnener Geist ist auch jene lebende Maschine, welche die bürokratische Organisation mit ihrer Spezialisierung der geschulten Facharbeit, ihrer Abgrenzung der Kompetenzen, ihren Reglements und hierarchisch abgestuften Gehorsamsverhältnissen darstellt. Im Verein mit der toten Maschine ist sie an der Arbeit, das Gehäuse jener Hörigkeit der Zukunft herzustellen, in welche vielleicht sich dereinst die Menschen sich ... ohnmächtig zu fügen gezwungen sein werden, wenn ihnen eine rein technisch gute und das heißt: eine rationale Beamten-Verwaltung und -Versorgung der letzte und einzige Wert ist, der über die Art der Leitung ihrer Angelegenheiten entscheiden soll.“ Max Weber, *Wirtschaft und Gesellschaft. Grundriss der verstehenden Soziologie*, hg. v. Johannes Winckelmann (Tübingen: Mohr, ^{5}1980) 835.

4 PE 245, Anm. 1. Weber fährt dann fort: „‚*Neues*‘ enthält die Darstellung für jeden mit der wichtigsten theologischen Literatur Vertrauten sicherlich nur insofern, als natürlich Alles auf die für uns wichtigen Gesichtspunkte abgestellt ist, von denen manche für uns entscheidend bedeutsame, – wie z. B. der rationale Charakter der Askese und ihre Bedeutung für den modernen ‚Lebensstil‘, – theologischen Darstellern naturgemäß ferner lagen.“

verstanden wissen will (2). Insofern dieser Begriff vielfach erforscht und entschlüsselt wurde, können wir uns an dieser Stelle kurzfassen. Daran anschließend gilt es den Versuch zu unternehmen, sich der vieldiskutierten Herkunft des Begriffs sowie des Begriffsausdrucks im Werk Webers weiter anzunähern. Dazu gilt es, deren forschungsgeschichtliche Bezüge (3.1.) sowie deren methodische Voraussetzungen (3.2) zu umreißen.

2 Webers Begriff der protestantischen Askese

Weber konstruierte den Begriff der protestantischen Askese ursprünglich nicht als einen generalisierbaren soziologischen, sondern als einen auf eine konkrete Situation bezogenen historischen Begriff. In diesem versammeln sich bekanntlich unterschiedliche und ihrerseits hochgradig voraussetzungsreiche Elemente.[5] Zu den wichtigsten gehören a) die Berufsvorstellung,[6] b) die Prädestinationslehre und c) der Bewährungsgedanke. Alle drei Elemente sind im Begriff der protestantischen Askese miteinander verschmolzen worden. Das sei in wenigen Sätzen grob umrissen.

Der Bezugspunkt des Begriffs der protestantischen Askese innerhalb der Frömmigkeitskultur ist die Frage nach dem Seelenheil. Auch wenn der Begriffsausdruck Erlösung in der *Protestantischen Ethik* noch keine signifikante Bedeutung hat, könnte man auch bezogen auf dieses Werk davon sprechen, dass Weber auf den Bereich der Erlösungsbedürftigkeit abhebt. Im reformierten Protestantismus verweist letztere auf die Erwählungsfrage und diese wiederum ist dort mit dem innerweltlichen Beruf verbunden. Der Beruf, in den Gott einen Menschen geschickt hat, ist gleichsam der Gradmesser der Erwählung. Gewissheit darüber, erwählt zu sein, vermag ein Mensch nur über den Beruf zu erlangen. Deswegen nimmt die *Bewährung* im Beruf eine Schlüsselstellung in der Alltagsfrömmigkeit ein. Die Bewährung ist in diesem Zusammenhang das zentrale Motiv religiösen Handelns, in diesem Fall, seinem religiös begründeten Beruf nachzugehen. Wenn ein Mensch sich in seinem Beruf bewährt, kann er sich der Erwählung durch Gott

5 Vgl. dazu auch Georg Neugebauer, *Max Webers Religionshermeneutik* (Berlin, Boston: de Gruyter, 2017), 309–316.

6 Auch wenn dieser Gesichtspunkt nicht überstrapaziert werden darf, so ist es gleichwohl bemerkenswert, dass das altgriechische Wort ἄσκησις mit „Profession“ und „Beruf“ übersetzt werden kann, Wilhelm Gemoll, Griechisch-deutsches Schul- und Handwörterbuch. Durchgesehen und erweitert von Karl Vretska. Mit einer Einführung in die Sprachgeschichte von Heinz Kronasser (Wien: Hölder-Pichler-Tempsky, 1991) (Nachdruck der 9. Auflage), 130.

gewiss sein. Dass sich ein solcher Mensch seinem Beruf verpflichtet weiß, versteht sich fast von selbst.[7]

Für unsere Fragestellung ist es jedoch wichtig, dass keiner dieser drei religiös begründeten Aufbauelemente des Askesebegriffs für sich noch ihre Synthese die Pointe dieses Begriffs ausmachen. Sie liegt vielmehr diesseits des Religiösen, ja diesseits spezifischer Kulturbereiche überhaupt. Die Pointe des Askesebegriffs ist vielmehr mit dem Begriff der Rationalisierung verbunden, den Weber seinerseits dem Werk seines Kollegen und Konkurrenten Werner Sombart (1863–1941) entlehnt hat. Im Zuge seiner Beschäftigung mit der reformierten Frömmigkeit entdeckt Weber massive Rationalisierungseffekte auf der Ebene der Lebensführung.

---

7 Es sei zumindest am Rande bemerkt, dass Weber den Stellenwert des Berufsbegriffs in seiner späten Wirtschaftssoziologie schichtenspezifisch ausdifferenziert. Bezogen auf die „Nichtbesitzenden" findet dieser Ausdruck keine Verwendung mehr (Max Weber, *Wirtschaft und Gesellschaft. Soziologie.* Unvollendet 1919–1920, hg. v. Knut Borchardt, Edith Hanke und Wolfgang Schluchter [= Max Weber-Gesamtausgabe; I/23] [Tübingen: Mohr, 2013], 288–290). Er ist vielmehr den positiv privilegierten Schichten vorbehalten. Denn diesen bescheinigte Weber „die Wertung der bevorzugten (geistigen, künstlerischen, technisch fachgelernten) Arbeit als ‚Beruf'". Der Beruf im strengen Sinne des Wortes hat seinen sozialen Ort bei den durch „Besitzausstattung oder (besitzbedingte) bevorzugte Erziehungsausstattung tatsächlich Privilegierten". Und nur diesen gegenüber spricht er von einer Arbeitsmentalität, der es auch um die „‚Bewährung' der eignen Leistung" geht (ebd.). In der Nachkriegssoziologie ist die Transformation des Arbeits- und Berufsverständnisses in der Moderne deutlich gesehen worden. Erstaunlich ist jedoch, dass sie – etwa bei Helmut Schelsky – gerade nicht schichtenspezifisch ausdifferenziert wird. In dessen bekanntem Beitrag *Die Bedeutung des Berufs in der modernen Gesellschaft* (1960) führt er aus, dass Arbeit und Beruf auf der einen Seite nur noch einen Lebenssektor neben anderen darstellen und schon lange nicht mehr als „universaler Träger meines ganzen Lebens- und Tagesablaufs" begriffen werden können (Helmut Schelsky, „Die Bedeutung des Berufs für die moderne Gesellschaft" in: Ders., *Auf der Suche nach Wirklichkeit. Gesammelte Aufsätze zur Soziologie der Bundesrepublik* [München: Wilhelm Goldmann Verlag, 1979] 254–267, 256). Gleichwohl bescheinigt er Arbeit und Beruf zugleich eine herausragende Bedeutung für die „innere Sicherheit der Person und des seelischen Lebens" (264). Er spricht sogar von der allgemeinen Anerkanntheit des Berufs i.S. einer „notwendigen Lebensverpflichtung". In sachlicher Nähe zu Webers These von der Abhängigkeit der Erwerbswirtschaft von der Berufspflicht heißt es bei Schelsky: „Daß der Mensch ‚ein arbeitendes Wesen' sein *müsse*, ist die undiskutierte anthropologische Grundüberzeugung unserer industriellen Gesellschaften, d. h. einer ihrer wenigen sicheren sozialen Selbstverständlichkeiten. Diese Überzeugung vom Menschen als einem ‚arbeitenden Wesen' ist vielleicht doch das wesentlichste Fundament aller industriegesellschaftlichen Zivilisation." (Ebd., Hervorhebung G.N.) Welcher Arbeit und welchem Beruf ein Mensch nachgeht und welcher sozialen Schicht er angehört, bleibt in diesem Aufsatz unberücksichtigt. In gewisser Weise holt Schelsky diese Ausdifferenzierung in seiner populären Abhandlung *Die Arbeit tun die anderen* (1975) nach. Die unterschiedlichen Bewertungen der Arbeit wurden zuletzt von Andreas Reckwitz im Hinblick auf die postindustrielle Arbeitswelt untersucht, vgl. Andreas Reckwitz, *Die Gesellschaft der Singularitäten. Zum Strukturwandel der Moderne* (Berlin: Suhrkamp, ^{2}2020), 181–185.

Und genau hierin erblickt er den „spezifisch *asketischen* Zug“ (PE, 290) dieses Frömmigkeitstyps. Das bei Weber disziplinär begründete Interesse am Handlungsbegriff – er verstand die Nationalökonomie als eine Handlungswissenschaft – kommt an dieser Stelle unverkennbar zum Vorschein.[8] Aber trotz seines nationalökonomischen Interesses hebt er mit dem Rationalisierungsbegriff nicht unmittelbar auf wirtschaftliche Sachverhalte ab. Vielmehr geht es ihm in erster Linie um den Gedanken einer formalen Rationalisierung und Methodisierung der Lebensführung. Weber meint beobachten zu können, dass die Ideenwelt reformierter Frömmigkeit insofern verhaltensregulierend ist, als die menschliche Lebensführung nicht in einzelne Bereiche zerfällt, die unverbunden nebeneinanderstehen. Vielmehr bildet das Leben des Frommen ein organisches Ganzes, und zusammengehalten wird es mittels der ihm eingestifteten „*asketischen* Rationalisierung“[9].

Damit glaubt Weber, einen religionsgeschichtlichen Ursprung der irrationalen Selbstverpflichtung gegenüber dem Beruf ausfindig gemacht zu haben, die für den Geist des modernen Kapitalismus signifikant ist. Die mentalitätsgeschichtlichen Wurzeln sind mit der protestantischen Askese bezeichnet und damit steht die weitreichende These im Raum, dass sich dieser Zusammenhang von Berufspflicht und Kapitalismus nicht unabhängig von der protestantischen Ethik verständlich machen lässt. Weber betont in diesem Zusammenhang – und darauf wurde schon hingewiesen –, dass seine dogmengeschichtlichen Ausführungen nicht originell sind, sondern auf der protestantischen Forschungsliteratur aufbauen. Und in der Tat lassen sich die Begriffselemente, die Weber verwendet, um den Begriff der protestantischen Askese zu konturieren, dort finden.

3 Der forschungsgeschichtliche Kontext

Vor allem vier Referenzautoren sind an dieser Stelle einschlägig.[10] Mathias Schneckenburger (1804–1848) hat in seinem postum erschienenen Werk *Vergleichende Darstellung des lutherischen und reformirten Lehrbegriffs* (1855) in der

---

8 Vgl. dazu Wilhelm Hennis, „Eine ‚Wissenschaft vom Menschen‘. Max Weber und die deutsche Nationalökonomie der Historischen Schule“ in: *Max Weber und seine Zeitgenossen*, hg. v. Wolfgang J. Mommsen, Wolfgang Schwentker (Göttingen, Zürich: Vandenhoeck & Ruprecht, 1988), 41–83, 49 ff; Werner Gephart, *Handeln und Kultur. Vielfalt und Einheit der Kulturwissenschaften im Werk Max Webers* (Frankfurt a. M.: Suhrkamp, 1998), 43 ff.; Neugebauer, *Religionshermeneutik* (s. Anm. 5), 30–162.362–366.

9 PE, 305, Anm. 74.

10 Vgl. dazu Neugebauer, *Religionshermeneutik* (s. Anm. 5), 297–309.

Prädestinationslehre eines der zentralen Handlungsmotive innerhalb reformierter Frömmigkeit erblickt – im Unterschied zum unterstellten Quietismus des Luthertums. In der *Realenzyklopädie für protestantische Theologie und Kirche* ‚wagte' es Reinhold Seeberg (1859–1935) die Ausdrücke Protestantismus und Askese miteinander zu koordinieren und einen in Ansätzen positiv kodierten Begriff von protestantischer Askese zu entwerfen. Der Begriffsausdruck findet sich dort indes nicht. Ernst Troeltsch (1865–1923) – Webers wichtigster theologischer Gesprächspartner – wies in einem Beitrag zur englischen Moralphilosophie auf den Zusammenhang von calvinistischer Prädestinationslehre und ökonomischem Handeln. Der zur damaligen Zeit einflussreiche Göttinger Theologe Albrecht Ritschl (1822–1889) arbeitete in seiner dreibändigen *Geschichte des Pietismus* (1880–1886) die Kontinuitäten zwischen der mittelalterlich-monastischen und der reformierten Frömmigkeitskultur heraus, wobei sein terminus technicus an dieser Stelle nicht Askese, sondern „Disciplin"[11] war. Er meinte, eine Wahlverwandtschaft zwischen der monastischen und der reformierten Lebensführung bzw. Disziplin ausmachen zu können. Das führte Weber auf die Spur, beide Frömmigkeitsmuster miteinander zu korrelieren. Ritschls Arbeit – die Weber gleichzeitig an verschiedenen Stellen kritisieren konnte – legte eine historiographische Fährte, der der Nationalökonom folgte, um den Begriff der protestantischen Askese zu prägen, was Ritschl selbst kaum in den Sinn gekommen wäre. Hubert Treiber fasst diesen Einfluss Ritschls auf Weber sehr prägnant zusammen. Er erblickt in dem Theologen den „unfreiwillige[n] ‚Geburtshelfer' der These einer inneren Affinität zwischen klösterlicher und puritanischer Askese".[12]

Kein Geringerer als Troeltsch weist später selbst auf Teile dieser Entdeckungsbereiche hin. In seinen *Soziallehren* heißt es: „Auf den Begriff des ‚asketischen Protestantismus' wäre ich allerdings ohne Weber nicht in größerer Klarheit gekommen, als dieser Begriff schon bei Schneckenburger und Ritschl vorbereitet ist. Man braucht übrigens die Werke dieser beiden hervorragend scharfsinnigen und kenntnisreichen Gelehrten nur genau studieren, um auf den Begriff geführt zu werden."[13] Troeltschs Auskunft ist durchaus nachvollziehbar. Gleichwohl marginalisiert er auf diesem Wege die zum damaligen Zeitpunkt herrschenden Vorbehalte der protestantischen Theologie gegenüber dem Askesebegriff und damit die von letzterer gepflegte Kontrastierung von Askese und

---

11 Albrecht Ritschl, *Geschichte des Pietismus, Bd. I: Der Pietismus in der reformirten Kirchen* (Bonn: Marcus, 1880), 63.

12 Hubert Treiber, „Askese" in: *Max Webers ‚Religionssystematik'*, hg. v. Hans G. Kippenberg, Martin Riesebrodt (Tübingen: Mohr Siebeck, 2001), 263–278, 264.

13 Ernst Troeltsch, *Die Soziallehren der christlichen Kirchen und Gruppen* (= Gesammelte Schriften, Bd. 1) (Tübingen: Mohr, 1912), 950 f. Anm. 510.

Protestantismus. Troeltsch kann an dieser Stelle daher nur im Hinblick auf den Begriffsinhalt Recht gegeben werden. Diesen haben Schneckenburger und Ritschl auf den Weg gebracht, nicht aber den Begriffsausdruck. Dieser muss sich anderer Quellen verdanken. Und hier kommt ein Werk in Betracht, das 1895 erschienen war und das nicht nur Troeltsch, sondern auch Weber bekannt gewesen ist: die von Karl Kautsky (1854–1938) und Eduard Bernstein (1850–1932) auf den Weg gebrachte *Geschichte des Sozialismus.*

Dass Weber es im Rahmen seiner Ausarbeitung der *Protestantischen Ethik* rezipiert hat, lässt sich einer Anmerkung in diesem Aufsatz entnehmen. Bezogen auf das Kausalverhältnis von asketischem Sparzwang und Kapitalbildung im englischen Puritanismus heißt es: „Daran denkt Ed. Bernstein, wenn er in seinem schon früher zitierten Aufsatz ... sagt: ‚Die Askese ist eine bürgerliche Tugend.'"[14]

Bernstein, wie Kautsky Vertreter einer materialistischen Geschichtsauffassung, hatte im zweiten Teilband dieser Geschichtsdarstellung einen umfangreichen Aufsatz zu den *Kommunistischen und demokratisch-sozialistischen Strömungen während der englischen Revolution des 17. Jahrhunderts* verfasst. Mit Bezug auf die religiösen Verhältnisse setzt er sich ausführlich mit der Frage auseinander: „Wer waren die Puritaner?"[15] Bemerkenswert ist dabei, dass Bernstein die herausragende Bedeutung der calvinistischen Lehre für den englischen Puritanismus, allen voran das Prädestinationsdogma, herausstellt. Er zitiert in diesem Zusammenhang einen Beitrag Friedrich Engels (1820–1895) zum historischen Materialismus, in dem es heißt: „„Sein [sc. Calvins] Dogma war den kühnsten der

14 Soweit ich sehe, handelt es sich um die einzige Stelle, an der Weber in der Erstausgabe der *Protestantischen Ethik* den Begriffsausdruck Askese zitiert. Wortwörtlich lautet das Zitat allerdings: „Der Asketismus ist *bürgerliche* Tugend." (Eduard Bernstein, „Kommunistische und demokratisch-sozialistische Strömungen während der englischen Revolution des 17. Jahrhunderts" in: *Die Geschichte des Sozialismus in Einzeldarstellungen, Bd. 1/2: Die Vorläufer des Neueren Sozialismus. Von Thomas More bis zum Vorabend der französischen Revolution*, hg. v. Eduard Bernstein, C. Hugo, Karl Kautsky, Paul Lafargue, Franz Mehring, Georg Plechanow [Stuttgart: Dietz, 1895], 507–718, 681).

15 A. a. O., 524. Bernsteins Antwort lautete: „Der Name bezeichnet nicht eine bestimmte kirchliche Sekte, er bezeichnet eine ganze religiös-soziale Strömung. Er ist zunächst ein Sammelname für alle Diejenigen, denen die Reformation in Bezug auf die *Reinigung* der Kirche von römischen Gebräuchen und römischen Einrichtungen nicht weit genug ging, weiterhin aber für Diejenigen, die zugleich mit der Reinigung der Religion eine solche der *Sitten*, des *sozialen* Körpers, verbanden, und schließlich deckt er später auch eine *politische* Strömung, den Widerstand gegen den Absolutismus in Staat und Kirche." Die Ausführungen zu „Wirtschaft und Religion aus sozialistischer Perspektive", die Wolfgang Schluchter im Rahmen seiner Erläuterungen zur wissenschaftlichen Problemsituation, in der Webers Religionsforschung entstanden ist, anstellt, gehen kurz auf Bernsteins Puritanismusbegriff ein (vgl. Wolfgang Schluchter, *Max Webers späte Soziologie* [Tübingen: Mohr Siebeck, 2016], 40–42).

damaligen Bürger angepasst. Seine Gnadenwahl war der religiöse Ausdruck der Thatsache, daß in der Handelswelt der Konkurrenz Erfolg oder Bankerott nicht abhängig von der Thätigkeit oder dem Geschick des Einzelnen, sondern von Umständen, die von ihm unabhängig sind.'"[16] Die religiöse Begründung wirtschaftlichen Erfolgs kommt hier zum Ausdruck und wird von Bernstein auch auf die Puritaner bezogen. Im Hinblick auf die religiöse Lage Englands im 17. Jahrhundert spricht er aber nicht nur die Puritaner an, sondern ebenso die Wiedertäufer, die Independentisten sowie die Quäker. Und er verwendet – und darauf kommt es an dieser Stelle am meisten an – in seinen Ausführungen zur Religion immer wieder die Begriffsausdrücke Askese/Asketik und Asketismus.[17]

Was Bernstein dazu veranlasst hat, immer wieder mit dem Begriff der Askese zu operieren, lässt sich nicht ohne Weiteres entschlüsseln. Es wäre aber durchaus denkbar, dass ihn Kautsky dazu inspiriert hat. Denn dieser weist im ersten Teilband der Sozialismusgeschichte „Mystik" und „Askese" als Grundmerkmale der Frömmigkeit im ausgehenden Mittelalter und in der Reformationszeit aus, denen jeweils Unterkapitel gewidmet sind.[18] Dabei koordiniert er ausdrücklich die Askese mit dem Puritanismus. „Predigten beide [sc. die urchristliche Askese und der Puritanismus] die Eitelkeit, ja die Verwerflichkeit der Lebensfreude und jeglichen Genusses, so war die urchristliche Askese mit stumpfsinniger Trägheit, der Puritanismus der Reformationszeiten dagegen mit unermüdlicher und umsichtiger Arbeitsamkeit seiner Bekenner verbunden."[19] Und noch deutlicher als Bernstein betont er die Nähe zwischen dem Puritanismus und dem industriellen Kapitalismus: „Damals, im Beginn der Umwandlung der Naturalwirthschaft mit eingesprengter einfacher Waarenproduktion in allgemeine, zum Theil schon kapitalistische Waarenproduktion, war er [sc. der Puritanismus] jedoch ein höchst wirksames Mittel, Kleinbürger zu Kapitalisten zu verwandeln."[20]

Diese wenigen Bemerkungen mögen ausreichen, um den Verdacht nahezulegen, dass Weber den Begriffsausdruck der protestantischen Askese der materialistischen Geschichtsschreibung seiner Zeit entnommen hat. Denn diese operierte in Gestalt von Bernsteins und Kautskys Geschichtsforschung mit einem

16 Bernstein, *Strömungen* (s. Anm. 14), 528.

17 In einem Abschnitt zur ökonomisch-sozialen Seite des Quäkertums schreibt Bernstein: „Ihre asketische Mäßigung und Nüchternheit, ihr immer noch enger, freimaurerartiger Zusammenhang wird zur Ursache, daß die Quäker sich zu *sehr erfolgreichen Geschäftsleuten* entwickeln." A. a. O., 681.

18 Karl Kautsky, *Die Geschichte des Sozialismus in Einzeldarstellungen, Bd. 1/1: Von Plato bis zu den Widertäufern* (Stuttgart: Dietz, 1895), 1–436, hier 125–130.130–133.

19 A. a. O., 236.

20 Ebd.

Begriff der puritanischen Askese, in dessen Mittelpunkt die Praktiken der Sparsamkeit und Enthaltsamkeit standen und die jene Praktiken zudem mit wertschöpfenden ökonomischen Konsequenzen in Verbindung brachten. Dass an dieser Stelle auch die reformierte Prädestinationslehre eine wichtige Rolle spielt, wird im Anschluss an Friedrich Engels herausgestellt. Damit wenden wir uns wieder Weber zu.

4 Webers methodische Umformung des Begriffs der protestantischen Askese

Um den Begriff der protestantischen Askese formulieren zu können, setzte sich Weber intensiv mit der Geschichtsschreibung seiner Zeit auseinander, wobei er darauf keine Rücksicht zu nehmen schien, welchem ideenpolitischen Lager die jeweiligen Autoren angehörten. Sowohl innerprotestantische Grabenkämpfe als auch die fundamentalen Differenzen zwischen einer materialistischen und einer im weitesten Sinne idealistischen Sichtweise stellte er in die zweite Reihe. Auch wenn er eine Affinität zur protestantischen Theologie hatte und selbst protestantisch geprägt war, könnte man an dieser Stelle auch von einer Äquidistanz gegenüber der disparaten Forschungslage sprechen. Sie ermöglichte es ihm, den Begriff der protestantischen Askese produktiv umzuformen. Auf drei Sachverhalte sei an dieser Stelle hingewiesen. Hier ist zunächst (a) der auf den ersten Blick vielleicht unscheinbare Umstand zu nennen, dass Weber den Askesebegriff an vielen Stellen konfessionsneutral verwendet und sich vom protestantismustypischen antikatholischen Affekt gegenüber der Askese absetzt. In dieser Besonderheit der Begriffsverwendung artikuliert sich ein Grundgebot der kulturwissenschaftlichen Reflexion Webers: die Wertfreiheit. Sodann zeichnet sich (b) der Begriff der Askese von Anfang an durch eine Abstraktheit gegenüber historischen Vorkommnissen aus. Indem Weber unter Askese – wie schon angedeutet wurde – die Rationalisierung und Methodisierung der Handlungswelt versteht, bleiben historische Bezugspunkte zunächst außen vor. Sie treten sekundär hinzu. Denn diese Effekte können lebensweltlich ganz unterschiedlich begründet sein, wobei Weber sich in der Protestantismusstudie auf römisch-katholische sowie protestantisch geprägte soziale Bezugssysteme konzentriert. Dafür, dass Weber für eine Ausweitung und Flexibilisierung der Begriffsverwendung votiert, spricht nicht zuletzt, dass er später meint, den Askesebegriff auch auf andere Weltreligionen anwenden zu können. So ist in seinen Untersuchungen zur *Wirtschaftsethik der Weltreligionen* im Hinblick auf ganz unterschiedliche Erscheinungsformen der Religion von Askese die Rede. Das gilt für die Magie, den

Hinduismus oder den Buddhismus. Bezogen auf den Hinduismus heißt es sogar: „Die indische Askese war technisch wohl die rational entwickeltste der Welt."[21] Schließlich ist (c) die relative Freiheit in der Verwendung des Askesebegriffs Ausdruck der Methode, die Weber für die Begriffsbildung anwendet. Dabei handelt es sich um die berühmt-berüchtigte Methode der Idealtypenbildung.[22] Die historiographischen und später soziologischen Begriffe sind idealtypische Begriffe. Ohne auf diese Methode eingehen zu können, sei jedoch zumindest angedeutet, dass es in der Natur dieser Methode liegt, historisch Vorkommnisse, die in Begriffe überführt werden sollen, einseitig zu steigern und auch zu verfremden. Die von Weber verwendeten Begriffe lassen sich deswegen in der Regel nicht eins zu eins auf die Handlungswelt abbilden. Sie bleiben dieser gegenüber abstrakt. In seinen methodologischen Schriften heißt es pointiert: „Um die wirklichen Kausalzusammenhänge zu durchschauen, *konstruieren wir unwirkliche.*"[23] Webers Begriffe sind Idealisierungen. Und er idealisiert historische und soziologische Formationen aus heuristischen Gründen: aus Gründen der Kultur- und Sozialhermeneutik bzw. aus Gründen des Handlungsverstehens. Wird Webers historiographische Arbeit stärker von seiner Methodenlehre her begriffen, lässt sich manch ein Begriff, der auf den ersten Blick stark irritiert, leichter verständlich machen. Das gilt auch für den schillernden Begriff der protestantischen Askese. So wie Weber ihn konstruiert, tritt er auf dem Boden der kontingenten Handlungswelt nicht auf. Aber gleichwohl verwendet er ihn in besagter Weise, weil er sich davon einen heuristischen Mehrwert erhofft; in diesem Fall, die mentalitätsgeschichtlichen Wurzeln des kapitalistischen Geistes aufzudecken.

---

21 Max Weber, *Die Wirtschaftsethik der Weltreligionen. Hinduismus und Buddhismus. 1916–1920*, hg. v. Helwig Schmidt-Glintzer in Zusammenarbeit mit Karl-Heinz Golzio (= Max Weber-Gesamtausgabe, I/20) (Tübingen: Mohr, 1996), 239. Es sei zumindest am Rande bemerkt, dass auch Kautsky von einer „indischen (brahmanischen und buddhistischen) Askese" zu sprechen wusste (Kautsky, *Geschichte* [s. Anm. 18], 132).

22 Die Literatur zu Webers Theorie der Idealtypenbildung ist unüberschaubar. Vgl. zur Einführung Gert Albert, „Idealtyp" in: *Max Weber-Handbuch. Leben – Werk – Wirkung*, hg. v. Hans-Peter Müller, Steffan Sigmund (Stuttgart: Metzler, 2014), 63–66.

23 Max Weber, „Kritische Studien auf dem Gebiet der kulturwissenschaftlichen Logik" in: Ders., *Gesammelte Aufsätze zur Wissenschaftslehre*, hg. v. Johannes Winckelmann (Tübingen: Mohr, [4]1973), 215–290, 287.

5 Schluss

Die hier angestellten Überlegungen versuchten am Beispiel des Begriffs der protestantischen Askese einen Einblick in das Begriffslaboratorium der *Protestantischen Ethik* zu vermitteln. Wie so oft erwies sich dieses Geschäft auch in diesem Fall als ausgesprochen schwierig und approximativ. Weber setzte sich im Zuge seiner Ausarbeitung der *Protestantischen Ethik* mit einer Vielzahl von historiographischen Beiträgen zu diesem Thema auseinander, die ganz unterschiedlichen ideenpolitischen Denkrichtungen zugeordnet werden können. Ein wesentliches Ergebnis unseres Beitrags besteht darin, dass Weber den Begriffsausdruck der protestantischen Askese aller Wahrscheinlichkeit nicht der protestantischen Forschungsliteratur entnommen hat – auch wenn er es selbst und etwa auch Troeltsch suggeriert. Vielmehr gibt es Hinweise, die es nahelegen, dass er die „protestantische Askese" der materialistischen Geschichtsschreibung um 1900 entnommen hat. Wie gezeigt wurde, spielt hier die *Geschichte des Sozialismus* von 1895 eine Schlüsselrolle. Diesen Bezugspunkt stark zu machen, bietet sich auch insofern an, als damit Webers Selbstauskunft forschungsgeschichtlich noch besser kontextualisiert werden kann, wonach er schon seit 1898 im Kolleg das Thema der protestantischen Ethik behandelt habe.[24] Im Begriffsinhalt selbst spiegelt sich sodann im hohen Maße die protestantische Forschungsliteratur wider sowie – was die Rationalisierungsdimension betrifft – der Einfluss Werner Sombarts.

Die Antwort auf die eingangs gestellte Frage, seit wann die Askese eigentlich protestantisch ist, fällt demnach vielschichtig aus. Es spricht einiges dafür, dass Weber als ihr ‚Schöpfer' angesehen werden kann. Allerdings bedarf es an dieser Stelle zugleich der Ergänzung, dass der Begriffsausdruck der puritanischen Askese in der materialistischen Geschichtsschreibung um 1900 vorbereitet war, den Weber dann mit Hilfe der theologischen Forschungsliteratur und dem eigenen Methodenansatz umformte und präzisierte. Und erst auf diesem Wege fand dieser Begriffsausdruck – mit Friedrich Wilhelm Graf gesprochen – in den Sprachschatz der Gebildeten Eingang.

24 Max Weber, „Antikritisches zum ‚Geist' des Kapitalismus" in: Ders., *Die protestantische Ethik II. Kritiken und Antikritiken*, hg. v. Johannes Winckelmann (München, Hamburg: Siebenstern, 1968), 149 – 189, 150.

Matthias Neugebauer

Arbeit und Beruf – Albrecht Ritschls Auffassung von der Arbeit

„Labour for labour's sake is against nature".
(John Locke)

1 Einleitung

Die gedankliche Beschäftigung mit dem Phänomen der menschlichen Arbeit gehörte und gehört seit jeher zu den klassischen Themen und Aufgaben auch der theologischen Reflexion. Vor dem Hintergrund des Modernisierungs- und Industrialisierungsschubs der zweiten Hälfte des 19. Jhs. hatte sich die protestantische Theologie jedoch in gesteigerter Weise darum zu bemühen, die Arbeit als wesentlichen Bestandteil einer theologischen Deutung des menschlichen Lebens zu (re)integrieren. Denn spätestens mit der in Karl Marx' Entfremdungsthese gipfelnden Entwicklung, die im Anschluss an Hegel eine Desintegration der Arbeit statuierte,[1] war die Frage einer Verhältnisbestimmung von Leben und Ar-

1 Zum Begriff der Entfremdung bei Hegel vgl. Georg Wilhelm Fr. Hegel, *Phänomenologie des Geistes* (Frankfurt a.M.: Suhrkamp, ^{6}1998), 39: „Der Geist [aber] ist diese Bewegung, *sich* ein *Anderes*, d.h. *Gegenstand seines Selbsts* zu werden, und dieses Anderssein aufzuheben. Und die Erfahrung wird eben diese Bewegung genannt, worin das Unmittelbare, das Unerfahrne, d.h. das Abstrakte, es sei des sinnlichen Seins oder des nur gedachten Einfachen, sich *entfremdet*, und dann aus dieser *Entfremdung* zu sich zurückgeht, und hiermit jetzt erst in seiner Wirklichkeit und Wahrheit dargestellt wie auch Eigentum des Bewußtseins ist" (Hervorhebung teilw. i. Orig.).

Karl Marx hat dieses Philosophem dann in den ökonomischen Bereich übertragen, speziell auf das Verhältnis von Arbeiterin respektive Arbeiter und Arbeit. In seinem *Kapital* ist entsprechend die Rede von der Entfremdung von Arbeit und Arbeiter, da schon „vor seinem [sc. des Arbeiters, der Arbeiterin] Eintritt in den Prozeß seine eigne Arbeit ihm selbst entfremdet (...) ist" (Karl Marx, *Das Kapital. Kritik der politischen Ökonomie* [Berlin/Ost: Institut für Marxismus-Leninismus des ZKs der SED, 1961], 596).

Zur Ersetz- und Austauschbarkeit des Einzelnen in modernen Betrieben und Großorganisationen sei erinnert an das geflügelte Wort „Jeder ist ersetzbar", vgl. Ernst Jünger, *Der Arbeiter. Herrschaft und Gestalt* (Stuttgart: Klett-Cotta, ^{3}2007), 151: Dort äußert Jünger im § 44 (*Die Technik als Mobilisierung der Welt durch die Gestalt des Arbeiters*), dass „hiermit [sc. dass der Mensch den eigentümlichen Bindungsverhältnissen der modernen Welt untersteht und in sie eingebunden ist] hängt es zusammen, daß der Einzelne nicht *unersetzbar*, sondern durchaus *ersetzbar* ist, und zwar in dem Maße, das den Forderungen jeder guten Überlieferung ebenbürtig ist" (Hervorhebung v. Vf.).

https://doi.org/10.1515/9783110705614-006

beiten kritisch aufgeworfen worden. Dass Arbeit zum Wesen und Kerninhalt des Menschseins gehöre, wurde in der weiteren Folge alles andere als selbstverständlich. Im Gegenteil: Altvertraute *motti*, wie „Arbeit ist das halbe / ganze Leben“ oder „*homo nascitur ad laborem, et avis ad volatum*“ (Hiob 5,7), wurden in der Folge zum Teil unselbstverständlich respektive unverständlich. An die Stelle eines integralen und lebenser- und ausfüllenden Arbeitsverständnisses sind alternative, fragmentierte wie fragmentierende sowie neu integrierende Konzepte getreten: Arbeit als *Job*, berufsunabhängige Selbstverwirklichung, Hobby, *dual-working, mini-Jobs, home-office, work-life-balance, frugality*, eine ausgeprägte Freizeit-Orientierung, „Ich-Zeit“. Die Liste ließe sich problemlos verlängern.

Das alles hat zur Folge, dass der Bereich *Arbeit* nicht nur theologisch ungleich schwerer fassbar, sondern auch zu Teilen der theologischen Erfassung seiner selbst entglitten ist. Damit stimmt überein, dass sich ein großer Teil der noch vorhandenen religiösen Aktivität im evangelisch-reformierten Bereich weitgehend unabhängig vom Arbeitsleben vollzieht. Es ist wohl kaum zu viel gesagt, an dieser Stelle von einer weitgehenden Entkoppelung von Arbeit und Glauben zu reden. Bis auf wenige, fast überblickbare Ausnahmen spielen Religiosität und Glauben bei der Auswahl des spezifischen Arbeitsfeldes eine eher untergeordnete Rolle. Die in der Neologie erstmals aufgekommene Differenz privater und öffentlicher Religion schlägt an dieser Stelle mit Blick auf das Arbeitsleben voll durch. Die Arbeit ist dabei der Bereich, an und in dem wir einen mehr oder weniger engen *connex* zur näheren oder weiteren Öffentlichkeit haben –; die Religion wird paradoxerweise jedoch trotz ihres öffentlichen Charakters zur Privatangelegenheit. Religiöse Bekenntnisse oder Glaubenszugehörigkeiten spielen (anders als noch vor 50 Jahren) in Bezug auf Anstellungsaussichten oder das Eingehen von Arbeitsverhältnissen eine viel weniger große Rolle.

Parallel dazu wird daran gearbeitet, Firmenideologien, *corporate identity*, Leitbilder oder selbsternannte für positiv erachtete Wahrnehmungsmuster zu Bewusstsein zu bringen und im Sinne der jeweiligen (Firmen-) Strategie fruchtbar zu machen. Dabei fließen religionsunabhängig Werte und anderweitig ideell imprägnierte Vorstellungsmuster ein. Es hat sich an dieser Stelle fast ein alternativer Kosmos von Berufs-Ethiken, Firmen-Philosophien und Leitbildern etabliert. Und mit Blick auf eine optimale Vermittlung von Arbeit, Freizeit, Familie, Alltagsleben etc. wird mittlerweile munter experimentiert. Im Silicon-Valley gibt es völlig neue Ansätze, die das klassische Acht-Stunden-Modell längst *ad acta* gelegt haben. In Finnland gab es interessante Versuche mit einem bedingungslosen Grundeinkommen. Und auch in der Schweiz gab und gibt es an dieser Stelle

Vorstöße. Es war eine Weltpremiere, dass 2016 in der Schweiz über ein bedingungsloses Grundeinkommen abgestimmt wurde.[2]

Aber gleichwohl sehen wir (unter anderem im asiatischen Raum) genau wieder gegenläufige Tendenzen: Die Arbeit ist alles. Arbeit ist das ganze Leben. Es gibt praktisch kein Leben neben der Arbeit. Das Arbeiten frisst das Leben gewissermaßen auf. In Japan gibt es ein eigenes Wort für *Durch-Arbeit-Sterben* respektive für *Tod-durch-Überarbeiten: karoshi. Karoshi* (過労死) meint im Japanischen, dass jemand sich quasi zu Tode arbeitet. Und das Phänomen ist keineswegs singulär. Es steht dabei nicht nur für eine misslungene life-work-balance, sondern für eine grundsätzliche Einstellung.

Wichtig dabei in diesem Zusammenhang ist, dass hinter der Einschätzung dessen, was und wie *Arbeit* im menschlichen Leben seinen Ort und seine Bedeutung hat, sehr wohl davon abhängt, wie der Gesamtrahmen aussieht, wie das Ganze sortiert wird. Kurz und mit anderen Worten: Eine ideologiefreie Rede von der Arbeit gibt es nicht.

Und das ist eben die Chance aber auch die *crux* jeder Rede, Theorie oder Reflexion in Bezug auf die Arbeit: Verschiedenste Kräfte suchen sich ihrer zu bemächtigen. Der Ort und das anthropologisch unhintergehbare Phänomen der menschlichen Arbeit wird und wurde zum Kampfplatz verschiedenster und gegenläufiger Interessen. Und das heißt auch in der Umkehrbewegung: Keine ernstzunehmende Stimme kann sich eines substantiellen Votums bezüglich der Arbeit enthalten. Und das gilt auch und vor allem für die Theologie.

Zu den schwergewichtigen Theologen, die an dieser Stelle ein erstaunliches und weitsichtiges Sensorium an den Tag gelegt haben, gehört unzweifelhaft Albrecht Ritschl. Geistesgeschichtlich scheint er auf den ersten Blick quer zu stehen zu den parallel laufenden Bemühungen um die Erschließung der Arbeit. Und es subsistiert an dieser Stelle ein (leider) weitverbreitetes Vorurteil: „Die maßgeblichen Ideen zur Arbeit seit dem siebzehnten Jahrhundert werden mehr und mehr außerhalb von Theologie und Kirche entwickelt. Für die konzeptionellen Neuschöpfungen zur Arbeit und Wirtschaft in der physiokratischen und klassischen Periode der Ökonomiegeschichte sind philosophisch-ethische Ansätze (Adam Smith, David Ricardo) maßgebend. Die Theologie steht abseits“[3].

---

2 Am 5. Juni 2016 wurde in der Schweiz über ein bedingungsloses Grundeinkommen abgestimmt. Die Initiative wurde wuchtig ablehnt: 76,9 % der Stimmbürgerinnen und -bürger und alle Kantone lehnten die Initiative ab, vgl. https://www.admin.ch/gov/de/start/dokumentation/abstimmungen/20160605/fur-ein-bedingungsloses-Grundeinkommen.html (letzter Aufruf 04.06.2021) und vgl. dazu auch https://www.grundeinkommen.ch (letzter Aufruf 04.06.2021).

3 Hans Ruh, Thomas Gröbli, *Die Zukunft ist ethisch – oder gar nicht. Wege zu einer gelingenden Gesellschaft* (Frauenfeld: Waldgut, 2006), 197.

Es ist fraglich, ob das in dieser Pauschalität so zutrifft. Denn zum Schluss hat es eben auch gar nicht so abseitige Entwürfe sowie weiterführende Ideen zur Arbeit sehr wohl und sehr intensiv auch im protestantischen Kontext gegeben. Und hier wird Ritschl interessant. Denn mit Ritschls Auffassung von der Arbeit begegnet nach wie vor ein sehr starkes Deutungsangebot. Denn was Arbeit ist, das verlangt eben auch nach Deutung.

Was Arbeit ist, und wie sie einzuschätzen ist, das ist dabei – wie angedeutet – alles andere als unstrittig. Die Konzeptualisierung von Arbeit ist in der Regel mit klassifizierenden Sekundärbegriffen verbunden. Das liegt in der Natur der Sache. Man denke an dieser Stelle nur an den Ausdruck der *Arbeiter*-Klasse, die einem Stand *Klasse*, also eine gleichsam aristokratische (Herrscher-) Würde zuschreibt, was sich konsequent in der politischen Manifestation mit Herrschaft-Insignien z. B. auf der Chinesischen, Nordkoreanischen oder der DDR-Fahne niedergelegt hat.

Item: Die *Arbeit*, sie ist kein ideologiefreies Feld, sondern wenn *Arbeit* in Gedanken gefasst wird, dann braucht das wie auch immer Gefasste ein gedanklich adäquates Gefäß. Und das Gefäß, das Ritschl uns in diesem Zusammenhang zur Verfügung gestellt hat, ist der Berufs-Gedanken. Konkret: Der den Arbeitsbegriff bestimmende Berufsgedanken ist bei Ritschl im Kontext des gewordenen Theorems vom „sittliche[n] Handeln in dem bürgerlichen Beruf"[4] eingebettet.

Die große Bedeutung des Berufsbegriffes in Bezug auf das Ritschlsche Arbeitsverständnis ist dabei unstrittig: So hat Christian Walther ganz zu Recht festgestellt: „Innerhalb des von Ritschl entwickelten Systems wird dem Berufsbegriff eine zentrale Rolle zugewiesen"[5]. Und Helga Kuhlmann sekundiert: „Ritschl gibt dem Berufsbegriff in seiner Ethik eine zentrale Position"[6].

Bei Ritschl selbst wird die herausragende Stellung des Berufsbegriffes nicht zuletzt dadurch deutlich, dass „das sittliche Handeln in dem bürgerlichen Beruf"[7] den Abschluss des Systems bildet. Und, um das vielleicht berühmteste Bild

4 Albrecht Ritschl, *Die christliche Lehre von der Rechtfertigung und Versöhnung*, Bd. 3, *Die positive Entwicklung der Lehre* (Bonn: Adolph Marcus, [1]1874), 624 (i. Orig. hervorgehoben), im Folgenden zit. als RV [1]III.

5 Christian Walther, „Zum Berufsbegriff bei Albrecht Ritschl" in: *Gottes Reich und menschliche Freiheit. Ritschl Kolloquium (Göttingen 1989)*, hg. v. Joachim Ringleben (Göttingen, Zürich: Vandenhoeck & Ruprecht, 1990), 69 – 82, 69. Vgl. auch a. a. O.: „In seinem Berufsverständnis fasst Ritschl brennpunktartig zusammen, welche der Loci der protestantischen Dogmatik er für so relevant erachtet, daß sich von ihnen her die Stellung des Christentums in der Moderne – in Staat, Gesellschaft, Wissenschaft und Kultur – neu erschließen und entfalten läßt".

6 Helga Kuhlmann, *Die Theologische Ethik Albrecht Ritschls* (München: Chr. Kaiser, 1992), 195.

7 Albrecht Ritschl, *Die christliche Lehre von der Rechtfertigung und Versöhnung*, Bd. 3, *Die positive Entwicklung der Lehre*, (Bonn: Adolph Marcus, [3]1888), 624, im Folgenden zit. als RV [3]III.

Ritschls aufzugreifen (das Bild der Ellipse mit den beiden Brennpunkten Rechtfertigungs- und Versöhnungslehre auf der einen und die ethisch-religiöse Totalitätsidee des Reich Gottes auf der anderen Seite)[8], es verhält sich so, dass Ritschls (in sein Berufsdenken eingebettete) Vorstellung von der Berufs-Arbeit exakt zwischen den beiden Brennpunkten der Ellipse zum Stehen kommt.[9]

Der von Ritschl unterstellte systematische Zusammenhang von Arbeit und Beruf ist dabei keineswegs so selbstverständlich und organisch, wie es die Ausführungen Ritschls im Ganzen nahelegen. Die Relation Arbeit und Beruf respektive von *vocatio* und *labor* hat bei näherem Hinsehen eine ganze Reihe von bemerkenswerten Transformationen durchgemacht. Bevor auf Ritschls engere Vorstellung von der Arbeit eingegangen wird, sollen diese in gebotener Kürze nachvollzogen werden. Ein erster großer Transformationsprozess betrifft dabei die Entwicklung vom Berufungsbewusstsein der frühen Christenheit über die der exklusiven Beanspruchung des Berufungsgedankens durch das Mönchtum (und seiner *Arbeit*) über die Mystik hin zur Reintegration der (weltlichen) Arbeit in die christliche Berufung respektive den christlichen Beruf durch die Reformation, namentlich durch Martin Luther. Da Ritschl selbst diesem Prozess in seinem Hauptwerk vergleichsweise geringe Aufmerksamkeit schenkt, wird in diesem Zusammenhang ein Seitenblick auf Karl Holl geworfen, der die diesbezügliche Entwicklung mit großer systematischer Durchdringungskraft aufgearbeitet hat.[10] Ein zweiter Transformationsprozess betrifft sodann den weiteren Weg von der Reformation bis hin zu dem, was Ritschl dann ausdrücklich den *bürgerlichen Beruf* nennt. Hier kann und wird dann auf Ritschl selbst Bezug genommen werden.

Deshalb wird im Folgenden so verfahren, dass zunächst der erstgenannte Transformationsprozess kurz nachvollzogen wird, um vor diesem Hintergrund Ritschls Vorstellung von Beruf und Arbeit zu entfalten. Eine kritische Würdigung schließt vorliegende Überlegungen dann ab.

---

8 Ritschl, RV ¹III, 6: „[D]as Christentum ist nicht einer Kreislinie zu verglichen, welche um einen Mittelpunkt liefe, sondern einer Ellipse, welche durch zwei Brennpunkte beherrscht ist“ (vgl. auch a. a. O., 297).

9 Vgl. Walther, „*Zum Berufsbegriff*“ (s. Anm. 5), 71: „Die Brücke zwischen Dogmatik und Ethik, zwischen Glaube und Welt (...) ist bei Ritschl der Berufsbegriff“.

10 Der Mystik wird freilich in der Geschichte des Pietismus gebührende und kritische Aufmerksamkeit geschenkt, vgl. Albrecht Ritschl, *Geschichte des Pietismus*, 2 Bde (Bonn: Adolph Marcus, 1880, 1884).

2 Arbeit und Beruf: Transformationsprozesse nach Karl Holl

Am 24. Januar 1924 hat Karl Holl anlässlich des Jahrestages von König Friedrich II. einen Vortrag an der Preußischen Akademie der Wissenschaften gehalten, der später im Druck mit dem Titel *Die Geschichte des Wortes Beruf* erschien.[11] In diesem Text spannt Holl einen großen Bogen, der ziseliert den genannten ersten Transformationsprozess nachverfolgt. Er fokussiert dabei auf vier Stationen: Das frühe Christentum, vor allem Paulus (2.1), das Mönchtum (2.2), die (deutsche) Mystik (2.3) und die Reformation vor allem Luther (2.4).

2.1 Frühes Christentum (Paulus)

Holl geht in seiner Untersuchung dabei aus von der Beobachtung, dass im Urchristentum respektive bei Paulus der Gedanke einer besonderen Berufung der Christinnen und Christen (κλῆσις) an Bedeutung gewinnt. Diese Berufung gründet sich im Ruf des Evangeliums und ist deshalb eine göttliche Berufung (κλῆσις τοῦ θεοῦ)[12]. Diese göttliche Berufung meint desnäheren einen gewissermaßen elitären Vorzug, durch den sich der Christ, die Christin zu einer *überirdischen* Hoffnung berufen weiß.[13] Und damit verbunden ist der Anspruch auf eine dieser göttlichen Berufung entsprechende Lebensführung.[14]

Wie Holl weiter ausführt ist dieses Bewusstsein einer besonderen Berufung mit den Jahrhunderten verblasst exakt in dem Maße, in dem sich das Christentum verbreitete und selbstverständlich wurde. Eine besondere Zäsur markiert hier für Holl die Etablierung der Kindertaufe: „Jetzt trat man nicht mehr durch persönlichen Entschluß ins Christentum ein; man wurde hinein*geboren*. Damit entfiel

11 Karl Holl, „Die Geschichte des Wortes Beruf" in: *Gesammelte Aufsätze zur Kirchengeschichte*, Bd. 3, *Der Westen*, hg. v. Karl Holl (Tübingen: Paul Siebeck, 1928), 189–219.

12 Als Belegstellen werden etwa Röm 11,29, Phil 3,14 oder 2Thess 1,11 angeführt, vgl. Holl, *„Beruf"* (s. Anm. 11), 190.

13 Vgl. Holl, *„Beruf"* (s. Anm. 11), 189–190.

14 Holl diskutiert in diesem Zusammenhang kritisch die Ausnahmestelle 1Kor 7,20: „ἕκαστος ἐν τῇ κλήσει ᾗ ἐκλήθη, ἐν ταύτῃ μενέτω" („Ein jeder bleibe in der Berufung [κλῆσις], in die er berufen wurde"). Er lässt es schlussendlich offen, ob κλῆσις bei Paulus hier, an dieser Stelle, die konkrete individuelle Lebensstellung eines Menschen als göttliche Ordnung miteinschließt oder ob Paulus mit dieser spezifischen Verwendung von κλῆσις bereits so etwas wie *Stand* oder *Beruf* im Sinne der Reformation respektive der Neuzeit präludiert hat. Für wahrscheinlich hält Holl letzteres, vgl. Holl, *„Beruf"* (s. Anm. 11), 190.

auch der Gedanke einer dem einzelnen zum deutlichen Bewußtsein kommenden Berufung“[15]. Gleichsam in Präpositionierung von Richard Rothes berühmter Diffusions- respektive Normalisierungsthese,[16] scheint es den Holl'schen Ausführungen nach, ab dem vierten Jahrhundert eine Tendenz zur radikalen Selbstverständlichung respektive Normalisierung des Christlichen gegeben zu haben, bei der das Christliche (inklusive seines vocatio-Bewusstseins) in die Lebenswelt (und *nota bene* damit auch in das Arbeits-Leben) fast bis zur Unkenntlichkeit hineindiffundierte.

2.2 Mönchtum

Dieser Tendenz eines Verblassens des *vocatio*-Bewusstseins ist Holl zufolge dann das Mönchstum entschieden entgegengetreten. Wie Holl scharf herauspräpariert, wird der *Beruf*sgedanke im Sinne eines Rufes (κλῆσις, *vocatio*) in der Folge exklusiv an den mönchischen Stand zurückgebunden. Ein Beruf (eine *vocatio*, κλῆσις) wird hier mit der *Arbeit* einer wieder im (gewissermaßen urchristlichen) Berufungsbewusstsein lebenden Gemeinschaft verknüpft: „Das Bezeichnende ist also, daß hier [sc. im entstehenden Mönchstum] der Gedanke der *Berufung* mit dem Selbstbewusstsein eines bestimmten einzelnen Standes verschmilzt. Nur der Mönch hat eine κλῆσις“[17]. Sprachlich legt sich dies unter anderem nieder in der

15 Ebd. (Hervorhebung i. Orig.).

16 Vgl. Richard Rothe, *Theologische Ethik*, Bd. 3 (Wittenberg: Hermann Koelling, 1870), 185 (§. 581): „Allein in demselben Maße, in welchem die einzelnen christlichen Staaten sich immer vollständiger von dem christlichen Princip durchdringen und entwickeln lassen, normalisirt sich auch das christliche religiös-sittliche Leben in jedem von ihnen immer vollständiger, und organisiren sie sich *zugleich* immer mehr unter einander zu einer einheitlichen Totalität, ohne übrigens ihre besondere Individualität und die in dieser begründete Selbständigkeit gegen einander aufzugeben. Es entsteht so allmälig ein *allgemeiner christlicher Staatenorganismus*. [...] Da in diesem in seiner Vollendung einestheils das christliche Leben schlechthin normalisirt ist, und folglich die religiöse Seite desselben und die sittliche, mit ihnen aber, weil auf diesem Punkte die Entwicklung der menschlichen Gemeinschaft schlechthin vollendet ist, auch die christlich-religiöse Gemeinschaft und die christlich-sittliche sich *absolut* decken, auch ihrem Umfange nach, und anderntheils diese religiös-sittliche christliche Gemeinschaft (die christlich-sittliche Gemeinschaft als zugleich schlechthin christlich-religiös bestimmte) *in ihrem absoluten Umfange* zu Stande gekommen ist: so gibt es neben ihm für die Kirche keinen Ort mehr“ (Hervorhebungen i. Orig.).

17 Holl, „*Beruf*“ (s. Anm. 11), 193 (i. Orig. z.T. hervorgehoben; Hervorhebung hier v. Vf.). Vgl. dazu auch a. a. O., 194: „[D]as Selbstgefühl des Mönchtums [ist] vor allem das Bewußtsein einer besonderen Berufung“ (i. Orig. z. T. hervorgehoben). Und vgl. endlich auch die Formulierung a. a. O.,

profess(io), also der mit dem Berufungsbewusstsein verbundenen Selbstverpflichtung auf eine erkennbar christliche Lebensführung.

Mit Blick auf die Verhältnisbestimmung von Arbeit und Beruf hat das weitreichende Konsequenzen. Es gibt Arbeit, und es gibt Arbeit. Es gibt die positiv qualifizierte Arbeit der monastischen (und später klerikalen) Elite (= berufene Arbeit). Und es gibt die profanen Leistungen aller denjenigen, die ihr *weltliches* Tagwerk vollbringen (= unberufene Arbeit). Arbeit im strengen Sinne, also Arbeit im Sinne des Berufsgedankens wird denen, die wirklich, also alltäglich und im strengen Sinne körperlich-produktiv arbeiten, vorenthalten: „Der Gedanke eines inneren Berufes wird (...) für die niederen Stände geradewegs abgelehnt“[18]. Das bedeutet nicht, dass profanen Leistungen kein Wert mehr zugeschrieben werden würden. Sie sind wertvoll. Und sie sind unverzichtbar. Aber ihre Unverzichtbarkeit und ihr Wert bemisst sich allein aus ihrem Verhältnis zur berufenen Arbeit: „Die tätigen Stände haben einen Dienst, einen unentbehrlichen Dienst, einen von Gott angeordneten Dienst, aber keinen ‚Beruf‘ im wahren Sinne des Worts“[19]. Im Ergebnis ist dies dann so, dass es einen höheren (berufenen) Stand gibt (Papst, Priester, Mönche), deren Aufgabe es ist, für die Kirche und die Allgemeinheit zu beten. Daneben gibt es die unteren Stände (Soldaten, Handwerker, Kaufleute, Ärzte und Bauern). Ihre Daseinsberechtigung ergibt sich allerdings vor allem daraus, dass sie den höheren Ständen dienen. Damit wurde mit Blick auf die Arbeitswelt eine scharfe Trennlinie zwischen (weltlicher, nützlicher) Arbeit und (göttlichem) Beruf gezogen.

2.3 Deutsche Mystik

Das änderte sich laut Holl in der Mystik, vor allem in der deutschen Mystik, namentlich bei Meister Eckardt, Heinrich Seuse und Johann Tauler. Der produktive Impuls, der von der Mystik in Bezug auf die Verhältnisbestimmung von Arbeit und Beruf ausging, ist dabei in der Tendenz zur Reintegration der profanen, der weltlichen Arbeit zu sehen.[20] Es kommt die Einsicht auf, dass profanes Engagement und Gottes-Dienst sehr wohl zusammen gehen können, dass also Arbeit und Beruf keine ausschließlichen Gegensätze darstellen müssen: „Hier [sc. in der

195 „[D]ie persönliche Berufung [ist] etwas dem Mönchtum allein Zukommendes“ (i. Orig. z.T. hervorgehoben).

18 Holl, *„Beruf“* (s. Anm. 11), 202 (i. Orig. z.T. hervorgehoben).

19 A.a.O., 203 (i. Orig. z.T. hervorgehoben).

20 Zu Ritschls Deutung der Mystik vgl. Georg Neugebauer, *Die Religionshermeneutik Max Webers* (Berlin, Boston: Walter de Gruyter, 2017), 285–294.

deutschen Mystik] ist also tatsächlich der Gedanke eines *weltlichen Berufes* zuerst entdeckt worden, d.h. der Gedanke, daß man auch in der Ausübung der weltlichen Arbeit das Höchste von Gottesnähe empfinden kann“[21].

Was auf den ersten Blick bereits als ein gelungenes Amalgam von Arbeit und Beruf erscheint, entpuppt sich auf den zweiten Blick als nur halbkonsequent. Denn die in der deutschen Mystik anzutreffende „Arbeit im Beruf“[22] ist nicht Er- oder Ausfüllung des Lebens, geschweige denn, dass die Arbeit dasjenige ist, was dem Leben einen inneren Zusammenhang und Halt gibt. Sondern die *Arbeit im Beruf* ist – wie Holl im Anschluss an Heinrich Seuse zitiert – vor allem ein „marterliches Leben“[23].

2.4 Martin Luther

Nach Holl ist es dann Luther gewesen, der der in der Mystik angelegten Verknüpfung von göttlicher Berufung und weltlicher Arbeit kraftvoll zu vollem Durchbruch verholfen hat. In dieser Beziehung werden fünf Stationen unterschieden: der monastische Luther (2.4.1), Luthers Römerbriefvorlesung (2.4.2), die Leipziger Disputation (2.4.3), der Aufenthalt auf der Wartburg (2.4.4) und schließlich der reif werdende Reformator ab 1522 (2.4.5).

21 Holl, *„Beruf“* (s. Anm. 11), 206 (i. Orig. z.T. hervorgehoben, Hervorhebung hier v.Vf.). Vgl. auch a.a.O., 207: „[D]ie deutsche Mystik [hat] wesentlich dazu beigetragen, daß die religiöse Schätzung der weltlichen Arbeit in den letzten Jahrhunderten des Mittelalters sich hob“ (i. Orig. zum Teil hervorgehoben).

22 A.a.O., 207 (i. Orig. hervorgehoben).

23 Ebd. Vgl. auch ebd.: „Deshalb ist ihnen [sc. den deutschen Mystikern] die Arbeit im Beruf doch mehr eine Entsagung, ein *marterliches* Leben, denn ein *freudiger* Dienst“ (Hervorhebung v. Vf.).

Daneben sieht Holl noch zwei weitere Beschränkungen der in der Mystik entstandenen Verbindung von Beruf und weltlicher Arbeit. Das ist zum einen, dass sie den grundsätzlichen Wert des Mönchstandes nicht infrage stellen, dass also „weder Tauler noch einer der anderen Mystiker daran gedacht [hat], den Vorrang des Mönchtums zu beseitigen“, Holl, *„Beruf“* (s. Anm. 11), 206 (i. Orig. z.T. hervorgehoben). Das andere ist, dass die Mystiker sich selbst immer noch als eine religiöse Elite betrachteten, „als Edelmenschen, als einen Adel gegenüber dem gemeinen Haufen der gewöhnlichen Christenheit“, a.a.O., 207 (i. Orig. z.T. hervorgehoben). Dementsprechend hält Holl fest: „Von etwas wie einem allgemeinen Priestertum, zu dem jeder einzelne wirklich berufen wäre, ist auch bei ihnen keine Rede“, ebd. (i. Orig. z.T. hervorgehoben). Vgl. dazu auch a.a.O., 213, das „Aristokratengefühl, das den Mönch und erst recht den Mystiker bei aller aufrichtigen Demut beherrschte“.

2.4.1 Martin Luther – der Mönch

Am 17. Juli 1505 trat Luther in das Augustinerkloster Erfurt ein, er ging „von den weinenden Freunden geleitet zum Kloster der Augustiner und verschwand hinter dessen (...) Pforte“[24]. Hier folgte Luther bereits einem „starken Gefühl einer persönlichen Berufung“[25]. Die Folge war ein grandioser Prozess der Selbst- und Gotteskonzentration, für den nach Holl gilt, dass dem Mönch Martin Luther bereits hier die „unbedingten Begriffe, mit denen das Christentum arbeitet, (...) in ihrer ganzen Strenge aufgegangen“[26] sind. Das betrifft zunächst die Einsicht vom Primat des Gottesverhältnisses vor jeder sittlichen Aktivität. Der Wille Gottes ist unbedingt, und er ist vom Menschen in dieser Unbedingtheit zu ergreifen. Das Gottesverhältnis repräsentiert sich desnäheren im Glauben, d. h.: „Der Glaube, der Gott in seinem Gnadenwillen ernst nimmt, ist das wahre Gottesverhältnis und die wahre Gottesgewißheit“[27]. Dies ist das, was den gläubigen Menschen trägt.

2.4.2 Die Römerbriefvorlesung

In der Römerbriefvorlesung von 1515/16 hat Luther diesen Gedanken dann mit Blick auf die sittliche Aktivität des Menschen vertieft. Die Wandlung des Berufsbegriffes wird hier zum einen erkennbar in der Deutung Abrahams. Das Entscheidende und Paradigmatische an Abraham ist nicht mehr (wie in den Deutungen des zeitgenössischen Mönchtums)[28], dass Abraham Gott gehorchte und (in gleichsam monastischer Obödienz) seinem Ruf und Befehl zum Verlassen der Heimat folgte, sondern paradigmatisch und entscheidend ist sein *Glaube*. Zum anderen ist Luther in der Römerbriefvorlesung mit Blick auf das sittliche Handeln zur der Erkenntnis vorgedrungen, dass – wenn das Gottesverhältnis das Primäre ist – der Glaube in allem Tun und Handeln des Menschen enthalten sein muss. Das führte ihn zu einer Abkehr von der (namentlich auch durch das Mönchtum

---

24 Gustav Plitt, *D. Martin Luthers Leben und Wirken* (Leipzig: J. C. Hinrich, 1883), 25 – 26.

25 Holl, *„Beruf“* (s. Anm. 11), 214 (i. Orig. z.T. hervorgehoben).

26 Ebd. (i. Orig. z.T. hervorgehoben).

27 A. a. O., 214 (i. Orig. z.T. hervorgehoben).

28 Vgl. a. a. O., 195. Holl referiert konkret auf Johannes Cassianus (ca. 460 – 435) und seine *Collationes patrum* (*Unterredungen mit den Vätern*), III. Unterredung, 4 (*Erklärung der drei Berufungen*), wo es heißt: „So lesen wir in den hl. Schriften, daß Abraham durch das Wort des Herrn von seinem Geburtslande, von den Banden der ganzen Verwandtschaft und dem Hause seines Vaters hinweggerufen worden sei, da der Herr sprach: ‚Geh’ heraus aus deinem Lande und deiner ganzen Verwandtschaft und dem Hause deines Vaters!‘“, Bibliothek der Kirchenväter (online), https://bkv.unifr.ch/works/276/versions/297/divisions/91978 (letzter Aufruf 04.06.2021).

vermittelten) unterschiedlichen Gewichtung und Schätzung einzelner sittlicher Werke.[29] Sondern stattdessen gilt nun: „Das Kleinste, an seinem Ort getan und im Bewußtsein, einen göttlichen Auftrag damit zu erfüllen, steht sittlich auf derselben Höhe, wie das, an seinen Wirkungen gemessen bedeutendste Werk"[30].

2.4.3 Die Leipziger Disputation

Die Leipziger Disputation von 1519 markiert für Holl denjenigen Ort, an dem sich Luther in Bezug auf das Verhältnis von Beruf und weltlicher Arbeit zu voller Klarheit gekommen ist.[31] Im Hintergrund steht der nun voll zu Bewusstsein gekommene Gedanke des allgemeinen Priestertums aller Gläubigen. Mit Blick auf den Berufsgedanken bedeutet das, dass der Ruf Gottes an jeden Menschen durch das Evangelium ergeht. Vor diesem Hintergrund wird einerseits eine jede besondere Berufung eines Standes (vor allem des Mönchsstandes) obsolet.[32] Und andererseits heißt dies: Es gibt nicht mehr einen exklusiven Stand, der für die Kirche und die Allgemeinheit betet und darunter einen, der arbeitet, sondern jeder und jede hat die Aufgabe dem Ruf des Evangeliums in seinem Arbeitsfeld zu folgen *und* für die Allgemeinheit und die Kirche zu beten. Denn es liegt wesenhaft im Gedanken des Priesters inbegriffen, für andere da zu sein und sich um andere zu kümmern.[33] Der Ruf des Evangeliums, der an jeden Menschen ergeht, konkretisiert sich so in einer „deutlich umschriebene[n] Berufspflicht"[34], d.h. die sittlichen Aufgaben resultieren aus dem, was sich dem gläubigen Subjekt jeweils mit dem und durch das Leben jeweils stellt.

---

29 So galt das gelegentliche Beherzigen der evangelischen Ratschläge (*consilia*) als sehr niedrige Form eines christlichen Lebens, wohingegen das Lebensopfer des Mönches oder des Kreuzfahrers als dessen höchste Formen angesehen wurden, vgl. Holl, *„Beruf"* (s. Anm. 11), 214.

30 A.a.O., 215 (i. Orig. z.T. hervorgehoben). Vgl. dazu auch Karl Holl, „Der Neubau der Sittlichkeit" in: *Gesammelte Aufsätze zur Kirchengeschichte*, Bd. 1, *Luther*, hg. v. Karl Holl (Tübingen: Paul Siebeck, [7]1948), 155–287, 239f. Vgl. bes. a.a.O., 208: „Kommt es nur darauf an, wieviel freudiger Wille, wieviel Liebe in ein Werk hineingelegt wird, so kann man mit dem Kleinsten Gott ebenso gut dienen, wie mit dem Größten".

31 Vgl. Holl, *„Beruf"* (s. Anm. 11), 215f.

32 Vgl. Karl Holl, *„Der Neubau der Sittlichkeit"* (s. Anm. 30), 208: „Damit verlor jedoch die religiöse Bevorzugung gewisser Werke und gewisser Stände ihr inneres Recht. Auch das Mönchtum konnte nicht mehr in Anspruch nehmen der Stand zu sein, in dem man vor andern Gott diente. Nach der positiven Seite hin gewendet heißt das, daß auch der weltliche Stand gerade so gut ein ‚Beruf' ist, wie das Mönchtum" (i. Orig. z.T. hervorgehoben).

33 Vgl. Holl, *„Beruf"* (s. Anm. 11), 216.

34 A.a.O., 216. (i. Orig. z.T. hervorgehoben).

2.4.4 Auf der Wartburg

Es ist aus Holls Sicht für Luther bezeichnend und vor allem biografisch motiviert, dass er lange gezögert hat, sich vollends vom Mönchtum zu lösen. Dies ist dann erst auf der Wartburg passiert (4. Mai 1521–1. März 1522). Vor dem Hintergrund der Wittenberger Unruhen und der Frage nach der Geltung der Mönchsgelübde hat er sich zu der Erkenntnis durchgerungen,

> daß das Mönchtum auf einer irrigen religiösen Voraussetzung beruht. Der Mönch glaubt durch sein Gelübde Gott etwas darzubringen und den sicheren Weg zur Seligkeit zu gehen. Aber das streitet wider den Gottesgedanken des Evangeliums. Gott kann man nichts von sich aus darbringen, sondern umgekehrt: Gott ist der immer zuvor und alles Schenkende. Damit fiel das Gelübde – und auch der Glaube an eine besondere Berufung des Mönchs – für ihn endgültig dahin[35].

2.4.5 Der reif werdende Reformator

In der Folge hat Luther diese Verschiebungen im Verhältnis von Beruf (*vocatio*) und (weltlicher) Arbeit (*labor*) auch terminologisch sichtbar gemacht. Ab 1522 gebraucht Luther den Terminus *Beruf* nicht mehr nur im Sinne von Ruf und Berufung (*vocatio*), sondern er ist ihm „gleichbedeutend mit Stand, Amt oder Befehl“[36]. Und der so verstandene Beruf, der „wahre Gottesberuf verwirklicht sich *innerhalb* der Welt und ihrer Arbeit“[37]. Die sittliche Aufgabe eines jeden Christen und einer jeden Christin besteht darin, „den inneren Ruf, den man im Evangelium vernimmt, und die Stimme, die aus den Dingen selbst und ihren Notwendigkeiten zu uns dringt, in ihrem Zusammenhang zu verstehen“[38].

Zusammenfassend kann an dieser Stelle festgehalten werden, dass im Ergebnis des beschriebenen Transformationsprozesses die (weltliche) Arbeit und die (christliche) Berufung organisch aufeinander bezogen werden. Die damit benannte innere Zuordnung meint konkret, dass es im Leben eines Christen, einer Christen darauf ankommt „*innerhalb der Welt*, in der Erfüllung der gegebenen Pflichten das *Höchste* zu erreichen“[39] oder wie Holl es auch ausdrücken kann: „[D]er wahre Gottesberuf verwirklicht sich *innerhalb* der Welt und ihrer Arbeit“[40].

---

35 A. a. O., 217 (i. Orig. z. T. hervorgehoben).
36 Ebd.
37 A. a. O., 219 (Hervorhebung v. Vf.).
38 Ebd. (i. Orig. z. T. hervorgehoben).
39 A. a. O., 215 (Hervorhebung i. Orig.).
40 A. a. O., 219 (Hervorhebung v. Vf.).

Mit dieser Einsicht befinden wir uns strukturell bereits in der Nähe dessen, was auch Ritschl will, respektive ist es ist wohl kaum zu viel gesagt, dass Karl Holls gedankliche Sortierungen im Grunde eine Frucht der von Ritschl vorgespurten Überlegungen sind.

3 Arbeit und Beruf: Ritschls Transformationen

3.1 Ritschls Kritik am Konzept der guten Werke

Dass Ritschl mit Blick auf seine Deutung der Arbeit voll und ganz auf den Berufsgedanken setzt, hat nicht zuletzt mit seiner Kritik am Konzept der guten Werke zu tun. Der aus der katholischen Tradition überkommene und von Reformatoren und der Orthodoxie (mit freilich anderer Bedeutung) beibehaltene Terminus der *guten Werke* ist für Ritschl dabei „als Inbegriff der ethischen Seite des Christenthums *unbrauchbar*“[41]. Ritschls Kritik beinhaltet dabei einen formalen und mehrere inhaltliche Aspekte.

In formaler Hinsicht gilt an dieser Stelle für Ritschl, dass „im allgemeinen (...) der pluralistische Titel der guten Werke für das Gebiet der Ethik sehr oberflächlich und unzureichend“[42] ist.

Inhaltlich richtet sich Ritschls Kritik auf die aus der katholischen Tradition erwachsene „Vermischung der Gebiete der Rechtfertigung und der guten Werke“[43]. Der Grundfehler besteht darin, dass in der katholischen Lehranschauung die „guten Werke (...) in den Begriff der Justifikation hinein[treten ...] und als Mittel derselben anerkannt werden“[44]. Und vor allem in der klassischen katholischen Fassung der Christologie begegnet ein Fundamentalunterschied, der von allen Reformatoren durchgängig zum Ausdruck gebracht worden ist. Es handelt sich um die fundamentale Verschiebung weg von Christus als dem Gesetzgeber und Richter hin zu Christus als dem Retter und Erlöser:

> Denn die katholische Anschauung vom Christenthum als allgemeines Object ist von Anfang an auf den Begriff der nova lex begründet. Als die Bedeutung Christi gilt wesentlich die des

---

41 Ritschl, RV ³III, 627 (Hervorhebung v. Vf.).

42 Albrecht Ritschl, *Vorlesung „Theologische Ethik“*, Auf Grund des eigenhändigen Manuskripts, hg. v. Rolf Schäfer (Berlin, New York: Walter de Gruyter, 2007), 46 (im Folgenden zit. als VLThE).

43 Vgl. ebd.: Die „katholische Lehre vermischt die Gebiete der religiösen und der sittlichen Betrachtung, indem sie die von Gott herrührende iustificatio nicht blos [sic!] unter Mitwirkung des Sünders zu Stande kommen, sondern auch durch die guten Werke des Bekehrten vermehrt werden läßt“.

44 Ritschl, VLThE, 50.

> Gesetzgebers, und seine Funktion als Erlöser ist diesem Beruf nur untergeordnet. Indem die Reformation das Evangelium als den objectiven Inhalt der Offenbarung darstellt, hat sie Christus vorherrschend als Retter und Erlöser, also als den aufgefaßt, der den Menschen etwas leistet, nicht etwas fordert[45].

Auch der in der Lutherischen Orthodoxie verwendete Begriff der guten Werke ist für Ritschl von der allgemein statuierten Untauglichkeit betroffen. Ritschl stellt dabei auf eine strukturelle Inkompatibilität ab. Für Ritschl ist Gott „der wirksame Urheber des Sittengesetzes“[46], und die guten Werke bestehen im Anschluss an die Orthodoxie in der Realisierung dieses „statutarischen Gesetzes“[47]. Diese Vorstellung von den guten Werken mündet jedoch in eine permanente Überforderung respektive in eine handfeste strukturelle Aporie. Denn das göttliche Gesetz müsste nun immer und überall in Bezug auf alle möglichen Handlungen in Zeit und Raum Anwendung finden.[48] Das ist jedoch mit Blick auf die endliche und beschränkte Handlungsfähigkeit des Menschen nicht möglich: „Um Eines guten Werkes willen muß man aber gleichzeitig alle übrigen Aufforderungen, gut zu handeln und gute Zwecke zu fördern, unberücksichtigt lassen, da man in Einem Zeitpunkt nur zu Einer Handlung fähig ist“[49]. Aus diesem Grund verzichtet Ritschl auf den Begriff der guten Werke und ersetzt ihn durch den Ausdruck „eines einheitlichen guten Lebens*werkes*“[50]. Dies ist verbunden mit der Neuinterpretation dessen, was für Ritschl *Christliche Vollkommenheit* bedeutet.[51]

---

45 Ebd.

46 Ritschl, RV ^{1}III, 43. Vgl. auch a. a. O., 318: Dort spricht Ritschl von der „göttlichen Auctorität des Sittengesetzes“.

47 Ritschl, RV ^{3}III, 626.

48 Vgl. Ritschl, RV ^{3}III, 626: „Dieselben [sc. die guten Werke] bilden nicht nur eine endlose Reihe in der Zeit, sondern werden zugleich in jedem Zeitmoment eine unbestimmbare Breite im Raum einzunehmen haben“.

49 RV ^{3}III, 626. Eine weitere wichtige Pointe dieser Überlegungen Ritschls besteht darin, dass die Unmöglichkeit der vollkommenen Gesetzeserfüllung nicht allein auf der „Sünde, als böser Wille oder als Fahrlässigkeit“ beruht, sondern eben strukturell unmöglich ist. Vgl. auch Ritschl, VLThE, 61: „Die guten Werke nach dem statutarischen Gesetze sind aber an sich nicht nur eine endlose Reihe, sondern auch im Raumschema gränzenlos [sic!]; man ist zu allen möglichen Liebeswerken gleichzeitig verpflichtet. Das ist widersinnig“.

50 RV ^{3}III, 628 (Hervorhebung v. Vf.).

51 Vgl. dazu unter 4.1.

3.2 Ritschls Kritik an der Aufklärungstheologie

Die in der Orthodoxie wahrnehmbare innere Problematik der guten Werke hat Ritschl zufolge konsequent zu einer „Schwächlichkeit und Depression der religiös-sittlichen Grundsätze der Aufklärung“[52] geführt. Diese besteht desnäheren in einer gänzlich unevangelischen und ethisch fatalen Relativierung christlicher Maximen in Bezug auf ihre Verbindlichkeit für das Alltags-, also auch das *Arbeitsleben.* Ritschl zufolge hat an dieser Stelle in der Aufklärungstheologie der – auch heute zum Teil noch bekannte – Grundsatz Platz gegriffen, dass in Arbeit und Beruf „Gott von Niemand mehr fordere, als derselbe nach Anlage und Umständen zu leisten vermöge“[53]. Dieser Grundsatz statuiert aber in den Augen Ritschls nichts anderes als das Eingeständnis des all- und arbeitspraktischen Scheiterns am sittlichen Anspruch des Christlichen respektive in einer grundsätzlichen „*Schlaffheit* in der Auffassung der sittlichen Aufgabe“[54]. Diese besteht exakt darin, dass sich nicht mehr der Mensch der sittlichen Aufgabe anpasst, sondern die sittliche Aufgabe dem Menschen (und seinen Umständen und Anlagen) angepasst wird.

Genau dafür, dass dieser Grundsatz der Aufklärungstheologie bereits in der Orthodoxie wirksam war, hat Ritschl im ersten Band von *Rechtfertigung und Versöhnung* ein eindrückliches Beispiel herangezogen. Er zitiert in diesem Zusammenhang aus August Tholucks *Kirchlichem Leben des siebzehnten Jahrhunderts* einen Ausschnitt aus der Leichenrede von Kurfürst Friedrich IV. von der Pfalz. Friedrich IV. von der Pfalz war trotz des reformierten Geistes an seinem Hof für seinen ausschweifenden und exzessiven Lebensstil bekannt. Gleichwohl heißt es fast konterkarierend in der Leichenrede: „[U]ngeachtet eines sündlichen Lebens I. Kurf. Gn. doch allzeit ein Fünklein der Furcht Gottes und einen Streit wider die Sünde im Herzen getragen, deshalb das Gebet nie unterlassen und das Wort Gottes hochgehalten haben, und daß Sie niemals so weit im sündlichen Leben gekommen sind, daß Sie die Ermahnung der Besserung aus dem Worte Gottes nicht hätten leiden können“[55].

---

52 Albrecht Ritschl, *Die christliche Lehre von der Rechtfertigung und Versöhnung,* Bd. 1, *Die Geschichte der Lehre* (Bonn: Adolph Marcus, [1]1870), 394 (im Folgenden zit. als RV [1]I).

53 Ritschl, RV [1]I, 395.Vgl. dazu auch RV [3]III, 626: „Denn jenes (...) ist in der Theologie der Aufklärung zu der entgegengesetzten Behauptung umgeschlagen, dass Gott von jedem Menschen nur solche und so viele sittliche Leistungen verlange, als derselbe nach seinen Anlagen und Umständen fähig sei hervorzubringen“.

54 RV [3]III, 626 (Hervorhebung v. Vf.).

55 Ritschl, RV [1]I, 396 f.

In Bezug auf die ethische Theoriebildung erkennt Ritschl in der Etablierung des erwähnten Grundsatzes einen Triumpf der *iustitia civilis* über die *iustitia spiritualis*. Die *iustitia spiritualis* oder *iustitia Christi* bemisst sich nach der inneren Einstellung des handelnden Subjekts, während die *iustitia civilis* bei der Beurteilung des oder der Handelnden die Umstände und Vermögen mit in Rechnung stellt. Hatten die Reformatoren noch die *iustitia spiritualis* für die wichtigere Gerechtigkeit gehalten und sie scharf von der *iustitia civilis* angegrenzt, so wird in den Augen Ritschls durch die Aufklärungstheologie die Differenz beider „zu Gunsten der Geltung der *iustitia civilis* neutralisirt“[56].

3.3 Ritschls Bezugnahme und Abgrenzung mit Blick auf Schleiermacher

Ritschl ist sich im Zuge seiner Verhältnisbestimmung von Arbeit und Beruf bewusst, dass das Konzept des Berufes, auf das er abstellt, „die Alten nicht kennen“[57]. In Bezug auf seine Transformationen rekurriert er explizit auf den „von Schleiermacher eingeführten Begriff des Berufes“[58]. Das Bedeutsame an der hier von Ritschl gesehenen Entwicklung ist nun nicht darin zu sehen, dass Schleiermacher den Begriff des Berufes völlig neu in das theologische Denken, speziell als Interpretament der Arbeit eingeführt hätte. Der Berufsgedanken stand – wie gesehen – mit dem Konzept der κλῆσις von Anfang an in den Bezugsebenen des christlichen Glaubens und der damit verbundenen Theologie. Die entscheidende Pointe auf die Ritschl mit Blick auf Schleiermacher abhebt, besteht darin, dass die systematische Beziehung von Beruf und Arbeit ihre Begründung in der Christologie findet, dass also – so Ritschl bereits in der ersten Auflage von *Rechtfertigung und Versöhnung* – „zuerst Schleiermacher die ganze Lebensführung desselben [sc. Jesu] unter den Begriff des Berufes gefaßt hat“[59]. Ritschl bezieht sich dabei auf die Christologie von Schleiermachers Glaubenslehre, in der er von Jesu „Berufspflicht“[60], von seinem „Eifer für seinen Beruf“[61] respektive einfach von „seinem

56 Ritschl, RV ^{1}I, 395 (Hervorhebung v. Vf.).
57 Ritschl, RV ^{3}III, 420.
58 Ritschl, RV ^{1}I, 511 (Hervorhebung v. Vf.).
59 Ritsch, RV ^{1}I, 510.
60 Friedrich Schleiermacher, *Der christliche Glaube nach den Grundsätzen der evangelischen Kirche im Zusammenhange dargestellt*, Bd. 2, hg. v. Martin Redecker (Berlin: G. Walter de Gruyter, ^{7}1960), 132. Eine entsprechende Terminologie begegnet bereits in der ersten Auflage: Vgl. Friedrich Schleiermacher, *Der christliche Glaube nach den Grundsätzen der evangelischen Kirche im Zusammenhange dargestellt*, Bd. 2, hg. v. Hermann Peiter (Berlin, New York: Walter de Gruyter, 1984), 92.

Beruf“[62] spricht. Die „Lehre von seinem [sc. Jesu] Beruf bildet bei Schleiermacher dabei eines der drei Stücke [..., die] das Wesen seiner Lehre konstituieren“[63] und dieser *Beruf* beinhaltet desnäheren „die Mitteilung des ewigen Lebens in dem Reiche Gottes“[64]. An dieser Stelle ist dann tatsächlich eine neue Transformationsstufe erreicht, und auch wenn Ritschl mit dogmengeschichtlichem Weitblick feststellt, dass es an dieser Stelle in Gestalt der Obödienz-Lehre Vorformen bei Johannes Piscator und Johannes Coccejus gegeben hat, gesteht er ein, dass Schleiermacher der erste gewesen ist, der „die ganze Lebensführung desselben [sc. Jesu Christi] unter den Begriff des Berufes gefaßt hat“[65]. Und Ritschl würdigt es ausdrücklich, dass es Schleiermacher gelingt, die aktiven und passiven Dimensionen von Jesu Tätigkeit organisch miteinander zu verbinden.

Allerding bescheinigt Ritschl Schleiermacher auch, dass seine Verwendung des Berufsbegriffs „*unsicher* und *undeutlich*“[66] ist, dass er die „Beziehung desselben nicht vollständig erkennt“[67] und seine Darstellung der Christologie im Ganzen „nicht musterhaft“[68] ist. Insbesondere stört sich Ritschl in diesem Zusammenhang daran, dass Schleiermacher den Berufs-Gehorsam Christi nicht mehr mit der vollkommenen Erfüllung des göttlichen Gesetzes in Verbindung bringt.[69] Schleiermacher selbst begründet das damit, dass eine solche Erfüllungsrelation die Differenz zwischen einem „gebietenden höheren und einen unvollkommenen untergeordneten Willen“[70] voraussetzt, und eine solche Differenz kann in Christus schlechterdings nicht angenommen werden. Deshalb hat Schleiermacher statt auf das Gesetz Gottes auf dessen Willen abgestellt.[71]

Genau an dieser Stelle hakt Ritschl mit drei Argumenten ein. Zum einen hat Schleiermacher offen gelassen, was er in diesem Zusammenhang unter dem

---

61 Schleiermacher, *Der christliche Glaube*, Bd. 2 (s. Anm. 61), 133.

62 A.a.O., 111.

63 Ebd. Die beiden andere sind die „Lehre von seiner Person“ (ebd.) und die „Lehre von seinem Verhältnis zu dem (...), der ihn gesendet oder von Gott als seinem sich ihm und durch ihn offenbarenden Vater“ (a.a.O., 112).

64 A.a.O., 111.

65 Ritschl, RV [1]I, 511 (Hervorhebung v. Vf.).

66 Ebd.

67 Ebd.

68 Ritsch, RV [1]I, 512.

69 Vgl. Schleiermacher, *Der christliche Glaube*, Bd. 2 (s. Anm. 61), 124: Schleiermacher verwahrt sich hier ausdrücklich dagegen, „daß man den thätigen Gehorsam Christi als vollkommne [sic!] Erfüllung des göttlichen *Gesetzes* darstellt. (Hervorhebung i. Orig.).

70 Ebd.

71 Ebd.: „[D]er tätige Gehorsam Christi war die vollkommene Erfüllung des *göttlichen Willens*“ (Hervorhebung i. Orig.).

Willen Gottes versteht.[72] Zum anderen ist es in den Augen Ritschls methodisch insuffizient, den Begriff Gottes als des ewigen Gesetzes (und damit den einer juristischen Gerechtigkeit) nur zu eliminieren und nicht durch einen neuen (besseren) zu ersetzen.[73] Und drittens – und für die vorstellige Thematik am Wichtigsten – ist, dass die Schleiermachersche Konzeption eben nicht mit dem von ihm eingeführten Begriff des Berufes kompatibel ist:

> Denn die besondere Berufsaufgabe Christi, welche Schleiermacher als das Maaß seines Handelns unter dem biblischen Ausdruck des göttlichen Willens anerkennt, findet ihren sittlichen Werth doch nicht, wenn sie außerhalb des allgemeinen Sittengesetzes fällt, sondern nur, wenn sie unter demselben befaßt ist. Wenn der Beruf das besondere Gebiet regelmäßiger Thätigkeit ist, in welchem Einer den Endzweck der Gemeinschaft zu verwirklichen hat, so ist er eben durch diese Besonderheit an das allgemeine Gesetzt gebunden.[74]

Deshalb nimmt Ritschl einen neuen und eignen Anlauf, in Bezug auf die gedankliche Erschließung des Verhältnisses von Arbeit und Beruf, der ihn dann zu seinem im Folgenden zu behandelnden Theorem des sittlichen Handelns in dem bürgerlichen Beruf führt, und deshalb urteilt Ritschl im ganzen gegenüber Schleiermachers Glaubenslehre wenig schmeichelhaft: „Ich muß gestehen, daß ich in dieser Neugestaltung der Lehre (...) nicht mit Gaß ein Meisterstück der Dialektik erkennen kann. Ich werde vielmehr durch diese Darstellung, sofern sie dialektisch sein will, ebenso peinlich berührt, wie fast durch die ganze Glaubenslehre Schleiermacher's“[75].

---

72 „Was unter dem göttlichen ‚Willen‘ in diesem Zusammenhang verstanden werden soll, hat Schleiermacher außer durch Allegation von Joh 4, 34; 5, 19. 30; 6, 38 nicht erklärt“ (Ritsch, RV ^{1}I, 505 [i. Orig. z.T. hervorgehoben]).

73 Ritsch, RV ^{1}I, 512: „Es war nun nicht genug, diesen Begriff (sc. Gott als Vertreter des ewigen Gesetzes unter dem Attribut der juristischen Gerechtigkeit) zu verwerfen; er mußte durch einen anderen ersetzt werden“.

74 Ritsch, RV ^{1}I, 510 – 511 (i. Orig. z.T. hervorgehoben).

75 Ritsch, RV ^{1}I, 507. Gemeint ist Wilhelm Gaß und seine vierbändige *Geschichte der protestantischen Dogmatik in ihrem Zusammenhange mit der Theologie überhaupt* (1854 – 67), insb. Bd. 4 (*Die Aufklärung und der Rationalismus. Die Dogmatik der philosophischen Schulen. Schleiermacher und seine Zeit*).

4 Ritschls Auffassung von der Arbeit

4.1 Die christologische Grundlegung

Wie bereits mehrfach festgehalten, bildet bei Ritschl der Berufsbegriff die entscheidende Klammer für sein Verständnis der Arbeit. Und wie gerade im Zusammenhang seiner überbietenden Kritik Schleiermachers gesehen, ist der Berufsbegriff dabei an die Christologie zurückgebunden. Das heißt konkret, dass die für das christliche Leben maßgebliche Verhältnisbestimmung von Arbeit und Beruf in der durch Jesus dargestellten Ausübung seines Berufes ihr Vorbild findet. Ritschl spricht an dieser Stelle auch von der „Geltung des Begriffs des Berufs für ihn [sc. Jesus Christus] und demgemäß für uns“[76].

Für Ritschls Verständnis der Arbeit ist der Zweckbegriff von zentraler Bedeutung.[77] Denn jede Form von Arbeit ist zweckgerichtet und verfolgt dabei zunächst immer auch einen „persönlichen Selbstzweck“[78] respektive gilt für Ritschl, dass „ohne (...) Fürsichsein doch niemand etwas Ordentliches (...) leistet“[79]. Diese Selbstzwecklichkeit wird gemäß der christologischen Fundierung von Arbeit und Beruf nun auch für Jesus Christus reklamiert. Also hat nach Ritschl auch Jesus – ebenso wie alle anderen Menschen – im Rahmen seiner Tätigkeit(en) immer auch einen Selbstzweck verfolgt. Ritschl hält ausdrücklich fest, dass Jesu „menschliche Leben in dem Schema seines ihm bewußten Selbstzweckes und dem Rechte seines Fürsichseins aufgefaßt werden muß“[80]. Das bedeutet, dass entgegen einem vielfach verbreiteten Vorurteil Jesus Christus nicht vollkommen *altruistisch*, sondern als Mensch eben auch *egoistisch* gewesen ist. Konkret: Die Arbeit respektive die Arbeiten, die Jesus innerhalb seines Berufes verrichtet hat („Darstellung der Liebe Gottes gegen die Menschen und die Stiftung des Gottesreiches“[81]) lagen im ureigensten Selbstinteresse Jesu selbst, nur – und das ist die entscheidende Pointe von Ritschls Ansatz –, dass sich bei Jesus das Eigeninteresse und sein Für-sich-Sein exakt mit dem Fremdinteresse (der Menschen) und seinem Für-andere-Sein deckte: „Indem Christus durch sein geordnetes Handeln und Reden seinen

---

76 Ritschl, VLThE, 124.

77 Zum Zweckbegriff bei Ritschl vgl. Matthias Neugebauer, *Lotze und Ritschl: Reich Gottes Theologie zwischen nachidealistischer Philosophie und neuzeitlichem Idealismus* (Frankfurt a.M.: Peter Lang, 2002), 127–151.

78 Ritschl, RV ^{3}III, 418.

79 Ritschl, RV ^{3}III, 417. Das gilt auch für jede Form von geistiger Arbeit (vgl. ebd.: „Jedes geistige Leben verläuft in dem Schema des Selbstzweckes“).

80 Ritschl, RV ^{3}III, 418.

81 Ritschl, VLThE, 122.

persönlichen Selbstzweck verwirklicht, so folgt aus dem besonderen Inhalt desselben, daß er in dieser Form auch die Zwecke Anderer verwirklicht, d.h. dem Heilszweck der Menschen überhaupt gedient hat"[82].

Diese Vermittlungsfigur von Selbst- und Fremdinteressen begegnet indes nicht nur am Orte des Verhältnisses von Jesus und Menschen, sondern auch in Bezug auf die Relation von Jesus und Gott. In diesem Zusammenhang ist es nach Ritschl unerlässlich mit Blick auf Jesu Berufstätigkeit streng zwischen einem *ethischen* und einem *rechtlichen* Gesichtspunkt zu unterscheiden. Der „*ethische* Gesichtspunkt"[83] betrifft die primär aktive Berufsausübung Jesu: Sie besteht eben in der „Darstellung der Liebe Gottes gegen die Menschen und die Stiftung des Gottesreiches"[84], die ihr Zentrum in seinem „lückenlosen Gehorsam (...) gegen das göttliche Sittengesetz findet"[85]. Der zweite, der *rechtliche* Gesichtspunkt ist ungleich schwerer zu fassen. Er referiert auf das Leiden Christi, also auf „den Gehorsam oder die Geduld im Leiden, welches in besonderer Fügung Gott über Christus ergehen ließ"[86]. Das Leiden Christi (die Passion) kann nun aber nicht aus einer mangelhaften sittlichen „Pflichterfüllung" resultieren. Denn diese ist bei Jesus lückenlos. Insofern ergibt sich für Ritschl in diesem Zusammenhang eine klar zutage tretende „Unebenheit"[87].

Diese von Ritschl scharfsinnig herauspräparierte *Unebenheit* besteht desnäheren darin, dass die in vollständiger Übereinstimmung mit dem göttlichen Sittengesetz und dem Heilszweck der Menschen von Jesus selbstgewählte Lebensaufgabe (die Gründung eines sittlichen Reiches Gottes und die Darstellung der Liebe Gottes) nicht unmittelbar identisch ist mit dem Bedürfnis Gottes nach Satisfaktion. Trotzdem ist Jesus auch dem „besondern Bedürfniß Gottes nach *rechtlicher* Genugthuung"[88] nachgekommen, indem er das unverdiente Leiden in „aktiver Geduld"[89] auf sich nahm. Das betrifft nun aber nicht mehr den *ethischen*, sondern exakt den angesprochenen *rechtlichen* Gesichtspunkt. Um beides miteinander in Beziehung denken zu können, bildet Ritschl ein Integral: „Dieses ist

82 Ritschl, RV ^{3}III, 418. Vgl. auch ebd.: „Jesus hat sich Verdienst um uns erworben, indem er unser Interesse mit dem seinen identifiziert hat; sein Verdienst für uns folgt aus seinem Verdienst für sich selbst".

83 Ritschl, RV ^{3}III, 420 (Hervorhebung v. Vf.).

84 Ritschl, VLThE, 122.

85 Ritschl, RV ^{3}III, 418.

86 Ebd. Vgl. dazu auch VLThE, 122, wo Ritschl notiert, dass „das freiwillige Leiden nicht die höchste und letzte Aufgabe Christi ist, sofern nur den Umständen entsprechendes Mittel zur Gründung des Gottesreiches und zur Erreichung der eignen Verklärung".

87 Ritschl, RV ^{3}III, 420.

88 Ebd. (Hervorhebung v. Vf.).

89 Ritschl, RV ^{3}III, 419.

der Begriff des sittlichen Berufes“[90]. Der sittliche Beruf ist exakt dasjenige Konzept, in dem sich der für jedes menschliche Leben zu unterstellende persönliche Selbstzweck mit externen Ansprüchen überschneidet.

Der Beruf als das beschriebene Integral findet in Jesu „Lebensberuf“[91], seinem „Berufsgehorsam“[92] seiner „Berufsthätigkeit“[93], „Berufspflicht“[94] und „Berufstreue“[95] seine höchste und vorbildhafte Ausprägung, denn der „Beruf (...), die sittliche Gottesherrschaft zu verwirklichen, ist der höchste, welcher unter allen Berufen denkbar ist“[96]. Insofern lautet Jesu korrekte *Berufsbezeichnung* nicht Zimmermann, sondern „Christus“[97]. Denn es liegt in der Natur der vollkommenen Berufsausübung als Christus, dass diese „sein berufsmäßiges Handeln (...) die persönliche Betheiligung an anderen Berufsarten aus[schliesst]“[98].

Dabei ist es mit Blick auf andere Berufsarten so, dass bereits jeder profane Beruf ein Integral darstellt, insofern sich an dieser Stelle ein persönliches Interesse und die Ansprüche und Interessen der Gesellschaft überlagern. Jeder praktizierte Beruf – und Ritschl spricht in diesem Zusammenhang zunächst nur vom „bürgerliche[n] Beruf“[99] – repräsentiert ein Integral von heterogenen Interessen, von Eigen- und Gemeininteresse: „Der bürgerliche Beruf bezeichnet das Arbeitsfeld in der menschlichen Gesellschaft, in dessen regelmäßiger Ausübung

---

90 Ritschl, RV ³III, 420 (i. Orig. z.T. hervorgehoben).

91 Ritschl, RV ³III, 422.

92 Albrecht Ritschl, *Unterricht in der christlichen Religion. Studienausgabe nach der 1. Auflage von 1875 nebst den Abweichungen der 2.und 3. Auflage*, eingeleitet und hg. v. Christine Axt-Piscalar (Tübingen: J.C.B. Mohr [Paul Siebeck], 2002), 68. Zum Berufsgedanken im *Unterricht in der christlichen Religion* vgl. auch Matthias Neugebauer, „Albrecht Ritschl: Unterricht in der christlichen Religion“ in: *Hauptwerke der Systematischen Theologie. Ein Studienbuch*, hg. v. Rebekka A. Klein, Christian Polke, Martin Wendte (Tübingen: Mohr Siebeck, 2009), 209 – 226, 220.222 – 223.

93 Ritschl, RV ³III, 423.

94 Ebd.

95 Ebd.

96 Ritschl, RV ³III, 422.

97 Ritschl, RV ³III, 421. „[S]o versteht er den Namen Christus als den Ausdruck seines besonderen Berufes“ (ebd.). Und vgl. auch a. a. O., 422 seinen „Beruf als Christus“.

98 Ritschl, RV ³III, 421. Vgl. auch a. a. O., 421 – 422.: „Diese Ausschließlichkeit seines Berufes geht aber weiter, als es sonst in analogen Fällen vorgekommen ist. Alttestamentliche Propheten konnten zugleich in einem bürgerlichen Beruf stehen, Religionsstifter waren zugleich Familienhäupter und Stammeshäupter und führten Krieg; Christus hat keinen bürgerlichen Beruf gehabt, wenigstens nicht seitdem er sein öffentliches Wirken angetreten hatte; er hat sich von seiner Familie abgelöst, ohne eine Familie zu gründen; wenn er sich je in zusammenhängender Weise mit der jüdischen Schriftgelehrsamkeit beschäftigt hat, so kann dieses nicht berufsmäßig geschehen sein, wie bei Paulus. Kurz: Christus hat mit dem ihm bewußten Berufe keinen anderen combiniert“.

99 Ritschl, RV ³III, 420.

jeder Einzelne zugleich seinen *Selbstzweck* und den gemeinsamen *Endzweck* der Gesellschaft verwirklicht“[100]. Anders ausgedrückt: Im Konzept des Berufes werden Egoismus und Altruismus, eigene und andere Zwecke, Eigen- und Gemeinsinn oder subjektive und intersubjektive Interessen vermittelt.

Der von Ritschl nicht prominent angeführte Grund für diese spezifische Fassung des Berufsbegriffes dürfte in der bereits von Platon gesehen Tatsache der notwendigen Arbeitsteiligkeit menschlicher Gesellschaften aufzusuchen sein.[101] Denn wie schon Platon festgestellt hat, gibt es eine gegenseitige gesellschaftliche Angewiesenheit, weil nicht alle alles können und vermögen. Um trotzdem die zentralen Bedürfnisse der πόλις zu befriedigen, muss die Arbeit sinnvollerweise auf die Schultern von (dann) Spezialisten und Spezialistinnen verteilt werden. Aber grundsätzlich brauchen zum Schluss alle alle, um das Funktionieren, die Leitung und die Sicherheit des gemeinen Wesens sicher zu stellen. Bei Ritschl hat dies eine Entsprechung, insofern er festhält, dass die Arbeit immer in „einem Verhältnis zu den aus der Gesellschaft sich ergebenden Bedürfnissen“ stehen muss.[102]

Der *bürgerliche* Beruf ist *sittlicher* Beruf, „sofern er unter dem Gesichtspunkt ausgeübt wird, daß in der Gesellschaft im Ganzen und im Einzelnen das Sittengesetz erfüllt und der höchste denkbare Endzweck des Geschlechtes ausgeführt werden soll“[103]. Dieser höchste denkbare Endzweck ist für Ritschl nichts anderes als das von Jesus verkündete und dargestellte *Reich Gottes*, so dass das sittliche Handeln im bürgerlichen Beruf das Zusammenfallen persönlicher Selbstzwecke mit dem universalen Zweck des Reiches Gottes beschreibt: „[S]o erreicht Jeder in seiner sittlichen Berufsthätigkeit zugleich seinen sittlichen Selbstzweck und

---

100 Ritschl, RV ³III, 420. Ganz ähnlich hatte es Ritschl bereits im ersten Band der ersten Auflage von *Rechtfertigung und Versöhnung* zum Ausdruck gebracht: „[D]er Beruf [ist] das besondere Gebiet regelmäßiger Thätigkeit, in welchem Einer den Endzweck der Gemeinschaft zu verwirklichen hat“ (Ritschl, RV ¹I, 510).

101 „Γίνεται τοίνυν (...) πόλις, (...) ἐπειδὴ τυγχάνει ἡμῶν ἕκαστος οὐκ αὐτάρκης, ἀλλὰ πολλῶν ἐνδεής (...) Οὕτω δὴ ἄρα παραλαμβάνων ἄλλος ἄλλον ἐπ’ ἄλλου, τὸν δ’ ἐπ’ ἄλλου χρείᾳ, πολλῶν δεόμενοι, πολλοὺς εἰς μίαν οἴκηση ἀγείραντες κοινωνούς τε καὶ βοηθούς, ταύτῃ τῇ ξυνοικίᾳ ἐθέμεθα πόλιν ὄνομα“ – „Es entsteht (...) eine Stadt (...) weil jeder einzelne von uns sich selbst nicht genügt, sondern gar vieles bedarf. (...) Auf diese Weise also, wenn einer den anderen, den zu diesem und den wieder zu jenem Bedürfnis hinzunimmt und sie so, vieler bedürftig, auch Genossinnen und Gehilfen an einem Wohnplatz versammeln, ein solches Zusammenwohnen nennen wir Stadt“ (Platon, *Der Staat: Bearbeitet von Dietrich Kurz. Griechischer Text von Émile Chambry. Deutsche Übersetzung von Friedrich Schleiermacher*, hg. v. Gunther Eigler (Darmstadt: Wissenschaftliche Buchgesellschaft, 1971), 369bc.

102 Ritschl, VLThE, 114.

103 Ritschl, RV ³III, 420.

leistet seinen sittengesetzlichen Beitrag zu dem gemeinsamen sittlichen Endzweck“[104] respektive ist „[das] sittliche Handeln in dem bürgerlichen Beruf (...) die Form, in welcher eine Totalität des Lebenswerkes als Beitrag zu dem Reiche Gottes hervorgebracht und zugleich die Bestimmung der geistigen Persönlichkeit zu einem Ganzen ihrer Art erreicht wird“[105].

Freilich kennt Ritschl auch die Figur eines nicht sittlichen Berufes. Das ist exakt der Fall, wenn bei der Berufsausübung die intersubjektive, die gemeinnützliche Perspektive fehlt. Die Ausübung einer Berufsarbeit, die sich nur (und wirklich nur) persönlichen Antrieben und Zielen verdankt, ist nicht bürgerlich, und sie ist auch nicht sittlich. Ist der Beruf nur und vor allem „Mittel des Egoismus“[106], dann ist er nicht mehr Beruf im strengen Sinne. Es liegt in der Flucht der Ritschlschen Überlegungen, dass die desintegrative Perspektive einer rein egoistischen Arbeitsausübung dabei notorisch abfärbt auf die Persönlichkeitsstruktur. Es führt dazu – wie Ritschl sagt –, dass „Menschen ohne sittlichen Beruf und ohne dessen sittliche Schätzung dem Egoismus in verschiedener Abstufung verfallen“[107].

In seiner *Vorlesung Theologische Ethik* hat Ritschl dies vertieft. Fehlt dieses sittliche Moment kommt es zu einer unsittlichen Berufsführung, bei der sich „Habsucht, Geiz, Betrügerei in die(...) Berufsthätigkeit hineinlegen“[108]. Ritschl konstatiert für diesen Fall lakonisch: Dann „wird also auch das Bewusstsein von dem Widerspruch gegen die sittliche Aufgabe nicht fehlen“[109].

Anders herum ist es so, dass das Ausüben dessen, was Ritschl einen bürgerlichen respektive sittlichen Beruf nennt, die Voraussetzung für die Entwicklung eines „sittlich-religiösen Charakters“[110] respektive für die „sittliche Charakterbildung“[111] ist. Ein sittlicher Charakter zeichnet sich namentlich durch „Gewissenhaftigkeit“[112] und „Berufstreue“[113] aus.

104 Ebd. Vgl. dazu auch die berühmte Formulierung aus dem letzten Paragraphen von *Rechtfertigung und Versöhnung*, wo Ritschl äußert, „daß jeder Einzelne sittlich handelt, indem er das allgemeine Gesetz in einem besonderen Beruf erfüllt oder in derjenigen Combination von Berufen, welche er in seiner *Lebensführung* zusammenzufassen im Stande ist“, Ritschl, RV ³III, 630 (Hervorhebung v. Vf.).

105 Ritschl, RV ³III, 632.

106 Ritschl, RV ³III, 420.

107 Ritschl, RV ³III, 421.

108 Ritschl, VLThE, 114.

109 Ebd.

110 Ritschl, RV ³III, 628.

111 Ritschl, RV ³III, 633.

112 Ritschl, RV ³III, 421.

113 Ritschl, RV ³III, 630.

Vor allem letzteres macht deutlich, dass das sittliche Handeln im bürgerlichen Beruf nicht nur auf der *objektiven* Seite ein tätiger Beitrag zum Reiche Gottes ist, sondern auch einen wenigsten genau so wichtigen Effekt auf der *subjektiven* Seite aufweist. Es geht an dieser Stelle um nicht mehr und nicht weniger als um den Aufbau personaler Integrität, um die Stabilisierung und Erhaltung dessen, was Persönlichkeit ist. Ritschl ist der Überzeugung, dass sein Integral des sittlichen Beruf angesichts einer sich mehr und mehr zersplitternden Welt dennoch eine integere und stabile persönliche Lebensgestaltung ermöglicht, weil so „die sittliche Leistung oder das Leben (...) unter der Qualität eines Ganzen in seiner Art begriffen werden kann“[114]. Und ein solcher Anspruch ist unabdingbar mit einem ideologischen, im Sinne Ritschls mit einem religiösen Deutungsrahmen verbunden. Das sittliche Handeln im bürgerlichen Beruf ist es, durch das angesichts unzähliger Fragmentierungen dennoch eine „Totalität des Lebenswerkes“[115] respektive ein „einheitliche[s] gute[s] Lebenswerk“[116] aufgebaut werden kann.

4.2 *Arbeit* und sittlicher Beruf

Fast überflüssig zu erwähnen ist, dass mit dem Begriff *Beruf* unmittelbar auch immer die *Arbeit* assoziiert ist. Im Beruf geht ein Jeder oder eine Jede ihrer oder seiner *Arbeit* nach. Deshalb ist jeder Beruf immer schon das je eigene „*Arbeits*feld“[117] respektive ereignet sich im Beruf die „stetige Arbeitsleistung in einem besonderen Kreise“[118]. Die von Ritschl in diesem Zusammenhang aufgerufenen Arbeitsfelder betreffen die Arbeiten in der Familie, die Arbeit in der Erzeugung, Be- und Verarbeitung sowie Verbreitung von Bedarfsprodukten, die Arbeiten in der Staats- und Religionsgemeinschaft und schließlich die Arbeit in Wissenschaft und Kunst.[119] In der dritten Auflage von *Rechtfertigung und Versöhnung* beschränkt sich Ritschl weitgehend auf eine Aufzählung dieser Arbeitsfelder. In seiner Vorlesung *Theologische Ethik* hat er sich dazu wesentlich ausführlicher geäußert. Dort wird deutlich, dass die im Hintergrund dieses kulturtheologischen Schemas der Arbeit stehenden Distinktionsgründe dabei vor allem die Unter-

114 Ritschl, RV ³III, 629.
115 Ritschl, RV ³III, 632.
116 Ritschl, RV ³III, 628.
117 Ritschl, RV ³III, 420 (Hervorhebung v. Vf.).
118 Ritschl, VLThE, 114.
119 Ritschl, RV ³III, 420.

scheidungen von *sinnlich* und *geistig* sowie von *öffentlich* und *privat* betreffen.[120] Weitere sekundäre Differenzgründe betreffen die Kumulierbarkeit oder Nichtkumulierbarkeit von verschiedenen Arbeitsfeldern sowie die Unterscheidung von direkter und indirekter sittlicher Bestimmtheit.

Diesem Schema zufolge gibt es *erstens* die Privatarbeit mit Bezug auf sinnliche Objekte. Das betrifft die von Ritschl sogenannte Urproduktion (Ackerbau, Viehzucht, Bergbau), die industrielle Produktion sowie das Gewerbe und schließlich den Handel. Letzterer kann sowohl selbständig also auch in Beziehung mit anderen Berufen stehen. *Zweitens* gibt es die private Arbeit an und mit geistigen Objekten. In diesen Bereich fallen Kunst und Wissenschaft.[121] *Drittens* gibt es die öffentliche Arbeit in den Amtsberufen. Darunter subsumiert Ritschl alle Arbeiten der Verwaltung, der Justiz, des Militärs und der öffentlichen Lehre.[122] *Viertens* – und von Ritschl im Grunde nur angedeutet –, gibt es die Arbeit der Besitzlosen und die der Fabrikarbeiter. Letztere dürfte auch, weil Ritschl explizit auf deren „Unselbständigkeit gegen die Masse"[123] abhebt, eher in den Bereich des Öffentlichen fallen.

Anschaulich lässt sich dieses kulturtheologische Schema der Arbeit wie folgt darstellen, und Ritschl resümiert mit Blick auf diese Kompilation ausdrücklich: „Hiermit sind die Arten des sittlichen Berufes erschöpft"[124].

Mit Blick auf die Privatarbeit mit Bezug auf sinnliche Objekte (erstens) und die öffentliche Arbeit in den Amtsberufen (drittens) gilt, dass diese Arbeitsfelder „unmittelbar sittlicher Natur"[125] sind, also die Integralbildung des sittlichen Handelns im bürgerlichen Beruf bei diesen Arbeiten unmittelbar möglich ist, weil sie *per se* „auf die Erhaltung der bürgerlichen Gesellschaft und ihrer einzelnen Glieder" hin ausgerichtet sind. Anders sieht es bei der privaten Arbeit an und mit geistigen Objekten aus. Hier gilt nach Ritschl: „Diese haben ein anderes und complicirteres Verhältnis zum sittlichen Beruf"[126]. Die Produktionen künstlerischer und wissenschaftlicher Arbeit sind primär „Zwecke an sich [...und] wie es

---

120 Vgl. Ritschl, VLThE, 114: „Das Eigenthum, welches in den Arten bürgerlichen Berufes producirt, durch Austausch erworben, besteht entweder aus sinnenfälligen oder aus geistigen Objecten" (i. Orig. z.T. hervorgehoben). Und vgl. VLThE, 117: „Den Privatberufen gegenüber stehen die Amtsberufe" (i. Orig. z.T. hervorgehoben).

121 In diesen Zusammenhang würden wohl auch die in der *Vorlesung* nicht explizit genannten Arbeiten in der Familie (Erziehung) gehören.

122 Hier dürfte auch die in der *Vorlesung* nicht explizit genannte Religion ihren Ort haben.

123 Ritschl, VLThE, 117.

124 Ebd.

125 Ebd.

126 Ritschl, VLThE, 114.

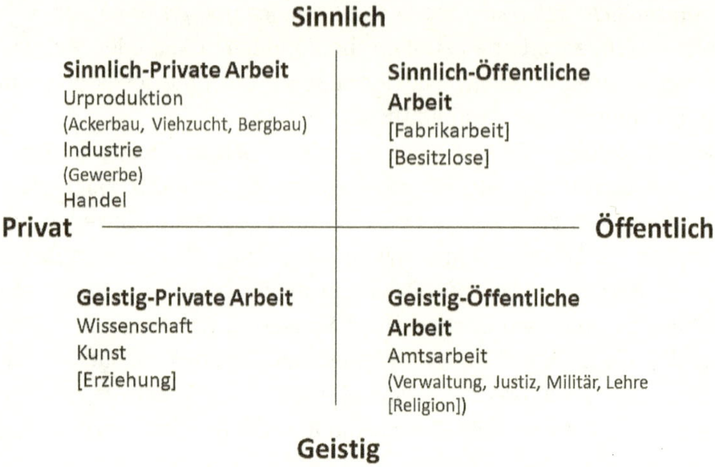

Abb. 1: Ritschls kulturtheologisches Schema der Arbeit

scheint, dem sittlichen Beruf entgegengesetzt“[127]. Die Beziehung dieser Arbeitsfelder zum sittlichen Beruf ist deshalb indirekter Natur und diese indirekte Beziehung besteht desnäheren in ihrem jeweiligen Beitrag an die allgemeine sittliche Bildung.[128]

5 Resümee

Ritschls Vorstellungen von der Arbeit stammen aus dem 19. Jahrhunderts und sind rund 150 Jahre alt. Klar dabei ist: In der zweiten Hälfte des 19. Jahrhunderts herrschte eine erkennbar andere Geistes- und Wirtschaftslage als im ersten Drittel des 21. Jahrhundert.[129] Aber Ritschl wäre nicht Ritschl, wenn sein ungemein

127 Ritschl, VLThE, 114–115.

128 Vgl. Ritschl, VLThE, 116: „Indem also der Künstler die[ ] Einwirkung seiner Kunst auf die sittliche Bildung kennen und anerkennen muß, muß er seinen Beruf als sittlichen anerkennen. (...) [S]o weiß sich der wissenschaftliche Forscher in eine Gemeinschaft gestellt, die er sowohl durch Vermehrung der Erkenntniß der Objecte und durch Schärfung des Urtheils auch in Hinsicht der sittlichen Aufgaben zu fördern oder wenigstens nicht zu schädigen sich bewußt sein muß. Dies betheiligt aber auch seinen Beruf als sittlichen an der sittlichen Gemeinschaft“.

129 Vgl. dazu Leif Svensson, *A theology for the Bildungsbürgertum. Albrecht Ritschl in Context* (Berlin, Boston: Walter de Gruyter, 2020), 226: „[T]his work ethics is an *Berufsethik*, ‚ethics of vocation‘, which is connected to the closeness that *Bildungsbürgertum* in general felt to the state“ (Hervorhebungen i. Orig.). Vgl. dazu auch a. a. O., 283.

dogmen- und quellenkundiger Blick sowie sein starkes systematisches Auge nur in die Vergangenheit und die ihm präsente Gegenwart blicken und nicht mit der gleichen Kenntnis und Schärfe des Urteils auch in die Zukunft weisen würde. Und in dieser Beziehung fokussiert der Ethiker Ritschl gleichsam überzeitlich auf das ebenso überzeitliche Phänomen der Arbeit.

Bevor jedoch auf das Wegweisende an Ritschls Vorstellung von der Arbeit Bezug genommen wird, soll kurz auf einige (fast klassische) Einreden bezüglich Ritschls Ansatz eingegangen werden. Denn – wie die Theologie Ritschls insgesamt – ist auch seine Vorstellung von der Arbeit vielfach kritisiert worden.

Am bekanntesten in diesem Zusammenhang dürfte – erstens – das Urteil Ernst Troeltschs sein. Troeltsch hat – wie andere auch – Ritschls Auffassung von der Arbeit als Reflex auf die ihm gegenwärtigen Rahmenbedingungen des preußischen Staates gesehen. Sein Verdikt lautet: „Das ist beste altpreußische Moral, aber weder eigentümlich christliche noch humane“[130]. Denn, so Troeltsch, Ritschls spezifisch (preußische) Fassung der Ethik verkenne „die scharf ausgeprägte historische Eigentümlichkeit sowohl der humanen als auch der christlichen Ethik“[131].

Auch wenn Ritschl bekanntlich ein Verfechter der *Preußischen Union*[132] gewesen ist und sein Berufsbegriff partielle Überschneidungen mit den Werten des sogenannten Bildungsbürgertum erkennen lässt:[133] Es darf keinesfalls übersehen werden, dass Ritschl – wie gezeigt – seinen Berufsbegriff nicht aus der ihm gegenwärtigen gesamtgesellschaftlichen Situation ableitet, sondern aus seiner spezifischen Fassung der Christologie. Und das steht in Korrespondenz seiner – der Erziehung entsprechenden – „Neigung zu dem positiv Biblischen und Christlichen“[134]. Wie Christian Walther völlig zu Recht festgestellt hat: „Dieses [sc. Ritschls] Berufsverständnis erschließt sich letztendlich im verstehenden Durchdringen dessen, was als Beruf Jesu in Erscheinung getreten und in den biblischen Berichten von ihm berichtet wird“[135].

Ein zweiter Punkt geht in eine ähnliche Richtung. Der jüngste RGG-Artikel zur Arbeit von 1998 hält mit Blick auf Ritschl fest, bei ihm werde die *Arbeit* „als Mittel

---

130 Ernst Troeltsch, *Die christliche Weltanschauung und ihre Gegenströmungen*, Bd. 2, *Gesammelte Schriften* (Tübingen: J.C.B. Mohr, 1913), 227–327, 287.

131 Ebd.

132 Otto Ritschl, *Albrecht Ritschls Leben. Dargestellt von Otto Ritschl*, 2 Bde. (Freiburg i. Br.: J.C.B. Mohr [Paul Siebeck], 1892), II, 72.

133 Vgl. dazu Svensson, *Bildungsbürgertum* (s. Anm. 130), 221–229 u. 283.

134 Otto Ritschl, *Albrecht Ritschls Leben. Dargestellt von Otto Ritschl*, 2 Bde., (Freiburg i. Br.: J.C.B. Mohr [Paul Siebeck] 1892), I, 75. Vgl. dazu Neugebauer, *Lotze und Ritschl* (s. Anm. 78), 42.

135 Walther, *„Zum Berufsbegriff“* (s. Anm. 5), 71.

für die Herrschaft der Menschen über die Natur bzw. als Kulturarbeit gedeutet" und insofern „das bürgerliche Arbeitsverständnis gestützt"[136]. Es ist völlig unstrittig, dass bei Ritschl die Arbeit mit dem übergeordneten Theorem der „Herrschaft des Geistes über die Welt"[137], der „Herrschaft über die Natur"[138] oder einfach der „Herrschaft über die Welt"[139] einen zentralen Platz in Ritschls Religionstheorie einnimmt.[140]

Aber es muss freilich auch gesehen werden, *wie* die Arbeit hier im Ganzen systematisch verankert ist. Die Arbeit als das sittliche Handeln im bürgerlichen Beruf repräsentiert nämlich nur eine von vier „Leistungen [in denen] die christliche Vollkommenheit besteht, welche für Jeden die Aufgabe bildet"[141] Ritschl reinterpretiert die christliche Vollkommenheit (*perfectio christiana*), indem er sich entschieden gegen alle mit diesem Theologumenon verbundenen strikten Perfektibilitätsanmutungen wendet. Denn: „Vergleichen wir mit dem Sittengesetz unsere wirklichen guten Werke, so werden wir auch im besten Falle immer Lücken und Flecken an unseren Absichten wahrnehmen, also niemals eine Vollkommenheit unserer sittlichen Leistungen behaupten können"[142]. Da eine solche (zum Schluss unerreichbare) perfektible Fassung des Vollkommenheits-Gedankens mit Blick auf die sittliche Aktivität kontraproduktiv ist,[143] hat Ritschl im Anschluss an Luther und die *Confessio Augustana* ein kompilatives Modell vorgeschlagen. Die christliche Vollkommenheit besteht für ihn nicht mehr im Erreichen einer (eigentlichen unerreichbaren) sittengesetzlichen Vollkommenheit, sondern kommt zustande, wenn sich vier elementare christliche Tätigkeiten zu einem *Ganzen* zusammenfügen. Bei diesen vier elementaren christlichen Tätigkeiten handelt es sich im Einzelnen um die „*Demuth* [als] Ehrfurcht und Vertrauen auf Gott", den „*Glauben* und die Ergebung *in Gottes Vorsehung* [als] Erwartung der Hilfe Gottes und die Verachtung von Tod und Welt", das „Gebet [als] die Anrufung und den

136 Hans Ruh, „Art. Arbeit (V. Theologisch-sozialethisch)", [4]*RGG* 1 (1998), 684–687, 685.

137 Ritschl, RV [1]III, 539.

138 Ritschl, RV [1]III, 174.

139 Ritschl, RV [1]III, 441. Vgl. auch a. a. O., 539: Dort fällt der Ausdruck der „Herrschaft des Geistes über die Welt".

140 Vgl. dazu Neugebauer, *Lotze und Ritschl* (s. Anm. 78), 97–100.

141 Albrecht Ritschl: *Die christliche Vollkommenheit. Ein Vortrag*, zweite durchgesehene Auflage (Göttingen: Vandenhoeck & Ruprecht, 1889), 8 (im Folgenden zit. als [2]CV).

142 Ritschl, [2]CV, 3.

143 Vgl. Ritschl, [2]CV, 4: „Es ist nun einmal eine unumgängliche Bedingung unseres Willens, daß seine Kraft erlahmt, seine Anstrengung unterbleibt, und daß unser Eifer erschlafft, wenn die Möglichkeit einer in ihrer Art vollkommenen Leistung im Voraus verneint, oder wenn man in der Ansicht befestigt wird, daß die größte mögliche Annäherung an das gesteckte Ziel gerade ebenso viel oder so wenig werth sei, als wenn man möglichst weit von ihm stehen bleibt".

Dank gegen Gott" und eben schließlich die *„Treue in dem gemeinnützigen sittlichen Beruf*"[144]. Wird also die Arbeit als Handeln im bürgerlichen Beruf bei Ritschl in ihrem Zusammenhang mit Demuth, Glauben und Gebet gesehen, wird es ungleich schwieriger, ihm an dieser Stelle das Bedienen einer bürgerlichen Herrschaftseinstellung zu unterstellen.[145]

Ein *dritter* Punkt betrifft die moderne Ausdifferenzierung der Arbeit. Helga Kuhlmann hat in diesem Zusammenhang notiert: „Neben der Diskrepanz zwischen aufgenötigter Tätigkeit und der erforderlichen freien Zustimmung zum Beruf ist kritisch gegen Ritschls Berufsbegriff einzuwenden, daß er die Diversität der vielfachen Funktionen, Rollen und Aufgaben der Individuen in der modernen Gesellschaft nicht ernst genug nimmt und Einheit und Zusammenhang trügerisch vorgaukelt"[146]. Es dürfte vergleichsweise unstrittig sein, dass Arbeit heutigen Tags ungleich weiter ausdifferenziert ist und dass Rollen- oder Parteienkonflikte sowie Chancenungleichheit im Leben durchaus Irritationspotential mit Blick auf die Arbeit im Beruf auslösen können. Insofern kann in der Tat gefragt werden, ob Ritschls kulturtheoretisches Schema der Arbeit nicht ergänzt werden könnte. Und man hätte sich an dieser Stelle von Ritschl noch nähere Ausführungen gewünscht zum „sittlichen Beruf im Bewußtsein der Besitzlosen, deren Arbeit darin aufgeht sich von Tag zu Tag zu erhalten"[147]. Und es wäre sicher reizvoll Ritschls Ansatz mit Blick auf die Arbeit von *bloggern, influencern* oder *social-media-managern* weiterzudenken.

Abschliessend soll in gebotener Kürze auf *vier* bleibende respektive weiterführende Momente aufmerksam gemacht werden, die mit Ritschls Vorstellung von der Arbeit verbunden sind. Der positive Ertrag von Ritschls Vorstellung von der Arbeit kann zusammenfassend in einem Vierfachen gesehen werden: die grundsätzliche Deutung der Arbeit, ihre christologische Fundierung, die Ent-

---

144 Ritschl, ^{2}CV, 8 (i. Orig. z.T. hervorgehoben, Hervorhebungen hier v. Vf.). Vgl. dazu auch Ritschl, RV ^{3}III, 610 – 620.

145 Das Gegenteil – und es wäre reizvoll dem einmal näher nach zu gehen – wäre die „Abkehr von der Arbeitsgesellschaft der Menschen", die Ritschl in seiner *Geschichte des Pietismus* kritisch diskutiert hat: Albrecht Ritschl, *Geschichte des Pietismus*, Bd. 2, *Der Pietismus in der reformierten Kirche* (Bonn: Adolph Marcus, 1880, 59). Dies weist in die Richtung, die mit dem Begriff der Askese verbunden ist. Vgl. dazu Neugebauer, *Religionshermeneutik* (s. Anm. 20), 289.

146 Kuhlmann, *Ethik* (s. Anm. 6), 199. Hinzu kommt, wie Kuhlmann anmerkt: „Die Möglichkeit, die dem Theologieprofessor Ritschl offenstand, sich als freies Subjekt in einem gesellschaftlichen Ganzen sinnvoll beteiligt zu begreifen, blieb ihnen häufig verschlossen, denn sie hatten kein Wahlrecht, keine Sozialversicherung, keinen Kündigungsschutz, keinen Zugang zu höheren Bildungseinrichtungen, nicht genügend Freizeit und keine materielle Sicherung ihrer Lebensgrundlagen" (a. a. O., 200).

147 Ritschl, VLThE, 117.

grenzung des Arbeitsbegriffs und die Funktion der Arbeit mit Blick auf Persönlichkeits- und Charakterbildung.

Zum *ersten:* Die bleibende Bedeutung Ritschls besteht nicht zuletzt darin, dass er den Deutungsbegriff produktiv in das theologische Denken eingetragen hat.[148] Wie alles im und am Menschen verlangt auch die Arbeit nach Deutung. Ritschl steht mit seiner Theorie in eminentem Sinne für die unverzichtbare Stellungnahme einer jeden weltanschaulichen Gemeinschaft zum Arbeitsphänomen. Das entscheidende Deutungsmuster ist – wie gesehen – der Berufsgedanke. Mit ihm gelingt es Ritschl das Phänomen der Arbeit systematisch handhab- und theologisch fruchtbar zu machen. Und es gelingt ihm damit, die geistige und die sozial-reale Dimension des Menschseins miteinander zu verknüpfen und ein differenziertes kulturtheoretisches Schema der Arbeit zu etablieren. In Bezug auf beides wird das zentrale Deutungsmuster nicht empirisch aus der Wirklichkeit abgelesen, sondern aus den innersten Quellen des Christlichen selbst bezogen. Damit wird einmal mehr deutlich, dass eine (theologische) Deutung der Arbeit keineswegs allein alternierenden Kräften überlassen werden darf. Das führt zum *Zweiten.*

Wie oben gesehen, darf das von Ritschl selbst immer wieder benützte Attribut *bürgerlich* nicht überbewertet oder überstrapaziert werden. Das Attribut *bürgerlich* ist zum Schluss nur *chiffre* für die jeweilig herrschenden gesamtgesellschaftlichen Bedingungen. Das Zentrale bei Ritschls Ansatz sind aber nicht die jeweilig herrschenden gesamtgesellschaftlichen Bedingungen, sondern, dass sich das Christliche, dass sich das Reich Gottes innerhalb dieser realisiert.[149] Dieser Impuls, im Gegenüber *quasi* völlig konträr laufenden Geisteslagen kraftvoll an einem christlich fundierten Arbeitsbegriff festzuhalten, ist wegweisend, und er bezeichnet exakt die wichtige theologische Aufgabe, das Phänomen der menschliche Arbeit immer wieder ins Christliche zu re-integrieren und – umgekehrt – das Christliche in eine veränderte Arbeits- und Gesellschaftswelt substantiell zurück zu übersetzen. Das verweist auf das *Dritte.*

Ritschls Vorstellung von der Arbeit steht deshalb – auch wieder umgekehrt – für eine seiner Zeit entsprechende Entschränkung des Bereiches der Arbeit. Arbeit im qualifizierten Sinne ist im Kontext der ethischen Theologie Ritschl nicht nur purer Lohnerwerb, nacktes Mittel zum Zweck oder eben einfach ein *job.* Im

148 „Alle Religion ist Deutung des in welchem Umfang auch immer erkannten Weltlaufes" (Albrecht Ritschl, *Theologie und Metaphysik. Zur Verständigung und Abwehr* (Bonn: Adolph Marcus, [1]1887), 7). Vgl. dazu Ulrich Barth, „Was ist Religion? Sinndeutung zwischen Erfahrung und Letztbegründung" in: Ders., *Religion in der Moderne* (Tübingen: Mohr Siebeck, 2003), 3–26, 10.
149 Insofern könnte man mit Ritschl ohne weiteres auch vom sittlichen Handeln im oder in *postmodernen, globalen* oder *hybriden* Berufe(n) sprechen.

gegenteiligen Sinne würde Ritschl wie gesehen nicht mehr von der Arbeit im sittlichen Beruf im strengen Sinne sprechen.[150] Arbeit ist – wie gesehen – ein mehrdimensionales Integral und deshalb ist Arbeit mehr als Lohnarbeit. Und deshalb steht Ritschls Theorie auch für die Entgrenzung einer schon ihm gegenwärtigen Engführung und Festlegung der Arbeit: „Ritschl relates the notion of an ethical vocation to a great variety of works (of both public and private nature) in society“[151]. Dies macht markant aufmerksam darauf, dass es bei Ritschl immer auch um ein Sich-zu-seiner-Arbeit-Verhalten geht.

Viertens und letztens: Wird Arbeit nicht der Bedeutungslosigkeit oder Beliebigkeit alterierenden Kräften überlassen, kann das Phänomen der menschlichen Arbeit mithilfe des Berufsbegriffes christologisch fundiert und aufgewertet werden, und ist Arbeit nicht nur auf Lohnarbeit etc. festgelegt, dann stellt sich als letztes die Frage nach dem religiösen Subjekt, nach dem- oder derjenigen, die oder der in der *Arbeit* einen *Beruf* ausübt. Ritschls positive christologisch begründete Qualifizierung einer humanen Konstante, nämlich der Arbeit, prätendiert, dass mit dem konkreten Arbeiten im sittlichen Beruf nicht nur ein Arbeitsauftrag wahrgenommen wird, sondern dass der im *Beruf* wahrgenommene *Arbeits*auftrag mit der Ausbildung einer *Persönlichkeit* zusammenhängt. Es geht an dieser Stelle also zum Schluss um nicht weniger und nicht mehr als um die Herstellung von personaler Integrität oder einer beruflichen Charakterpersönlichkeit; mit den Worten Ritschls um „Charakterbildung“[152], um die Ausprägung eines „sittlich-religiösen Charakters“[153] oder darum, ein „als Ganzes oder als Charakter“[154] zu werden. Und die Sehnsucht danach ist genauso überzeitlich wie der Grund, aus dem Ritschl dies entwickelt hat.

---

150 Vgl. dazu unter 4.1.: Zweckfreie Knochen- oder Sklavenarbeit sind demgemäß keine *Arbeit.*

151 Svensson, *Bildungsbürgertum* (s. Anm. 130), 116.

152 Ritschl, ^{2}CV, 4.

153 Ritschl, RV ^{3}III, 628.

154 Ritschl, RV ^{3}III, 634.

Michael Murrmann-Kahl

Stimmt Max Webers Kapitalismusthese?

Bei dieser knackigen Überschrift und nur auf den ersten Blick eindeutigen Frage ist man zunächst versucht, ein wenig flapsig zu antworten: „Ja. – Nein. – Vielleicht."

Der Historiker Peter Ghosh hat darauf hingewiesen, dass in der Forschung grundsätzlich umstritten ist, ob dieser gewiss berühmteste Text Webers „Die protestantische Ethik und der Geist des Kapitalismus", in den Jahren 1902 bis 1905 mit Unterbrechungen niedergeschrieben, überhaupt eine eindeutig identifizierbare These enthält. Er hält ihn vielmehr für eine Summe, nämlich für den Ausdruck „von Webers Ansichten zu praktisch allen Themen, die ihn interessierten"[1]. Selbst wenn man tatsächlich eine eindeutige These hätte, bliebe immer noch offen, gemessen an welchem Maßstab man ihre Stimmigkeit überprüfen könnte. Die unmittelbar an die Veröffentlichung anschließende Debatte um die in der Wahrnehmung der Zeitgenossen „Weber-Troeltsch-These" gibt überdies einen Hinweis darauf, dass der von Weber verfasste Text in einen größeren Diskussionszusammenhang eingeordnet werden muss. So weit, so schwierig.

Angesichts dieser Ausgangslage und offensichtlichen Verwirrung über „die" Kapitalismusthese – welche? – kommt man nicht umhin, den Weg der Kontextualisierung zu beschreiten. Kontextualisierung heißt immer Historisierung eines Textbestands. Da die „Protestantische Ethik" und auch der anschließende Sektenaufsatz höchst vielschichtige Gebilde sind, muss man sie in verschiedenen Hinsichten betrachten. Dies soll in den sieben folgenden Abschnitten geschehen, um der Komplexität der Materie immerhin ein wenig gerecht zu werden.

1 Peter Ghosh, „Die protestantische Ethik und der Geist des Kapitalismus" in: *Max Weber-Handbuch: Leben – Werk – Wirkung*, hg. v. Hans-Peter Müller, Steffen Sigmund (Stuttgart: J.B. Metzler, 2014), 245–255, hier 255. So auch 246: Der Bedeutungsgehalt des Textes sei „in beispiellosem Maß umstritten, wobei zugleich die radikalste und elementarste Unstimmigkeit darüber herrscht, worin dieser Bedeutungsgehalt eigentlich besteht". Vgl. ders., „Protestantismus, asketischer" in: *Max Weber-Handbuch*, 105–107, und Hans-Peter Müller, Steffen Sigmund, „Zur Biographie: Person und Werk" in: *Max Weber-Handbuch*, 1–29, hier 17 f; Volkhard Krech, „Religiöse Gemeinschaften", in: *Max Weber-Handbuch*, 291–297. Vgl. auch die Rezension des ganzen Handbuchs von Jürgen Kaube, „Die Erbauer des stahlharten Gehäuses", *F.A.Z.* 94 (23.04.2014), Geisteswissenschaften N3.

https://doi.org/10.1515/9783110705614-007

1 Zu Rom geboren?

Eine schöne Pointe liefert die durchaus plausible Vermutung, dass ausgerechnet die „Protestantische Ethik" mit den Romaufenthalten Max Webers während seiner Krankheitsphase beginnt.[2] In Rom interessiert Weber sich unter anderem für die Kultur der katholischen Orden. Seine Aufmerksamkeit richtet sich dabei auf zwei Phänomene: zum einen auf die Lebensführung der Mönche und Nonnen. „Lebensführung" ist dabei selber schon ein ganz typischer Weberscher Spezialbegriff aus der „Protestantischen Ethik", der auf eine das ganze Leben umfassende, einheitliche Ausrichtung des Lebens verweist (traditionell: „Persönlichkeit").[3] Denn diese Lebensführung ist ein herausragendes Beispiel für die durch das Streben nach dem Seelenheil verursachte rationale und zugleich meist auch asketische Lebensführung der Mönche, die durch die fünf Gebetszeiten getaktet wird: „*ora et labora*". Zum anderen wird man zugleich des Paradoxes der Klosterkultur ansichtig, das darin besteht, dass das Kloster als Ganzes zu einem machtvollen weltlichen Wirtschaftsbetrieb und zur einflussreichen Bildungsinstitution wird. Obwohl also der einzelne um seines individuellen Seelenheils willen die Welt verlässt und ins Kloster eintritt, bedingt die Institution als Ganzes in dieser Welt sehr reale Nebenwirkungen, die von der religiösen Lebensführung gar nicht beabsichtigt wurden.[4] „Die Antwort auf die Frage, wie aus Weltablehnung weltliche Macht, ökonomischer Erfolg und eine blühende Kultur entstehen konnten, lautete: durch *ungeplante Nebeneffekte.*"[5]

An diesem Beispiel sieht man sehr schön, worauf Weber fokussiert: auf die einheitliche asketisch-rationale Lebensführung (der Mönche als vollkommene Christen mit der Unterwerfung der Natur und permanenter Selbstkontrolle) und auf die unbeabsichtigten Nebenfolgen, die dadurch eintreten können. Damit hält

2 So Jürgen Kaube in seinem lesenswerten Buch *Max Weber: Ein Leben zwischen den Epochen* (Berlin: Rowohlt, 2014), 134–144. Von der älteren Literatur: Detlev J. K. Peukert, *Max Webers Diagnose der Moderne* (Göttingen: Vandenhoeck & Ruprecht, 1989); Volker Heins, *Max Weber zur Einführung* (Hamburg: Junius, 1990); vgl. Vf., *Die entzauberte Heilsgeschichte: Der Historismus erobert die Theologie 1880–1920* (Gütersloh: Gerd Mohn, 1992), 205–243. Oft unzuverlässig: Joachim Radkau, *Max Weber: Die Leidenschaft des Denkens* (München, Wien: Carl Hanser, 2005), 316–350.455–458. Konzentriert die Übersicht von Martin Saar, „Weber, Max" in: *Die deutsche Philosophie im 20. Jahrhundert: Ein Autorenhandbuch*, hg. v. Thomas Bedorf, Andreas Gelhard (Darmstadt: WBG, ²2015), 304–308.

3 Vgl. Ghosh, „*Die protestantische Ethik*" (s. Anm. 1), 248.

4 Max Weber, „Die protestantische Ethik und der Geist des Kapitalismus" in: Max Weber, *Gesammelte Aufsätze zur Religionssoziologie*, Bd. 1 (Tübingen: J.C.B. Mohr, ⁹1988), 17–206, hier 116.

5 Kaube, *Max Weber* (s. Anm. 2), 143. (Hervorhebung von mir.)

er bereits den Schlüssel in der Hand, um die analogen Verwicklungen auch innerhalb der protestantischen Konfession beobachten zu können. Anhand der Klosterkultur wird man also auf eine ganz bestimmte Beobachterstrategie geführt. In den später (Ausgabe 1920) angebrachten Anmerkungen weist Weber selbst ausdrücklich auf diesen Zusammenhang hin: „In der Konzeption der „industria", die aus der Mönchsaskese stammt und von Mönchsschriftstellern entwickelt ist, liegt der Keim eines „Ethos", der in der protestantischen ausschließlich innerweltlichen „Askese" (...) voll entwickelt wurde (...)."[6] Der Weg führt dabei über Martin Luthers Umbildung der mönchischen „vocatio", die den weltlichen Beruf aufwertet, aber noch traditionalistisch einhegt, zur innerweltlichen Askese des puritanischen Berufsvirtuosentums.

2 Persönliche Verwicklungen

Mit seinen Texten arbeitet sich Max Weber aus dem krankheitsbedingten psychosomatischen Zusammenbruch um die Jahrhundertwende allmählich heraus. Die hier geschriebenen Texte sind also immer auch Selbstfindungs- und Selbstverständigungstexte. Dabei ist insbesondere die Parallelität zu beobachten, mit der Weber sowohl materiale Debatten wie die Kapitalismusthematik als auch gleichzeitig formale wissenschaftstheoretische Probleme im Rahmen des Neukantianismus aufgreift: die „Protestantische Ethik" von 1904/05 und der Objektivitätsaufsatz von 1904 sind miteinander und als Seitenstücke zu betrachten: „Es gibt einen zugleich werkgeschichtlichen und theoretischen Zusammenhang zwischen Webers Interesse an einer strengen begriffslogischen Methodologie der Sozialwissenschaften und seinem religionssoziologischen Interesse am Puritanismus und der „methodischen Lebensführung". Weber ist an der Entwicklung einer rationalen Methode interessiert, und zugleich bilden „Methoden" einen bevorzugten *Gegenstand* seiner Schriften (...)."[7]

Die Bedeutung für Webers Selbstfindung kann man daran ablesen, in welchem Maße er sich in der anschließenden Debatte um seinen Aufsatz in erster Linie und vor allem persönlich angegriffen gesehen hat. Die Sammlung der Kritiken und Antikritiken[8] zeigt vor allem dieses Faktum, das Weber selbst in einer späten Fußnote als „unvermeidlich ziemlich ertraglose Polemik" benannt hat,

6 Weber, *„Die protestantische Ethik"* (s. Anm. 4), 39 Anm. 1, vgl. 58 Anm. 1, 118 – 121.

7 Heins, *Max Weber* (s. Anm. 2), 24.

8 Vgl. dazu Max Weber, *„Die protestantische Ethik"*, Bd. 2, *Kritiken und Antikritiken*, hg. v. Johannes Winckelmann (Gütersloh: Gerd Mohn, [5]1987).

hauptsächlich von seiner eigenen Seite.[9] Nicht die sachlichen Differenzen sind es, „die an diesem Streit am meisten auffallen, sondern der unausgeglichene Ton, der auf Weber zurückgeht“[10]. Überdies unterstreicht er noch einmal, dass trotz der Neukontextualisierung der „Protestantischen Ethik“ im Rahmen der „Gesammelten Aufsätze zur Religionssoziologie“ 1920 er kein Jota des früheren Textes zurückzunehmen gedenkt: also dass „ich nicht einen einzigen Satz meines Aufsatzes, der irgendeine sachlich wesentliche Behauptung enthielt, gestrichen, umgedeutet, abgeschwächt oder sachlich abweichende Behauptungen hinzugefügt habe“[11]. In diesem expliziten Festhalten am Text verrät sich eben auch das eigene hochgradig emotionale Engagement. Die „Protestantische Ethik“ war für Weber selbst gewiss kein beliebiger Text unter anderen. In ihm und dem Objektivitätsaufsatz findet Weber wieder zu seiner Produktivität zurück. Er findet vor allem die ihn interessierenden Themen, die sich dann in den Folgejahren ausweiten. Überholt waren diese frühen Texte für ihn aber deswegen nicht.

An dieser Parallelität der Texte zur protestantischen Ethik und zur Wissenschaftslehre interessiert insbesondere der Stellenwert, den Webers vielfältig umstrittenes Konstrukt des „Idealtypus“ einnimmt. Denn wenn man seine Ausführungen zusammennimmt, dann stellt sich natürlich sofort die Frage, inwiefern die „Protestantische Ethik“ selbst vor allem eine idealtypische Konstruktion darstellt – und damit natürlich gemessen an der realen Geschichte eine Übertreibung![12]

Zu den vielfältigen Debattenzusammenhängen im Hintergrund, die Weber aber durch Ernst Troeltsch gegenwärtig gewesen sein dürften, gehört auch der Streit um die Wesensbestimmung des Christentums, zumal Adolf von Harnack seine berühmten Vorlesungen um die damalige Jahrhundertwende gehalten hatte. Im Objektivitätsaufsatz greift Weber dieses Beispiel auf und führt dazu das Folgende aus.[13] Einmal interpretiert er das Wesen des Christentums grundsätzlich als Idealtypus und damit von immer nur problematischer Natur. (Ein solcher

---

9 Vgl. Weber, *„Die protestantische Ethik“* (s. Anm. 4), 17 Anm. 1.

10 Kaube, *Max Weber* (s. Anm. 2), 297–301, hier 300.

11 Weber, *„Die protestantische Ethik“* (s. Anm. 4), 18 Anm. 1.

12 Weber war sich der Einseitigkeit dieser „spiritualistischen“ Argumentation vollkommen bewusst und hat damit den materialistischen Blickwinkel auch in keiner Weise ausgeschlossen: Steffen Sigmund, „Ideen und Interessen“ in: *Max Weber-Handbuch* (s. Anm. 1), 66–69, hier 67. Vgl. Weber, *„Die protestantische Ethik“* (s. Anm. 4), 30 f. und 83.

13 Max Weber, „Die „Objektivität“ sozialwissenschaftlicher und sozialpolitischer Erkenntnis“ (1904), in: Max Weber, *Gesammelte Aufsätze zur Wissenschaftslehre*, hg. v. Johannes Winckelmann (Tübingen: J.C.B. Mohr, [7]1988), 146–214, hier 198–201. Dazu der Beitrag von Claudius Härpfer, Tom Kaden, „Die „Objektivität“ sozialwissenschaftlicher und sozialpolitischer Erkenntnis“ in: *Max Weber-Handbuch* (s. Anm. 1), 240–244.

Idealtypus kann immer auch anders konstruiert werden.) Zum anderen misst er solchen Wesensbestimmungen heuristischen Wert zu, „wenn sie lediglich als begriffliches Mittel zur Vergleichung und Messung der Wirklichkeit an ihnen verwendet werden“. Drittens steckt in solchen Wesensbestimmungen aber zugleich auch immer ein praktisches Ideal, mithin ein Sollen, womit ein problematischer Überschritt zu Werturteilen gemacht ist. „Weil hier der Idealtypus empirische Geltung beansprucht, ragt er in die Region der wertenden Deutung des Christentums hinein (...).“[14] Im Hinblick auf Harnacks „Wesen“ und die dadurch ausgelösten Diskussionen dürfte das zweifellos richtig beschrieben sein und damit die grundsätzliche Problematik offengelegt. Entscheidend ist aber die Bemerkung, die Weber schließlich dieser Analyse noch folgen lässt: „So prinzipiell dieser Unterschied ist, so tritt die Vermischung jener beiden grundverschiedenen Bedeutungen der „Idee“ im Verlauf der historischen Arbeit doch außerordentlich häufig ein. (...) Und das ästhetisch Reizvolle eines solchen Verfahrens verlockt ihn (scil. den Historiker) fortwährend dazu, die Linie, wo beide sich scheiden, zu verwischen (...).“[15] Darum wird angesichts dieser Lage dafür plädiert, die logisch-begriffliche Konstruktion des Idealtypus vom wertenden Ideal strikt zu unterscheiden.

Nun kann man das für einen reinen Formalismus halten und ignorieren. Man könnte sich dabei beruhigen, dass dies vielleicht nur zu den Debatten ums Wesen des Christentums gesagt ist. Aber man kann auch die Vermutung äußern, dass Weber diese Schwierigkeit sieht und vor allem auch selbst hat, dass sich in jeder materialen historischen Rekonstruktion Idealtypus und Ideal vermischen oder anders ausgedrückt: dass die Konstruktion eines möglichen Sachverhalts unversehens in eine historische „Tatsache“ umzuspringen droht. Es spricht angesichts der Dauerdebatte um Webers „unwiderlegbare Fehlkonstruktion“ (Heinz Steinert, 2010) doch einiges dafür, dass auch die „Protestantische Ethik“ an dem von Weber diagnostizierten Grundproblem laboriert, dass eine womöglich eher idealtypisch gemeinte Konstruktion als empirisch reale Historie missverstanden wird. (Abgesehen davon, dass der „puritanische Berufsheld“ auch als ein Ideal auftritt, das als kritisches Gegenbild zum zeitgenössischen Bürgertum im Kaiserreich entwickelt wird – dazu unter dem Punkt 6. *Zeitdiagnostische Elemente* mehr!)

---

14 Weber, „*Die Objektivität*“ (s. Anm. 13), 199.
15 A. a. O., 199 und f.

3 Die Kapitalismusthematik um 1900

Max Weber ist heute zweifellos der berühmteste Intellektuelle und zum „Klassiker der Soziologie“ avanciert. Das war um 1900 nicht so. In der Optik der Nachgeborenen hat sich die Wahrnehmung verzerrt. Niklas Luhmann hat zu Verklärungen solcher Art das Bonmot beigesteuert, die Klassiker seien fettig und schwarz: „fettig vom vielen Anfassen und schwarz vom Rauch der Opferkerzen.“[16]

In Florian Illies Erfolgs- und Rückblicksbuch „1913. Der Sommer des Jahrhunderts“, das vor allem vom amüsanten „name dropping“ vieler Berühmtheiten lebt, liegt denn auch Heidelberg nur ganz am Rande der „Frontstädte der Moderne“ wie Berlin, Paris, München, Wien, aber auch Prag und New York. Weber bekommt einen einzigen Auftritt, immerhin an prominenter Stelle zum Monat Mai: „Es ist soweit: Max Weber erfindet das große Wort von ›der Entzauberung der Welt‹.“[17] Ansonsten macht sich Illies über die gescheiterten Diätbemühungen Webers „mit Vegetarierfraß“ (O-Ton Weber) in Ascona lustig. Vielleicht ist das auch ein wenig Rache an der überbordenden Weber-Deutungsindustrie der Gegenwart?

Zu Webers Lebzeiten waren es jedenfalls andere Personen, die in der Öffentlichkeit angesehen waren als Ordinarien wie Troeltsch oder als Verfasser von großen Büchern wie Simmel und Sombart. Alles Namen, die heute eher nur den Experten bekannt sind. Daran kann man merken, wie sich der Fokus zugunsten der Wahrnehmung Webers verschoben hat. Damals war er in erster Linie als Kranker, Privatier und Privatgelehrter bekannt, man müsste eigentlich sagen: als Aussteiger aus der akademischen Berufstätigkeit.[18] „Erst als im Weltkrieg das Familienvermögen in Kriegsanleihen aufging, war Weber genötigt, wieder in den Hörsaal zurückzukehren.“[19]

Das Thema „Kapitalismus“ lag zur Entstehungszeit der „Protestantischen Ethik“ in der Luft und wurde bereits breit diskutiert.[20] 1900 erschien Georg

---

16 Zitiert nach Kaube, *Max Weber* (s. Anm. 2), 430.

17 Florian Illies, *1913: Der Sommer des Jahrhunderts* (Frankfurt a. M.: S. Fischer, ^{6}2012), 125, vgl. 42; Erwähnung noch 163, 266. Im Folgeband Florian Illies, *1913: Was ich unbedingt noch erzählen wollte* (Frankfurt a. M.: S. Fischer, 2018), kommt Weber gar nicht mehr vor!

18 „In der Tat tut man der Genialität Webers keinen Abbruch, wenn man die elementare Differenz der sozialen Rollen betont, die Troeltsch und Weber seit seinem Zusammenbruch und der Niederlegung der Professur spielten.“ So Friedrich Wilhelm Graf, *Fachmenschenfreundschaft: Studien zu Troeltsch und Weber* (Berlin, Boston: de Gruyter, 2014), 1–79, hier 19. Zum Hintergrund des Privatgelehrtendaseins: Gangolf Hübinger, *Max Weber: Stationen und Impulse einer intellektuellen Biographie* (Tübingen: Mohr Siebeck, 2019), 35–57; Kaube, *Max Weber* (s. Anm. 2), 225–243.

19 Hübinger, *Max Weber* (s. Anm. 18), 57.

20 Vgl. Kaube, *Max Weber* (s. Anm. 2), 159–174.

Simmels „Philosophie des Geldes", 1902 Werner Sombarts „Der moderne Kapitalismus" in zwei Bänden. Sombart definiert den Kapitalismus „als eigenständige wirtschaftsgeschichtliche Epoche", in der rein profitorientiert produziert und die eines „kapitalistischen Geistes" des Unternehmers bedarf, nämlich: „Gewinnstreben, kalkulatorischer Sinn, ökonomischer Rationalismus"[21]. Es bedurfte durchaus auch solcher Motive der handelnden Subjekte. Sombart streift bereits im Zusammenhang solcher mentalen Dispositionen den Protestantismus, dreht aber die Kausalität gegenüber Weber um: „Kaufleute hätten allen Grund gehabt, Protestanten zu werden."[22] Sombart sieht den Ausgangspunkt im Spätmittelalter in der entstehenden Geldwirtschaft, die er vor allen den Juden zurechnet. Das Ganze bekommt dann in die „Juden und das Wirtschaftsleben" von 1911 einen explizit antisemitischen Zungenschlag, den man gerne für Vergangenheit erklären würde, was leider bis heute nicht der Fall ist. Allerdings nennt Sombart auch noch weitere gewichtige Faktoren wie besonders die Entstehung der doppelten Buchführung, so dass die Genese des Kapitalismus eher aus einer zufälligen Kombination von verschiedenen Phänomenen erklärt wird.[23]

Der Heidelberger Internationale Historikertag vom April 1903 widmet sich ausführlich einer kontroversen Debatte von Sombarts „Kapitalismus". Auf Georg von Belows Vortrag über die „Entstehung des modernen Kapitalismus" diskutierten Sombart selbst, Karl Lamprecht, Friedrich Keutgen und Heinrich Sieveking. Es gibt immerhin Indizien (Briefe Marianne Webers) dafür, dass Weber Kenntnis von Vortrag und Diskussion hatte. In dieser Debatte ging es sehr grundsätzlich „um methodologische Fragen der Genetisierung des ‚Geistes des modernen Kapitalismus'".[24] Auf jeden Fall konnte Weber auch durch Troeltsch informiert worden sein, und seit Anfang 1904 sind zudem briefliche Kontakte von Weber mit von Below belegt.[25] Über den permanenten Austausch mit Troeltsch in dieser Zeit und die Treffen im Heidelberger „Eranos"-Kreis haben F.W. Graf und andere ausführlich berichtet.[26]

---

21 A. a. O., 161.162.

22 A. a. O.,163.

23 A. a. O.,166. Vgl. auch Hübinger, *Max Weber* (s. Anm. 18), 150 – 154, bes. 153: „Für die Antisemiten diente Sombarts Buch als wissenschaftlicher Beweis, alle Gebrechen der kapitalistischen Moderne den Juden anlasten zu können."

24 Vgl. Graf, *Fachmenschenfreundschaft* (s. Anm. 18), 50 – 56, hier 51.52.

25 A. a. O., 55.

26 Vgl. Friedrich Wilhelm Graf, „Die „kompetentesten" Gesprächspartner?" (1993), in: Friedrich Wilhelm Graf, *Fachmenschenfreundschaft*, 111 – 149, hier 115 – 130. M. Rainer Lepsius, *Max Weber und seine Kreise* (Tübingen: Mohr Siebeck, 2016), 159 – 209, hier 184 – 188.195 – 199.203 – 209; Joachim Radkau, *Max Weber* (s. Anm. 2), 455 – 478.

In diesem Gesamtkontext wirkt Webers „Protestantische Ethik" darum wie ein Akt der intellektuellen Selbstbehauptung im damaligen akademischen Milieu. In der damaligen Debattenlage und nicht zuletzt auch gegenüber dem „historischen Materialismus" von Marx und Engels, den Weber wiederum im Objektivitätsaufsatz traktiert[27], formuliert er nun seine eigene steile These. Jürgen Kaube hat diesen Vorgang schön pointiert ausgedrückt: „Alle durften sich attackiert sehen: die Anhänger der marxistischen Lehre, die Vertreter der preußischen Staatsreligion, die kulturelle Elite Preußens, die deutschen Geschichtswissenschaftler und die Freunde der Geldwirtschaft. Und wie man das damals machte, (...) erfolgte diese Attacke, indem eine Spezialuntersuchung von Zeiten vorgelegt wurde, die schon lange her waren."[28]

An dieser Stelle ist es aufschlussreich, einen Blick auf Webers Stil zu werfen, denn die „Protestantische Ethik" und andere Veröffentlichungen sind zunächst einmal Texte. Am Objektivitätsaufsatz kann man schon in der Überschrift ein grundlegendes Verfahren erkennen: Weber setzt die „Objektivität" in Anführungszeichen! Die Sprache der Historiker ist oft bilderreich, aber kategorial unklar und schillernd. Weber insistiert an dieser Stelle auf begriffliche klare Konstruktionen, die dann am „Chaos" der Wirklichkeit zu erproben und bewähren sind. Gangolf Hübinger spricht an dieser Stelle von „sorgfältigen fachsprachlichen Verfremdungen durch eine Differenzierungsmethodologie"[29]. Die berühmt-berüchtigten „Idealtypen" sind der stilistische Ausdruck davon.

Aber damit wird noch nicht die ebenso in Webers Texten vorhandene Schicht der Zeit- und Gegenwartsdiagnostik erfasst wie zum Beispiel die vielzitierte, spätere „Entzauberung der Welt" oder der kulturpessimistische Ausblick der „Protestantischen Ethik"[30]. Webers Diagnosen beziehen sich auf eine noch offene Zukunft und haben keinen zwangsläufigen, teleologischen Charakter, wie sie oft missverstanden werden. Indem Weber die vielfältigen Spannungen, Paradoxien und Kämpfe der Gegenwart thematisiert, bedient er sich Metaphern, die diese Zerrissenheit der Moderne plastisch ausdrücken. Diese beiden Stiltypen und Textebenen in Webers Texten sind darum immer zu unterscheiden.

---

27 Vgl. Weber, *„Die Objektivität"* (s. Anm. 13), 167.204f.
28 Kaube, *Max Weber* (s. Anm. 2), 175 – 189, hier 175.
29 Hübinger, *Max Weber* (s. Anm. 18), 73 – 83, hier 82.
30 Vgl. Weber, *„Die protestantische Ethik"* (s. Anm. 4), 203f.

4 Die Quellenproblematik

Wie bereits ausgeführt, handelt es sich bei der „Protestantischen Ethik" zunächst einmal um einen Text. Dieser Text basiert auf einer Vielzahl von Quellen, denen man sich nun zuwenden muss. Denn Weber baut seine eigene These auf eine Fülle fachwissenschaftlicher, insbesondere theologischer Literatur auf. Neben dem vielfältigen Austausch mit Ernst Troeltsch und dessen Beitrag über die „Englischen Moralisten" (1903) ist Reinhold Seebergs ebenfalls in der „RE" erschienener Artikel „Askese" (1897), Matthias Schneckenburgers „Vergleichende Darstellung des lutherischen und reformirten Lehrbegriffs" von 1855 und schließlich Albrecht Ritschls zweibändige „Geschichte des Pietismus" (1880 / 1884) zu nennen. Dazu kommt dann noch die ganze von Weber bearbeitete englischsprachige Traktatliteratur.

Im Hinblick auf den für Weber so charakteristischen Begriff der Askese kommt Georg Neugebauer in seiner luziden Habilitationsschrift von 2017 nach der abwägenden Durchmusterung der Quellenlage zu dem Schluss, dass Ernst Troeltsch als Stichwortgeber für Webers Askeseverständnis ausscheidet. Die Spezifität von Webers Konstellation der Begriffe sieht er in dem „Ableitungsverhältnis zum Prädestinationsgedanken", in dem sich der reformierte Berufsbegriff befindet, der dann auf den Gedanken der Askese zusteuert, also im Argumentationsgefälle von Prädestination über Beruf zur Askese.[31] In dieser Verknüpfung erblickt er auch die Eigenleistung Webers auf dem skizzierten Debattenhintergrund: „Die offensichtlichste Neuerung besteht darin, dass er die Askese als ein zentrales modernes, nachreformatorisches Phänomen darstellt, das weit über die begrenzte technische Verwendung der „Asketik" in der reformierten Theologie hinausgeht."[32]

Bei Schneckenburger wird dagegen der Begriff der Askese nur en passant verwendet. Der Fassung Webers am nächsten steht zweifellos die Darstellung Albrecht Ritschls, allerdings mit einem fundamentalen Unterschied: Ritschls Werturteil über Askese ist – im Gegensatz zu Weber – durchgängig negativ. Es ist gerade nicht Ritschls Intention, „Protestantismus und Askese in ein positives Verhältnis zueinander zu setzen. Askese besitzt für ihn vielmehr den bitteren Beigeschmack mittelalterlich-katholischer Frömmigkeit (...)."[33] So sieht er sogar in

31 Georg Neugebauer, *Die Religionshermeneutik Max Webers* (Berlin, Boston: de Gruyter, 2017), 265–268.297–326, hier 311.315.

32 Ghosh, *„Protestantismus, asketischer"* (s. Anm. 1), 106.

33 Neugebauer, *Die Religionshermeneutik* (s. Anm. 31), 302.

der calvinistischen Askese „eine partielle Rekatholisierung des Protestantismus“! Insofern fungiert gerade Ritschl hinsichtlich seiner Werturteile über das Phänomen nur als der *unfreiwillige* Geburtshelfer von Webers eigener These über die protestantische Askese.[34] Einzig im Artikel von Reinhold Seeberg kündet sich erstmals eine positive Würdigung der Askese innerhalb des Protestantismus an.[35]

Die Prägung im Mystik- und Askeseverständnis durch Ritschls „Geschichte des Pietismus“ ist unübersehbar.[36] Weniger berücksichtigt wird allerdings der auffällige Befund, dass in Ritschls systematisch-theologischer Konzeption der *Beruf*sbegriff eine prominente Rolle spielt, ein Sachverhalt, den Weber über seinen „Fachmenschenfreund“ und den Ritschl-Schüler Ernst Troeltsch kaum entgangen sein konnte. Mit Ritschls einflussreicher Theologie lag ein sehr prominentes Beispiel für die Hochschätzung des Berufs im bürgerlichen 19. Jahrhundert vor.[37] Anders als Schleiermacher geht Ritschl von dem bleibend naturgehemmten Geist aus, so dass der Mensch diese Hemmungen der ersten und zweiten Natur, also der Gesellschaft, überwinden muss. Die bleibende Bedingtheit oder Gefährdung der geistigen Selbständigkeit des Menschen verweist auf ein zunehmend unglückliches bürgerliches Bewusstsein hin. Dem kann nur über eine religiös-sittliche Anstrengung im Reich Gottes beigekommen werden, in dem der göttliche Selbstzweck und der menschliche Endzweck (die sittliche Selbsttätigkeit) übereinkommen. Dafür muss sich der Mensch das Heilswerk Jesu aneignen.[38]

Ritschl bildet den klassischen Topos vom „officium triplex“, dem Werk, zur *Beruf*streue und zum *Beruf*sgehorsam (Bundesopfer) Jesu Christi in dessen prophetischen und priesterlichen Beruf um, die jeweils zugleich eine Dimension des Königlichen (§ 54) enthalten.[39] Aufgrund dieser Berufstreue vollzieht Jesus die Versöhnung mit Gott, die objektiv der subjektiven Aneignung des göttlichen Rechtfertigungsurteils über den einzelnen (als Sünder und Begnadigten) vorausgesetzt wird. Im urbildlich gedachten Christusberuf wird sozusagen der „Beruf des Berufes“ (die *un*beschränkte Verwirklichung des Sittlichen, Einheit von Selbstzweck und Endzweck) als Voraussetzungen aller Berufe gedacht. Damit wird der Glaubende in die Lage versetzt, die bürgerlichen Berufe zu versittlichen,

34 „Ritschl lehnte sowohl die religiöse Askese als auch die religiöse Mystik entschieden ab.“ So Ghosh, *„Protestantismus, asketischer“* (s. Anm. 1), 105.

35 Neugebauer, *Die Religionshermeneutik* (s. Anm. 31), 304 f.

36 A. a. O., 286 – 291.300 ff.

37 Vgl. Albrecht Ritschl, *Unterricht in der christlichen Religion*, hg. v. Christine Axt-Piscalar (Tübingen: Mohr Siebeck, 2002). Siehe die Einleitung der Herausgeberin, IX – XL, hier XXIV – XXVII, XXXI – XXXIII, XXXVII – XL.

38 Albrecht Ritschl, *Unterricht* (s. Anm. 37), §§ 21 – 24 und 27, 35 – 43.

39 A. a. O., §§ 49 – 54, 66 – 73.

nämlich innerhalb der Pluralität der Berufe der religiösen Berufung zur Arbeit im Reich Gottes nachzukommen.[40] Jeder einzelne Glaubende eignet sich die Konstitution des Christentums so an, dass er sie im Alltag und Beruf selbst verwirklicht. (Diese Verchristlichung der Welt durch die religiöse Versittlichung des Berufs ist bei Ritschl übrigens selber menschheitlich ausgerichtet und noch nicht auf den Nationalstaat verengt![41]) Der Berufsbegriff bildet also die Klammer, die die christologische Vermittlung des Heils (Beruf des Berufs) mit der menschlichen Selbsttätigkeit (Versittlichung des bürgerlichen Berufs) im Reich Gottes zusammenhält. Insofern kann man vermuten, dass die große Rolle, die das Berufsthema im letzten Drittel spielt, primär nicht unmittelbar auf Luther, sondern zunächst einmal auf das Kulturluthertum des 19. Jahrhunderts zurückzuführen ist.

Dass Weber häufig in seine Quellen mehr hineinlegt als sie auslegt, zeigt zum Beispiel der Umgang mit der Traktatliteratur. So wird etwa Benjamin Franklin als Repräsentant des Geistes des Kapitalismus im 18. Jahrhundert („Zeit ist Geld") eine Einstellung unterstellt – den Gelderwerb als reiner Selbstzweck –, die in seinem Traktat so gar nicht vorkommt, in dem es vielmehr um die Ratschläge eines älteren an einen jungen Geschäftsmann geht, der sich verschuldet hat und dem darum die Folgen seines Handelns vor Augen geführt werden sollen.[42] „Das dünne Kettenglied Franklin, das die Gegenwart mit den Anfängen des Kapitalismus verbinden soll, wird als Prediger und Propagandist des Gelderwerbs um seiner selbst willen dargestellt, der er nicht war."[43]

---

40 Siehe A. a. O. § 28, 43: „Das Handeln in den engeren und natürlich bedingten Gemeinschaften wird dadurch dem allgemeinsten Endzweck des Reiches Gottes untergeordnet und direkt auf denselben bezogen, wenn die in jenen Gebieten jedem obliegende regelmäßige Arbeitstätigkeit in der Form des sittlichen Berufes zum gemeinen Nutzen ausgeübt wird. Die gemeinnützige Absicht, in welcher jede bürgerliche Berufsarbeit zu unternehmen ist, schließt das eigene Interesse (...) nicht aus; dasselbe aber wird zu einem Beweggrunde der Selbstsucht, wenn es nicht in dieser sittlichen Auffassung des Berufes mit den gemeinsamen Zwecken ausgeglichen wird."

41 Insofern geht Karl Barths Charakteristik Ritschls, die er von Troeltsch und Weber übernommen hat, als „Urtyp des nationalliberalen deutschen Bürgers im Zeitalter Bismarcks" durchaus fehl: Karl Barth, *Die protestantische Theologie im 19. Jahrhundert: Ihre Vorgeschichte und ihre Geschichte* (Zürich: TZV, [4]1981), 598–605, hier 599.

42 Vgl. Kaube, *Max Weber* (s. Anm. 2), 178 f. Siehe das Florilegium bei Weber, *„Die protestantische Ethik"* (s. Anm. 4), 31 f, vgl. 49.

43 Kaube, *Max Weber* (s. Anm. 2), 180. Vgl. entsprechend zu R. Baxter: Weber, *„Die protestantische Ethik"* (s. Anm. 4), 164–179.

5 Zur Argumentation

Die Quintessenz eines berühmten Streitgesprächs zwischen Jesus und den Pharisäern lautet bekanntlich, dass der Sabbat um des Menschen willen und nicht der Mensch um des Sabbat willen gemacht sei (Markus 2, 27). Ersetzt man den „Sabbat" durch die Arbeit, so besteht die grundsätzliche Differenz zwischen Antike, Mittelalter und Moderne darin, dass man früher die Arbeit bestenfalls als notwendiges Übel erachtet hat, das Ziel des Menschen aber in der Muße bestand, wogegen im modernen Kapitalismus der Mensch allein um der Arbeit willen zu leben scheint, was gegebenenfalls auch noch mit Nobelpreisen bedacht wird.[44] Ein so hochgradig seltsames, um nicht zu sagen: perverses, Verhalten bedarf der Erklärung. Darum fokussiert Weber auf die Entstehung und Herkunft des modernen Berufs- und Fachmenschentums, zu dem man im „stahlharten Gehäuse" verdammt zu sein scheint. Auch wenn uns dieses Berufsmenschentum längst in Fleisch und Blut übergegangen ist, harrt der Grund dafür doch einer plausiblen Erklärung.[45]

Ausgangspunkt bilden zunächst die Berufsstatistiken, die darauf hinzuweisen scheinen, dass Protestanten im Gegensatz zu Katholiken „überproportional unter den Kapitalbesitzern, Unternehmern, Facharbeitern" zu finden sind.[46] Weber sucht nach einer solchen Mentalität[47], die eine „Wahlverwandtschaft" mit der modernen Berufsauffassung aufweist und die damit einer ganz bestimmten, kapitalkompatiblem Lebensführung zum Durchbruch verholfen hat. Dass er damit nur einen ganz bestimmten und speziellen Aspekt der Durchsetzung des modernen Kapitalismus und Rationalismus idealtypisch in den Blick nimmt, ist ihm klar gewesen.[48] Es handelt sich also nicht um eine vollständige und hinreichende Erklärung der Genese des Kapitalismus.

---

44 Weber, *„Die protestantische Ethik"* (s. Anm. 4), 35 f: „Der Mensch ist auf das Erwerben als Zweck seines Lebens, nicht mehr das Erwerben auf den Menschen als Mittel zum Zweck der Befriedigung seiner materiellen Lebensbedürfnisse bezogen." Vgl. 44.47.54.169 – 177. Weber nennt das auch das „Irrationale dieser Lebensführung" vom traditionalen Standpunkt aus betrachtet: 54!

45 Vgl. Müller/Sigmund, *„Zur Biographie"* (s. Anm.1), 17. Zum Folgenden auch Kaube (s. Anm. 2), *Max Weber*, 175 – 189.

46 Vgl. a.a.O., 176; dazu kommt der auffällige Wirtschaftserfolg vor allem protestantischer Länder.

47 Vgl. a.a.O., 181. Max Weber spricht von einer „dauernden inneren Eigenart": *„Die protestantische Ethik"* (s. Anm. 4), 23, vgl. 37.

48 Weber, *„Die protestantische Ethik"* (s. Anm. 4), 87: „Dabei können wir freilich nur so verfahren, daß wir die religiösen Gedanken in einer ›idealtypisch‹ kompilierten Konsequenz vorführen, wie sie in der historischen Realität nur selten anzutreffen war."

Weber sieht in bestimmten Spielarten des asketischen Protestantismus des 17. Jahrhunderts diese wahlverwandte religiöse Mentalität.[49] Sie entsteht über die Zwischenstufen der mönchischen Askese des Mittelalters, die um des Heils willen weltablehnend war (Rückzug ins Kloster) und die Umbildung der mönchischen „voctio" in Luthers Berufsverständnis als Gottesdienst im Alltag der Welt (im jeweiligen Stand), das aber noch traditional als Pflichterfüllung im Gegebenen gebunden bleibt[50], hin zur reformierten Konfession, insbesondere der Puritaner und Methodisten[51]. In ihr sei nämlich zentral die theologische Annahme der „praedestinatio gemina" (der Erwählung des einzelnen zu Heil oder Verdammnis), die für den Glaubenden eine radikale Vereinzelung, Individualisierung, Isolierung und Heilsungewissheit zur Folge gehabt habe.[52] So kann als einziges Zeichen der Vergewisserung, doch zum Heil erwählt und im Gnadenstand zu sein, der berufliche Erfolg dienen. Diesen beruflichen Erfolg zu erreichen, bewirke eben die innerweltliche Askese der Gläubigen, also eine einheitliche *rationale* Lebensführung, die allem Konsum abhold ist.[53] Der „Erfolg harter Arbeit sei als Anzeichen dafür gewertet worden, dass man jedenfalls alles Menschenmögliche

---

49 Im längsten Abschnitt II.1, *„Die protestantische Ethik"* (s. Anm. 4), 84–163, durchmustert Weber 1) den Calvinismus, 2) den Pietismus, 3) den Methodismus und 4) das Täufertum und die Sekten („Gemeinschaft der persönlich Gläubigen und Wiedergeborenen", 152f.) der Baptisten, Mennoniten und Quäker. 2) und 3) bleiben durch ihre Frömmigkeit sozusagen „gefühlsgebremst", wogegen 1) und 4) die rationale Lebensführung der innerweltliche Askese am reinsten verkörpern; durch die radikale Ablehnung der Kreaturvergötterung treiben sie – religiös motiviert – die „Entzauberung der Welt" auf die Spitze: vgl. 150–163, hier besonders 154, 156, 158 und die Zusammenfassung 162f: „Diese Rationalisierung der Lebensführung innerhalb der Welt im Hinblick auf das Jenseits war die Wirkung der Berufskonzeption des asketischen Protestantismus." (163) Weber erklärt hier also nicht die (religiös bedingte) Genese des Kapitalismus, sondern die der rationalen Lebensführung eines Berufsethos, das dem „Geist" des Kapitalismus „wahlverwandt" war!

50 Weber, *„Die protestantische Ethik"* (s. Anm. 4), 63–83, hier 69.71.76. „Die Leistung der Reformation als solcher war zunächst nur, daß (...) der sittliche Akzent und die religiöse Prämie für die innerweltliche, beruflich geordnete Arbeit mächtig schwoll." (74)

51 Die Zusammensetzung der Vertreter des asketischen Protestantismus ist ziemlich problematisch: ethisch rigorose Sekten, Täufer, Pietisten, Methodisten, Mystiker und Puritaner. Das kann bestenfalls „idealtypisch" durchgehen, wird aber von Weber zum Teil auch als historische Realität gehandelt: vgl. Kaube, *Max Weber* (s. Anm. 2), 182.

52 Weber, *„Die protestantische Ethik"* (s. Anm. 4), 93.97f.

53 A.a.O., 105.108.110f.115.125.128. Peter Ghosh, „Die protestantische Ethik" (s. Anm. 1), 248, nennt die Askese ein „proto-rationales" Verhalten (gemessen an der Moderne). Der Teil II.1 der „Protestantischen Ethik" handelt vom *Rationalismus*, nicht vom Kapitalismus! Vgl. die zusammenfassende Bemerkung Webers, *„Die protestantische Ethik"*, 192f. Anm. 2! (Siehe auch die obige Anmerkung 49.)

getan hat“[54]. Damit wäre diejenige religiöse Mentalität erreicht, die derjenigen für die Durchsetzung des Frühkapitalismus nötigen kompatibel und wahlverwandt ist: nämlich jeden Gewinn zu sparen (und nicht zu konsumieren) und immer wieder neu zu investieren. „In den Schriften des puritanischen Erbauungsschriftstellers (...) Richard Baxter erkennt Weber eine Art Vorbereitungsprogramm für künftige Unternehmer“, insbesondere mit dessen Betonung des Reinvestierens von Kapital und der lebenslangen Arbeit zum höheren Ruhm Gottes[55]: „Kapitalbildung durch asketischen Sparzwang.“[56]

Peter Ghosh hat darauf hingewiesen, dass in dieser Abfolge auch ein spezifisch religiöses Argument steckt. Denn für Katholizismus wie Luthertum sind die sachlich-unpersönlichen Zwänge (die letztlich *an*ethischen Marktgesetze) des modernen Kapitalismus ethisch nicht mehr zu bewältigen, da an ihnen jede Liebesreligion abprallen muss. Nur der asketische Protestantismus / Puritanismus habe dagegen das Gebot der Nächstenliebe so umgebildet, dass er es in der Pflichterfüllung der Berufsaufgaben eingelöst sieht, so dass es selbst einen unpersönlichen Charakter annimmt: „Der einzige Dienst, den der Puritaner seinem Nächsten schuldete, bestand darin, im Rahmen seines spezialisierten Berufs seine eigenen Interessen zu verfolgen.“[57] Dafür muss er allerdings den Preis entrichten, dass dieser Kompromiss eigentlich gar keine „Erlösungsreligion“ mehr darstellt.

„Folglich repräsentiert der asketische Protestantismus den religionsgeschichtlich einmaligen Fall einer gelungenen Vermittlung von religiös motivierter Berufspflicht und rationalem Wirtschaftshandeln (...).“[58] Die Wahlverwandtschaft besteht sonach in der methodisch rationalisierten Lebensführung, wenn auch mit unterschiedlichen Zielsetzungen. Sie ist eben auch eine der typisch nichtintendierten und paradoxen Nebenfolgen, denn den religiösen Menschen selbst ging es nicht um die Durchsetzung der modernen kapitalistischen Wirtschaftsform. „Weber kommt es entscheidend auf die Herausarbeitung des *Zusammenhanges* zwischen der in-

---

54 Kaube, *Max Weber* (s. Anm.2), 183. Diese Rationalität verhält sich antimagisch, antirituell und antisakramental, wofür Weber (erst) ab 1913 den Begriff der *Entzauberung* einführt und ihn dann auch an vier Stellen in der Fassung von 1920 verwendet: die Nachweise bei Kaube, *Max Weber*, 236 f, 340 f, 347 f. Siehe dazu Weber, *„Die protestantische Ethik“* (s. Anm. 4), 94, 114, 156, 158. Detailnachweise in der Ausgabe Max Weber, *Die protestantische Ethik und der „Geist“ des Kapitalismus*, hg. v. Klaus Lichtblau, Johannes Weiss (Bodenheim: Athenäum, 1993).

55 Kaube, *Max Weber* (s. Anm. 2), 183 f.

56 Weber, *„Die protestantische Ethik“* (s. Anm. 4), 192.

57 Peter Ghosh, *„Die protestantische Ethik“* (s. Anm. 1), 252.

58 Falk Wagner, „‚Religion des Wachstums‘ und protestantische Askese“ in: Falk Wagner, *Zur Revolutionierung des Gottesgedankens: Texte zu einer modernen philosophischen Theologie*, aus dem Nachlaß ediert von Christian Danz und Michael Murrmann-Kahl (Tübingen: Mohr Siebeck, 2014), 623 – 642, hier 624, vgl. 633 f.

nerweltlichen Askese des Protestantismus und dem Geist des Kapitalismus an, der durch den ethischen Gedanken der Berufspflicht repräsentiert wird." Das, was den asketischen Protestantismus charakterisiert, sei eben die Umsetzung der „in der Prädestinationslehre liegenden irrationalen (scil. religiösen) Antriebe in den rationalen Vollzug der ethischen Berufspflicht"[59]. Allerdings wird dieser Durchsetzungsprozess ab dem Moment irrelevant, ab dem der Kapitalismus durchgesetzt ist.[60] Jetzt muss man Berufsmensch sein, ob man will oder nicht. „*Einer* der konstitutiven Bestandteile des modernen kapitalistischen Geistes, und nicht nur dieses, sondern der modernen Kultur: die rationale Lebensführung auf Grundlage der Berufsidee, ist (...) geboren aus dem Geist der christlichen Askese."[61] Für die Religion der Moderne selber bedeutet das, dass ihre Wirkungen für die Wirtschaft gleichgütig geworden sind: auf die anfängliche Ursprungsirrationalität bei der Durchsetzung des kapitalistischen Geistes folgt die Reaktionsirrationalität der Religion unter den Bedingungen der Moderne (Falk Wagner).[62]

6 Zeitdiagnostische Elemente

Zuletzt bleibt die zeitgeschichtliche Dimension des Textes zu erörtern. Wir haben gesehen, dass Max Weber die „Protestantische Ethik" aus einer persönliche Ausgangslage und als Selbstbehauptung im akademischen Milieu verfasst hat, dass sie unterschiedliche, wissenschaftlich-begriffliche und metaphorische Stilebenen enthält, deren letztere gerade in den viel zitierten Schlusspassagen zum Tragen kommen, und dass Weber sich in einem breiten Diskussionsfeld zum Kapitalismusthema bewegt und in diesem Kontext seine eigenen Überlegungen vorträgt. „Kulturkritik, Religionswissenschaft und das Nachdenken der Intellektuellen über ihre eigene Lage gingen um 1900 eine enge Verbindung ein. Weber will die Beweislast (...) umkehren: Eben jene Gesellschaft, die sich in weiten Teilen gegenüber der Religion zunehmend indifferent zeige, sei ganz wesentlich von religionsgeschichtlichen Entwicklungen hervorgebracht worden".[63]

---

59 Falk Wagner, *„Religion des Wachstums"* (s. Anm. 58), 634.

60 „Der siegreiche Kapitalismus jedenfalls bedarf (...) dieser Stütze nicht mehr." So Weber, *„Die protestantische Ethik"* (s. Anm. 4), 204.

61 A. a. O., 202. (Hervorhebung von mir)

62 Vgl. Falk Wagner, *Was ist Religion? Studien zu ihrem Begriff und Thema in Geschichte und Gegenwart* (Gütersloh: Gerd Mohn, 1986), 182–196, hier 191.

63 Kaube, *Max Weber* (s. Anm. 2), 239. Vgl. auch den Hinweis bei Hübinger, *Max Weber* (s. Anm. 18), 87 f. Anm. 5, dass Weber die „Protestantische Ethik" als einen „culturgeschichtlichen Aufsatz" 1905 gegenüber Heinrich Rickert charakterisiert hat.

Weber zieht die vorgetragenen Linien bis in die eigene Gegenwart aus, insofern ist die „Protestantische Ethik“ eben auch ein zeitdiagnostischer Text. Die Argumentation führt bis an den Punkt, an dem die irrationalen, religiösen Antriebe zur rationalen Lebensführung absterben und sich diese Lebensweise verselbständigt. „Ihr volle ökonomische Wirkung entfalteten (...) jene mächtigen religiösen Bewegungen, deren Bedeutung für die wirtschaftliche Entwicklung ja in erster Linie in ihren asketischen Erziehungswirkungen lag, regelmäßig erst, nachdem die Akme des rein religiösen Enthusiasmus bereits überstiegen war, der Krampf des Suchens nach dem Gottesreich sich allmählich in nüchterne Berufstugend aufzulösen begann, die religiöse Wurzel langsam abstarb und utilitarischer Diesseitigkeit Platz machte (...).“[64] Damit sei eben ein spezifisch bürgerliches Berufsethos entstanden. Gleichwohl schimmert in Webers Darstellung noch die Bewunderung des von ihm konstruierten puritanischen Berufsvirtuosen und asketischen „hero“ (Th. Carlyle) durch.[65] Weber hebt an dieser Stelle auf den „psychologischen Antrieb durch die Auffassung dieser Arbeit als Beruf“ ab, „als vorzüglichsten, ja letztlich oft als einzigen Mittels des Gnadenstandes sicher zu werden“.[66] Er ist zweifellos fasziniert von den „individualistischen Antriebe(n) des rationalen legalen Erwerbs kraft eigener Tüchtigkeit und Initiative“ bei den Puritanern.[67] Insofern bilden sie – hart, klar, nüchtern – auch ein normatives Gegenbild zum deutschen Bürgertum der Kaiserreichsgesellschaft, das Weber vor Augen hatte.[68]

Webers persönliche Problematik steckt in diesen Zumutungen der bürgerlichen Berufsaskese, in der erzwungenen Entsagung unter den Bedingungen der kapitalistischen Moderne: „Der Puritaner wollte Berufsmensch sein, – wir müssen es sein.“[69] Diesen berühmten Satz schreibt ausgerechnet jemand nieder, der genau aus diesem bürgerlichen, hier: akademischen Berufszwang des Universitätsprofessors ausgestiegen ist. Die innerweltliche Askese habe so an dem „stahlharten Gehäuse“ des modernen Kapitalismus mitgewirkt und zu der überwältigenden (!) Zwangslage der gegenwärtigen Individuen beigetragen, Berufs-

64 Weber, *„Die protestantische Ethik“* (s. Anm. 4), 197, vgl. 199.

65 A.a.O., 20f.

66 A.a.O., 200.

67 A.a.O., 201. Daran schließt sich sogleich die Kritik an Werner Sombart an, 202: „Hier lag auch der Gegensatz des puritanischen gegen das jüdische Wirtschaftsethos verankert und schon Zeitgenossen (...) wußten, daß das erstere, nicht das letztere, das bürgerliche Wirtschaftsethos war.“ Vgl. 181: das jüdische Ethos war das des „Paria-Kapitalismus“, „der Puritanismus trug das Ethos des rationalen bürgerlichen Betriebs und der rationalen Organisation der Arbeit“.

68 Kaube, *Max Weber* (s. Anm. 2), 187.

69 Weber, *„Die protestantische Ethik“* (s. Anm. 4), 203.

menschen und Fachmenschen sein zu müssen, ob sie nun wollen oder nicht. Weber sieht dann schon Nietzsches „letzten Menschen" in diesem „Gehäuse" heraufdämmern.[70] Die Zeitdiagnose kippt in Verzweiflung: Weber schildert eine Gesellschaft, „in der Spezialistentum und Konsum, die Sorge um äußere Güter und eine nur noch im Munde geführte Moral die Führung übernommen haben. Der Fortschritt ist ein Verlust an Freiheit, die Arbeitsteilung ist einer an Geist, die Kultur eine Heuchelei (...)."[71] Ein wenig hat auch Weber im vielfältigen Chor des „Kulturpessimismus als politischer Gefahr" (Fritz Stern) mitgesungen.[72]

Weber und mit ihm auch Troeltsch (wenn auch mit anderen Akzenten) haben beide im Debattenkontext ihrer Zeit an der Frage nach der Kulturbedeutung des Protestantismus für und in der Moderne mitgearbeitet, die sie beide nicht nur aus der Aufklärung des 18. Jahrhunderts herleiten wollten. Aber eben nicht im deutschen Luthertum, „dagegen umso stärker im reformierten Protestantismus und in den puritanischen Sekten Westeuropas und Nordamerikas habe sich die radikale Überzeugung entwickelt, nur durch innerweltliche Askese, durch alltägliche Bewährung in der ‚Arbeit als Beruf', könne sich der Mensch der göttlichen Gnade versichern. Darin liege eine Tendenz zu bürgerlicher, ökonomisch rationaler Lebensführung. Eine neue bürgerliche Arbeitsethik lehre den Verzicht auf den Konsum des erworbenen Reichtums und revolutioniere *unbeabsichtigt* die Wirtschaft durch Sparzwang und reinvestiertes Kapital."[73] In dieser Aufwertung des asketischen Protestantismus, der zugegebenermaßen eine ziemlich schillernde Größe bleibt, steckt also unausgesprochen die Abwertung des zeitgenössischen, konservativen Kulturluthertums des 19. Jahrhunderts, der für Weber bekanntlich in seinem Brief an Harnack von 1906 „der schrecklichste der Schrecken" dar-

70 A. a. O., 204; vgl. 37, 203; dass Weber damit auf die Ebene der Werturteile gerät, sieht er schon selbst. Die genaue Herkunft des berühmten „Fachmenschen ohne Geist, Genußmenschen ohne Herz" ist übrigens bislang unklar. Eine Spur führt zu Friedrich Nietzsches „letzten Menschen" aus dem „Zarathustra"; die andere zu Gustav Schmollers „Grundriss der allgemeinen Volkswirtschaftslehre" (1. Band 1900), wobei dort die Formulierung „Genussmenschen ohne Liebe und Fachmenschen ohne Geist" wiederum als Zitat eines „großen Technikers" eingeführt wird, dessen Name nicht verraten ist: vgl. Hans-Christof Kraus, „Dieses Nichts von Fachmensch und Genussmensch", *F.A.Z.* 74 (30.03.2016), Geisteswissenschaften N3.

71 Kaube, *Max Weber* (s. Anm. 2), 188, vgl. 203 f. Vgl. Detlev Peukert, *Max Webers Diagnose der Moderne*, 27–43, besonders 29: Webers „Anatomie des okzidentalen Rationalisierungsprozesses entwirft insofern auch die Pathogenese der Moderne".

72 Vgl. Hübinger, *Max Weber* (s. Anm. 18), 91. Dazu auch Fritz Stern, „Die politischen Folgen des unpolitischen Deutschen" in: *Das kaiserliche Deutschland: Politik und Gesellschaft 1870–1918*, hg. v. Michael Stürmer (Düsseldorf: Droste, 1970), 168–186; Fritz Stern, *Kulturpessimismus als politische Gefahr: Eine Analyse nationaler Ideologie in Deutschland* (engl. 1961; Stuttgart: Klett-Cotta, 2005).

73 Hübinger, *Max Weber* (s. Anm. 18), 91. (Hervorhebung von mir).

stellte.[74] Wie der puritanische „hero“, so ist auch die Askese des Calvinismus / Puritanismus ein auskonstruiertes (idealtypisches) Gegen-Bild gegen die zeit- und gesellschaftsgeschichtlichen Zustände im Kaiserreich um 1900. Insofern hat Jürgen Kaube sicher recht: jeder durfte sich hier angegriffen fühlen, von den impliziten Frontstellungen gegenüber dem historischen Materialismus (Marx' ursprüngliche Akkumulation des Kapitals) und zeitgenössischen Historismus[75] noch einmal ganz abgesehen.

7 Für und Wider

Die grundsätzliche Schwierigkeit besteht in der Schlüsselfunktion der „psychologischen Antriebe“[76] für Webers Argumentation von der Prädestination über die Berufspflicht zur innerweltlichen Askese protestantischer Gruppen. Aufgrund der Quellenlage ist der Nachweis eines solchen Zusammenhanges im 17. Jahrhundert grundsätzlich schwer möglich. Darum wird diese These heute kaum noch vertreten.

Im Hinblick auf den englischen Nonkonformismus des 17. Jahrhunderts ist präzisiert worden, dass auch die Reformierten und Calvinisten sich eher an der allgemeinen Vorsehung Gottes als am Dogma der doppelten Prädestination orientierten. Die Auswertung religiöser Tagebücher legt nahe, dass die Gläubigen durch das Wirken der Vorsehung Gottes in der Welt und die Annahme, dass Gottes Gnade allen Menschen gelte, die Prädestinationslehre weitgehend unterlaufen haben. Im Übrigen waren die Puritaner, die zum Beispiel die Ehe hochschätzten, auch gar nicht die sinnenfeindlichen Asketen, zu denen sie Weber stilisierte, was in unserem umgangssprachlichen Gebrauch von „puritanisch“ noch mitschwingt.[77]

Für den wirtschaftlichen Vorsprung der Protestanten kommt in Frage, dass diese – oft als Flüchtlinge aus Glaubensgründen – eher in der Protoindustrie eine Lebensgrundlage finden konnten als zum Beispiel im Konnex zum (meist katholischen) Staat oder zum angestammten Gewerbe. Zugleich legte die häufige

---

74 Kaube, *Max Weber* (s. Anm. 18), 187.

75 Heins, *Max Weber* (s. Anm. 2), 26.

76 Weber, *„Die protestantische Ethik“* (s. Anm. 4), 86, 125, 158, 163, 190, 200 und passim.

77 Kaube, *Max Weber* (s. Anm. 2), 263–265, vgl. 264: „Ihr eigentliches Ideal (...) war der wechselseitige Trost, den sich die Eheleute bieten, zu dem auch die Sexualität gehöre, sofern sie mit Beständigkeit einhergehe.“ Vgl. auch 348: „Um ihren Beitrag zur Geschichte der Rationalität herauszuarbeiten, mussten die asketischen Sekten (...) im Modell rationaler sein, als sie es in der historischen Wirklichkeit waren.“

Diasporasituation (etwa der Täufer, Hugenotten) den Austausch mit den weit verstreuten Gleichgesinnten an, mithin den Handel. Die einleuchtendste Erklärung für den zeitweiligen Vorsprung im Wirtschaftshandeln kann sich durchaus ganz auf den Spuren Webers auf die nicht intendierten Folgen der religiösen Mentalität berufen, aber in einem etwas anders gelagerten Zusammenhang. Mit Luthers Betonung, jeder einzelne müsse die heilige Schrift und darin das Wort Gottes (zumindest in der Landessprache) selber lesen können, womit Protestanten im charakteristischen Unterschied zu den Katholiken Bibelbesitzer wurden, war die schulische Vorbildung vorausgesetzt. Die Reformation war nicht nur eine Medienrevolution (Buchdruck), sondern eben auch eine große Bildungsbewegung. Das höhere Bildungsniveau in protestantischen Gebieten wirkte sich dann insgesamt in der Welt aus, auch auf Wissenschaft, Kultur und Wirtschaft.

Ich habe also nicht zu viel versprochen, als ich eingangs sagte, dass man die Frage: „Stimmt Webers Kapitalismusthese?" mit: „Ja. Nein. Vielleicht." beantworten könne.

„Ja", insofern man das Ganze als idealtypische Konstruktion zum Verständnis von möglichen Zusammenhängen – „Wahlverwandtschaften" – zwischen religiösen Mentalitäten und adäquaten Haltungen fürs moderne Wirtschaften versteht. Dass damit nur *ein* Gesichtspunkt im Hinblick auf die Genese des Kapitalismus getroffen ist, dessen war sich Weber immer bewusst, deswegen hat er auch die „Protestantische Ethik" in den „Gesammelten Aufsätzen zur Religionssoziologie" neu kontextualisiert.[78] In sich ist die Konstruktion insoweit stimmig. Das ist übrigens auch der Grund dafür, dass die USA-Reise Webers 1904 trotz des Sektenaufsatzes gerade im Hinblick auf seine Argumentation in der „Protestantischen Ethik" nichts ausgetragen hat.[79] Die spannendere Konsequenz aus Webers Vorgehen liegt denn auch nicht im materialen Ergebnis, sondern im Fokus auf die Auswirkungen, die religiöse Mentalitäten in der realen Welt haben können aufgrund ihrer eigenen Vorstellungen, Riten und Ethik, die oft tatsächlich ungewollte, unbeabsichtigte Nebeneffekte und Paradoxien hervorbringen, so wie die Puritaner zur höheren Ehre Gottes faktisch dem kapitalistischen Wirtschaftsverhalten kompatibel wurden.

---

78 Max Weber, „Vorbemerkung" in: Ders., *Gesammelte Aufsätze zur Religionssoziologie*, Bd. 1, 1–16. Damit verschiebt sich auch das Thema: der Kapitalismus ist nur noch *ein* Fall unter den neuzeitlichen Rationalisierungsprozessen: Kaube, *Max Weber* (s. Anm. 2), 346 f.; auch Heins, *Max Weber* (s. Anm. 2), 67–71.

79 Vgl. Kaube, *Max Weber* (s. Anm. 2), 195.200 f. Ausführlich: Lawrence A. Scaff, *Max Weber in America* (Princeton u. Oxford: Princeton University Press, 2011); dazu die Rezension von Friedrich Wilhelm Graf, „Ein begeisterter Soziologe in der Neuen Welt", *F.A.Z.* 161 (14.07.2011), 34.

„Nein", wenn man den Aufsatz als eine rein historische Konstruktion missversteht. Denn um einen empirischen Zusammenhang zwischen psychischen Faktoren, Antrieben, und praktischem Wirtschaftsverhalten nachweisen zu können, fehlen ausreichend zuverlässige Daten. Das betrifft auch die von Weber verwendete Traktatliteratur, aus der sich nicht ableiten lässt, wie die Menschen im 17. Jahrhundert tatsächlich über ihre Religion dachten und vor allem wie sie sich im Alltag verhielten. Die Trakte zeigen nur, was Theologen ihrem Publikum zur Nachahmung empfohlen haben.

„Vielleicht", insofern Weber in erster Linie mit seiner „Protestantischen Ethik" (auch) der eigenen Gegenwart um 1900 und nicht zuletzt sich selbst einen Spiegel vorhält, in dem zum Beispiel das deutsche Bürgertum und Luthertum eher schlecht abschneiden. Man muss sich aber auch klarmachen, dass dieses Bürgertum und auch Kulturluthertum am Ende des Ersten Weltkriegs untergehen und ins Zeitalter des Weltbürgerkriegs übertreten – dieser Kampf der Ideologien, der „alten Götter", wird das ganze 20. Jahrhundert durchziehen und beherrschen, wie es Weber in seinem Vortrag „Wissenschaft als Beruf" (1917) schon geahnt hat.[80]

Aus einem Bericht der „Frankfurter Allgemeinen Zeitung" vom fünften Oktober 2019 über das brasilianische Amazonasgebiet, das wegen der Brandrodungen vor allem durch Goldgräber jüngst in die Schlagzeilen geraten ist, ist zu entnehmen: Neben zahlreichen Freudenhäuser finden sich an den Hauptstraßen der Orte auch einige Gotteshäuser, hauptsächlich von evangelikalen Pfingstkirchen, die der einst mächtigen katholischen Kirche längst den Rang abgelaufen haben. „Hier versammeln sich die Gläubigen, um Gottesdienst zu feiern. Nicht selten predigen die Freikirchen einen biblischen Kapitalismus: *Wer glaubt, wird reich, und wer wohlhabend ist, gilt als gesegnet.*"[81]

Epilegomena

In der anschließenden Debatte dieses Vortrags ist immer wieder einigermaßen irritiert thematisiert worden, dass die „Weber-These" trotz ihrer empirischen Problematik eine so große Faszination bis zum heutigen Tag ausübt. Warum? Es gibt vielleicht nicht nur eine einzige Antwort darauf.

---

80 Vgl. Vf., „Der ewige Kampf der vielen Götter: Erwägungen zur historistischen Verunsicherung von Absolutheitsansprüchen" in: *Reformation und Moderne: Pluralität – Subjektivität – Kritik*, hg. v. Jörg Dierken, Arnulf von Scheliha, Sarah Schmidt (Berlin, Boston: de Gruyter, 2018), 605–626, hier besonders 617–620.

81 Tjerk Brühwiller, „Priester für das Paradies: Was der katholischen Kirche in Amazonien fehlt", *F.A.Z.* 231 (5.10.2019), 6.

Einmal mag es an einer oft unzulässigen Trivialisierung liegen, dass „die" Protestantismus-Kapitalismus-These herangezogen wird, ohne die Differenziertheit der Argumentation zu beachten: die Verschiebung vom Einstieg mit Kapitalismus auf die einheitliche rationale Lebensführung (innerweltliche Askese) und das Berufsethos. Zum anderen bleibt Webers Essay jedenfalls im Methodischen auch dort vorbildlich, wo man heute in der Auswertung der Fakten andere Wege gehen zu müssen meint. Am meisten leuchtet mir schließlich der Hinweis des Wiener katholischen Theologen Jan-Heiner Tück ein, dass es um ein verborgenes theologisches Motiv zu tun ist: Weber beschreibt, wie aus der allerdings unerforschlichen Rechtfertigung des einzelnen durch Gott und der daran anschließenden Suche nach einem Erwählungsindiz (Erfolg im Beruf) unter der Hand ein bürgerliches Selbstrechtfertigungsprogramm durch Leistung geworden ist: „Am Ende geht es um Selbsterlösung durch Bildung, Leistung und Arbeit."[82]

Die Bilanz ist, wie fast immer in der Moderne, eine Gewinn- und Verlustrechnung zugleich: was man auf der einen Seite an Freiheitsspielräumen und Emanzipation von religiösen und kirchlichen Bindungen durch die Abnabelung von der Tradition gewinnt, verliert man auf der anderen Seite an Orientierung und selbstverständlicher Geborgenheit. Auch wer an keinen Gott mehr glaubt und die doppelte Gnadenwahl für eine bizarre religiöse Hinterlassenschaft hält, steht vor der unabweislichen Frage, wodurch denn sein Leben gerechtfertigt wird und ob all die errungenen Freiheiten am Ende nicht nur ins Nichts führen?[83] Auf genau diese beunruhigende Lücke und Leere im Leben des modernen (bürgerlichen) Menschen weist der angeblich „religiös unmusikalische" Max Weber seine Leser bis heute hin.

---

82 Jan-Heiner Tück, „Es fehlt etwas, wenn Gott fehlt. Martin Walser über Rechtfertigung – eine theologische Erwiderung" in: *Mein Herr und mein Gott: Christus Bekennen und Verkünden* (FS Walter Kardinal Kasper 80. Geb.), hg. v. George Augustin, Klaus Krämer, Markus Schulze (Freiburg i.Br.: Herder, 2013), 600–613, hier 609.

83 Aus diesem Grund hat Falk Wagner immer wieder für eine freiheitstheoretische Reformulierung der traditionellen Rechtfertigungslehre plädiert: vgl. Falk Wagner, „Gesetz und Gerechtigkeit im protestantischen Verständnis: Das Thema der Rechtfertigungslehre unter den Bedingungen der Moderne" in: Ders., *Zur Revolutionierung des Gottesgedankens* (s. Anm. 58), 502–520, hier 514–520.

Rochus Leonhardt

Kirchlich-politischer Aktionismus als Ausdruck protestantischer Religionsvergessenheit

1 Christentumstheoretische Vorüberlegungen

> Wahres Christentum will niemals die Welt ‚vervollkommnen', weder sozial noch politisch noch ökonomisch, ja nicht einmal moralisch; denn es läßt sie gar nicht gelten, es bemerkt sie überhaupt nicht. Eine ‚gerechter geordnete' Gesellschaft, ein der ‚allgemeinen Wohlfahrt' besser angepasstes Dasein: was haben diese oder ähnliche Ziele mit dem Heil der Seele zu tun? Hierin unterscheidet sich das Christentum wesentlich von den beiden anderen monotheistischen Religionen: Es ist weder flach weltordnend wie die jüdische Sittenlehre noch barbarisch welterobernd wie der Islam.

Diese Formulierungen stammen von dem österreichischen Journalisten und Schriftsteller Egon Friedell,[1] der 1878 in Wien unter dem Namen Egon Friedmann als drittes Kind eines jüdischen Seidentuchfabrikanten geboren worden war und von dem der deutsche Literaturwissenschaftler Bernhard Viel einmal treffend gesagt hat, er sei ein genialer Dilettant gewesen.[2] – Vielleicht begegnet man ihm deshalb von Seiten „der historischen Wissenschaften (...) im günstigsten Falle mit höflichem Schweigen".[3]

Das vorstehende Zitat stellt Friedells Auffassung zur Spezifik des Christentums heraus: entscheidend ist das Interesse am „Heil der Seele", ein Interesse, dem das dezidierte Des-Interesse an der politischen, ökonomischen oder moralischen Vervollkommnung der Welt bzw. der Menschen entspricht. Diese Gleichgültigkeit gegenüber weltlicher Kultur und humanem Ethos wird von Friedell direkt auf Jesus zurückgeführt. Für diesen seien etwa „Dinge wie Güterverteilung, Besitz, gerechte Ordnung der Erwerbsverhältnisse das" gewesen, „was die Stoiker ein ‚Adiaphoron' (...) nennen: sie gehen ihn gar nichts an".[4] Auch für Jesu Ver-

1 Egon Friedell, *Kulturgeschichte der Neuzeit. Die Krisis der europäischen Seele von der schwarzen Pest bis zum ersten Weltkrieg (1927–1931). Ungekürzte Sonderausgabe* (München: C. H. Beck, 2003), 339.

2 Vgl. Bernhard Viel, *Egon Friedell. Der geniale Dilettant* (München: C. H. Beck, 2013).

3 Jörg Lauster, *Die Verzauberung der Welt. Eine Kulturgeschichte des Christentums* (München: C. H. Beck, [3]2015), 16.

4 Friedell, *Kulturgeschichte der Neuzeit* (s. Anm. 1), 337.

https://doi.org/10.1515/9783110705614-008

hältnis zum Staat war nach Friedell „die tiefe Geringschätzung irdischer Satzungen und Einrichtungen" einschlägig, und so gilt: „Die durchgängige Haltung Christi ist ganz einfach die, dass er alles Menschengeschaffene bis zur Lächerlichkeit gleichgültig findet".[5]

Wenn Friedell dann formuliert: „Gott und die Seele sind die einzigen Wirklichkeiten, die Welt aber ist das Unwirkliche: dies ist der Sinn der frohen Botschaft Jesu",[6] dann wird deutlich, dass seine christentumstheoretische Grundeinsicht an diejenige Adolf von Harnacks anschlussfähig ist. „Gott und die Seele, die Seele und Gott"[7] – in der Fokussierung auf das Verhältnis dieser beiden Größen hat der protestantische Star-Theologe des Kaiserreichs die Pointe des durch Jesus von Nazareth verkündigten Evangeliums erblickt. „Das Reich Gottes kommt, indem es zu den *einzelnen* kommt, Einzug in ihre Seele hält (...). Das Reich Gottes ist (...) die Herrschaft des heiligen Gottes in den einzelnen Herzen".[8]

Bei Friedell hat die mit Harnacks Wesensbestimmung gut kompatible Auffassung des Christentums als einer um Innerlichkeit und Weltdistanz zentrierten Erlösungsreligion[9] zu einer bemerkenswerten Hochschätzung der Theologie Marcions geführt, eines Denkers, der ihm als „der größte Ketzer" galt, „der jemals aus dem Christentum hervorgegangen ist".[10] Diese Anerkennung kommt insbesondere in Friedells grandios-hinreißender Einleitung in seine *Kulturgeschichte Ägyptens und des alten Orients* zum Ausdruck. Was ihn an Marcion fasziniert hat, war dessen Betonung der Fremd- und Neuheit der Christusoffenbarung. Von Bedeutung war dabei zunächst die Unterscheidung zwischen dem gerechten Demiurgen als Weltschöpfer und Gesetzgeber auf der einen und dem in Christus erschienenen fremden Gott, der aus reiner Liebe die gesamte Menschheit retten will, indem er das Gesetz aufhebt, auf der anderen Seite. Entscheidend aber war für Friedell Marcions Betonung der „Fortdauer des demiurgischen Regiments auch während des christlichen Aeons. (...) Solange dieses Säkulum besteht, dauert auch noch die Regierung des Gottes dieses Säkulums".[11] – Diese Auffassung hat für Friedell auch in seiner Gegenwart höchste empirische Evidenz:

---

5 A.a.O., 338.

6 A.a.O., 339.

7 Adolf von Harnack, *Das Wesen des Christentums. Sechzehn Vorlesungen vor Studierenden aller Fakultäten im Wintersemester 1899/1900 an der Universität Berlin*, hg. v. Claus-Dieter Osthövener (Tübingen: Mohr Siebeck, [3]2012), 85,3 (8. Vorlesung).

8 A.a.O., 40,11–14.

9 Das Christentum ist „*Erlösung* von der Welt mit all ihren schädlichen *und* wohltätigen, bösen und guten Mächten", Friedell, *Kulturgeschichte der Neuzeit* (s. Anm. 1), 339.

10 Egon Friedell, *Kulturgeschichte Ägyptens und des alten Orients. Leben und Legende der vorchristlichen Seele (1936/1947)* (München: C. H. Beck, 1998), 5.

11 A.a.O., 21.

> Und so verhält es sich ja auch in der Tat. Das einzige, wodurch sich die christliche Welt von der vorchristlichen unterscheidet, ist das Wissen um Gott und seinen Sohn und der Glaube an dieses Wissen; Glauben aber heißt sich auf die unverdiente Liebe Gottes in Christo verlassen. Der luziferische Lauf der Welt hat sich nicht geändert. Daß aber Gott dennoch hienieden wirkt und webt, ist ebenso unbezweifelbar wie unerklärlich.[12]

Nun hegte bekanntlich auch Harnack „Sympathie für den großen Außenseiter der Kirche des 2. Jahrhunderts".[13] Diese Faszination hat sich nicht erst in seiner einschlägigen späten Monographie (1921; ^{2}1924) niedergeschlagen; das Buch des 70jährigen stellte vielmehr das „das Ergebnis einer lebenslangen Beschäftigung Harnacks mit der Thematik" dar,[14] einer Beschäftigung, die ihren ersten Niederschlag bereits ein gutes halbes Jahrhundert zuvor (1870) gefunden hatte: in der Dorpater Preisschrift des damals gerade 19jährigen Theologiestudenten.[15] Harnacks Hochschätzung des Erzketzers kommt in besonderer Deutlichkeit in jener Formulierung zum Ausdruck, die den Schlusssatz der ersten Auflage der Marcion-Monographie gebildet hatte und in der zweiten Auflage durch einen Anschlusssatz „abgemildert" wurde:[16] „Dennoch kann man nur wünschen, daß in dem wirren Chor der Gottsuchenden sich heute wieder auch Marcioniten fänden".[17]

Bei der Würdigung Marcions durch Harnack ist die Herausstellung der primär *historischen* Bedeutung von der Hervorhebung eines zugleich *systematisch* bedeutsamen Aspekts zu unterscheiden. Eher in den Bereich der kirchengeschichtlichen Relevanz gehören die Hinweise, denen zufolge Marcion den „Anstoß zur Schöpfung der altkatholischen Kirche" gegeben sowie „die Idee einer kanonischen Sammlung christlicher Schriften (...) zuerst erfaßt und zuerst verwirklicht" hätte.[18] – Von größtem systematischen Gewicht ist nach Harnack die Tatsache, dass Marcion „als erster in der Kirche nach Paulus die Soteriologie zum Mittelpunkt der Lehre gemacht [hat], während die kirchlichen Apologeten neben

---

12 Ebd.

13 Wolfram Kinzig, „Ein Ketzer und sein Konstrukteur: Harnacks Marcion" in: *Marcion und seine kirchengeschichtliche Wirkung/Marcion and His Impact on Church History*, hg. v. Gerhard May und Katharina Greschat, TU 150 (Berlin, New York: Walter de Gruyter, 2002), 253–274, hier 273.

14 A.a.O., 254.

15 Vgl. Adolf von Harnack, *Marcion. Der moderne Gläubige des 2. Jahrhunderts, der erste Reformator. Die Dorpater Preisschrift (1870)*, Kritische Edition des handschriftlichen Exemplars mit einem Anhang hg. v. Friedemann Steck, TU 149 (Berlin, New York: Walter de Gruyter, 2003).

16 Kinzig, *„Ein Ketzer und sein Konstrukteur"* (s. Anm. 13), 272, Anm. 61.

17 Adolf von Harnack, *Marcion: das Evangelium vom fremden Gott, eine Monographie zur Geschichte der Grundlegung der katholischen Kirche* (Leipzig: J. C. Hinrichs'sche Buchhandlung, 1921), 265.

18 A.a.O., 246.

ihm die christliche Lehre auf die Kosmologie gründeten".[19] Diese soteriologische Konzentration verbindet nach Harnack den frühkirchlichen Reformator Marcion mit Luther.

> Marcion wird (...) durch ständige Vergleiche und Analogien in die Nähe Luthers gerückt. Er ist wie Luther Schrifttheologe und vor allem konsequenter Paulinist, der von seiner Exegese her Kanonkritik betreibt. Die Wirkung des marcionitischen Kanons auf die Großkirche vergleicht Harnack gelegentlich mit der Wirkung der reformatorischen Bekenntnisschriften auf die katholische Kirche. Die Ablehnung der Zeremonien und die Betonung der Freiheit sowie die konsequente Gegenüberstellung von Gesetz und Evangelium verweisen auf Luther. Gnade und Barmherzigkeit sind die Schlüsselbegriffe, mit denen sich Marcions wie Luthers Gottesbild erschließen lassen. (Harnack kann sogar bisweilen davon sprechen, Marcion habe die Erlösung *sola gratia* und *sola fide* gelehrt.) Gleichzeitig verweist der Dualismus im Gottesbild Marcions auf die lutherische Dualität zwischen deus absconditus und revelatus. Marcions Denken ist – wie das Luthers – antidogmatisch und antispekulativ. Vor allem aber ist Marcion wie Luther ein Reformator der Kirche, der das ursprüngliche Evangelium Jesu Christi wiederherstellen möchte.[20]

Es ist offensichtlich, dass die Luther-Parallelen dazu dienen, Marcion systematisch aufzuwerten. Denn Luthers (frühe) Theologie, die Harnack – „*auf ihren religiösen Kern beurtheilt*" – charakterisieren konnte als eine „*Wiederherstellung des paulinischen Christenthums im Geiste einer neuen Zeit*",[21] entspricht präzise Harnacks eigener Wesensbestimmung des Christentums. Insbesondere ist hier zu verweisen auf seine „Abneigung gegen alle systematische Spekulation wie auch gegen eine auf Geboten und Zeremonien beruhende Religionsauffassung und seine eigene Deutung der Botschaft Jesu als einer unspekulativen Gnaden- und Liebesreligion".[22] – Die christliche Religion ist, so Harnack über Luther, „einzig gegeben in dem Worte Gottes und in dem *innern* Erlebnis", wobei das Wort nichts anderes ist als „die Verkündigung von der freien Gnade Gottes in Christus", während das innere Erlebnis in der „Gewißheit dieser Gnade" besteht.[23]

Allerdings hat Harnack auch Vorbehalte gegenüber Marcion geäußert:

> Seine Überzeugung, daß das Evangelium etwas ganz Neues sei, wurzelte ausschließlich in dem neuen Gottesbegriff, der, mit Ablehnung jeder anderen Eigenschaft, Gott als die allmächtige Liebe, als den Gott der Barmherzigkeit und alles Trostes verkündigte und ihn ausschließlich in Jesus Christus erblickte. Daß er um dieses Bekenntnisses willen die Ehr-

19 A. a. O., 246 f.

20 Kinzig, „*Ein Ketzer und sein Konstrukteur*" (s. Anm. 13), 271.

21 Adolf von Harnack, *Lehrbuch der Dogmengeschichte*, Bd. 3: *Die Entwickelung des kirchlichen Dogmas II/III, 4. neu durchgearbeitete und vermehrte Auflage* (Tübingen: Mohr Siebeck, 1910), 809.

22 Kinzig, „*Ein Ketzer und sein Konstrukteur*" (s. Anm. 13), 271.

23 von Harnack, *Das Wesen des Christentums* (s. Anm. 7), 152,12 f.16–18 (15. Vorlesung).

> furcht vor dem Schöpfer, der Schöpfung und dem Gesetz verlor, war ein schwerer, unersetzlicher Verlust.[24]

Neben diese im Namen der christlichen Schöpfungstheologie vorgetragene Kritik treten Einwände, die sich aus Harnacks Luther-Hochschätzung ergeben. Die Kirchenerneuerung des 16. Jahrhunderts ist, so wird es in der 15. Vorlesung zum Wesen des Christentums festgehalten, „nicht nur Reformation, sondern auch *Revolution* gewesen".[25] Besonders ausführlich gewürdigt wird dann von Harnack jene revolutionäre Tat Luthers, die mit der tradierten Auffassung brach, „daß es Gott besonders wohlgefällig sei, die in der Schöpfung gesetzten Kräfte und Gaben nicht zu gebrauchen."[26]

> [W]eil er davon überzeugt war, daß man Gott nichts bieten könne und dürfe als das Vertrauen, so kam er in Bezug auf die Weltstellung des Christen zu ganz anderen Thesen als die ersten Mönche der vergangenen Jahrhunderte. Da Fasten und Askese Gott gegenüber ohne Wert sind, da sie auch den Mitmenschen nichts nützen, und da Gott der Schöpfer aller Dinge ist, so ist es am geratensten, an der Stelle zu bleiben, da Gott einen hingestellt hat. Von hier aus hat Luther doch eine Freudigkeit und Zuversicht zu den irdischen Ordnungen gewonnen, die im Kontrast steht zu seiner weltflüchtigen Stimmung und sie wirklich überwunden hat.[27]

Zwischen der hier begrüßten Überwindung der „weltflüchtigen Stimmung" durch Luther zugunsten einer Haltung der Weltbejahung und -bemächtigung einerseits und der Kritik an Marcions Vernachlässigung der Schöpfungstheologie andererseits besteht insofern ein offensichtlicher Zusammenhang, als Harnack namentlich die asketischen Konsequenzen der Theologie Marcions dezidiert abgelehnt hat:

> eine Gottes- und Weltanschauung, die, wenn sie die Bilanz zieht, die Askese so weit treiben muß, daß sie die Fortpflanzung des Menschengeschlechts für alle unterbindet, kann nicht die richtige sein; denn sie hebt die Grundvoraussetzung alles positiven Denkens auf, nämlich, daß das Leben irgendwie etwas Wertvolles sein muß.[28]

---

24 Adolf von Harnack, „Die Neuheit des Evangeliums nach Marcion (1929)" in: *Aus der Werkstatt des Vollendeten. Als Abschluß seiner Reden und Aufsätze*, hg. v. Axel von Harnack (Gießen: Alfred Töpelmann, 1930), 128–143, hier 142f.

25 von Harnack, *Das Wesen des Christentums* (s. Anm. 7), 155,38f. (15. Vorlesung).

26 A.a.O., 157,16f.

27 A.a.O., 157,23–31.

28 von Harnack, *Marcion: das Evangelium vom fremden Gott* (s. Anm. 17), 265.

Doch zurück zu Egon Friedell. Dieser hat die von Harnack (auch gegen Marcion) gerühmte Überwindung der weltflüchtigen Askese durch Luther gerade kritisiert. Für ihn stellte sich, ungeachtet dessen, dass er 1897 zur evangelisch-lutherischen Konfession übergetreten war, die Reformation als „ein tief irreligiöser Versuch" dar, „Religion zu erneuern".[29] „Der Protestantismus", so Friedell, bestreitet zwar „die Rechtfertigung durch Werke und verlegt die Buße ins Innere (...); aber er fordert zugleich ein tätiges, praktisches Christentum und gelangt so wiederum zu einer Art Werkheiligkeit".[30] Konkret heißt das: „Die Reformation heiligt erstens die *Arbeit*, zweitens den Beruf und damit indirekt den Erwerb, das *Geld*, drittens die Ehe und die *Familie*, viertens den *Staat*".[31] Was speziell die Heiligung von Arbeit und Beruf angeht, so besteht nach Friedell „von vornherein ein unterirdischer Zusammenhang zwischen protestantischer und kapitalistischer Weltanschauung (...): der geistige Vater dieser aus Börse und Bibel gemischten Welt ist Calvin". Allerdings sei die Heiligsprechung der Arbeit, von der aus „eine gerade Linie zum Kapitalismus *und* zum Marxismus [führt], den zwei stärksten Verdüsterern Europas", schon bei Luther grundgelegt, namentlich in dem auf ihn zurückzuführenden „Bedeutungswandel des Wortes ‚Beruf'".[32]

Auch wenn sich Friedell, was den „Bedeutungswandel des Wortes ‚Beruf'" angeht, nicht auf Karl Holl,[33] sondern auf den Sprachwissenschaftler Hans Sperber bezogen hat, genauer: auf dessen erstmals 1926 – ein Jahr vor dem Erscheinen des ersten Bandes von Friedells *Kulturgeschichte der Neuzeit* – publizierte *Geschichte der deutschen Sprache*,[34] so steht im Hintergrund der zitierten Formulierungen doch unverkennbar die Webersche Protestantismus-These von 1904/05[35] (bzw. 1920[36]) mit ihrer Behauptung eines Zusammenhangs zwischen

29 Friedell, *Kulturgeschichte der Neuzeit* (s. Anm. 1), 340.

30 A. a. O., 301.

31 A. a. O., 334.

32 A. a. O., 335.

33 Vgl. Karl Holl, „Die Geschichte des Wortes Beruf" (1924), in: Ders., *Gesammelte Aufsätze zur Kirchengeschichte III: Der Westen* (Tübingen: Mohr, 1928), 189–219.

34 Vgl. Hans Sperber, *Geschichte der deutschen Sprache* (Berlin, New York: Walter de Gruyter, ^{3}1958), 91: „Und wenn heute das Wort Beruf nicht mehr ‚Ruf, Berufung', sondern ‚Lebensstellung, Amt, Handwerk' und dergleichen bedeutet, so läßt sich dieser Bedeutungswandel schwer verstehen, wenn man nicht weiß, wie hoch Luther die treue Berufsarbeit auch der niedern Stände als etwas dem Menschen von Gott Angewiesenes, ein ihm wohlgefälliges Werk einschätzte".

35 Vgl. Max Weber, „Die protestantische Ethik und der ‚Geist' des Kapitalismus (1904/1905)" in: *Asketischer Protestantismus und Kapitalismus. Schriften und Reden 1904–1911*, hg. v. Wolfgang Schluchter in Zusammenarbeit mit Ursula Bube. Max Weber Gesamtausgabe I/9 (Tübingen: Mohr Siebeck, 2014), 123–215.242–425.

reformiertem Protestantismus und kapitalistischem Geist. Allerdings hatte Weber den Geist des Kapitalismus gerade *nicht direkt* auf die protestantische Betonung der innerweltlichen Askese zurückgeführt: Er hatte zwar hervorgehoben, dass die lebensweltlich unerträgliche Lehre von der doppelten Prädestination religiös bewältigt wurde durch eine Motivation zur rastlosen Berufsarbeit, durch die die „religiösen Angstaffekte" abreagiert werden konnten.[37] Aber zur Ausbildung des Geistes des Kapitalismus konnte es nach Weber erst kommen, nachdem die religiöse Dimension dieses Abreaktionsprogramms aus dem Bewusstsein getreten war und „utilitarischer Diesseitigkeit" Platz gemacht hatte.[38] Bei Friedell ist das alles weniger klar, zumal er, wie die in Anm. 32 nachgewiesenen Zitate zeigen, einerseits von einem *unterirdischen Zusammenhang* zwischen protestantischer und kapitalistischer Weltanschauung ausgeht, andererseits aber (kurz danach) *eine gerade Linie* vom reformatorischen Berufsbegriff zum Kapitalismus (und zum Marxismus) behauptet hat. Er scheint dazu zu neigen, bereits in *Luthers* „Bekehrung zur Welt"[39] jene Konstellation präfiguriert zu sehen, die schließlich zum „Philistertum" führte,

> zur Lieblingskonfession des Bourgeois (...), der im Namen Gottes und ihm zum Wohlgefallen Kohl baut, Kinder zeugt und Bilanz macht. Die große Wahrheit, daß Staat und Wirtschaft, Beruf und Erwerb, Gesellschaft und Familie unheilige Dinge sind, droht zu entschwinden; und sie verschwand auch in der Tat.[40]

---

36 Vgl. Max Weber, „Die protestantische Ethik und der Geist des Kapitalismus (^{2}1920)" in: *Die protestantische Ethik und der Geist des Kapitalismus/Die protestantischen Sekten und der Geist des Kapitalismus. Schriften 1904–1920*, hg. v. Wolfgang Schluchter in Zusammenarbeit mit Ursula Bube. Max Weber Gesamtausgabe I/18 (Tübingen: Mohr Siebeck, 2016), 123–492.

37 A.a.O., 304,3.

38 A.a.O., 475,23.

39 Es handelt sich hier um eine Formulierung, die Andreas Stegmann von Oswald Bayer übernommen und als Leitmotiv der Ethik Luthers profiliert hat. Danach geht Luther einerseits davon aus, „daß der Christ sich in einem bestimmten, von Gott gesetzten Beruf und Stand vorfindet, und daß es seine Aufgabe ist, sein christliches Leben in eben diesem Beruf und Stand zu führen. (...) Gott will nicht das besondere gute Werk, sondern den schlichten alltäglichen Gehorsam, der in gleicher Weise in den ganz unterschiedlichen Lebenszusammenhängen, in die der Einzelne gestellt ist, geleistet wird" (Andreas Stegmann, *Luthers Auffassung vom christlichen Leben*, BHTh 175 (Mohr Siebeck: Tübingen, 2014), 374 f.). Andererseits gilt aber auch: „Die reformatorische *Bekehrung zur Welt* erweist sich (...) nicht als Reduktion des biblischen Ideals auf ein zeitgemäßes Ethos, sondern als Radikalisierung des laikalen Ethos in Richtung auf das monastische Ideal" (a.a.O., 347).

40 Friedell, *Kulturgeschichte der Neuzeit* (s. Anm. 1), 340. – Dagegen hatte Weber, direkt im Anschluss an die Darstellung von Luthers Berufskonzeption, ausdrücklich vermerkt, dass der Wittenberger Reformator keineswegs „als mit dem ‚kapitalistischen Geist' (...) innerlich verwandt

Nach Friedell, so lassen sich die vorstehenden Hinweise zusammenfassen, hat die neuzeitliche Entwicklung gezeigt, dass die reformatorisch zunächst intendierte Balance zwischen Glaubensinnerlichkeit und Weltengagement auf Dauer nicht gehalten werden konnte; vielmehr degenerierte das ursprünglich glaubensinnerlich motivierte Weltengagement zur religionsvergessenen Selbsthingabe des Christen an die „unheilige[n] Dinge" dieser Welt.

Damit ist der christentumstheoretische Horizont einigermaßen abgeschritten, vor dem die nachstehenden Überlegungen zum zeitgenössischen kirchlich-politischen Aktionismus als Ausdruck protestantischer Religionsvergessenheit zu lesen sind. Allerdings muss die in diesem Beitrag verfolgte Fragestellung in zweierlei Hinsicht präzisiert werden.

(1) Zunächst ist ein Punkt zu erwähnen, an dem sich die gegenwärtige Situation von der Lage unterscheidet, die Friedell als Resultat der neuzeitlichen Entwicklung diagnostiziert hatte; er betrifft die für den modernen Kapitalismus einschlägige moralische Hochstufung des ökonomischen Gewinnstrebens. Diese gilt in der neueren und aktuellen (evangelisch-)christlichen Ethik nur noch sehr bedingt als theologisch legitim. Im Kontext protestantischer Kirchlichkeit wird teilweise sogar eine dezidiert anti-kapitalistische Haltung gepflegt: Der „Geist des Kapitalismus" gilt danach als ganz grundsätzlich unvereinbar mit christlicher Moralität. Hier kann man allerdings (erneut unter Rückgriff auf Friedell) fragen, ob sich nicht dieser (damals politisch motivierte, heute auch christlich-religiös gestützte) antikapitalistische Furor derselben religionsvergessenen Hingabe an die „unheilige[n] Dinge" dieser Welt verdankt wie das „Philistertum", nur dass das goldene Kalb des wirtschaftlichen Gewinns ersetzt wurde durch eine Mesalliance des kirchlichen Protestantismus mit jenen „Zwerggeistern (...), die die Menschheit auf *nationalökonomischem Wege erlösen*" wollen.[41]

(2) Ungeachtet dieser Verschiebung fragen die folgenden Überlegungen, anders als die übrigen Beiträge dieses Bandes, nicht nach dem Verhältnis von *Ökonomie* und (christlich-protestantischer) Religion. Es geht vielmehr um eine kritische Analyse des kirchlich-*politischen* Aktionismus. Was dieser bereits im Beitragstitel genannte Begriff bedeutet, ist nun kurz zu umreißen.

> Wenn Boote extra dorthin fahren, um Menschen zu retten, dann ist das einerseits verdienstvoll, andererseits wird aber damit die Bereitschaft bei Leuten gefördert, sich in diese

---

angesprochen werden darf" (Weber, *„Die protestantische Ethik und der Geist des Kapitalismus"*, (s. Anm. 36), 233,12.14; 234,1.

41 Friedell, *Kulturgeschichte der Neuzeit* (s. Anm. 1), 337. Friedell weiter (ebd.): „der ‚Geist' des Materialismus herrscht heute unter den Enterbten genau so wie unter den Besitzenden. Die einen haben Geld, die anderen haben *noch keines*; aber um Geld dreht es sich hier wie dort".

> Gefahr hineinzubegeben und das ist ein zweischneidiges Schwert. Und nur diese Menschen zu retten, reicht nicht aus, dann müsste man auch vorher klären, wo sollen die denn dann hin und insofern finde ich, ist dieser Aktionismus eine Verkürzung des Problems.

Mit diesen Worten wird In einer Deutschlandfunk-Sendung von 2019 der Wiener Theologe Ulrich Körtner zitiert.[42] Die Formulierungen geben seine Einschätzung eines Vorgangs wieder, der auf eine von Teilnehmern des 37. Deutschen Evangelischen Kirchentags (19. bis 23. Juni 2019) in Dortmund initiierte Petition zurückgeht, die zu einer entsprechenden Kirchentags-Resolution geführt hatte, die unter dem Motto „Schicken wir ein Schiff" stand. Infolge dieses Vorgangs wurde als Träger für eine evangelische Initiative zur Entsendung eines Seenotrettungsschiffs ins Mittelmeer im November 2019 der Verein „Gemeinsam Retten" gegründet, als dessen Vorsitzender der EKD-Vizepräsident Thies Gundlach fungiert. Dieser Verein steht hinter der Initiative „United4Rescue – Gemeinsam Retten", die sich seit Dezember 2019 mit erheblichem Erfolg um zivilgesellschaftliche Unterstützung bemüht hat. Der bereits Ende 2014 gegründete Verein „Sea-Watch", in dem mit Michael Schwickart der 2. Vorsitzende von „Gemeinsam Retten" aktiv ist, fungierte dann als Betreiber jenes Schiffes, das durch das Bündnis „United4Rescue – Gemeinsam Retten" mit Hilfe von Spenden erworben und am 20. Februar 2020 in „Sea-Watch 4" umbenannt wurde. Im August desselben Jahres ist das Schiff zu einem Einsatz im Mittelmeer aufgebrochen und hat Anfang September 353 gerettete Personen im Hafen von Palermo an Land gebracht. Im Mai 2021 kam das Schiff mit weiteren mehr als 450 Bootsmigranten im Hafen der sizilianischen Stadt Trapani an. Mittlerweile unterstützt das Bündnis „United4Rescue – Gemeinsam Retten" auch den 2015 in Regensburg gründeten Verein „Sea-Eye" in seiner Absicht, mit der „Sea-Eye 4" ein weiteres Seenotrettungsschiff ins Mittelmeer zu entsenden. Die „Sea-Eye 4" ist am 08. Mai 2021 vom spanischen Hafen in Burriana aus in das zentrale Mittelmeer aufgebrochen.

Der Ratsvorsitzende der EKD, Heinrich Bedford-Strohm, hat im Blick auf diese Initiativen mehrfach unmissverständlich deutlich gemacht, dass s. E. die Kirche durch die Unterstützung der Seenotrettung ihrem diakonischen Auftrag gerecht wird und einen Beitrag zur Stärkung der Humanität leistet:

> Wir sind dabei, ein breites zivilgesellschaftliches Bündnis zusammenzubringen, das ein klares Zeichen setzen soll, dass wir uns nicht mit einer Politik des Sterben-Lassens auf dem Mittelmeer zufriedengeben, nicht wir als Kirchen und nicht all die Menschen, die außerhalb

42 Julia Mumelter, *Evangelische Kirche zur Seenotrettung. Kirchliches Rettungsschiff als Signal (4. Juli 2019):* https://www.deutschlandfunk.de/evangelische-kirche-zur-seenotrettung-kirchliches.886.de.html?dram:article_id=452951 (Zugriff am 10.05.2021).

> der Kirchen mit uns daran arbeiten, dass die Grunddaten der Humanität in Europa sich nicht verschieben.[43]

Leitend für den hier von Körtner kritisierten Aktionismus („Verkürzung des Problems") ist die Auffassung, dass bestimmte christlich-moralisch motivierte Aktivitäten (hier: die Beteiligung an der Seenotrettung) in dem Sinn als sachgerechte Realisierungsformen des christlichen Weltengagements gelten können, dass sich eine dezidierte Ablehnung solcher Aktivitäten tendenziell dem Verdacht des Unchristlichen und Inhumanen ausgesetzt sieht. – Dies ist so in dem zitierten Votum von Heinrich Bedford-Strohm nicht explizit gesagt. Aber insgesamt – und im Blick auf das Migrationsthema zumal – begegnet in den ethischen Debatten des zeitgenössischen deutschen Protestantismus immer wieder die mehr oder weniger ausdrücklich gemachte Auffassung, dass manche in der deutschen Gesellschaft durchaus virulente politische Optionen mit dem christlichen Glauben schlechthin inkompatibel seien, während andere Ansätze dem christlichen Glauben weithin entsprächen, weshalb sich die Kirche entsprechend zu positionieren habe.

Im vorliegenden Beitrag soll die skizzierte Auffassung genauer untersucht werden. Dies geschieht in zwei Schritten. Im ersten Schritt wird nach der theologiegeschichtlichen Verwurzelung dieses politischen Aktionismus gefragt. Dabei werden, nach einem vergleichenden Blick auf die sozialethischen Profile der Protestantismen im Reformationsjahrhundert (Abschnitt 2.1), zwei sowohl prominente als auch paradigmatische Positionen zur deutschen evangelischen politischen Ethik aus dem 20. Jahrhundert skizziert (Abschnitt 2.2). Im zweiten Schritt wird auf der Basis des bis dahin Gesagten eine kritische Taxierung der sog. „Öffentlichen Theologie" versucht, jener sozialethischen Konzeption, die als das ideologische Fundament angesprochen werden kann, auf dem der im derzeitigen kirchenamtlichen Protestantismus in Deutschland praktizierte politische Aktionismus steht. (Abschnitt 3). Diese Kritik, der zufolge die Öffentlichen Theologie als Katalysator für jene protestantische Religionsvergessenheit gelten kann, vor der im Titel dieses Beitrags die Rede ist, wird auch an die eben formulierten christentumstheoretischen Vorüberlegungen anknüpfen.

43 Ebd.

2 Die sozialethischen Profile der Protestantismen

2.1 Hinweise zum Reformationsjahrhundert

Klar ist zunächst einmal: Die ethische Pointe der reformatorischen Theologie lässt sich sachgerecht beschreiben als eine „Bekehrung zur Welt“ (vgl. dazu die Hinweise in Anm. 39). Das heißt konkret: An die Stelle der monastischen Weltflucht, in der nach altgläubiger Auffassung das irdisch erreichbare Maximum an christlicher Vollkommenheit bestanden hatte, trat in der Reformation das alltägliche Weltengagement. Allerdings: Der gemeinprotestantische Umschwung von der Weltflucht zum Weltengagement hat sich in den verschiedenen evangelischen Denominationen unterschiedlich ausgeprägt. Zwar ging es, um die vergleichende Perspektive auf Wittenberg, Zürich und Genf einzugrenzen, sowohl Luther als auch Zwingli und Calvin gleichermaßen darum, dass sich der christliche *Glaube* auch im christenmenschlichen *Leben* niederschlägt. Aber ob und inwiefern diese gemeinsame Grundintention dazu berechtigt und ermächtigt, eine Verchristlichung des sozialen Lebens anzustreben und durchzusetzen, darüber gingen die Meinungen auseinander.

Diese Differenzen hatten ihre entscheidende Wurzel in den je unterschiedlichen Auffassungen zum Verhältnis zwischen Glauben und Werken respektive zum Verhältnis zwischen Religion und Moral. Speziell für Luther war hier „die kategoriale Unterscheidung von iustitia aliena et ab extra infusa und iustitia nostra et propria“ maßgeblich. Diese Unterscheidung hat es ihm ermöglicht, „die beiden theologischen Sachzusammenhänge der Rechtfertigungslehre und der theologischen Ethik voneinander zu unterscheiden. Beide dürfen nicht miteinander vermischt werden: Weder darf die innerhalb der Ethik notwendige Betonung der christlichen Gerechtigkeit durch Selbstnegation und gute Werke mit der Erlangung des Heils in Verbindung gebracht werden, noch darf das für die Rechtfertigungslehre grundlegende opus Dei in die Ethik eingetragen werden.“[44]

Luther wollte also in Abgrenzung von der von ihm als gewissensquälerisch erlebten kirchlichen Reglementierung des christlichen Lebens im Horizont des Rechtfertigungsglaubens eine vergleichbar direkte, eindeutige und gesetzlich gesteuerte Verbindung zwischen Religion und Moral ausschließen. Der Rechtfertigungsglaube führt zwar seines Erachtens unweigerlich zu wahrhaft christlicher Moralität, die er als Dienstbarkeit gegenüber dem Nächsten beschrieben hat: „Ein Christenmensch ist ein dienstbarer Knecht aller Dinge und jedermann un-

44 Stegmann, *Luthers Auffassung vom christlichen Leben* (s. Anm. 39), 245.

tertan".[45] Der von ihm in Anknüpfung an Mt 7,17 f. notorisch traktierte Sachverhalt, dass ein guter Baum nicht anders kann als gute Früchte zu bringen, macht diese Selbstverständlichkeit deutlich.[46] Aber *wie* genau der dadurch erwartete „Neubau der Sittlichkeit"[47] handlungspraktisch realisiert werden sollte, blieb zunächst offen; festgehalten wurde lediglich, „dass kein Werk, kein Gebot einem Christen zur Seligkeit nötig sind. Vielmehr ist er von allen Geboten frei und tut aus reiner Freiheit umsonst alles, was er tut".[48] – Es bleibt also bei einer Spannung zwischen der rechtfertigungstheologisch begründeten *Unmöglichkeit* einer das Glaubenssubjekt überspringenden Regulierung christlicher Moralität einerseits und der lebensweltlich bedingten *Notwendigkeit* sowohl einer moralischen Bewertung der handlungspraktischen Erträge des menschlichen Selbst- und Weltumgangs als auch einer Beurteilung der diesen „Werken" zugrunde liegenden religiösen Gestimmtheit (Glaube oder Unglaube) andererseits. Diese Spannung hat sich zunächst, was Luther selbst angeht, im Cordatus-Streit und in der Auseinandersetzung mit Johann Agricola niedergeschlagen; innerhalb der lutherischen Lehrentwicklung wurde dasselbe Problem insbesondere im Majoristischen und im Antinomistischen Streit diskutiert. Die Konkordienformel hat dann in ihren Artikeln 4 und 6 eher *für* eine in der kirchlichen Verkündigung zu vollziehende Regulierung des christlichen Lebenswandels auf der Grundlage des biblisch fixierten göttlichen Gesetzes plädiert, dabei allerdings versucht, das *sola fide* unangetastet zu lassen.[49]

Im Unterschied zu Luther lässt sich bei Ulrich (Huldrych/Huldreich) Zwingli ein Interesse daran feststellen, die beim Wittenberger Reformator tendenziell offen gebliebene Lücke zwischen Rechtfertigung und Ethik zu schließen. Namentlich in seiner Abrechnungsschrift von 1524 mit den früheren Weggefährten, die eine allzu unmittelbare irdische Durchsetzung des göttlichen Rechts forderten, hat er zwar – gut reformatorisch – radikale sozialpolitische Veränderungen im Namen des Evangeliums abgelehnt. Diese Ablehnung war aber andererseits

---

45 Martin Luther, *Von der Freiheit eines Christenmenschen* (1520), Bd. 1, *Deutsch-Deutsche Studienausgabe* (Leipzig: Evangelische Verlagsanstalt, 2012), (277) 280–315, hier 281,30 f. (WA 7, 21,3 f.).

46 Vgl. a. a. O., 303,32–42; 305,1–26 (WA 7, 32,4–34).

47 Karl Holl, „Der Neubau der Sittlichkeit (1919)" in: *Gesammelte Aufsätze zur Kirchengeschichte I: Luther* (Tübingen: Mohr, [6]1932), 155–287.

48 Luther, *Von der Freiheit eines Christenmenschen* (s. Anm. 45), 305,21–23 (WA 7, 32,30–32).

49 Vgl. dazu: Rochus Leonhardt, „Glaube und Werke. Zur Aktualität einer reformatorischen Unterscheidung für die evangelische Ethik", in: *Die lutherischen Duale. Gesetz und Evangelium, Glaube und Werke, Alter und Neuer Bund, Verheißung und Erfüllung.* Im Auftrag der Vereinigten Evangelisch-Lutherischen Kirche Deutschlands (VELKD) herausgegeben von Christine Axt-Piscalar und Andreas Ohlemacher (Leipzig: Evangelische Verlagsanstalt, 2021), 73–127

getragen von der Hoffnung, durch eine Politik der kleinen Schritte die dem Willen Gottes vielfach widersprechende Realität (etwa der Zins- und Zehntpraxis) zugunsten von Verhältnissen zu überwinden, die der göttlichen Gerechtigkeit angenähert sind: „eine rechtlich gangbare Veränderung und Neubestimmung der Zehnten durch ihre Ablösung und Zuordnung zugunsten der Armen: sie wird Gestalt annehmen".[50] So hat er zwar die göttliche im Verhältnis zur menschlichen Gerechtigkeit als ein *aliud* bestimmt, also die *qualitative* Verschiedenheit beider iustitiae betont. Aber sein ausgeprägtes Interesse an den ethischen Konsequenzen des Glaubens führte auch dazu, dass er die beiden iustitiae in ein *maius-minus*-Verhältnis bringen konnte, wodurch ihre Differenz als eine lediglich *quantitative* zu stehen kommt.[51]

Bei Calvin verhält es sich ähnlich. Auch ihm ging es zwischen 1541 und 1564 um die umfassende Durchsetzung einer Heiligung des christlichen Lebens – zunächst in Genf. Dieser Versuch ist beschrieben worden als eine „großkirchliche" Reaktion auf die durch das Münsteraner Täufer-Reich gestellte Herausforderung.[52] Im Vergleich zum Zürcher Modell gibt es allerdings eine wichtige Besonderheit: Calvin hat die Verchristlichung des Alltagslebens anders als Zwingli nicht in die Kompetenz der *weltlichen* Obrigkeit überwiesen, sondern programmatisch an eigenständige *kirchliche* Institutionen delegiert. „Calvin wollte" so heißt es daher treffend bei Ernst Troeltsch,

> auf das Ideal [sc. des christlichen Gemeinwesens] nicht verzichten wie Luther, nicht auf Konventikel sich zurückziehen wie die Täufer und doch auch nicht die Aufgaben der geistlichen Gemeinde an die Obrigkeit abgeben wie Zwingli; so blieb ihm nichts übrig als die Gewalt, die mit allen geistlichen und weltlichen Mitteln die Autonomie der Religionsgemeinde und die Selbstbeugung des Staates unter das göttliche Wort nötigenfalls erzwingt.[53]

---

50 Huldrych Zwingli, *Wer Ursache zum Aufruhr gibt (1524)*, Bd. 1, *Schriften. Im Auftrag des Zwinglivereins*, hg. v. Thomas Brunnschweiler und Samuel Lutz (Zürich: Theologischer Verlag, 1995), 335–426, hier 362f. (CR 90, 403).

51 Vgl. dazu: Rochus Leonhardt, „Gerechtigkeit. Zur Gefahr der Überdehnung eines sozialethischen Zentralbegriffs" in: *Gerechtigkeit leben. Konkretionen des Glaubens in der gegenwärtigen Welt*, hg. v. Christof Landmesser und Doris Hiller (Leipzig: Evangelische Verlagsanstalt, 2018), 91–108, bes. 96ff.

52 Diarmaid MacCulloch, *Die Reformation 1490–1700 (2003)*. Aus dem Englischen von Helke Voß-Becher, Klaus Binder und Bernd Leineweber (München: Deutsche Verlagsanstalt, 2008), 322ff. („Calvin in Genf: Die Antwort der Reformierten auf Münster").

53 Ernst Troeltsch, *Protestantisches Christentum und Neuzeit* (1906/1909/1922). Bd. 7, *Kritische Gesamtausgabe*, hg. v. Volker Drehsen in Zusammenarbeit mit Christian Albrecht (Berlin, New York: Walter de Gruyter, 2004), 204.

Im Blick auf die realgeschichtliche Entwicklung des reformierten Protestantismus seit dem 16. Jahrhundert gilt nun: Jenes typisch calvinisch-reformierte Streben nach Autonomie der Religionsgemeinde konnte – jedenfalls im Heiligen Römischen Reich Deutscher Nation – nicht zum Zuge kommen. So hatte namentlich Friedrich III., mit dessen Konfessionswechsel die Kurpfalz 1563 zum reformierten Protestantismus überging, kein Interesse an einer institutionellen Eigenständigkeit der Kirche. Und es ist alles andere als ein Zufall, dass der Kurfürst im innerreformierten kurpfälzischen Streit um die Kirchendisziplin schließlich für Thomas Erastus Partei nahm. Der in Heidelberg lehrende Baseler Mediziner engagierte sich zwar für die Durchsetzung des reformierten Bekenntnisses in der Kurpfalz, aber anders als sein Kontrahent Caspar Olevian lehnte er Kirchenzucht und Presbyterialverfassung (und damit die zentralen Errungenschaften der Genfer Reformation) konsequent ab.[54] Einfacher formuliert: Im alten Reich entging auch der reformierte Protestantismus nicht dem Staatskirchentum in Gestalt des landesherrlichen Kirchenregiments. Zugleich freilich hat sich das reformierte Interesse an einer methodisch kontrollierten Heiligung des christlichen Lebens ekklesiologisch in der Hervorhebung der Kirchenzucht niedergeschlagen und im Bereich der Soteriologie die spezifisch reformierte Lehre vom *tertius usus legis* hervorgebracht, mit der sich der oben schon erwähnte Artikel 6 der lutherischen Konkordienformel befasst hat. Schließlich hat die Kultivierung dieses Interesses, über den sog. *syllogismus practicus* und in Verbindung mit der Lehre von der doppelten Prädestination, auch zur Etablierung jenes Arbeitsethos beigetragen, das Max Weber als religiöse Wurzel des kapitalistischen Geistes namhaft gemacht hat. Doch das ist, wie am Ende der christentumstheoretischen Vorüberlegungen bereits erwähnt, nicht das Thema dieses Beitrags. Von Interesse ist hier vielmehr die Frage, wie sich die skizzierten lutherisch-reformierten Differenzen in der politischen Ethik des 20. Jahrhunderts niedergeschlagen haben. Dieser Frage geht der folgende Unterabschnitt nach.

2.2 Zur evangelischen politischen Ethik im 20. Jahrhundert

Bisher hat sich zweierlei gezeigt:

(1) Im Reformationsjahrhundert bildeten sich konfessionsspezifisch verschiedene Varianten der Realisierung jenes Weltengagements heraus, dessen Hervorhebung als gemeinevangelischer Konsens gelten kann.

54 Vgl. Rochus Leonhardt, *Religion und Politik im Christentum. Vergangenheit und Gegenwart eines spannungsreichen Verhältnisses* (Baden-Baden: Nomos, 2017), 201 f.

(2) Die tiefgehenden Differenzen zwischen Wittenberger und Schweizer Modell sowie, innerhalb des Schweizer Modells, zwischen Zürich und Genf, haben sich zwar in den Debatten des deutschen Reformiertentums abgeschattet. Dies hat aber realgeschichtlich nicht dazu geführt, dass es im deutschen Reformiertentum vor 1918 zur institutionellen Eigenständigkeit im Sinne der Genfer Version des reformierten Protestantismus gekommen wäre.

Nach dem Ende des Ersten Weltkriegs, also nach der Kriegsniederlage, der Flucht des Kaisers und der Abdankung der Fürstenhäuser, nach der Novemberrevolution und der Ausrufung der Republik, kam es freilich auch im deutschen Protestantismus zu einer – durch die neue Lage erzwungenen – rechtlichen Verselbständigung und entsprechend einer organisatorischen Neuorientierung.[55] Die insgesamt 28 deutschen Landeskirchen mussten sich, institutionell auf sich selbst gestellt, eigene Verfassungen geben. Darin dominierte, aufs Ganze gesehen, das synodale Prinzip. Was die Frage nach der institutionellen Spitze der evangelischen Landeskirchen angeht, kam es, insbesondere in vielen lutherischen Kirchen, zur Erneuerung des Bischofsamtes, also zur Etablierung einer synodal flankierten Episkopalverfassung. Dies galt allerdings nicht für die mit knapp 19 Millionen Mitgliedern weitaus größte Landeskirche, die Evangelische Kirche der altpreußischen Union. Hier entzündete sich zwischen 1925 und 1927 an der Bischofsfrage eine heftige Debatte. Dabei standen, und hier schlagen die Differenzen der Reformationsepoche erneut durch, die Reformierten mit ihrer Vorliebe für die Presbyterialverfassung den Lutheranern als den Befürwortern des Bischofsamtes gegenüber. In diesem Streit spielten der reformierte Elberfelder Pfarrer Albert Hesse einerseits und der damalige lutherische Generalsuperintendent der Kurmark, Otto Dibelius, andererseits eine wichtige Rolle.

Allerdings: Ungeachtet dieser konfessionell bedingten Differenzen, was die sachgerechte Ausgestaltung der Kirchenverfassung angeht, bestand damals eine überwiegende gesamtprotestantische Einigkeit darüber, dass die institutionelle Eigenständigkeit der evangelischen Kirchen, an der im 16. Jahrhundert weder die Lutheraner noch die Zwinglianer ein nachhaltiges Interesse gehabt hatten, als ein hohes Gut zu gelten habe. Namentlich der eben schon erwähnte Otto Dibelius hat diese Haltung aus lutherischer Perspektive in seinem erstmals 1926 publizierten Bestseller *Das Jahrhundert der Kirche* verdeutlicht.

---

55 Vgl. Rochus Leonhardt, *Religion und Politik im Christentum* (s. Anm. 54), 311–325; Horst Dreier, *Kirche ohne König. Das Ende des landesherrlichen Kirchenregiments („Bündnis von Thron und Altar") 1918/19 unter besonderer Berücksichtigung Preußens und Württembergs* (Tübingen: Mohr Siebeck, 2020).

Mit seiner in diesem Buch enthaltenen programmatischen Feststellung: „*es gab seit Luthers Tagen im evangelischen Deutschland keine Kirche mehr!*“[56] signalisierte Dibelius: Infolge der Etablierung des landesherrlichen Kirchenregiments im Reformationsjahrhundert hat die evangelische Kirche jene Eigenständigkeit verloren, die als Voraussetzung für eine sachgerechte Erfüllung ihrer Aufgabe gelten kann. Der Einschnitt von 1918 wird daher nicht als Verlust, sondern, im Gegenteil, als Chance für einen Neubeginn verstanden. Diese Konstellation kann Dibelius regelrecht triumphalistisch begrüßen: „Die Selbständigkeit der Kirche ist da. Nicht ohne Einschränkung! Aber aufs Ganze gesehen, darf es gelten: sie ist da! Eine Kirche ist geworden. Eine selbständige evangelische Kirche! (...) Was den aufbauenden Mächten nach menschlichem Ermessen erst in langen Jahrzehnten mühseliger Arbeit hätte gelingen können, ist jetzt mit einem Schlage geworden“ (76 f.).

Die neue Situation der kirchlichen Selbständigkeit ermöglicht dann auch eine bislang ausgeschlossene „Kirchenpolitik großen Stils, die es auf die Gegnerschaft gegen die jeweilige Staatspolitik ankommen lassen“ kann (73). Die damit angedeutete Möglichkeit einer kritischen Distanz zum Staat ist für Dibelius deshalb wichtig, weil der Staat der Weimarer Republik kein christlicher Staat mehr ist, sondern sich als religiös-weltanschaulich neutral definiert. Der vor 1918 geschuldete Obrigkeitsgehorsam verliert deshalb unter den veränderten Bedingungen seine Selbstverständlichkeit: „An die Stelle der überlieferten Regierungstreue tritt eine selbständige Haltung der Kirche gegenüber den Staatsgewalten“ (76).

Diese Selbständigkeit bzw. das, was die Kirche daraus macht, kompensiert nun gerade dasjenige Defizit, das dadurch entstanden ist, dass sich der Staat jetzt als religiös-weltanschaulich neutral versteht. Wegen der mit dieser Selbstbeschränkung verbundenen rein säkularen Orientierung ist er außerstande, jene sittlichen Werte zu erzeugen, derer das Volkstum bedarf: „wo es um die letzten und höchsten Werte geht, da ist der Staat ohnmächtig. Da kann er zusammenfassen, aber er kann nicht schaffen“ (235). Das staatlich organisierte Leben der Menschen braucht aber eine sittliche Orientierung, und diese bietet nach Dibelius die Kirche. Sie *muss* sie bieten, weil der – vor 1918 vom christlichen Staat selbst noch gedeckte – „Bedarf“ an religiös-weltanschaulicher Orientierung sonst unerfüllt bliebe; sie *kann* diese Orientierung auch bieten, weil sie sich als eine institutionell eigenständige Größe manifestiert hat. Und sie ist aufgrund ihrer Tradition die einzige Größe mit der dafür erforderlichen Kompetenz: „Es gibt nur eine

56 Otto Dibelius, *Das Jahrhundert der Kirche. Geschichte, Betrachtung, Umschau und Ziele* (Berlin: Furche-Verlag, [5]1928), 29 (danach auch die weiteren Seitenangeben im Text).

Macht, die hier den Beweis des Geistes und der Kraft erbracht hat: das ist die Kirche!" (235).

Deutlich wird hier zunächst: Dass von einem eingefleischten Lutheraner die Erlangung einer institutionellen Eigenständigkeit der evangelischen Kirche so unumwunden und nachdrücklich begrüßt wird, kann in gewisser Weise als ein später Sieg des Genfer Modells im Bereich des lutherischen Protestantismus gelten – auch wenn die von Dibelius erfolgreich befürwortete Etablierung einer Bischofsverfassung zweifellos nicht im Sinne Calvins gewesen wäre. Weiterhin gilt: Ungeachtet dieser gesamtprotestantischen Einigkeit, was die Befürwortung des Faktums der kirchlichen Selbständigkeit angeht, lassen sich erneut konfessionsspezifische Differenzen erkennen, wenn es um die Frage geht, mit welcher Zielrichtung die nun mögliche autonome Kirchenpolitik der jeweiligen Staatspolitik entgegentreten soll. Um dies zu verdeutlichen, ist nachstehend kurz auf die politische Ethik des reformierten Schweizer Theologen Karl Barth einzugehen. Die Darstellung konzentriert sich auf dessen 1946 publizierten Beitrag *Christengemeinde und Bürgergemeinde*, wobei die darin enthaltenen Überlegungen konfrontiert werden mit den etwa zeitgleich (genau: 1949) publizierten Ausführungen von (wiederum) Otto Dibelius zu den *Grenzen des Staates*.[57]

Zunächst zu Karl Barth. Er hat bekanntlich seine Lehre von der Königsherrschaft Christi bewusst als Alternative zur lutherisch geprägten politischen Ethik konzipiert. Schaut man genauer hin, so handelt es sich hier um einen modernen Wiedergänger jenes im Abschnitt 2.1 für die reformierte Tradition festgestellten Interesses an einer möglichst vollumfänglichen Entsprechung der irdisch-menschlichen Rechtsverhältnisse zum Willen Gottes, eine Entsprechung, die, abweichend von der Vorstellung Zwinglis, durch Einflussnahme der institutionell eigenständigen Kirche auf den Staat erreicht werden soll. Eine wichtige Pointe von Barths Theorie lautet: „Der rechte Staat muß in der rechten Kirche sein Urbild und Vorbild haben."[58] Und die Kirche soll exemplarisch existieren, „d. h. so, daß sie durch ihr einfaches Dasein und Sosein auch die Quelle der Erneuerung und die Kraft der Erhaltung des Staates ist"[59]. Diese treffend als vormoderne Ein-Reiche-Lehre bezeichnete Doktrin[60] läuft faktisch hinaus auf eine Klerikalisierung des

---

57 Vgl. zu Barths politischer Ethik sowie zu den Differenzen zwischen Barth und Dibelius: Leonhardt, *Religion und Politik im Christentum* (s. Anm. 54), 353–362. 372–385.

58 Karl Barth, „Christengemeinde und Bürgergemeinde" (1946), in: ders., *Rechtfertigung und Recht. Christengemeinde und Bürgergemeinde. Evangelium und Gesetz* (Zürich: Theologischer Verlag, 1998), 46–80, hier 78 (Nr. 33).

59 A. a. O., 78: Nr. 33.

60 Vgl. Hartmut Kreß, *Staat und Person. Politische Ethik im Umbruch des modernen Staates*. Ethik – Grundlagen und Handlungsfelder 10 (Stuttgart: Kohlhammer, 2018), 42–46.

Politischen und die abgenötigte „Selbstbeugung des Staates unter das göttliche Wort", von der Troeltsch im oben angeführten (in Anm. 53 nachgewiesenen) Zitat im Blick auf Calvins Genf gesprochen hat; historisch hat die Lehre von der Königsherrschaft Christi überdies „jene Politisierung der evangelischen Kirche vor[bereitet], die charakteristisch für Nachkriegsdeutschland werden sollte".[61]

Nun zu Dibelius. Dieser hat, ähnlich wie Luther, an der kategorialen Differenz von Rechtfertigungslehre und theologischer Ethik festgehalten. Dies wirkt sich bei ihm so aus, dass er das – wie eben gesehen bei Barth akute – Ideal einer Verchristlichung des Staates *nicht* vor Augen hat. Im Blick auf das Verhältnis zwischen Kirchenpolitik und Staatspolitik hatte er bereits 1926 festgestellt: „Vertrauensvolle Zusammenarbeit zwischen Staat und evangelischer Kirche – das ist es, was aus dem Wesen beider Mächte heraus gefolgert werden muß".[62] In der kleinen Schrift von 1949 wird dann ein Aspekt besonders hervorgehoben, der 1926 nur eine untergeordnete Rolle gespielt hatte, nämlich die Identifikation von Staat und Macht. Dibelius begreift die Entwicklung von Staatlichkeit in der Moderne teleologisch: Es „landen alle Staaten schließlich beim Totalstaat".[63] Die Ausdehnung der Aufgaben, Zuständigkeiten und Machtbefugnisse der Staaten „schreitet immer weiter fort. (...) Am Ende dieser Entwicklung (...) kann nichts anderes stehen als der totalitäre Staat" (68). Dies hat desaströse Konsequenzen: „Die Freiheit des Einzelnen wird immer mehr zugunsten des Staates (...) eingeschränkt. Der Staat (...) triumphiert über den Menschen" (69). Die skizzierte Entwicklung vollzieht sich nach Dibelius unterschiedslos in *allen* Staaten. Das bekannte Augustin-Wort, wonach Reiche ohne Gerechtigkeit nur große Räuberbanden seien (De civitate Dei 4,4), muss daher nach Dibelius durchaus auch auf die demokratischen Staaten der sog. freien Welt bezogen werden.

In dieser Situation kommt nach Dibelius der Kirche als der „Lebensform des [sc. christlich-] religiösen Glaubens" eine eminente politische Bedeutung zu: Sie ist das einzige Korrektiv in der Entwicklung zum Totalstaat, „das erste, feste Bollwerk gegen die Tyrannei der staatlichen Gewalt. Sie ist (...) der Hort der menschlichen Freiheit" (86). Dabei ist entscheidend, dass die Kirche als Sachwalterin menschlicher Freiheit darauf bedacht sein wird, dem Staat Konzessionen abzuringen, die den Christen und Bürgern Freiheitsräume sichern. Das Mittel dazu ist nicht die Subordination des Staates; dabei handelt es sich um den römisch-katholischen Weg (hier ist hinzuzufügen: zugleich um den calvinistischen und auch von Karl Barth vorgezeichneten Weg). Das Mittel dazu ist auch nicht die

---

61 Arnulf von Scheliha, *Protestantische Ethik des Politischen* (Tübingen: Mohr Siebeck, 2013), 187.

62 Dibelius, *Das Jahrhundert der Kirche* (s. Anm. 56), 237.

63 Otto Dibelius, *Grenzen des Staates* (Berlin: Wichern Verlag, 1949), 37 (danach auch die weiteren Seitenangeben im Text).

unbedingte Anerkennung der staatlichen Priorität durch die Kirche; diese Variante kennzeichnet Dibelius als den Weg der Deutschen Christen. Doch auch eine radikale Trennung ist undurchführbar. Realistisch ist nach Dibelius einzig der *Weg des Kompromisses*, in dem die staatlichen *Macht*interessen permanent mit den von der Kirche vertretenen *Freiheits*interessen der Menschen abgeglichen werden (vgl. 83 f.).

Es ist deutlich geworden, dass sich die bereits im 16. Jahrhundert erkennbaren innerprotestantischen Differenzen in Sachen Weltengagement (vgl. 2.1) auch in einschlägigen Positionierungen nach dem Ende des landesherrlichen Kirchenregiments – also im Horizont der institutionellen Eigenständigkeit der evangelischen Kirche – nachweisen lassen. Konkret: Barth und Dibelius sind einig darüber, dass der Staat etwas nicht kann, was die Kirche leisten muss. Aus dieser gemeinsamen Überzeugung leitet Barth die Forderung einer weitgehenden Ausrichtung staatlichen Handelns an den kirchlicherseits favorisierten christlichen Lebensidealen ab. Dibelius ist hier zurückhaltender; er plädiert (1926) für eine vertrauensvolle Zusammenarbeit zwischen Staat und evangelischer Kirche und verweist (1949) auf den Weg des Kompromisses, mittels dessen staatliche Machtinteressen mit jenen humanen Freiheitsinteressen abzugleichen sind, als deren Anwalt er die Kirche versteht.

3 „Öffentliche Theologie" als Katalysator für protestantische Religionsvergessenheit

Die am Ende von Abschnitt 1 referierte Kritik von Ulrich Körtner an dem, was der Wiener Theologe als von der EKD verantworteten politischen Aktionismus bezeichnet hat, zielt implizit auf jene sozialethische Konzeption, die das Fundament dieses Aktionismus bildet. Dabei handelt es sich um die sog. Öffentlichen Theologie, deren kritischer Taxierung dieser Abschnitt gewidmet ist.[64]

Der Begriff der Öffentlichen Theologie spielt seit geraumer Zeit sowohl in der deutschsprachigen Fachdebatte als auch im kirchlichen Kontext eine Rolle. Dabei ist zunächst auf die seit 1993 von Wolfgang Huber (seit 2009 gemeinsam mit Heinrich Bedford-Strohm) herausgegebene gleichnamige Buchreihe zu verweisen, die in der Evangelischen Verlagsanstalt Leipzig erscheint und inzwischen (Stand: Mai 2021) 41 Bände umfasst. Ferner liegt eine (in der erwähnten Buchreihe er-

64 Vgl. zum Folgenden: Rochus Leonhardt, „Evangelische Spiritualität und Prophetie" in: *Handbuch Evangelische Spiritualität*, Bd. 2: *Theologie*, hg. v. Peter Zimmerling (Göttingen: Vandenhoeck und Ruprecht, 2018), 566–590, bes. 579 ff.

schienene) begriffsgeschichtlich fundierte Profilierung dessen vor, was dieses Paradigma im deutschsprachigen Kontext bedeuten kann;[65] ebenso wurde bereits eine Sammlung von Grundtexten zur Öffentlichen Theologie publiziert.[66] Schließlich aber – last but not least – steht das Konzept der Öffentlichen Theologie seit der Wahl von Bedford-Strohm zum EKD-Ratsvorsitzenden am 11. November 2014 auch im Hintergrund vieler gesellschaftsrelevanter Verlautbarungen des kirchenamtlichen Protestantismus – ebenso wie mancher seiner Aktivitäten (Rettungsschiff-Initiative). Derselbe Bedford-Strohm war es auch, der durch die Gründung der Bamberger „Dietrich-Bonhoeffer-Forschungsstelle für Öffentliche Theologie" (DBFÖT; 2008) sowie durch die Installation des Masterstudiengangs „Öffentliche Theologie/Public Theology" an der Universität Bamberg (2010) seinem Verständnis von Öffentlicher Theologie eine Reputation im wissenschaftlichen Fachdiskurs zu erwerben und zu sichern versucht hat. Diesem Hinweis entspricht die Feststellung, nach der mit Bedford-Strohm „in Deutschland eine neue Phase Öffentlicher Theologie" begonnen habe, „die von einer Kontextualisierung und Institutionalisierung der Debatte geprägt ist".[67]

Was die inhaltliche Orientierung der Öffentlichen Theologie angeht, so sind vor allem drei Aspekte von Bedeutung.

Zunächst steht speziell die deutsche Ausprägung der sog. Öffentlichen Theologie für „einen sich einmischenden Protestantismus, der die politischen und ethischen Streitfragen der Zivilgesellschaft im Lichte religiöser und theologischer Traditionen reflektiert."[68] – Insofern kommt in dieser sozialethischen Konzeption in spezifischer Weise der (in Abschnitt 2.1 als genuin protestantisch aufgewiesene) Grundsatz zum Ausdruck, dem zufolge das christenmenschliche Leben von Weltengagement getragen sein soll.

Weiterhin wird dieses Weltengagement, angelehnt an die Programmatik der lateinamerikanischen Befreiungstheologie, durch die Betonung eines „Vorrangs für die Armen" konkretisiert, eine Formulierung, die titelgebend war für die zuerst 1993 erschienene Heidelberger Dissertation von Heinrich Bedford-Strohm.[69] Es

---

65 Vgl. Florian Höhne, *Öffentliche Theologie. Begriffsgeschichte und Grundlagen.* Öffentliche Theologie 31. (Leipzig: Evangelische Verlagsanstalt, 2015).

66 Florian Höhne, Frederike van Oorschot, Hg., *Grundtexte Öffentliche Theologie* (Leipzig: Evangelische Verlagsanstalt, 2015).

67 Höhne/van Oorschot, Hg. *Grundtexte Öffentliche Theologie* (s. Anm. 66), 30.

68 Christian Albrecht, Reiner Anselm, *Öffentlicher Protestantismus. Zur aktuellen Debatte um gesellschaftliche Präsenz und politische Aufgaben des evangelischen Christentums.* Theologische Studien – Neue Folge 4 (Zürich: Theologischer Verlag, 2017), 27.

69 Vgl. Heinrich Bedford-Strohm, *Vorrang für die Armen. Auf dem Weg zu einer theologischen Theorie der Gerechtigkeit (1993)*, Öffentliche Theologie 4 (Leipzig: Evangelische Verlagsanstalt, 2018).

geht dabei um eine sowohl biblisch-theologisch fundierte als auch säkular-philosophisch plausible und schließlich realisierungsfähige Konturierung des Begriffs der sozialen Gerechtigkeit.

Schließlich versteht sich die Öffentliche Theologie – im Unterschied zur lateinamerikanischen Befreiungstheologie mit ihrer oftmals fundamentalen Frontstellung gegen *undemokratische* politische Rahmenbedingungen – ausdrücklich als Befreiungstheologie für eine *demokratische* Gesellschaft. Sie wendet sich deshalb nicht *gegen*, sondern *an* die politischen Verantwortungsträger mit dem erklärten Ziel, „in gesellschaftlichen Grundfragen Orientierung zu geben und dabei Ressourcen der Kommunikation zu erarbeiten, die religiöse Orientierungen in den Diskurs in pluralistischen Gesellschaften einzubringen helfen“[70]. – Hier steht ersichtlich die (in Anschnitt 2.2 dargestellte) Auffassung im Hintergrund, dass im säkularen und religiös-weltanschaulich neutralen (also nach-konstantinischen) Staat die organisatorisch eigenständige Kirche zuständig ist für jene sittliche Orientierung, die der Staat weder leisten kann noch leisten wollen sollte.

Die nun zu formulierende Kritik an der Öffentlichen Theologie knüpft an den zuletzt genannten Punkt an und stellt die Frage, wie genau in dieser Theorie die Erbringung der Orientierungsleistung vorgestellt wird und welche Folgen sich daraus für das Verhältnis von Glaubensinnerlichkeit und Weltengagement ergeben. Dabei wird auf einen Gedanken Bezug genommen, den der Münchener Theologe Reiner Anselm formuliert hat. In Anselms Überlegung geht es um die Voraussetzung, die hinter der kirchenamtlichen positiven Einschätzung der Bonner Republik steht, zu der der deutsche Protestantismus nach 1945 schließlich gelangt ist und die sich programmatische in der sog. Demokratie-Denkschrift der EKD von 1985 niedergeschlagen hat.[71] Diese Voraussetzung bildete, so Anselm, die staatliche Anerkennung der Kirchen „als maßgebliche Instanzen für die sittliche Grundierung von Recht und Politik“ und damit als diejenigen gesellschaftlichen Akteure, „die dem politischen System Legitimität verschaffen und für die moralische Orientierung zuständig sind.“[72] Dieses Selbstverständnis sahen

---

70 Heinrich Bedford-Strohm, „Öffentliche Theologie und politische Verantwortung“ in: *Religion im öffentlichen Raum*, hg. v. Karlies Abmeier, Michael Borchard und Matthias Riemenschneider. Religion – Staat – Gesellschaft 1 (Paderborn: Verlag Ferdinand Schöningh, 2013), 27–39, hier 28 f.

71 Vgl. *Evangelische Kirche und freiheitliche Demokratie. Der Staat des Grundgesetzes als Angebot und Aufgabe. Eine Denkschrift der Evangelischen Kirche in Deutschland (1985)* (Gütersloh: Gütersloher Verlagshaus, [4]1990): https://www.ekd.de/ekd_de/ds_doc/evangelische_kirche_und_freiheitliche_demokratie_1985.pdf (Zugriff am 10.05.2021).

72 Reiner Anselm, „Die Elitendemokratie überwinden. Zur Aufgabe der Kirchen in der Demokratie“ in: Reiner Anselm, Christian Albrecht, *Differenzierung und Integration. Fallstudien zu Präsenzen und Praktiken eines Öffentlichen Protestantismus* (Tübingen: Mohr Siebeck, 2020), 41–58. 223, hier 41.

die Kirchen gedeckt durch eine bestimmte Interpretation des sog. Böckenförde-Theorems, jenes in mehreren Kontexten bis zum Überdruss strapazierten Diktums des 2019 verstorbenen katholischen Rechtsphilosophen Ernst-Wolfgang Böckenförde, dem zufolge der *„freiheitliche, säkularisierte Staat* (...) *von Voraussetzungen* [lebt], *die er selbst nicht garantieren kann*“[73]: Für die Sicherstellung der nicht vom Staat garantierbaren vorstaatlichen Voraussetzungen der freiheitlich-säkularisierten Rechtsordnung seien, so die erwähnte Deutung, die Kirchen zuständig. Diese wollen, wie es im gemeinsamen Sozialwort der EKD und der Deutschen Bischofskonferenz von 1997 heißt, nicht selbst Politik machen, sondern Politik möglich machen – und konkret die Voraussetzungen für eine Politik schaffen, die sich an den Maßstäben der Solidarität und Gerechtigkeit orientiert.[74] – Wenn diese Formulierung

> besagen soll, dass sich die Kirchen an der politischen Meinungsbildung beteiligen wollen und sich dazu vom Evangelium her beauftragt sehen (...), geht der Satz theologisch in Ordnung. Aber der Anspruch, Politik allererst möglich zu machen, geht doch über das Bekenntnis zur politischen Dimension des Evangeliums hinaus. Wörtlich genommen bedeutet der Satz, dass ohne die Kirchen kein Staat zu machen ist. Darin aber liegt eine Maßlosigkeit des eigenen Geltungsanspruchs, die in einem säkularen demokratischen Rechtsstaat nicht nur demokratietheoretisch, sondern auch theologisch zurückzuweisen ist.[75]

Die hier formulierte Kritik hat Reiner Anselm weitergeführt: Bei einer demokratischen Ordnung, die der moralischen Orientierung durch die Kirchen bedürftig ist, handele es sich lediglich um „eine spezifische Form der Elitendemokratie, bei

---

73 Ernst-Wolfgang Böckenförde, „Die Entstehung des Staates als Vorgang der Säkularisation (1964/1967)“ in: Ders., *Recht, Staat, Freiheit. Studien zur Rechtsphilosophie, Staatstheorie und Verfassungsgeschichte. Erweiterte Ausgabe* (Frankfurt a. M.: Suhrkamp, [6]2016), 92–114, hier 112. Böckenförde fährt fort: „Das ist das große Wagnis, das er, um der Freiheit willen, eingegangen ist. Als freiheitlicher Staat kann er einerseits nur bestehen, wenn sich die Freiheit, die er seinen Bürgern gewährt, von innen her, aus der moralischen Substanz des einzelnen und der Homogenität der Gesellschaft, reguliert. Anderseits kann er diese inneren Regulierungskräfte nicht von sich aus, das heißt mit den Mitteln des Rechtszwanges und autoritativen Gebots, zu garantieren suchen, ohne seine Freiheitlichkeit aufzugeben und – auf säkularisierter Ebene – in jenen Totalitätsanspruch zurückzufallen, aus dem er in den konfessionellen Bürgerkriegen herausgeführt hat“ (a. a. O., 112f.). Vgl. zur Deutungsgeschichte des Böckenförde-Diktums Horst Dreier, *Staat ohne Gott. Religion in der säkularen Moderne* (München: C.H. Beck 2018), 189–214, bes. 199–208.

74 *Für eine Zukunft in Solidarität und Gerechtigkeit. Wort des Rates der Evangelischen Kirche in Deutschland und der Deutschen Bischofskonferenz zur wirtschaftlichen und sozialen Lage in Deutschland* (Hannover: Kirchenamt der EKD, 1997), 7: https://www.ekd.de/ekd_de/ds_doc/sozialwort_1997.pdf (Zugriff am 10. 05. 2021).

75 Ulrich H. J. Körtner, *Für die Vernunft. Wider die Moralisierung und Emotionalisierung in Politik und Kirche* (Leipzig: Evangelische Verlagsanstalt, 2017), 64.

der es darum geht, dem Wankelmut, Individualismus und auch der Irrationalität der Wähler die orientierungsstiftende Kraft der eigenen Soziallehre entgegenzuhalten". Diese elitendemokratische Haltung der Kirchen hätte dazu geführt, dass sie sich „eher als moralische Letztinstanzen denn als gleichberechtigte Akteure im demokratischen Wettstreit" sehen und „für sich einen gewissen moralischen Paternalismus [reklamieren], indem sie in Anspruch nehmen, zu wissen und darüber zu wachen, was das moralisch richtige Verhalten ist".[76] In diesem Sinne – und im Kontext einer expliziten Kritik der Öffentlichen Theologie – hat Anselm in einer gemeinsam mit seinem praktisch-theologischen Kollegen Christian Albrecht publizierten Schrift diesen moralischen Paternalismus der Kirchen in einen Zusammenhang gebracht mit der für die Öffentliche Theologie spezifischen Auffassung vom Öffentlichkeitsanspruch des Evangeliums, die erkennbar an der zweiten These der *Barmer Theologischen Erklärung* orientiert ist.[77] Danach gilt: „Die Kirche ist nicht ein privater Verein zur Pflege der Seelen, sondern Organ des göttlichen Anspruchs auf das ganze Leben in der Welt."[78] – Es ist nicht überraschend, dass ein von diesem Selbstbild geprägter sich einmischender Protestantismus im Vollzug seiner Einmischung dazu tendiert, jene Klerikalisierung der Politik zu forcieren, die Ernst Troeltsch, bezogen auf Calvins Agieren in Genf, als Beförderung einer „Selbstbeugung des Staates unter das göttliche Wort" (vgl. Anm. 53) namhaft gemacht hat. Die gegenwärtige Öffentliche Theologie verfügt denn auch über eine (mit dem Begriff der „Zweisprachigkeit" bezeichnete[79]) Strategie, die dazu dient, diese Selbstbeugung als dem staatlichen Eigeninteresse entsprechend zu erweisen; sie zielt nämlich darauf, „zu demonstrieren, dass das Christliche das politisch Vernünftige und Richtige ist".[80] Insofern erheben die kirchlicherseits propagierten (und an politische Verantwortungsträger kommu-

---

76 Anselm, „*Die Elitendemokratie überwinden*" (s. Anm. 72), 42. Die zitierten Formulierungen von Anselm erinnern an die von Friedrich Wilhelm Graf immer wieder vorgetragene Kritik, die zuerst in der 1988 publizierten erweiterten Fassung seiner Habilitationsvorlesung von 1986 entfaltet worden ist; vgl. Friedrich Wilhelm Graf, „Vom Munus Propheticum Christi zum prophetischen Wächteramt der Kirche? Erwägungen zum Verhältnis von Christologie und Ekklesiologie." *ZEE* 32 (1988), 88–106.

77 Der Text der zweiten These lautet: „Wie Jesus Christus Gottes Zuspruch der Vergebung aller unserer Sünden ist, so und mit gleichem Ernst ist er auch Gottes kräftiger Anspruch auf unser ganzes Leben; durch ihn widerfährt uns frohe Befreiung aus den gottlosen Bindungen dieser Welt zu freiem, dankbarem Dienst an seinen Geschöpfen", vgl. https://www.ekd.de/Barmer-Theologische-Erklarung-Thesen-11296.htm (Zugriff am 10.05.2021).

78 Albrecht/Anselm, *Öffentlicher Protestantismus* (s. Anm. 68), 28.

79 Vgl. Leonhardt, „*Evangelische Spiritualität und Prophetie*" (s. Anm. 64), 585.

80 Albrecht/Anselm, *Öffentlicher Protestantismus* (s. Anm. 68), 32.

nizierten) christlichen Moralmaßgaben den Anspruch schlechthinniger Normativität und Alternativlosigkeit.

Diese Strategie ist insbesondere dann erfolgreich, wenn die politischen Debatten selbst zunehmend moralisch aufgeladen sind. Und dies ist derzeit tatsächlich der Fall. Diese Behauptung einer anschwellenden Moralisierung des Politischen kann hier nicht eingehend begründet werden, einige Hinweise müssen genügen.

> Die Lebensbereiche dehnen sich aus, in denen wir, statt informiert, zur Ordnung gerufen werden. Für die Migrationspolitik, zum Beispiel, galt das bekanntlich über etliche Jahre hinweg, und die Debatten über den guten und zweifelhaften Sinn der Unionisierung Europas sind bis heute gleichfalls, statt von Interessen und Zweckmäßigkeiten geleitet zu sein, an die Kette vermeintlich erörterungsunbedürftiger Höchstwerte gelegt.

Beim vorstehenden Zitat handelt es sich um eine Passage aus dem Vorwort, das der Philosoph Hermann Lübbe der 2019 erfolgten Neupublikation seines erstmals 1987 publizierten Büchleins *Politischer Moralismus* beigegeben hat.[81] Die Neupublikation spiegelt die Aktualität des vom Zürcher Philosophen bereits vor etwa dreieinhalb Jahrzehnten traktierten Themas. Denn in der Tat breitet sich auch gegenwärtig (wieder) eine „moralisierende, nämlich gegnerische Personen oder Gruppen disqualifizierende Form der politischen Auseinandersetzung aus." Beschrieben wird diese Art des politischen Streits bei Lübbe so:

> Statt der Ansicht und Absicht des politischen Gegners mit Sachargumenten oder auch mit moralischen Argumenten zu widersprechen, qualifiziert man moralisierend die Person dieses Gegners und gibt sich öffentlich erstaunt oder empört, was für einer er doch sei. Statt eine Ansicht zu tadeln, tadelt man, sie zu haben, und statt eine Ansicht zu rügen, erklärt man, hier sehe man doch, um wen es sich handelt.[82]

Gegenwärtig wird die „enge Verzahnung von Politik und Moral" gelegentlich im Feuilleton beklagt;[83] Deutschland, so die Diagnose, sei „zurzeit ein moralisch aufgedunsenes Land", eine Situation, die befördert wurde durch „die jahrelange Politik-Verzwergung und -Verschleppung der großen Koalition".[84] Schließlich hat

81 Herrmann Lübbe, *Politischer Moralismus. Der Triumph der Gesinnung über die Urteilskraft* (entstanden 1984, erstmals publiziert 1987) (Münster: Lit, 2019), 5.

82 A. a. O., 54 f.

83 Malte Lehming, *Die Moralisierung des Alltags (17. März 2019):* https://www.tagesspiegel.de/kultur/klimaschutz-und-korrektes-verhalten-die-moralisierung-des-alltags/24111838.html (Zugriff am 10.05.2021).

84 Bernd Ulrich, *Weniger Moral, mehr Politik! (9. September 2018):* https://www.zeit.de/2018/37/moral-hypermoral-ideologiekritik-arnold-gehlen/komplettansicht (Zugriff am 10.05.2021).

der Philosoph und Publizist Alexander Grau in einer kleinen Schrift die zunehmende Kontamination der westlichen Wohlstandsgesellschaften durch einen „Hypermoralismus" beklagt, der als „der intellektuelle Überbau zur wirtschaftlichen Globalisierung" fungiert und sich selbst versteht als die „letzte Phase menschlicher Moralentwicklung, in der sich die Menschheit endgültig zum zeitlos Guten emporschwingt – zum weltweiten Edelmenschentum". Entscheidend ist für diesen Hypermoralismus zunächst der programmatische Verzicht auf jede „Abstufung der Verantwortung oder Nuancierung der normativen Geltung" („Nunmehr ist jeder mein Nächster, auch wenn er nicht mein Nächster ist.") ebenso wie die kultivierte Ignoranz im Blick auf „zeitliche und historische Divergenzen" (greifbar in der verbreiteten Wahrnehmung der Kulturgeschichte als „Hort von Diskriminierung, Sexismus und Imperialismus").[85] Darüber hinaus reklamiert er für seinen Standpunkt Alternativlosigkeit – mit den erwartbaren Exklusionsfolgen: „Wer den moralistischen Inhalten und Wertevorstellungen widerspricht, dem wird seine persönliche Autonomie und Urteilskraft abgesprochen".[86] In der spätmodernen Massenmediengesellschaft wird nach Grau auch der politische Betrieb von dieser Dynamik erfasst: „Jeder (...) möchte ein Guter sein. Zumal Politiker, die gewählt werden wollen. (...) Also geben sich Politiker human und mitfühlend. (...) Nicht das Sachargument zählt und die kühle Expertise, sondern Empathie und das große Herz".[87]

Die Verbindung zwischen der zuletzt skizzierten (wieder neu) verbreiteten Neigung zu politischem Moralismus einerseits und einer auf Klerikalisierung der Politik abstellenden evangelisch-theologischen Sozialethik andererseits führt plausiblerweise zu einer Mesalliance zwischen der Öffentlichen Theologie und jenen politischen Tendenzen, Richtungen und Parteien, deren Programmatiken mit den kirchlicherseits formulierten christlichen Moralmaßgaben gut kompatibel sind. Diese Konstellation hat dann zur Folge, dass (nur noch) bestimmte politische Positionierungen als christlich möglich und geboten gelten – und zwar ausgerechnet die hypermoralisch kontaminierten. Diese politischen Positionierungen werden sogar tendenziell sakralisiert: Indem die Öffentliche Theologie für ihre konkreten *politischen* Stellungnahmen *religiöse* Gewissheitsgründe in Anspruch nimmt, setzt sie sich dem Verdacht aus, jene *politischen* Überzeugungen, aus denen diese Stellungnahmen resultieren, religiös zu überhöhen.[88] *Damit wird die Klerikalisierung des Politischen in eine Politisierung des Klerikalen überführt.*

85 Alexander Grau, *Hypermoral. Die neue Lust an der* Empörung (München: Claudius, ²2010), 50–55.

86 A.a.O., 46.

87 A.a.O., 120f.

88 Vgl. Albrecht/Anselm, *Öffentlicher Protestantismus* (s. Anm. 68), 32.

Denn die christliche Sozialethik fädelt sich mit ihrer Tendenz zur Sakralisierung bestimmter politische Positionierungen so in die Logik des Politischen ein, dass es zu einer „Gleichsetzung von Glaubenswahrheit und politischer Einstellung“[89] kommt. Und diese Gleichsetzung führt schließlich zur (im Fall von christlichen AfD-Sympathisanten teilweise auch explizit gemachten[90]) kirchlichen Ausgrenzung von Menschen mit nicht quasi-sakralisierten politischen Auffassungen (unter anderem zu Migration und Klimaschutz).

Die Überschrift sowohl des gesamten Beitrags als auch dieses Abschnitts enthält, bezogen auf jenen kirchlichen Aktionismus, als dessen sozialethischer Hintergrund die Öffentliche Theologie gelten kann, das Wort „Religionsvergessenheit“. Was damit gemeint ist, soll nun abschließend verdeutlicht werden; dies geschieht im Rückgriff auf die christentumstheoretischen Vorbemerkungen aus Abschnitt 1.

Zur Signatur des Christentums gehört, so hatte Friedell betont, eine namentlich bei Jesus greifbare Weltfremdheit bzw. Weltdistanz im Sinne einer Gleichgültigkeit gegenüber den normativen Ansprüchen der weltlichen Kultur und des humanen Ethos. Letztere sind, im Sinne der jesuanischen und frühchristlichen eschatischen Orientierung, wie „alles Menschengeschaffene bis zur Lächerlichkeit gleichgültig“.[91] Und noch im Blick auf Paulus kann – das „Haben als hätte man nicht“ (vgl. 1Kor 7,29–31) mag dies exemplarisch zeigen – von einer „Distanz zum Faktischen“ gesprochen werden, von einer „Freiheit von den bisherigen identitätsstiftenden Mustern der (...) sozialen und religiösen Sphäre“.[92] Allerdings, dies hat namentlich Ernst Troeltsch hervorgehoben, verband sich bereits bei Paulus mit dieser Weltdistanz eine konservative, auf Bewahrung der vorgegebenen weltlichen Lebensordnungen orientierte Tendenz: „der herbe Radikalismus weicht (...) den Kompromissen mit einer von der Welt geforderten

89 Arnulf von Scheliha, „Rechtspopulismus als Herausforderung für die protestantische Ethik des Politischen“ in: *Religionspolitik. Beiträge zur politischen Ethik und zur politischen Dimension des religiösen Pluralismus* (Tübingen: Mohr Siebeck 2018), 341–364, hier 343.

90 Vgl. zur politischen Einordnung der mit den parlamentarischen Erfolgen der AfD gegebenen Herausforderung sowie zum Verhältnis von Protestantismus und Rechtspopulismus: Rochus Leonhardt, „Die politische Kultur Deutschlands im Schatten des Rechtspopulismus“ in: Johann Hinrich Claussen, Martin Fritz, Andreas Kubik, Rochus Leonhardt, Arnulf von Scheliha, *Christentum von rechts. Theologische Erkundungen und Kritik* (Tübingen: Mohr Siebeck, 2021) 147–189. 222–228.

91 Friedell, *Kulturgeschichte der Neuzeit* (s. Anm. 1), 338.

92 Samuel Vollenweider, *Freiheit als neue Schöpfung. Eine Untersuchung zu Eleutheria bei Paulus und in seiner Umwelt*, Forschungen zur Religion und Literatur des Alten und Neuen Testaments 147 (Göttingen: Vandenhoeck und Ruprecht, 1989), 217.

Verständigkeit".[93] Mit dem Stichwort „Kompromiss" ist hier angesprochen das für das Christentum seit seinem – hier nicht näher zu beschreibenden – Arrangement mit der hellenistisch-griechischen Kultur typische „Oscillieren zwischen dem rein religiösen Ideal der Herzensreinheit und Bruderliebe, in dem das natürliche Leben gleichgiltig wird, und den innerweltlichen Idealen einer Beherrschung, Läuterung und Erhöhung der natürlichen Welt".[94]

Die beschriebene Konstellation wurde durch die Etablierung der reformatorischen Berufsethik in spezifischer Weise modifiziert. Luthers Bruch mit der tradierten Auffassung, „daß es Gott besonders wohlgefällig sei, die in der Schöpfung gesetzten Kräfte und Gaben nicht zu gebrauchen",[95] hatte eine Ablehnung der monastischen Weltflucht und, im Gegenzug, eine „Zuversicht zu den irdischen Ordnungen"[96] zur Folge, die jetzt als genuines Betätigungsfeld der christlichen Nächstenliebe galten. Nach Friedell hat nun, wie in Abschnitt 1 gezeigt, das sich aus Luthers „Bekehrung zur Welt" ergebende praktische Christentum schließlich „zu einer Art Werkheiligkeit"[97] und damit zu einer religionsvergessenen Selbsthingabe des Christen an die „unheilige[n] Dinge" dieser Welt geführt.[98] Die hier behauptete Religionsvergessenheit beruhte darauf, dass die irdisch-weltlichen Ordnungen („Staat und Wirtschaft, Beruf und Erwerb, Gesellschaft und Familie") aufgrund ihrer Verwurzelung im Willen des Schöpfers „in Bausch und Bogen göttlich gesprochen" wurden.[99]

Gegen Luther selbst wird man diesen Vorwurf allerdings nicht wenden können. Denn das vom Reformator zweifellos betonte „Recht der natürlichen Lebensordnung" war für ihn mitnichten „ein selbständiges Ideal". Vielmehr gilt:

> Wie jeder ernste Christ war er eschatologisch gestimmt und wartete auf den Tag, da die Welt vergeht mit ihrer Lust, ihrem Leid *und ihren Ordnungen*. In ihr treibt doch fort und fort der leibhaftige Teufel sein verwegenes und verführerisches Spiel: darum kann es in ihr niemals wirklich besser werden. [Daher ist Luther] weit davon entfernt gewesen, den religiösen Menschen, den Menschen des Glaubens, heimisch und zufrieden zu machen in dieser Welt und ihm etwa zu sagen, dass er am Bau des Reiches Gottes auf Erden in dienender Liebe sein Genüge und sein Ideal finden soll. Nein – der Christ wartet im Glauben auf die herrliche Erscheinung des Reiches Christi, in der seine eigene Herrschaft über alle Dinge offenbar

---

93 Ernst Troeltsch, *Die Soziallehren der christlichen Kirchen und Gruppen (1912)*. Bd. 1, *Gesammelte Schriften* (Tübingen: Mohr Siebeck, ³1923), 69.

94 A. a. O., 172.

95 von Harnack, *Das Wesen des Christentums* (s. Anm. 7), 157,16 f. (15. Vorlesung).

96 A. a. O., 157,29 f.

97 Friedell, *Kulturgeschichte der Neuzeit* (s. Anm. 1), 301.

98 A. a. O., 340.

99 Ebd.

> werden wird; unterdess *muss* er in dieser Zeitlichkeit in der Liebe ein Knecht sein und die Last seines Berufs tragen.[100]

Mit anderen Worten: In Luthers Religiosität war, ungeachtet seiner berufsethischen Innovation, die jesuanisch-paulinische Weltdistanz noch lebendig, die gegen jene Tendenz zur Sakralisierung des Kontingenten steht, die sich in der Kirchengeschichte vielfach feststellen lässt und die, wie zuletzt gesehen, auch die Öffentliche Theologie prägt. Dagegen war die von Luther avisierte „Heiligung des Weltlebens"[101] immer von der Überzeugung begleitet, dass „keine bestimmte geschichtliche Gestalt sozialen Lebens für verbindlich" erklärt werden kann,[102] eine Überzeugung, die einer „Gleichsetzung von Glaubenswahrheit und politischer Einstellung" klar widerspricht.[103]

Allerdings wird man gegenwärtig die christliche Weltdistanz im Gegensatz zu Luther (jedenfalls ganz überwiegend) nicht mehr gewinnen durch die Hoffnung „auf den Tag, da die Welt vergeht". Anders gesagt: Das protestantisch-christliche Weltengagement, auch wenn es sich, wie in der Öffentlichen Theologie, manifestiert als Theorie eines einmischenden Protestantismus, kann heute plausibler Weise nicht ohne weiteres im Namen eines *eschatologischen* Vorbehalts traditionellen Zuschnitts kritisiert werden. Allerdings sieht sich eine auf moralisch-politische Parteinahme orientierte evangelische Sozialethik zunächst, wie auch ihre säkularen Analoga, mit einem *pragmatischen* Vorbehalt konfrontiert. Gemeint ist die unvermeidbare Ambivalenz des Moralischen überhaupt, also die damit im Faktum der menschlichen (und damit unvermeidbar endlichen) Freiheit verwurzelte Unfähigkeit zu moralischer Perfektion – einschließlich der Insuffizienz im Blick auf die Schaffung schlechthin idealer gesellschaftlicher Zustände.[104] Von besonderer *theologischer* Bedeutung ist darüber hinaus ein *rechtfertigungstheologischer* Vorbehalt. Weil sich nach reformatorischer Überzeugung – im Sinne der

---

100 von Harnack, *Lehrbuch der Dogmengeschichte*, Bd. 3 (s. Anm. 21), 831. Harnack hat diese Feststellung mit einer Kritik an der Auffassung von Albrecht Ritschl zur Bedeutung der Reformation verbunden; dieser habe „die eschatologische Richtung Luthers (...) nicht genügend gewürdigt." (a.a.O., Anm. 1).

101 Ernst Troeltsch, *Glaubenslehre. Nach Heidelberger Vorlesungen aus den Jahren 1911 und 1912. Mit einem Vorwort von Martha Troeltsch* (München, Leipzig: Duncker und Humblot, 1925), 186.

102 Stegmann, *Luthers Auffassung vom christlichen Leben* (s. Anm. 39), 384.

103 von Scheliha, *„Rechtspopulismus"* (s. Anm. 89), 343.

104 Dazu mehr in Rochus Leonhardt, *Ethik*. Lehrwerk Evangelische Theologie 6 (Leipzig: Evangelische Verlagsanstalt, 2019), 292–300. Der diesen pragmatischen Vorbehalt nicht berücksichtigende „Glaube, der Mensch sein (...) perfektibel", wird auch aus der Sicht des etwa von Otfried Höffe vertretenen aufgeklärten Liberalismus bestritten; vgl. Otfried Höffe, *Kritik der Freiheit. Das Grundproblem der Moderne*, München: C.H. Beck, 2015), 114.

Unterscheidung von Person und Werk – das Urteil Gottes über den Menschen nicht an dessen Wohltaten und/oder Untaten festmachen lässt, kann es keine evangelisch-christliche Ethik geben, die bestimmte Handlungsoptionen als in besonderer Weise glaubenskompatibel auszeichnet. Eine solche Auszeichnung ist insbesondere dann zu hinterfragen, wenn sie sich ergibt aus der oben als gegenwartsakut diagnostizierten Verbindung einer politisierenden Sozialethik mit einer moralisierenden Politik. Denn dabei wird – in Gestalt der festgestellten Sakralisierung des hypermoralischen Edelmenschentums – die kontingente „Marotte einer postindustriellen Wohlstandsgesellschaft“[105] theologisch zum – *finis ultimus* erhoben. Pragmatischer und rechtfertigungstheologischer Vorbehalt bleiben zugunsten von „politmoralischem Engagement“ gleichermaßen ignoriert. – Dies ist zwar konsequent: „Denn in einer Welt, in der Moral zur herrschenden Religion geworden ist, muss die traditionelle Religion Moral werden“.[106] Es bedeutet aber zugleich die Auflösung des Christentums in Zeitgemäßheit und den programmatischen Verzicht auf das Geltend-Machen seines spezifisch *religiösen* Surplus gegenüber den nicht-kirchlichen Repräsentanten des politischen Aktionismus.

Am Ende dieses Beitrags steht eine theologiegeschichtliche Reminiszenz: Die hier an die *gegenwärtige* Öffentliche Theologie gerichtete Unterstellung einer protestantischen Religionsvergessenheit erinnert durchaus an die Polemik, die vor genau einhundert Jahren auch der junge Karl Barth – unter ganz anderen Vorzeichen und in anderer Terminologie – im Blick auf Kirche und Theologie *seiner Zeit* vorgetragen hat. Die entsprechenden Formulierungen des reformierten Theologen, deren Pointe dem am Beginn von Abschnitt 1 herangezogenen Votum von Egon Friedell nicht fernsteht, sind es deshalb wert, in Erinnerung gehalten zu werden, ungeachtet sowohl ihrer überzogenen Radikalität als auch des späteren Abgleitens Barths in einen neoorthodoxen Dogmatismus und eine Klerikalisierung des Politischen. Sie seien daher nachstehend zitiert, um die Kritik am sozialethischen Fundament jenes kirchlich-politischen Aktionismus, der im zeitgenössischen Protestantismus noch immer eine nicht unerhebliche Rolle spielt, noch einmal abschließend zu bündeln.

> Gerade das *Un*handliche, *Un*brauchbare des Paulinismus, gerade das Welt*fremde*, *Un*praktische, *Un*populäre des Protestantismus ist sein *bestes* Teil. Im Augenblick, wo er eine Größe,

---

105 Grau, *Hypermoral* (Anm. 85), 55.

106 A. a. O., 62.

ein Faktor sein, eine Rolle spielen will, gibt er sich selbst auf. Nur davon, dass er (…) durchaus etwas *sein* (…) möchte, rührt seine Krisis her".[107]

107 Karl Barth, *Der Römerbrief, Zweite Fassung 1922*, hg. v. Cornelis van der Kooi, Katja Tolstaja. Bd. 47, Karl Barth-Gesamtausgabe (Zürich: Theologischer Verlag, 2010), 698.

Systematische Weiterführungen

Ulrich Barth

Ethische Aspekte der Kapitalismus-Deutung Max Webers

Bei dem Stichwort „Max Webers Kapitalismus-Deutung“ wird man zunächst an die Thematik jener berühmten Studie denken, die erstmals im Jahre 1904/05 unter dem Titel „Die protestantische Ethik und der Geist des Kapitalismus“ erschienen ist.[1] Weber reagierte damit vor allem auf das kurz zuvor veröffentlichte Werk „Der moderne Kapitalismus“ von Werner Sombart,[2] das im Rahmen seiner detaillierten Erörterung hauptsächlich wirtschaftsgeschichtlicher Fragen unter anderem auch auf das Problem der „Genesis des kapitalistischen Geistes“[3] oder – wie wir heute wohl sagen würden – auf die mentalitätsgeschichtlichen Voraussetzungen des modernen Kapitalismus zu sprechen kam. Webers von Sombart abweichende Beurteilung dieses Punktes ließ es an pointierter Zuspitzung kaum fehlen: Die Wirtschaftsgesinnung des modernen Kapitalismus entsprang der Frömmigkeit des niederländisch-angelsächsischen Neocalvinismus; die ihm eigene Fassung des Prädestinationsglaubens stellte den Gläubigen in die Situation, sein eigenes positives Erwähltsein in der Form von Arbeitsaskese und Konsumverzicht zu bewähren, woraus sich allmählich das spezifische Ethos des modernen Unternehmers entwickelte.

Der eigentliche wissenschaftliche Stellenwert jener Untersuchung ist nun keineswegs so leicht abzuschätzen, wie es die Prägnanz der Grundthese suggeriert.[4] Und so hat ihre Veröffentlichung alsbald eine lebhafte Diskussion hervorgerufen, die ebenso sehr inhaltliche wie methodische Fragen betraf. Die Intensität dieser Debatte[5] über die mentalitätsgeschichtliche Genese des modernen Kapi-

Erstmals erschienen als: „Die Antinomien des modernen Kapitalismus“ in: *ZEE* 35 (1991), 187–204. Überarbeitete Fassung meiner Habilitationsprobevorlesung am 11. Mai 1990 vor der Theologischen Fakultät der Universität Göttingen.

1 In erweiterter Form aufgenommen in: Max Weber, *Gesammelte Aufsätze zur Religionssoziologie* [= RS], Bd. I (Tübingen: J. C. B. Mohr, ^{8}1986), 17–206.

2 1. Auflage, Leipzig 1902; 2. neubearbeitete Auflage (München, Leipzig: DTV Deutscher Taschenbuch, 1916) (Wiederabdruck, München, 1987).

3 Vgl. Bernhard vom Brocke, Hg., *Sombarts „Moderner Kapitalismus“. Materialien zur Kritik und Rezeption* (München: DTV TB, 1987), 87–106.

4 Vgl. die tabellarische Übersicht bei Dirk Käsler, *Einführung in das Studium Max Webers* (München: C.H. Beck Verlag, 1979), 142f.

5 Die wichtigsten Beiträge sind zusammengefasst in: *Max Weber, Die protestantische Ethik, Bd. 2, Kritiken und Antikritiken*, hg. v. Johannes Winckelmann (Gütersloh: Gütersloher Verlagshaus,

https://doi.org/10.1515/9783110705614-009

talismus hat als Kehrseite jedoch bewirkt, dass Webers systematisch-soziologische Entfaltung des Kapitalismusbegriffs dadurch ein wenig in den Hintergrund gedrängt wurde. Sachlich ist dies kaum gerechtfertigt. Will man Webers Deutung der ökonomischen Struktur des modernen Kapitalismus' kennenlernen, wird man sich weniger an seine religionssoziologischen Ausführungen zu halten haben als vielmehr an seine Wirtschaftssoziologie im engeren Sinne. Deren Frühfassung, abgeschlossen um das Jahr 1913, liegt vor im zweiten Teil[6] seines posthum veröffentlichten Hauptwerks „Wirtschaft und Gesellschaft". Die Spätfassung, niedergeschrieben zwischen 1918 und 1920, findet sich im ersten Teil[7] derselben Schrift.[8] Ergänzend sind die im Wintersemester 1919/20 gehaltenen, gleichfalls erst posthum veröffentlichten Vorlesungen über Wirtschaftsgeschichte mit heranzuziehen.[9] Die nachfolgenden Überlegungen werden sich ganz auf die in den zuletzt genannten Texten entfaltete systematische Kapitalismus-Deutung Webers konzentrieren.

Vergleicht man Webers Entfaltung der soziologischen Grundkategorien der Wirtschaft beispielsweise mit einer systemtheoretischen Analyse derselben Thematik, wie sie etwa Niklas Luhmann jüngst vorgelegt hat,[10] so hebt sich erstere insbesondere durch ihren pointiert handlungstheoretischen Zugang von letzterer ab. Weber hatte für dieses methodische Vorgehen einen zwiefachen Grund: Der eine war konstitutionstheoretischer, der andere wissenschaftstheoretischer Art. Weber konnte selbstverständlich auch von gesellschaftlichen „Ordnungen" sprechen,[11] so von einer religiösen, sozialen, politischen, rechtlichen Ordnung

[5]1987). Zur neueren Diskussion vgl. Constans Seyfarth, „Protestantismus und gesellschaftliche Entwicklung. Zur Reformulierung eines Problems" in: *Seminar: Religion und gesellschaftliche Entwicklung*, hg. v. Constans Seyfarth, Walter M. Sprondel (Frankfurt a. M.: Suhrkamp, 1973), 338–366; Walter M. Sprondel, „Sozialer Wandel, Ideen und Interessen. Systematisierungen zu Max Webers Protestantischer Ethik" in: Seyfarth/Sprondel, *Seminar*, 206–244; Richard van Dülmen, „Protestantismus und Kapitalismus. Max Webers These im Licht der neueren Sozialgeschichte" in: *Max Weber. Ein Symposion*, hg. v. Jürgen Kocka (München: dtv wissenschaft, 1988), 88–101.

6 Max Weber, *Wirtschaft und Gesellschaft. Grundriss der verstehenden Soziologie* [=WG], hg. v. Johannes Winckelmann (Tübingen: Mohr Siebeck, [5]1985), 181–233.

7 WG 31–121.

8 Zur werkgeschichtlichen Stellung von WG vgl. Friedrich H. Tenbruck, „Abschied von ‚Wirtschaft und Gesellschaft'", *Zeitschrift für die gesamte Staatswissenschaft* 133 (1977), 703–736; Johannes Winckelmann, *Max Webers hinterlassenes Hauptwerk* (Tübingen: Mohr Siebeck, 1986); Wolfgang Schluchter, „‚Wirtschaft und Gesellschaft' – Das Ende eines Mythos" in: *Max Weber heute*, hg. v. Johannes Weiß (Frankfurt a. M.: Suhrkamp Verlag, 1989), 55–89.

9 Max Weber, *Wirtschaftsgeschichte. Abriß der universalen Sozial- und Wirtschaftsgeschichte*, hg. v. Johannes Winckelmann (Berlin: Duncker & Humblot, [4]1981).

10 Niklas Luhmann, *Die Wirtschaft der Gesellschaft* (Frankfurt a. M.: Suhrkamp Verlag, 1988).

11 Vgl. WG 181, 531, 539.

und in diesem Sinne auch von einer Wirtschaftsordnung. Wenn er diese Grundsphären der menschlichen Lebenswelt gleichwohl auf idealtypische Handlungsgenera zurückführte, dann nicht um einem soziologischen Individualismus, der die eigentümliche Bestimmtheit, Bewusstheit und Verantwortlichkeit menschlichen Verhaltens über Gebühr strapazierte, das Wort zu reden, sondern weil seiner Meinung nach die Funktionsweise solcher Ordnungen immer nur in sozialen Handlungen von Subjekten greifbar wird.[12] Von gesellschaftlichen Systemen oder Teilsystemen als solchen irgendeine Art von Aktivität auszusagen, hätte für Weber lediglich metaphorischen Sinn gehabt. Mit der Konstitution gesellschaftlicher Sachverhalte in invarianten Handlungsformen war für Weber zugleich aber auch die wissenschaftstheoretische Sonderstellung der Soziologie beziehungsweise deren zwiefaches Abgrenzungsproblem geklärt.[13] Als empirisch fundierte Wissenschaft vom menschlichen Handeln überhaupt unterschied sie sich zusammen mit der Geschichtswissenschaft vom gesamten Bereich der Naturwissenschaften, als Wissenschaft von den strukturellen Regelmäßigkeiten des Handelns hingegen war sie von der idiographisch verfahrenden Geschichtsschreibung geschieden, auf der sie ihrem realen Gehalt nach notwendig aufruhte.

Diese handlungstheoretische Durchführung der Soziologie hat über die Klärung innersoziologischer Begründungsprobleme hinaus noch den wesentlichen Vorzug – Weber thematisiert ihn allerdings nur indirekt im Zusammenhang der Wirtschaftsethik der Weltreligionen[14] –, dass die Soziologie nun beziehbar wird auf die Ethik, nicht nur inhaltlich, sondern auch kategorial. Damit ist freilich nicht behauptet, dass die Ethik als ganze in der Soziologie aufginge, sondern nur dies, dass der deskripte Gehalt der Ethik, insbesondere was die Sphäre des sozialen Handelns anbelangt, durch die Soziologie einer wissenschaftlichen Beschreibung zugänglich gemacht wird. Als deskriptive Kulturtheorie steht Webers handlungstheoretische Soziologie durchaus in der neueren Tradition der Güterethik, wie ein Vergleich etwa mit Schleiermachers,[15] Rothes[16] oder Troeltschs[17]

12 Vgl. Helmut Girndt, *Das soziale Handeln als Grundkategorie erfahrungswissenschaftlicher Soziologie* (Tübingen: Mohr Siebeck, 1967). Man kann im Hinblick auf Webers handlungstheoretischen Ansatz nur von einem methodologischen Individualismus sprechen; vgl. Wilhelm Hennis, *Max Webers Fragestellung* (Tübingen: Mohr Siebeck, 1987), 212, Anm. 43.

13 Zum wissenschaftstheoretischen Ort der Soziologie vgl. Dieter Henrich, *Die Einheit der Wissenschaftslehre Max Webers* (Tübingen: Mohr Siebeck, 1952); Johannes Weiß, *Max Webers Grundlegung der Soziologie* (München: K.G. Saur Verlag, 1975), 20 – 102.

14 Vgl. RS I, 237 – 573; RS II (Tübingen: J. C. B. Mohr, [6]1978; RS III (Tübingen: J. C. B. Mohr, [7]1983); vgl. auch WG 245 – 381.

15 Vgl. Friedrich Daniel Ernst Schleiermacher, „Entwürfe zu einem System der Sittenlehre", hg. v. Otto Braun, in: *Werke. Auswahl in 4 Bänden*, Bd. 2, Neudruck der 2. Auflage (Leipzig: Meiner, 1927; Aalen: Scientia Verlag, 1967).

Behandlung dieser Disziplin unmittelbar erhellt. Wenn Webers Wirtschaftssoziologie im Folgenden unter ethisch-anthropologischem Aspekt gelesen werden soll, dann steht also zunächst deren deskriptive Rekonstruktion des ökonomischen Handelns im Vordergrund. Erst im Anschluß daran sollen dann auch mögliche Ansatzpunkte einer über Weber hinausführenden normativen Wirtschaftsethik diskutiert werden.

Die Grundkategorie der ökonomischen Sphäre bildet der in § 1 der späten Wirtschaftssoziologie entfaltete Begriff des Wirtschaftens.[18] Vom bloß wirtschaftlich orientierten Handeln unterscheidet sich das Wirtschaften dadurch, dass es primär auf wirtschaftliche Sachverhalte bezogen ist und dabei von Gewaltanwendung – jedenfalls in formaler Hinsicht – keinen Gebrauch macht. Damit ist das Wirtschaften abgegrenzt etwa gegen imperialistische Kolonialpolitik oder gegen staatlich protektionierte Außenhandelsaktivität. Wirtschaftliche Tatbestände nun liegen überall dort vor, wo angesichts einer gegebenen Knappheit an Mitteln, für welche Begehr besteht, diesem durch tätige Vorsorge Rechnung getragen wird. Was hat man sich aber unter jenen Mitteln, die in der betreffenden Situation nicht oder nicht in ausreichendem Maße vorhanden sind und deren Besitz erstrebt wird, inhaltlich vorzustellen? Zunächst würde man vermutlich an solche Dinge denken, die – ganz allgemein gesprochen – der Befriedigung von Konsumbedürfnissen dienen. Weber meldet jedoch sogleich Bedenken gegen eine derartige Näherbestimmung an. „Die Definition des ‚Wirtschaftens' muß ... so gestaltet werden, dass sie die moderne Erwerbswirtschaft mit umfaßt".[19]

Als Gegenstände wirtschaftender Vorsorge kommen darum nicht nur Sachgüter infrage, sondern auch menschliche Dienstleistungen. Beide fallen unter den Begriff der Nutzleistungen. Strenggenommen bilden aber auch noch nicht diese selbst, sondern erst die von ihnen erwarteten ökonomischen Verwendungsmöglichkeiten den Gegenstand tätiger Vorsorge. Das Wirtschaften ist also immer ein Umgang mit Nutzleistungen unter dem Aspekt ihrer Verwendungsmöglichkeit.

---

16 Vgl. Richard Rothe, *Theologische Ethik*, 3 Bde. (Wittenberg: Nabu Press, 1845/48); 2. Auflage, 5 Bde. (Wittenberg: Nabu Press, 1867/71), Bd. 1, 205 –430; Bd. 2, 1–338.

17 Vgl. Ernst Troeltsch, *Gesammelte Schriften*, Bd. 2, Neudruck der 2. Auflage 1922 (Aalen: Wissenschaftliche Buchgesellschaft, 1962), 552–672. – Die neuere, handlungstheoretische Güterethik bildet gewissermaßen die Vorläuferin der heutigen Institutionentheorie.

18 Vgl. WG 31. Der erste Satz von Anm. 3 weicht definitionstechnisch vom Leitsatz ab; im Leitsatz ist „wirtschaftlich orientiert" der Oberbegriff, in der Anmerkung hingegen „[auf einen] wirtschaftlichen Sachverhalt [bezogen]". (Die oben im Text gegebene Interpretation folgt dem Wortlaut der Anmerkung.)

19 WG 31; § 1, Anm. 2.

Hinter dieser Umfangsproblematik des Begriffs des Gegenstandes wirtschaftender Vorsorge, die auf den ersten Blick lediglich dem Erfordernis logischer Korrektheit nachzukommen scheint, verbirgt sich in Wahrheit ein wesentlicher Punkt des Theorieprogramms von Webers Wirtschaftssoziologie, nämlich die Frage nach der Bestimmtheit der neuzeitlichen Erwerbswirtschaft. Letztere ist für Weber aber deckungsgleich mit der ökonomischen Struktur des modernen Kapitalismus. Wirtschaftssoziologie ist darum zu einem wesentlichen Bestandteil Kapitalismusanalyse. Und so verwundert es nicht, dass der den Begriff des Wirtschaftens abschließende § 14 eben der Gegenüberstellung von kapitalistischer Verkehrswirtschaft und nicht-kapitalistischer Planwirtschaft gewidmet ist.[20]

Das Thema Kapitalismus begegnet bei Weber bereits in den frühen Studien zur Wirtschaftsgeschichte und Sozialpolitik, dort allerdings noch mehr am Rande.[21] Erst mit den Protestantismusstudien rückt es ins Zentrum, wobei aber zunächst der religionssoziologische Aspekt dominiert. Seine systematisch strengste Fassung gewinnt es in „Wirtschaft und Gesellschaft". Diese in der Spätzeit erfolgte verstärkte Hinwendung speziell zum Problem der ökonomischen Struktur des Kapitalismus hat zwei Gründe. Der eine ist zeitgeschichtlicher Art. Mit dem Zusammenbruch des Kaiserreiches und der Beendigung des Weltkrieges ergab sich die Notwendigkeit einer ordnungspolitischen Reorganisation der deutschen Wirtschaft. Die Frage wurde unausweichlich, ob die zum Zwecke der Kriegsführung partiell eingeführte Planwirtschaft in der Friedenszeit weiter fortgesetzt und darüber hinaus konsequent ausgebaut werden sollte oder ob die Form der Kriegswirtschaft zu verabschieden und wieder zur kapitalistischen Ordnung der Vorkriegszeit zurückzukehren sei. So galt es, aus aktuellem wirtschaftspolitischem Anlaß beide Wirtschaftssysteme einer genauen soziologischen Analyse zu unterziehen, um von hier aus Kriterien zur Beantwortung jener Frage zu gewinnen.

Webers späte Kapitalismus-Deutung hat jedoch auch theoriegeschichtliche Hintergründe. Je mehr sich Weber soziologisch und historisch der Genese der modernen Wirtschaft widmete, desto mehr wuchs sein Respekt vor der wissenschaftlichen Leistung, die Karl Marx auf diesem Felde vollbracht hatte. Seine Bedeutung sah Weber weit über den Bereich der politischen Ökonomie und Sozialpolitik hinausreichen.

Im Februar 1920, also genau in der Zeit der abschließenden Überarbeitung des ersten Teils von „Wirtschaft und Gesellschaft", teilte Weber in einem Gespräch mit: „Die Redlichkeit eines heutigen Gelehrten, und vor allem eines heutigen

20 Vgl. WG 59f.

21 Vgl. Käsler, *Einführung* (s. Anm. 4), 30–46.56–67.

Philosophen, kann man daran messen, wie er sich zu Nietzsche und Marx stellt. Wer nicht zugibt, dass er gewichtigste Teile seiner eigenen Arbeit nicht leisten könnte, ohne die Arbeit, die diese beiden getan haben, beschwindelt sich selbst und andere. Die Welt, in der wir selber geistig existieren, ist weitgehend eine von Marx und Nietzsche geprägte Welt".[22] Diese allgemeine Wertschätzung für Marx schloss es nun aber nicht aus, dass er dessen Kapitalismus-Auffassung an entscheidenden Punkten nicht teilen konnte. So ist Webers Verhältnis zu Marx[23] durch die zwiefache Intention bestimmt, das von Marx eröffnete Problembewusstsein ebenso produktiv aufzunehmen wie kritisch zu berichtigen. Webers ausgereifte Wirtschaftssoziologie erhebt keinen geringeren Anspruch als den, das Phänomen des modernen Kapitalismus sowohl in kategorialer als auch in historischer Hinsicht präziser erfasst zu haben, als es bei Marx der Fall ist. Drei grundsätzliche Verschiebungen sind hier in erster Linie zu nennen:

Erstens: Weber hat Marxens Versuch, die Gesamtsphäre des Ökonomischen aus dem Gegensatz von Kapital und Arbeit zu begreifen, im Hinblick auf den modernen Kapitalismus für falsch erachtet. Selbstverständlich ist auch für Weber der Gegensatz von Kapital und Arbeit ein Grunddatum der neueren Wirtschaftsgeschichte, spätestens seit dem ausgehenden Mittelalter. Er bildete sich für Weber heraus im Zuge der allmählichen Trennung des Arbeitenden von seinen Betriebsmitteln und deren Appropriation in der Hand dessen, der den Betrieb leitete. Aber dieser Prozeß wird nach Weber überlagert von einem nahezu gleichzeitigen Prozeß der Sonderung von Haushalt und Betrieb auf Seiten des letzteren. Das Resultat dieses Vorgangs besteht darin, dass der Betriebseigner zunehmend aus

---

22 Eduard Baumgarten, *Max Weber. Werk und Person* (Tübingen: Mohr Siebeck, 1964), 554 f., Anm. 1; auch zitiert bei Wolfgang J. Mommsen, *Max Weber. Gesellschaft, Politik und Geschichte* (Frankfurt a. M.: Suhrkamp Verlag, ²1982), 146.

23 Zur Interpretation dieses Verhältnisses vgl. den bahnbrechenden Aufsatz von Karl Löwith, „Max Weber und Karl Marx" (1932), in: Ders., *Gesammelte Abhandlungen* (Stuttgart: Springer Verlag, 1960), 1–67. Eine sorgfältige Textinterpretation und vergleichende Strukturanalyse (aus neomarxistischer Perspektive) bietet Veit Michael Bader, *Einführung in die Gesellschaftstheorie. Gesellschaft, Wirtschaft und Staat bei Marx und Weber* (Frankfurt a. M., New York: Campus Verlag, ⁴1987). Vgl. außerdem Norman Birnbaum, „Konkurrierende Interpretationen der Genese des Kapitalismus. Marx und Weber" (1953), in: Seyfarth/Sprondel, *Seminar* (s. Anm. 5), 38–64; Jürgen Kocka, „Karl Marx und Max Weber im Vergleich" (1966/1973), in: *Geschichte und Ökonomie*, hg. v. Hans-Ulrich Wehler (Königstein/Taunus: Athenaeum Verlag, Bodenheim, ²1985), 54–84; Anthony Giddens, „Marx, Weber und die Entwicklung des Kapitalismus" (1970), in: Seyfarth/Sprondel, *Seminar*, 65–96; Wolfgang J. Mommsen, „Kapitalismus und Sozialismus. Die Auseinandersetzung mit Karl Marx" (1974), in: Ders., *Max Weber. Gesellschaft, Politik und Geschichte* (Frankfurt a. M.: Suhrkamp, ²1982), 144–181; Jürgen Zander, *Das Problem der Beziehung Max Webers zu Karl Marx* (Frankfurt a. M.: Haag + Herchen, 1978); Stefan Böckler, Johannes Weiß, Hg., *Marx oder Weber? Zur Aktualisierung einer Kontroverse* (Opladen: VS Verlag für Sozialwissenschaften, 1987).

der eigentlichen Betriebsführung heraustritt und stattdessen das Dasein eines sein Vermögen klug disponierenden Pfründners oder Rentners führt. Das Aufkommen der modernen Aktiengesellschaft war für Weber der klassische Beleg für diese Entwicklung.

Die Technostruktur moderner kapitalistischer Unternehmensführung zeichnet sich für Weber sonach dadurch aus, dass nicht mehr die Besitzer eines Betriebes, sondern die Führungseliten, die ihn steuern, die ökonomisch relevante Macht repräsentieren. Letzteres besagt, dass die eigentlich zum Tragen kommende Entscheidungskompetenz in der Hand derer liegt, die die Verfügungsgewalt über die Verwendungsmöglichkeiten von Nutzleistungen innehaben. Darum ist der ökonomische Grundantagonismus der modernen Gesellschaft nicht als Differenz von Kapital und Arbeit, sondern als Gegensatz des Innehabens oder Nicht-Innehabens von wirtschaftlicher Verfügungsgewalt zu bestimmen. Jene Marxsche Unterscheidung hatte für Weber infolgedessen nur noch untergeordneten Rang.

Weber hat – zweitens – auch Marxens Versuch, den politisch-ökonomischen Gesamtverlauf der Geschichte als eine Geschichte des Klassenkampfes aufzufassen, als eine unsachgemäße Stilisierung erachtet. Doch hat sich Webers eigene Anschauung hier erst im Lauf der Zeit herausgebildet. In seinen frühen Untersuchungen, vor allem in den beiden Landarbeiter-Enqueten für den „Verein für Socialpolitik" beziehungsweise für den „Evangelisch-sozialen Kongreß", neigte Weber durchaus noch jenem Marxschen Konfliktmodell zu.[24] Erst in „Wirtschaft und Gesellschaft" ist es überwunden, doch so, dass auch hier – beim Vergleich der älteren[25] mit der jüngeren[26] Bestimmung des Klassenbegriffs[27] – jener allmähliche Klärungsprozess noch greifbar wird. Entscheidend waren hierbei einerseits die mit der gerade skizzierten Kritik der Dichotomie von Kapital und Arbeit zusammenhängende Unterscheidung von Güterbesitzklasse und Erwerbsklasse sowie andererseits die Entdeckung der spezifischen Differenz von vorkapitalistischer und kapitalistischer Tauschwirtschaft. Durch ersteres hört Besitzlosigkeit auf, ein klassenspezifisches Merkmal zu sein: Besitz, Erwerb und

---

24 Vgl. Käsler, *Einführung* (s. Anm. 4), 56–67.

25 Vgl. WG 531–534.

26 Vgl. WG 177–180.

27 Zu Webers Klassenbegriff vgl. Wolfgang Küttler, Gerhard Lozek, „Der Klassenbegriff im Marxismus und in der idealtypischen Methode Max Webers" in: *Max Weber der Historiker*, hg. v. Jürgen Kocka (Göttingen: Vandenhoeck & Ruprecht, 1986), 173–192; Hans-Ulrich Wehler, „Max Webers Klassentheorie und die neuere Sozialgeschichte" in: Kocka, *Max Weber der Historiker*, 193–203; Eugen Stănescu, „Klasse und Stand bei Karl Marx und Max Weber" in: Kocka, *Max Weber der Historiker*, 213–220.

soziale Lage unterscheiden je auf ihre Weise über das Vorhandensein oder Nicht-Vorhandensein von ökonomischer Verfügungsgewalt. Und durch letzteres wird der Marktprozeß selbst zum eigentlichen Ort des sozialen Konfliktes. Das daraus resultierende Analogon zur Geschichte des Klassenkampfes beschrieb Weber als ein Dreistufenmodell: Die erste Stufe ist die Entstehung des Konkurrenzkampfes auf dem Gütermarkt, die zweite Stufe der Preiskampf um den Wert der Produkte, die dritte Stufe der Preiskampf auf dem Arbeitsmarkt. Speziell die moderne Tauschwirtschaft sah Weber gekennzeichnet durch zwei unterschiedliche Kampfkonstellationen, zum einen den Preiskampf in Relation zum Tauschpartner, zum andern den Konkurrenzkampf in Relation zum Mitkonkurrenten. Jener ist insofern gemäßigter als dieser, als er nicht in der Eliminierung des Tauschkombattanten endigt, sondern zumindest formell im Kompromiss.

Mit der Verabschiedung des Marxschen Klassenkampfmodells hat Weber zugleich den Kampfbegriff anthropologisch verallgemeinert und auf die Ebene eines invarianten Strukturmerkmals sozialen Handelns gebracht. Dass hierbei Überlegungen von Darwin, Nietzsche und vor allem von Hobbes eine führende Rolle gespielt haben, wird aus dem einschlägigen §8 der „Soziologischen Grundbegriffe" ersichtlich.[28] Weber wollte damit nichts anderes, als der Wirklichkeitsnähe der Soziologie im allgemeinen und der Wirtschaftssoziologie im Besonderen einen auch kategorial angemessenen Ausdruck verleihen. „Eine Idealisierung der Realitäten des Lebens wäre zweckloser Selbstbetrug."[29] Jedenfalls wäre die Abkehr von Marx an jenem Punkt völlig falsch verstanden, wollte man darin eine Herabstufung des Konfliktcharakters der ökonomischen Sphäre erblicken. Tatsächlich wollte Weber mit seinem Begriff des Marktkampfes auf den unentrinnbar brutalen inneren Antagonismus der kapitalistischen Wirtschaftsordnung aufmerksam machen.[30]

Die im Hinblick auf ihre Gegenwartsrelevanz wohl gravierendste Differenz zwischen Weber und Marx besteht – drittens – in der völlig kontroversen Ein-

---

28 WG 20f. Die Fassung des Begriffs „Kampf" als eines soziologischen Grundbegriffs ist bereits im Kategorienaufsatz von 1913 vorbereitet (gegen Weiß, *Grundlegung* [s. Anm. 13], 97); vgl. Max Weber, *Gesammelte Aufsätze zur Wissenschaftslehre* [= WL], hg. v. Johannes Winckelmann (Tübingen: J. C. B. Mohr, ⁴1973), 463: „Der Kampf durchzieht ... potentiell alle Arten von Gemeinschaftshandeln überhaupt."

29 WG 861.

30 Dieser Kampfcharakter überträgt sich dann auch auf den durch den Kapitalismus geprägten Geldgebrauch: „Geld ist ... kein harmloser Maßstab wie irgendein anderes Messinstrument, sondern der Geldpreis, in dem geschätzt wird, ist ein Kompromiss aus Kampfchancen auf dem Markte, so dass der Schätzungsmaßstab, ohne den die Kapitalrechnung nicht leben kann, ständig neu aus dem Kampf des Menschen mit dem Menschen auf dem Markt gewonnen wird" (Weber, *Wirtschaftsgeschichte* [s. Anm. 9], 8).

schätzung der ökonomischen Leistung des Kapitalismus beziehungsweise komplementär des Sozialismus. Die Wahrnehmung der fortschreitenden Proletarisierung der Arbeiterschaft bildete bekanntlich den realgeschichtlichen Ausgangspunkt der Entwicklung der Marxschen Theorie. Jene ließ sich ihr zufolge nur erklären aus dem Ausbeutungscharakter der kapitalistischen Wirtschaftsordnung. Marx setzte aber darauf, dass letztere schließlich an ihren eigenen Widersprüchen zugrunde gehen und so der durch den revolutionären Kampf herbeigeführten kommunistischen Gesellschaft Platz machen werde. Der Weg in dieses Ideal sozialer Humanität sollte der Sozialismus sein.

Für Weber entbehrte dieser gesellschaftstheoretische Entwurf, soviel auch an wirtschaftsgeschichtlichen Einzelbeobachtungen und sozialpolitischen Gesamtperspektiven aus ihm zu lernen war, jedweder ökonomischen Rationalität. Webers Gegenthese lautete – vereinfacht ausgedrückt: Der Sozialismus mag zwar ein humanes politisches Programm besitzen, aber als Wirtschaftsform ist er ineffizient; und umgekehrt: Der Kapitalismus ist zwar von essentieller Brutalität, aber er ist wirtschaftlich effizient. Der Begründung dieser These sind vor allem die §§ 1–14 der Spätfassung der Wirtschaftssoziologie gewidmet.[31] Das hohe Maß an Abstraktheit, das diesen Passagen eignet, resultiert daraus, dass Weber die Argumentation auf streng wirtschaftssoziologischer Ebene führt.

Für Webers Begriff des Wirtschaftens grundlegend ist – wie bereits dargelegt – das Merkmal der tätigen Vorsorge für ein Begehr nach Nutzleistungen, hinsichtlich derer Knappheit[32] besteht. Aus dieser Teildefinition lassen sich nun unschwer zwei elementare Formen des Wirtschaftens entwickeln: Entweder die ökonomische Vorsorge richtet sich darauf, das Bedürfnis nach Gütern und Dienstleistungen zu befriedigen, oder sie nützt die Situation der Knappheit der begehrten Nutzleistungen dazu aus, eigenen Gewinn zu erzielen. Die eine Möglichkeit nennt Weber Haushaltswirtschaft, die andere Erwerbswirtschaft. Haushalt und Erwerb sind so die beiden Grundtypen des Wirtschaftens. Haushalt ist immer Bedarfsdeckungswirtschaft, orientiert am Verzehr von Sachgütern und Dienstleistungen. Erwerb hingegen ist notwendigerweise Profitwirtschaft, orientiert an der Erlangung neuer Verfügungsgewalt über Nutzleistungen. Entsprechend dieser Grunddifferenz gestaltet sich dann auch das Marktgeschehen: Haushaltsmäßiger Tausch ist Ab- und Eintausch zu Bedarfszwecken, Erwerbstausch ist Ausnutzung von Marktchancen zur Erzielung von Gewinnen.

Die Grundfrage der Effizienz beider Wirtschaftsformen entscheidet sich nun daran, inwieweit beide einer formalen Rationalisierung fähig sind. Unter formaler

31 Vgl. WG 31–62.
32 Vgl. WG 17, 25, 32, 199 f.

Rationalität des Wirtschaftens versteht Weber das Maß der in einer Wirtschaftsform möglichen und tatsächlich angewandten Rechenhaftigkeit. Da nun die Geldrechnung des Wirtschaftens das Maximum seiner Rechenhaftigkeit repräsentiert, wird sich die Frage der Effizienz von Haushalts- und Erwerbswirtschaft an deren jeweiligem Verhältnis zur Geldrechnung entscheiden.

Zunächst beeinflusst bereits die bloße Geldform[33] die Möglichkeiten des Tausches. Durch die exakte Bemessung gestundeter Leistungen wird zunächst das Stunden erleichtert: Das Kreditwesen blüht auf. Durch Geldverwendung wird sodann die Wertaufbewahrung einfacher: Die Zukunftsperspektive des Wirtschaftens insgesamt weitet sich aus. Und die Geldform bedeutet schließlich eine sowohl der Haushalts- als auch der Erwerbswirtschaft zugutekommende Ausweitung der Tauschchancen. In der ersteren führt die Geldverwendung zu einer technischen Erleichterung der Tauschmöglichkeiten: Dadurch erweitert sich das Maß der Bedarfsdeckung sowohl quantitativ als auch qualitativ. In der letzteren wird durch die Abwicklung der Gewinnkalkulation in Geld die Marktlage auf die Zukunft hin ausgedehnt: Nicht mehr allein die gegenwärtige, sondern vor allem die künftige Marktlage bestimmt die Wahrnehmung von Tauschchancen.

Trotz dieses beidseitigen Nutzens der Geldform für die Haushalts- und Erwerbswirtschaft zeigt sich nun bei deren konsequenter Anwendung eine tief greifende Asymmetrie. Der Grund dafür ist nach Weber darin zu suchen, dass sich die Rationalität des Wirtschaftens auf Grundlage der Geldform nicht danach bemisst, ob Geld als Tausch- oder Zahlungsmittel fungiert, sondern danach, ob in Geld kalkuliert wird. Nicht bloße Geldverwendung, sondern Geldrechnung entscheidet. Genau an dieser Stelle aber zeigt sich die Differenz. Das Proprium der Haushaltswirtschaft besteht darin, an der Bedarfsdeckung im Hinblick auf ge-

33 Geld ist „ein chartales Zahlungsmittel ..., welches Tauschmittel ist“ (WG 39). Ein Tauschmittel zunächst ist ein sachliches Tauschobjekt dann, wenn das Interesse an ihm nicht primär an seinem Verzehr, sondern an dem Erwerb zukünftiger Tauschchancen orientiert ist. Die materiale Geltung des Tauschmittels besteht in der abschätzbaren Preisrelation zwischen Tauschmittel und einzutauschendem Gut; sie hängt mithin von der Schätzung im Einzelfall ab. Die formale Geltung des Tauschmittels hingegen ist seine Annahme als ein Tauschmittel überhaupt. Das Spezifikum des Zahlungsmittels gegenüber dem Tauschmittel sodann liegt in der rechtlichen oder konventionalen Garantiertheit der formalen Geltung seines werthaften Objektcharakters. Die Näherbestimmung „chartal“ schließlich bedeutet für das Tausch- oder Zahlungsmittel dreierlei: Ihm eignet – erstens – Artefakt-Charakter; es ist künstlich hergestellt und zwar eigens zum Zweck der Zahlung oder des Tausches. Es hat – zweitens – einen formalen Charakter; die Form, nicht das Material, des Tausch- oder Zahlungsmittels garantiert dessen Wert. Und es besitzt – drittens – die Eigenschaft der Stückelbarkeit; das Tausch- oder Zahlungsmittel kann rein mechanisch in bestimmte Nennbeträge unterteilt werden. Durch all die genannten Eigenschaften ist das Rechnen in der Geldform per se exakt.

gebene Konsumbedürfnisse orientiert zu sein. Im Fall der Erzeugung basaler Konsumartikel und der Erfüllung überschaubarer Verteilungsaufgaben mag ihr das auch ohne weiteres gelingen. Steigt nun das allgemeine Konsumbedürfnis sowohl qualitativ als auch quantitativ, nimmt mit anderen Worten die Komplexität des haushaltsmäßigen Tausches zu, dann muß sich die Haushaltswirtschaft zur Planwirtschaft ausbilden. Großbürokratien übernehmen dann die Feststellung des Bedarfs an Konsumgütern, stimmen damit Art und Umfang der Produktion ab und regeln die Verteilung.

Die strukturelle Problematik der Haushaltswirtschaft zeigt sich genau dann, wenn sie, um ihre Versorgungsleistungen aufeinander abzustimmen, die von ihr projektierten Planmaßnahmen einer Wertabwägung unterzieht. Weber denkt hier insbesondere an zwei konkrete Probleme, erstens an den Vorgang der Preisfixierung, sofern die Schätzung der Preisrelation die Vergleichung extrem heterogener Güter einschließt, und zweitens an das generelle Verfahren der Grenznutzenkalkulation, bei der die Feststellung des Maximums an Nutzen bei einem Minimum an Kosten zu treffen ist. Im ersten Fall fehlt ein ausschließlich durch den Markt bestimmter Geldpreis als Generalnenner des Wertvergleichs der Güter, im zweiten Fall gelangt die Kalkulation nicht über eine subjektive und inhaltliche Fixierung des Optimalwertes hinaus.

Die strukturelle Grenze der Haushalts- oder Planwirtschaft besteht für Weber sonach darin, einer exakten Rentabilitätsrechnung nicht fähig zu sein. Ihr Effizienzkalkül orientiert sich nicht an allein von der Marktlage bestimmten Geldpreisen, sondern an einem in Sachgütern und Nutzleistungen ausgedrückten Optimum der Bedarfsdeckung. Dadurch beraubt sie sich der Möglichkeiten der Rationalitätssteigerung, die allein der konsequenten Geldrechnung eigen sind, und bleibt stattdessen, was den letzten Orientierungspunkt des Wirtschaftens anbelangt, trotz Geldgebrauchs auf der Stufe der Naturalwirtschaft stehen.

Die Erwerbswirtschaft indes orientiert sich nicht an Bedarfsdeckungsfragen, sondern an der Gewinnung neuer ökonomischer Verfügungsgewalt. Der Geldrechnung ist sie insofern affin, als allein der am Markt erzielbare Geldpreis den ökonomischen Wert der intendierten Verfügungsgewalt wiederzugeben vermag. Was für ein Sachgut erzeugt oder welche Dienstleistung erbracht wird, ist letzten Endes gleichgültig, sofern nur der am Markt erzielte Geldpreis Erwerb verspricht. Der Kontrolle über das Vorliegen von Erwerbschancen oder Erwerbserfolgen dient die Rentabilitätsrechnung. Sie errechnet das Verhältnis zwischen dem zur Verfügung stehenden Kapital und dem aus dem Tausch resultierenden Gewinn. Diese Rechnung erfolgt zweimal: zunächst in der Anfangsbilanz und dann in der Schlussbilanz. Die Rentabilitätsrechnung nimmt damit in der Erwerbswirtschaft eben diejenige Stellung ein, die in der Haushaltswirtschaft der Grenznutzenkalkulation zukommt.

In diesem Zusammenhang führt Weber den Begriff der Kapitalrechnung ein, wie sie für die konsequent in Geldrechnung verfahrende Erwerbswirtschaft charakteristisch ist. Die Kapitalrechnung vergleicht die in der Vorkalkulation errechnete und die in der Nachkalkulation erzielte Rentabilität miteinander und stellt damit den Erfolg oder Misserfolg des erwerbswirtschaftlichen Handelns fest. Das Entscheidende an diesem vergleichsweise einfachen ökonomischen Verfahren ist, dass vermöge seiner die Rentabilität aller erwerbswirtschaftlichen Aktivitäten rechnerisch überprüft und ziffernmäßig exakt dargestellt werden kann.

Der Begriff der formalen Rationalität besagt mit Bezug auf die kapitalistische Erwerbswirtschaft sonach nichts anderes, als dass diese einer ziffernmäßig exakten Rentabilitätsrechnung fähig ist. Die Rentabilitätsrechnung hat der Grenznutzenkalkulation dies voraus, dass sie in Zahlen absolut ausdrücken kann, was jene nur in Abhängigkeit von inhaltlichen Vorgaben abzuschätzen vermag. Woran die Planwirtschaft krankt, das erledigt die Erwerbswirtschaft gewissermaßen spielend. Die spezifische Leistungskraft des Kapitalismus besteht für Weber allein in der Perfektionierung der ökonomischen Rechenhaftigkeit.

Bei einem streng wirtschaftswissenschaftlichen Vergleich der Effizienz von Kapitalismus einerseits und Sozialismus andererseits konnte für Weber nur das jeweils vorhandene Maß an ökonomischer Rationalität den Ausschlag geben. Sich hier das Urteil von außerökonomischen Kriterien bestimmen zu lassen, hätte er als ideologisch abgetan. Aber er hätte es gleichfalls als Ideologie eingestuft, die Überlegenheit des Kapitalismus über den Sozialismus in etwas anderem zu erblicken als lediglich in seiner exakten Rechenhaftigkeit. Webers eigene wirtschaftspolitische Grundsatzoption zugunsten des Kapitalismus war dementsprechend von der Überlegung bestimmt, dass die modernen Massengesellschaften ohne jenes formal hocheffiziente Wirtschaftssystem vor kaum zu bewältigende Versorgungsprobleme gestellt würden: Mochte der Kapitalismus noch so sehr allein um des Profits willen wirtschaften, so warf er gleichwohl seiner ökonomischen Rationalität wegen immer noch mehr an konsumierbaren Sachgütern und Dienstleistungen ab als der auf deren Verteilung planmäßig ausgerichtete, dabei aber unrentabel arbeitende Sozialismus.

Nimmt man das zuletzt Gesagte zusammen mit dem oben zum Begriff des Marktkampfes Ausgeführten, dann erweist sich Webers Beschreibung als von eigentümlicher Ambivalenz. Auf der einen Seite ist die kapitalistische Wirtschaftsordnung Ausdruck höchst möglicher ökonomischer Rationalität, auf der anderen Seite ist sie Inbegriff des wirtschaftlichen Überlebenskampfes. Wie ist dieser Zwiespalt ethisch zu bewerten? Mit der Beantwortung dieser Frage treten wir zugleich ein in die wirtschaftsethischen Überlegungen im engeren Sinne beziehungsweise in die Erörterung der theoretischen Möglichkeit einer normativen Ethik des Kapitalismus.

Hier wären vor allem sechs Problemkreise zu erörtern: 1. Ist der Kapitalismus im Sinne Webers überhaupt von außen beeinflussbar, ohne dass man sein Wesen aufhebt? Wenn ja, 2. wo liegen die inhaltlichen Ansatzpunkte? 3. Was für Steuerungsebenen stehen zur Verfügung? 4. An welcher Leitnorm soll sich jene Steuerung orientieren? 5. Inwiefern tangiert der Kapitalismus die individuelle Lebensführung? Und schließlich, 6. wie wirkt sich die kapitalistische Wirtschaftsordnung auf die menschliche Vernunft aus?

Zunächst also zur Frage der Beeinflussbarkeit. Auf den ersten Blick scheint sie mit einem einfachen Nein beantwortet werden zu müssen, war es doch Weber selbst, der wiederholt und mit besonderem Nachdruck auf die Eigengesetzlichkeit des Kapitalismus hingewiesen hat.[34] Doch was ist damit gemeint? Es wäre zunächst ein Missverständnis, wollte man solche Eigengesetzlichkeit ausschließlich für die ökonomische Sphäre in Anschlag bringen. In genauer Parallele dazu kann Weber vielmehr auch von den „innere(n) Eigengesetzlichkeiten"[35] anderer fundamentaler Lebensbereiche sprechen, nämlich mit Bezug auf Politik, Ästhetik, Erotik, Intellektualität und Religion. Die Autonomie beziehungsweise rationale Systemimmanenz der kapitalistischen Wirtschaftsordnung ist in formeller Hinsicht also keineswegs exklusiver Natur.

Darüber hinaus gibt es jedoch auch eine innere Grenze der Eigengesetzlichkeit des Kapitalismus. Dieser verdankt seine spezifische Effizienz – wie oben gezeigt – ausschließlich seiner ökonomischen Struktur oder formalen Rationalität, das heißt der Tatsache, dass in ihm die Kapitalrechnung ihre konsequente Anwendung findet. Damit sind die Elemente seines Strukturvorkommens für Weber aber noch keineswegs vollständig umschrieben. Hierin gehen vielmehr immer auch inhaltliche Voraussetzungen ein, und zwar solche grundsätzlicher Art. Diese „materiale(n) Bedingungen"[36] der formalen Rationalität des Kapitalismus sind, rein strukturell betrachtet, zwar letzterer gegenüber äußerlich, gleichwohl ist die Funktionsfähigkeit der kapitalistischen Wirtschaftsordnung nur dann gegeben, wenn jene Randbedingungen erfüllt sind.

Webers Beschreibung dieser Konstellation ermöglicht es, die – zunächst noch ganz im Formalen verbleibende – Frage der Beeinflussbarkeit des Kapitalismus

---

34 Vgl. etwa RS I, 544.

35 RS I, 541.

36 WG 58. Die „materialen Bedingungen" der formalen Rationalität des Wirtschaftens sind keineswegs zu verwechseln mit dessen „materialer Rationalität", das heißt dem Grad der Versorgungsleistung eines Wirtschaftssystems gemessen an außerökonomischen Wertpostulaten (vgl. WG 44f.).

nunmehr zu beantworten, und zwar in einem positiven Sinn.[37] Jede an solchen Vorbedingungen ansetzende Steuerungsmaßnahme greift notwendigerweise von außen ein, in dem Sinne, als sie mit der systemimmanenten Rationalität der kapitalistischen Betriebsführung nichts zu tun hat. Aber sie beeinflusst diese wiederum auch nicht nur äußerlich, weil sie sich auf solche Momente bezieht, auf denen jene selbst aufruht. Die Steuerung des Kapitalismus setzt gewissermaßen bei einer Lücke an, die dessen formale Rationalität selbst aufweist, nämlich am Punkt ihrer Inanspruchnahme materialer Voraussetzungen bei gleichzeitiger Indifferenz ihnen gegenüber.

Eine so konzipierte Steuerung des Kapitalismus zeichnet sich dadurch aus, dass sie den Funktionsmechanismus der kapitalistischen Wirtschaftsordnung seiner Binnenlogik nach selbst unangetastet läßt, jene aber gleichwohl nachhaltig beeinflusst und prägt, indem sie deren materiale Rahmenbedingungen einer Kontrolle unterzieht und nach eigenen Gesichtspunkten modifiziert und gestaltet. Der späte Sombart konnte programmatisch formulieren: „Die Wirtschaft ist nicht unser Schicksal. Eine ‚Eigengesetzlichkeit der Wirtschaft' gibt es nicht".[38] Weber hätte dem so nicht zugestimmt. Aber es wäre umgekehrt gleichfalls ein Missverständnis, wollte man seine Eigengesetzlichkeitsthese gleichsetzen mit der Behauptung einer schlechthinnigen Unbeeinflussbarkeit. Erweist sich aber die kapitalistische Wirtschaftsordnung am Punkt ihrer Inanspruchnahme exogener materialer Rahmenbedingungen als steuerbar, dann fällt sie zwangsläufig auch in den Gegenstandsbereich einer normativen Ethik.

Welcher Art sind nun jene materialen Bedingungen der kapitalistischen Wirtschaftsform? Damit ist zugleich die zweite Frage angesprochen, nämlich die nach den inhaltlichen Ansatzmöglichkeiten einer Steuerung des Kapitalismus. Weber benennt im wesentlichen vier Klassen solcher Voraussetzungen:[39] a) von Seiten des Konsumenten: das Vorliegen von kaufkräftigem Begehr nach Nutzleistungen, b) am Ort des Tausches: den Vollzug des Marktkampfes, c) hinsichtlich

37 Grundlage der Beantwortung dieser und der nachfolgenden Fragen wird ausschließlich die in „Wirtschaft und Gesellschaft" entfaltete Wirtschaftssoziologie bilden. Unberücksichtigt bleiben daher Webers eigne, weitverzweigte und wechselreiche Anschauungen zur Sozialpolitik – man denke etwa an die Spannung zwischen den beiden frühen Enqueten (vgl. Anm. 24), der Freiburger Antrittsvorlesung (*Gesammelte Politische Schriften*, hg. v. Johannes Winckelmann [Tübingen: Mohr Siebeck, [5]1988], 1–25) und dem Wiener Sozialismus-Vortrag (*Gesammelte Aufsätze zur Soziologie und Sozialpolitik*, hg. v. Marianne Weber [Tübingen: Mohr Siebeck, [2]1988], 492–518). Zu Webers sozialpolitischen Vorstellungen vgl. Wolfgang J. Mommsen, *Max Weber und die deutsche Politik 1890–1920* (Tübingen: Mohr, [2]1974).

38 In: *Die Zukunft des Kapitalismus* (Berlin-Charlottenburg: Buchholz & Weißwange, 1932); jetzt in: vom Brocke: *Sombarts „Moderner Kapitalismus"* (s. Anm. 3), 394–418; hier S. 394.

39 Vgl. WG 58f. Die Punkte c) und d) fasst Weber zusammen in §13, 2.

der betrieblichen Durchführbarkeit: das Bestehen von Besitz- und Herrschaftsverhältnissen und d) hinsichtlich der Möglichkeit der Wahrnehmung von Tauschchancen: das Bestehen von Marktfreiheit und Markttransparenz, das heißt vor allem die Abwesenheit von Monopolbildungen. Geben die beiden ersten Punkte die ebenso anthropologisch wie sozialgeschichtlich bedingte offene Interessen- und Konfliktsituation der Wirtschaftenden wieder, so beziehen sich die beiden zuletzt genannten auf das Vorliegen oder Nichtvorliegen bereits fest ausgebildeter Machtstrukturen.

Bei jeder dieser Klassen materialer Bedingungen der kapitalistischen Wirtschaftsform handelt es sich um sozialethisch höchst relevante Sachverhalte sozialer Differenzierung. Jede praktische Stellungnahme zu ihnen – gleich welcher Zielrichtung – bedeutet darum per se eine sozialpolitische Option. Für die ethische Struktur solcher Optionen gilt, was gerade abstrakt erörtert wurde: Wie der Akt der Steuerung im allgemeinen, so kommen auch konkrete sozialpolitische Maßnahmen niemals völlig von außen an den Kapitalismus heran, sondern richten sich auf solche sozialen Vorgegebenheiten, welche dieser als äußere Rahmenbedingungen immer schon für sich in Anspruch nimmt, ohne sie jedoch in der je vorliegenden Gestalt und Graduierung aus seiner spezifischen ökonomischen Struktur als notwendig erweisen zu können. Behält man jene Differenz von formaler Rationalität und materialer Bedingtheit der kapitalistischen Wirtschaftsordnung scharf im Auge, dann wird man sozialpolitische Optionen bezüglich der materialen Vorgegebenheiten, beispielsweise das Plädoyer für eine kontinuierliche Mäßigung des sozialen Gefälles der ökonomischen Herrschafts- und Besitzverhältnisse, nicht von vornherein als systeminadäquate Eingriffe in die marktwirtschaftliche Ordnung desavouieren können.

Eine Sozialpolitik, die den Kapitalismus seiner ökonomischen Effizienz wegen bejaht und ihn zugleich eigenen Steuerungsmaßnahmen unterwirft – beides aus Gründen ethischer Verantwortlichkeit –, wird in inhaltlicher Hinsicht notwendigerweise eine Gratwanderung darstellen, und zwar deshalb, weil sie die materialen Voraussetzungen seiner formalen Rationalität nur innerhalb des Spielraums verändern kann, der seine Funktionsfähigkeit nicht ernsthaft gefährdet. Das Ergebnis solcher sozialpolitischen Steuerungsmaßnahmen wird darum nichts Anderes sein können als ein aufgeklärter Kapitalismus, das heißt ein Kapitalismus mit sozialen Bremsen.

Eine solche Verschränkung von kapitalistischem Wirtschaftsprinzip und sozialpolitischen Ausgleichsmaßnahmen liegt auch – sieht man von einigen hartgesottenen Verfechtern des Neoliberalismus[40] ab – den meisten neueren, ethisch

40 So z. B. Friedrich A. von Hayek. Zur Veranschaulichung seiner Position mag etwa folgender

reflektierten Kapitalismustheorien zugrunde.[41] Das vermutlich bekannteste davon, weil realpolitisch erprobt, dürfte das von Alfred Müller-Armack bereits im Jahre 1946 entworfene und danach mehrfach verbesserte Modell der sozialen Marktwirtschaft sein.[42]

Drittens: Zur Frage der Steuerungsebenen. Ein wichtiger Vorzug von Webers handlungstheoretischer Rekonstruktion der Wirtschaft besteht darin, dass sie ziemlich genau und vollständig die Felder zu beschreiben vermag, auf denen überhaupt eine Steuerung der kapitalistischen Wirtschaftsordnung durch den Staat möglich ist.

a) Die dem Staat als politischem Verband ureigenste Steuerungsmöglichkeit ist die staatliche Ordnungspolitik. In Form arbeits-, sozial-, gewerbe- und handelsrechtlicher Maßnahmen wird ein Rahmen festgelegt, innerhalb dessen sich der Marktprozeß frei entfalten kann.[43]

b) Die auf die betriebliche Kapitalrechnung am unmittelbarsten wirkende Form staatlicher Einflussnahme ist die Steuerpolitik. Nicht nur die Höhe der Abgabelasten, sondern auch deren Art geht auf direktem Weg in die Rentabilitätsrechnung der Erwerbsunternehmungen ein.

c) Die weitestreichende ökonomische Maßnahme des Staates ist die Geldpolitik. Indem der moderne Staat das Monopol der Geldschaffung und Geldordnung errungen hat, bestimmt er – sei es in eigener oder übertragener Vollmacht – die letzten Voraussetzungen der ganz auf die Geldrechnung aufgebauten Erwerbswirtschaft.

d) Ein weiteres wichtiges Lenkungsmittel schließlich ist die staatliche Budgetpolitik. Hier tritt der Staat dem Wirkungskreis seiner Aktivität nach zwar unter

---

Satz genügen: „Der Ausdruck ‚Soziale Gerechtigkeit' gehört nicht in die Kategorie des Irrtums, sondern in die des Unsinns wie der Ausdruck ein moralischer Stein". *Recht, Gesetzgebung und Freiheit*, Bd. 2: *Die Illusion der sozialen Gerechtigkeit* (Landsberg am Lech: Moderne Industrie, 1981), 112. Vgl. dazu Eilert Herms, „Theoretische Voraussetzungen einer Ethik des wirtschaftlichen Handelns. F. A. von Hayeks Anthropologie und Evolutionstheorie als Spielraum wirtschaftsethischer Aussagen" in: *Wirtschaftswissenschaft und Ethik, Schriften des Vereins für Socialpolitik, NF*, Bd. 171, hg. v. Helmut Hesse (Berlin: Duncker und Humblot, 1988), 131–193.

41 Vgl. etwa Peter Koslowski, *Ethik des Kapitalismus* (Tübingen: Mohr Siebeck, ^{3}1986).

42 Müller-Armacks Programmschrift von 1946 „Wirtschaftslenkung und Marktwirtschaft" ist – zusammen mit den später erschienenen Abhandlungen zum selben Thema – wiederabgedruckt in: Ders., Wirtschaftsordnung und Wirtschaftspolitik (Bern, Stuttgart: Haupt, ^{2}1976, 19–170).

43 Hierher gehört auch die staatliche Handhabung des Kartellrechts. Für Weber steht die Ausbildung von Marktmonopolen (im Zuge eines auf immer höhere Stufe geführten, fortgesetzten Markt- und Preiskampfes) in krassem Widerspruch zur Grundintention der Marktwirtschaft (vgl. WG 58). Den Gegensatz von klassischem Wirtschaftsliberalismus und spätkapitalistischer Monopolbildung betont auch Eduard Heimann, *Soziale Theorie des Kapitalismus*, Neudruck der 1. Auflage 1929 (Frankfurt a. M.: edition suhrkamp, 1980), 61–-81.

den Bedingungen der Erwerbswirtschaft auf. Die Leitgesichtspunkte seiner Verteilungsmaßnahmen hingegen obliegen nicht den Gesetzen des Marktes, sondern entspringen den Grundsätzen der Haushaltswirtschaft.

Webers Beschreibung ist mindestens zweierlei zu entnehmen: Erstens, wie stark auch immer der faktische Druck ökonomischer Interessen auf politische Entscheidungsvorgänge sein mag, formal verfügen die staatlichen Organe durchaus über die Fähigkeit wirksamer Einflussnahme auf die kapitalistische Wirtschaftsordnung. Hier gilt es im Falle der Steuerungspolitik nicht, prinzipiell neue Wege zu bahnen, sondern vorhandene Möglichkeiten auszuschöpfen.[44] Ob es neben diesen rechtlich verankerten Steuerungsebenen staatlichen Handelns noch weitere, also außerrechtliche oder vorstaatliche Einflussmöglichkeiten gibt und welche Realisierungschancen mit ihnen verbunden sein dürften, kann hier dahingestellt bleiben.[45]

Geht man von jenen vier Feldern staatlicher Beeinflussbarkeit der Wirtschaft aus, also Ordnungs-, Steuer-, Geld- und Budgetpolitik, dann zeigt sich, zweitens, dass eine sozialpolitische Steuerung des Kapitalismus, sofern sie kompetent und konkret zu agieren beansprucht, angesichts der hochgradigen Differenziertheit der von ihr zu überschauenden und zu ordnenden Sachzusammenhänge zwangsläufig dem Prozeß fortschreitender Verwissenschaftlichung unterliegt. Das bedeutet aber: Wirtschaftsethik des Kapitalismus ist nur noch in Form eines interdisziplinären ethischen Diskurses zu leisten. Ökonomisches Fachwissen, juristisches Ordnungsdenken und ethische Normenreflexion müssen einander ergänzen, wenn die Wahrnehmung von Verantwortung mehr sein soll als die bloße Selbstdarstellung moralischer Gefühle.

Versucht man die wirtschaftsethische Verantwortung des christlichen Glaubens einschließlich deren gesellschaftspolitischer Artikulation durch die Kirchen auf diese Situation zu beziehen, so ergibt sich hinsichtlich der beiden großen Konfessionen ein durchaus unterschiedliches Bild: Während es der römisch-katholischen Kirche gelungen ist, ihr wirtschaftsethisches Fachwissen in Form einer mehr oder weniger offiziellen Soziallehre zu institutionalisieren, fehlt dem Protestantismus eine vergleichbare Einrichtung. Ohne die Etablierung eines institutionell kontinuierlichen, im Unterschied zur katholischen Soziallehre allerdings wesenhaft pluralistischen Wirtschaftsethikdiskurses dürfte indes auch der freie

---

44 Eines der kompliziertesten Probleme der Steuerung des Kapitalismus, auf das Weber im Rahmen seiner Wirtschaftssoziologie m.W. noch nicht eingeht, bilden heute die zahlreichen zwischenstaatlichen Wirtschaftsprozesse; vgl. dazu Helmut Hesse, „Internationale Wirtschaftsbeziehungen als Gegenstand der Wirtschaftsethik" in: Hesse: *Wirtschaftswissenschaft und Ethik* (s. Anm. 40), 195–214.

45 Hier wären etwa neuere Ansätze zur Ausbildung einer Unternehmensethik anzusiedeln.

Protestantismus seiner Aufgabe einer verantwortlichen sozialen Selbstgestaltung kaum gerecht werden.

Viertens, zur Frage der Leitnorm. Hier stellen sich ganz besondere Schwierigkeiten, vor allem für eine spezifisch theologische Fassung der Wirtschaftsethik. Der Grund dafür ist leicht einzusehen. Es war Wilhelm Herrmann, der nüchtern und selbstkritisch die Einsicht aussprach, dass sich vom Boden der Bergpredigt aus keine materiale Theorie der Kulturarbeit gewinnen ließe.[46] Die Analyse des modernen Kapitalismus scheint diese These auf eine nachgerade bedrückende Weise zu untermauern. Wie bereits für Adam Smith bildet auch für Weber das Eigeninteresse die entscheidende Triebfeder der Erwerbswirtschaft.[47] Im Sinne der Logik der kapitalistischen Wirtschaftsordnung ist dem Gesamtnutzen dann am besten gedient, wenn jeder seinen Privatnutzen verfolgt. Die Funktionstüchtigkeit des modernen Kapitalismus hat vor allem darin ihren Grund, dass die auf Rentabilität abzweckende betriebliche Kapitalrechnung und das aus Eigennützigkeit resultierende individuelle Gewinnstreben sich wechselseitig verstärken.

Damit tritt zugleich die Herausforderung zutage, die der Kapitalismus für eine jede Gestalt christlicher Soziallehre bedeutet. Orientiert sie sich an der genuinen Ethik Jesu, dann gilt ihr das Gebot der Nächstenliebe als Inbegriff aller Gott geschuldeten ethischen Pflichten; Selbstlosigkeit wird zum Lebensideal. Die kapitalistische Wirtschaftsordnung hingegen setzt bei allen Akteuren des Wirtschaftsprozesses die uneingeschränkte Wahrnehmung des Eigennutzes voraus. „Nicht vom Wohlwollen des Metzgers, Brauers und Bäckers" – so Smith – „erwarten wir das, was wir zum Essen brauchen, sondern davon, dass sie ihre eigenen Interessen wahrnehmen. Wir wenden uns nicht an ihre Menschen-, sondern an ihre Eigenliebe, und wir erwähnen nicht die eigenen Bedürfnisse, sondern sprechen von ihrem Vorteil."[48] Wollte man aus diesem System des Eigennutzes und Profits fliehen in gesellschaftliche Enklaven, um dort ungestört eine Art urchristlichen „Liebeskommunismus" zu praktizieren, dann bliebe damit

46 Vgl. Wilhelm Herrmann, „Die sittlichen Weisungen Jesu" in: *Schriften zur Grundlegung der Theologie*, hg. v. Peter Fischer-Appelt, Bd. 1 (München: Ch. Kaiser, 1966), 200 – 241.

47 „Alles Wirtschaften wird in der Verkehrswirtschaft von den *einzelnen* Wirtschaftenden zur Deckung *eigener*, ideeller oder materieller, Interessen unternommen und durchgeführt" (WG 119). „In einer Verkehrswirtschaft ist das Streben nach *Einkommen* die unvermeidliche letzte Triebfeder alles wirtschaftlichen Handelns" (WG 120).

48 Adam Smith, *Der Wohlstand der Nationen. Eine Untersuchung seiner Natur und seiner Ursachen* (München: dtv Verlagsgesellschaft, [4]1988), 17; vgl. Webers Bezugnahme auf Smith, RS I, 71. In Übereinstimmung damit, nur ausgeweitet auf den okzidentalen Rationalismus im Ganzen, hat Weber die moderne Gesellschaft als eine „Weltherrschaft der Unbrüderlichkeit" (RS I, 571) bezeichnen können: „das Leben des Buddha, Jesus, Franziskus zu führen, scheint unter den technischen und sozialen Bedingungen rationaler Kultur rein äußerlich zum Misserfolg verurteilt" (ebd.).

immer noch die Frage offen, wie man ohne den Kapitalismus die Versorgungsprobleme des übrigen Großteils von Staat und Gesellschaft lösen soll.

Weber hat diesbezüglich wiederholt betont, dass jene wie eigentlich alle Schwierigkeiten der modernen Gesellschaft letztlich daraus erwüchsen, dass letztere fast auf allen Ebenen massengesellschaftliche Dimension angenommen habe. An dieser Stelle hat sich darum auch jede Kapitalismus-Ethik zu bewähren, die mehr sein will als die bloße Beschwörung kontrafaktischer Utopien. Neuere Wirtschaftsethiken theologischer Provenienz haben aus jenem Dilemma die Konsequenz gezogen, nicht das Gebot der Nächstenliebe, sondern die Idee der sozialen Gerechtigkeit als Leitnorm fungieren zu lassen – so etwa bei Trutz Rendtorff[49] und im Wesentlichen ebenso bei Arthur Rich.[50] Wenngleich auch dieser Begriff nicht unerhebliche Fragen aufwirft, so scheint er immerhin seine präskriptive Anwendung nicht von vornherein material auszuschließen. Eine gedankliche Auflösung der aus dem aporetischen Ausgang der vorneuzeitlichen theologischen Naturrechtstheorien[51] resultierenden Hauptschwierigkeit, wie sich nämlich die Prinzipien Wohlfahrtsökonomik und Verteilungsgerechtigkeit aufeinander beziehen und durcheinander korrigieren lassen, ist bislang allerdings noch nicht in Sicht.

Die Ironie solcher am Begriff der sozialen Gerechtigkeit orientierten Kapitalismus-Ethiken dürfte darin zu erblicken sein, dass auf der Ebene der ethischen Leitnorm akzeptiert wird, was als Wirtschaftsform verworfen wird: nämlich das Humanitätsmodell des Sozialismus. Auf die allgemeine Akzeptanz dieses Ideals dürfte sich dies aber eher förderlich als abträglich auswirken.

Fünftens: Zur Frage der individuellen Lebensführung. Die im Neocalvinismus entstandene und ursprünglich religiös motivierte kapitalistische Gesinnung äußerte sich in Arbeitsaskese und Konsumverzicht. Von dieser religiösen Haltung ist

---

49 Vgl. Trutz Rendtorff, *Ethik*, Bd. 2 (Stuttgart, Berlin, Köln, Mainz: Kohlhammer, 1981), 109–114.154–157.

50 Vgl. Arthur Rich, *Wirtschaftsethik*, Bd. I (Gütersloh: Gütersloher Verlagshaus, [2]1985), 201–220. Rich tendiert sehr stark zur Rawls'schen Gerechtigkeitskonzeption (vgl. Anm. 67); demgegenüber bleibt das begriffliche Profil der Zusatzformel „hoffende Liebe des Glaubens" in wirtschaftsethischer Hinsicht eigentümlich blass.

51 Koslowskis (vgl. Anm. 41) Inanspruchnahme des aristotelisch-thomistischen Naturrechts als des Ordnungsrahmens einer Wirtschaftsethik des Kapitalismus lässt bislang noch nicht erkennen, wie die internen Begründungsprobleme eines solchen Modells zu lösen wären. Auch scheint Koslowskis Kategorie der „Vorzugsregel" in ihrer Schwebe zwischen aristotelischem Prohairesisbegriff, neukantianischer Werttheorie und mikroökonomischem Präferenzmodell kaum geeignet, dem neuzeitlichen Freiheitsproblem in angemessener Weise gedanklich Rechnung zu tragen. Koslowski hat seinen Entwurf später weiter ausgebaut in: *Prinzipien der Ethischen Ökonomie. Grundlagen der Wirtschaftsethik und der auf die Ökonomie bezogenen Ethik* (Tübingen: Mohr Siebeck, 1988).

im modernen Kapitalismus – wie Weber selbst konstatiert – nichts übriggeblieben. Dies hat sich auch auf die Stellung zum Konsum ausgewirkt. Durch seine Leistungskraft hat der moderne Kapitalismus zu einer weit über das Elementare hinausreichenden Bedarfsdeckung, ja zu einer förmlichen Demokratisierung der Luxusgüter geführt. So begrüßenswert letzteres in verteilungspolitischer Hinsicht sein mag, als ebenso problematisch erweist sich die darin wirksam werdende Eigendynamik in anthropologischer Hinsicht.

Der kapitalistische Betrieb zielt auf Gewinnmaximierung und wird darum – aber auch aus technologischen Gründen – hinsichtlich der von ihm erzeugten Nutzleistungen nach möglichst hohem Absatz streben. Theoretisch bleibt zwar immer noch der Konsument der letzte Lenker der Wirtschaft, sofern diese – produktiv und distributiv – nur tätig werden kann, wo Begehr, oder genauer gesagt: wo kaufkräftiges Begehr besteht. Aber die Erwerbsunternehmungen werden alles daransetzen, durch Reklame und sonstige Kaufanreize vorhandene Bedürfnisse auszuweiten, neue zu wecken und die noch vorhandenen Hemmschwellen der Kaufgeneigtheit weitestmöglich zu senken.[52] Die kapitalistische Wirtschaftsordnung erzeugt so zu einem großen Teil allererst die Bedürfnisse, ob deren Befriedigung sie sich rühmt. Der besondere Zynismus der Werbung dürfte darin liegen, dass der kapitalistische Erwerbsbetrieb per definitionem kein eigenes inneres Verhältnis zu den von ihm erzeugten Sachgütern und Dienstleistungen besitzt, sie aber dem Tauschreflektanten, nämlich dem potentiellen Kunden, als lebensnotwendig und für dessen Selbstverwirklichung schlechterdings unentbehrlich anpreist. Die Frage ist weniger überflüssig denn je, ob man sich diesem „Zwang der Wohlstandskultur" – wie Wolfgang Trilhaas[53] es genannt hat – anders entziehen kann als durch jene alte Tugend des Konsumverzichts.

Kommt es nicht dazu, wird die psychologische Lage des Konsumenten nur noch verschärft. Aus Gründen der historischen Genese und deren Fortwirken in der Folgezeit ist die betriebliche Arbeitsdisziplin nach Weber nirgends höher entwickelt und nirgends stärker verinnerlicht als im modernen Kapitalismus. Nimmt man dieses Moment mit jener Eigendynamik zusammen, so ergibt sich die nachgerade schizophrene innere Situation, welche Daniel Bell als für die moderne Gesellschaft signifikant aufgezeigt hat:[54] Während der Dienstzeit herrschen die Triebverzichtsimperative des Arbeitssektors, in der Freizeit dagegen regiert der

52 Vgl. WG 53.

53 Vgl. Wolfgang Trillhaas, *Das Evangelium und der Zwang der Wohlstandskultur* (Berlin: De Gruyter, 1966), 23–35.

54 Vgl. Daniel Bell, *Die Zukunft der westlichen Welt. Kultur und Technologie im Widerstreit* (Frankfurt a. M.: Fischer S. Verlag GmbH, 1979).

Makro-Hedonismus der Konsumsphäre.[55] Wie es zu einer tatsächlichen Integration des inneren Milieus der in solchem Wechselbad sich befindenden Subjekte kommen soll, läßt sich nur schwer vorstellen.

Eine dritte mögliche Verhaltensweise gegenüber dem Konsum wäre die, die Paulus einmal als die christliche Form des Weltumgangs überhaupt bezeichnet hat, nämlich das *ὡς μὴ:* das Haben, als hätte man nicht. Weder unkritische Hingabe noch radikale Entsagung, sondern die Verbindung von Maß und innerem Abstand bestimmt diese Gestalt der Lebensführung. Inwieweit sie tatsächlich durchgehalten werden kann, ohne dass das Ganze auf einen bloßen Kompromiss hinausläuft, ist schwer zu sagen. Völlig ohne innere Beschädigungen dürfte aber auch ein solcher Gang durch die kapitalistische Konsumwelt nicht zu überstehen sein.

Alle drei Formen des Konsumverhaltens zeigen je auf ihre Weise, dass die von der kapitalistischen Wirtschaftsordnung bewerkstelligte Erhöhung des Konsums zugleich auch höhere Anforderungen an die Selbstdeutung der ethischen Subjektivität stellt. Ohne ein Mehr an Selbstdeutungskultur dürfte das Ich kaum eine Chance haben, sich der Fremdbestimmung durch Konsum zu erwehren.

An dieser Stelle ist vor allem auch die Religion gefordert, und zwar in ihrer ureigensten Aufgabe, nämlich Deuteschemata humaner Selbstauslegung bereitzustellen.[56] Sofern sich im religiösen Bewußtsein das Bedürfnis des Menschen artikuliert, den Sinn des eigenen Daseins nach seiner Absolutheitsdimension zu reflektieren, verkörpert Religion auch und gerade in Zeiten des Spätkapitalismus eine anthropologisch wie soziologisch unverzichtbare Gestalt von Deutungskultur.

Sechstens, zum kapitalistischen Schicksal der Vernunft. In der unvollendet gebliebenen Skizze über „Marktvergesellschaftung" bemerkt Weber: „Wo der Markt seiner Eigengesetzlichkeit überlassen ist, kennt er nur Ansehen der Sache, kein Ansehen der Person, keine Brüderlichkeits- und Pietätspflichten, keine der urwüchsigen, von den persönlichen Gemeinschaften getragenen menschlichen Beziehungen. Sie alle bilden Hemmungen der freien Entfaltung der nackten Marktvergemeinschaftung und deren spezifische Interessen wiederum die spezifische Versuchung für sie alle".[57] Ähnlich wie im Falle der totalen Verbürokratisierung sieht Weber auch bei der vom Kapitalismus erwirkten absoluten

55 Vgl. Koslowski, *Ethik des Kapitalismus* (s. Anm. 41), 121.

56 Zur Theorie religiöser Selbstauslegung vgl. Ulrich Barth, *Christentum und Selbstbewußtsein. Versuch einer rationalen Rekonstruktion des systematischen Zusammenhanges von Schleiermachers subjektivitätstheoretischer Deutung der christlichen Religion* (Göttingen: Vandenhoeck & Ruprecht, 1983).

57 WG 383.

Versachlichung des Lebens den Menschen in ein „stählernes Gehäuse der Hörigkeit“[58] geraten. Das ungeheure Ausmaß der Folgen insbesondere dieser beiden Gestalten von Eigengesetzlichkeit resultiert für ihn aus den organisations- und wirtschaftssoziologischen Grundgegebenheiten, wie sie mit der für die Moderne spezifischen massengesellschaftlichen Verfasstheit des sozialen Daseins notwendig verknüpft sind.

Mit am schwersten greifbar, jedoch am durchdringendsten in der Wirkung erscheint Weber in diesem Zusammenhang die durch die Globalität der kapitalistischen Wirtschaftsform ausgelöste Deformation der Vernunft selbst.[59] Wenn sich die ökonomische Rationalität vermöge der Ubiquität des Marktes und damit der Geldrechnung zum Paradigma des Denkens aufschwingt, dann gibt es keinen Wirklichkeitsbereich mehr, der vor der wertabschätzenden Berechnung und funktionalisierenden Verrechnung sicher wäre. Die Versachlichung der Lebensbezüge schlägt notwendig um in die totale Durchkalkulation des Daseins. Traditionale, emotionale und positionale Sinnmuster der Lebensführung sacken ab zu bloß individuell relevanten Sentimentalitäten. Der Vernunftgebrauch selbst geht auf in rein sachlicher Rechenhaftigkeit.[60]

Versucht man dieses Phänomen ethisch-kategorial zu erfassen,[61] so wird man es mit Weber unter die Struktur der Zweck-Mittel-Rationalität zu subsumieren haben. Die Verabsolutierung der kalkulierenden Vernunft erweist sich als die Reduktion der praktischen Vernunft auf deren hypothetische beziehungsweise instrumentelle Funktion. Das berechnend-verrechnende Denken ist so gesehen nichts Anderes als ein konsequenter, wenn nicht sogar der konsequenteste Ausdruck des utilitaristischen Geistes.[62] Wie die Utilitätsmoral[63] als Ganze – darauf

---

58 Vgl. WG 835; RS I, 37, 203 f.

59 Vgl. Herbert Marcuse, „Industrialisierung und Kapitalismus“ in: Otto Stammer, Hg., *Max Weber und die Soziologie heute* (Tübingen: Mohr Siebeck, 1965), 161–180; zu Marcuse kritisch: Mommsen, *Max Weber* (s. Anm. 37), 461–467.

60 Der Ausdruck „Rechenhaftigkeit“ ist nach Webers eigenen Angaben (vgl. RS I, 167 Anm. 2) Sombarts Kapitalismus-Deutung (vgl. vom Brocke, *Sombarts „Moderner Kapitalismus“* [s. Anm. 3], 104) entnommen. Weber präzisiert ihn einerseits im Sinne von ökonomischer formaler Rationalität (vgl. WG 45), weitet ihn andererseits zugleich kultur-soziologisch aus in Richtung auf die allgemeine Rationalisierungsthematik (vgl. RS I, 167 Anm. 2; vgl. auch WL 594, 607 „Berechnung“).

61 Dasselbe Phänomen lässt sich unschwer auch erkenntnistheoretisch-ontologisch deuten. Es wäre von daher gesehen eine reizvolle Aufgabe, Martin Heideggers Charakterisierung der abendländischen Metaphysik als Ausdruck eines rechnenden Denkens zu Webers Begriff der Rechenhaftigkeit in Beziehung zu setzen.

62 Zu Webers Sicht der Herkunft des utilitaristischen Charakters kapitalistisch-ökonomischer Rationalität vgl. RS I, 34, 35, 40, 72, 101, 125, 165 Anm. 2, 170, 173, 174 Anm. 191, 197 ff., 205, 255, 266, 272.

hat bereits der frühe Troeltsch hingewiesen[64] – so dürfte aber auch die universale Herrschaft der ökonomischen Rationalität[65] nur zu durchbrechen sein, wenn es gelänge, die gedanklich bereits geleistete Einsicht in die innere Grenze des utilitaristischen Arguments[66] auch auf gesamtgesellschaftlicher Ebene konsensfähig zu machen, was gleichbedeutend damit wäre, die Unbedingtheitsdimension des Ethischen zur Anerkennung zu bringen.

Rein methodisch betrachtet, wiederholt sich damit die bereits oben im Zusammenhang der Frage der Leitnorm formulierte Aufgabe einer zu leistenden gedanklichen Synthese, jetzt allerdings auf einer höheren Ebene, nämlich hinsichtlich der Frage des Theorietypus von Ethik: Wie es dort um die Vereinigung der Prinzipien Wohlfahrtsökonomik und Verteilungsgerechtigkeit ging, so gilt es hier, das je spezifische Theoriepotential von utilitaristischer und absoluter Ethik zusammenzudenken.

Ziel des zweiten Teils unserer Überlegungen war es, im Anschluß an Webers Wirtschaftssoziologie mögliche Ansatzpunkte einer normativen Ethik des Kapitalismus zu gewinnen. Sie haben sich allenthalben ausmachen lassen, jedoch immer nur so, dass zugleich auch ethische Antinomien sichtbar wurden. Damit spiegelt sich aber in der ethischen Reflexion nur wider, worin jener soziologische Entwurf als ganzer seine Pointe haben dürfte. Was auch heute noch an Webers Texten fasziniert, ist der von Dieter Henrich zurecht hervorgehobene Aspekt, dass Weber die „Antinomik des menschlichen Daseins ... wie kein anderer zu Bewußtsein gebracht" hat.[67] Dieser Blick für den antinomischen Charakter der Wirklichkeit[68] verleiht auch seiner Wirtschaftssoziologie ihren ebenso realitäts-

---

63 Eine ebenso knappe wie präzise Darstellung der gedanklichen Struktur der utilitaristischen Ethik findet sich bei Dieter Birnbacher, „Der Utilitarismus und die Ökonomie" in: *Sozialphilosophische Grundlagen ökonomischen Handelns*, hg. v. Bernd Biervert (Frankfurt a. M.: Suhrkamp Verlag, 1990), 65–85.

64 Vgl. Troeltsch, *Schriften* (s. Anm. 17), 254–257, 286; „... unser eudämonistisches Wohl ist nicht Sinn der Welt" (542).

65 Zum Zusammenhang von Utilitarismus und ökonomischer Rationalität vgl. Alfred Bohnen, *Die utilitaristische Ethik als Grundlage der modernen Wohlfahrtsökonomik* (Göttingen: Schwartz, 1964); ebenso Joachim Starbatty, *Die englischen Klassiker der Nationalökonomie* (Darmstadt: Kohlhammer, 1985), 85–100.

66 Zur Kritik des Utilitarismus vgl. John Rawls, *Eine Theorie der Gerechtigkeit* (Frankfurt a. M.: Suhrkamp Verlag, 1975), §§ 5, 27, 28, 30; ferner John Leslie Mackie, *Ethik* (Stuttgart: Reclam Philipp Jun., 1983), 157–189.

67 Vgl. Henrichs Einleitung zu: Karl Jaspers, *Max Weber* (München, Zürich: Paragon House, 1988), 7–31, hier 10.

68 Die Denkfigur der Antinomie bildet auch den theoretischen Grundbegriff der Theologie Emanuel Hirschs; vgl. dazu Ulrich Barth, *Die Christologie Emanuel Hirschs. Eine systematische und*

nahen wie ideologiekritischen Gesamtcharakter. Von ihm ist nicht zuletzt der wirtschaftssoziologische Vergleich von Kapitalismus und Sozialismus bestimmt.

Was den Sozialismus betrifft, so scheint er inzwischen an seiner eigenen Realität gescheitert zu sein, und zwar auf eine Weise, die weitgehend der Weberschen Diagnose entspricht. Damit ist allerdings auch dem Kapitalismus sein alternatives Gegenmodell abhandengekommen, das ihn sozialpolitisch immer wieder zur Räson gebracht hatte. Umso mehr bedarf es in dieser Situation einer Ethik des Kapitalismus auf ideologiekritischer Grundlage.

problemgeschichtliche Darstellung ihrer geschichtsmethodischen, erkenntniskritischen und subjektivitätstheoretischen Grundlagen (Berlin, New York: de Gruyter, 1991), Kap. IV.

Karl Tetzlaff

Erlösung vom Kapitalismus? Theologische Ökonomiekritik in anerkennungstheoretischer Perspektive

> „Die Marktgemeinschaft als solche ist die unpersönlichste praktische Lebensbeziehung, in welche Menschen miteinander treten können. Nicht weil der Markt einen Kampf unter den Interessenten einschließt. [...] Sondern weil er spezifisch sachlich, am Interesse an den Tauschgütern und nur an diesen, orientiert ist. Wo der Markt seiner Eigengesetzlichkeit überlassen ist, kennt er nur Ansehen der Sache, kein Ansehen der Person, keine Brüderlichkeits- und Pietätspflichten, keine der urwüchsigen, von den persönlichen Gemeinschaften getragenen menschlichen Beziehungen. Sie alle bilden Hemmungen der freien Entfaltung der nackten Marktvergemeinschaftung [...].“[1]

Mit einer illusionslosen Sachlichkeit, die gegenüber seinem Untersuchungsgegenstand angemessener nicht sein könnte, beschreibt Max Weber, wie soziale Beziehungen im real existierenden Kapitalismus aus seiner Sicht funktionieren. Am jeweils Anderen nur um der Verwirklichung der eigenen Profitinteressen willen interessiert, gilt der ökonomisch bestimmte Blick niemals dessen individueller Eigenart als Person. Man sieht in ihm einzig den möglichen Konkurrenten, Geschäftspartner oder die gewinnträchtig einzusetzende Arbeitskraft. Diese depersonalisierende Wirkkraft des Kapitalismus, weit über Wirtschaftsbeziehungen im engeren Sinne hinaus, ist bis zum heutigen Tage der zentrale Ansatzpunkt vieler sozialkritischer Versuche, sein „stahlhartes Gebäude“[2] aufzubrechen. Schon längst verstaubt geglaubte Diagnosebegriffe aus dem traditionellen Arsenal marxistischer Gesellschaftsdeutung, die die besagte Entpersonalisierungstendenz zur Sprache bringen, wie „Entfremdung“[3] oder „Verdinglichung“[4], haben in jüngerer Zeit eine strahlende Renaissance gefeiert. Der Wirtschaftshistoriker Werner Plumpe sieht darin jedoch nur ein diffuses gesellschaftliches „‚Unbeha-

---

1 Max Weber, „Die Marktvergesellschaftung“ in: Ders., *Wirtschaft und Gesellschaft. Grundriss der verstehenden Soziologie* (Tübingen: Mohr Siebeck, ^{5}1980), 382–385, hier 382–383.

2 Max Weber, „Die protestantische Ethik und der Geist des Kapitalismus“ in: Ders., *Gesammelte Aufsätze zur Religionssoziologie I* (Tübingen: Mohr Siebeck, ^{9}1988), 17–206, hier 203.

3 Vgl. Rahel Jaeggi, *Entfremdung. Zur Aktualität eines sozialphilosophischen Problems* (Frankfurt a. M., New York: Campus, 2005). Vgl. auch Nancy Fraser, Rahel Jaeggi, *Kapitalismus. Ein Gespräch über kritische Theorie*, hg. v. Brian Milstein (Berlin: Suhrkamp, 2020).

4 Vgl. Axel Honneth, *Verdinglichung. Eine anerkennungstheoretische Studie. Mit Kommentaren von Judith Butler, Raymond Geuss und Jonathan Lear und einer Erwiderung von Axel Honneth* (Frankfurt a. M.: Suhrkamp, 2015). Vgl. auch die ökonomietheoretische Darstellung Honneths in: *Das Recht der Freiheit. Grundriß einer demokratischen Sittlichkeit* (Berlin: Suhrkamp, ^{3}2017), 317–469.

https://doi.org/10.1515/9783110705614-010

gen am Kapitalismus'" mit wissenschaftlichen Weihen versehen, wodurch einer völlig fehlgeleiteten Vorstellung das Wort geredet werde: „Organisation und Funktionsweise der Wirtschaft dürfe sich nicht allein in einer möglichst effizienten Versorgung mit Gütern und Dienstleistungen erschöpfen, sondern habe darüber hinaus dem Leben des Menschen etwa über die Arbeit einen tieferen ‚Sinn' zu verleihen".[5] So betrachtet sei der „Kapitalismus [...], selbst wenn er gut funktioniert, eine Barriere gegen das eigentliche Leben", „‚entfremde'" er doch „den Menschen von seinem [...] Wesen".[6] Plumpe schreibt dieser von ihm zutiefst abgelehnten Art der Ökonomiekritik darüber hinaus eine verborgene religiöse Pointe zu: „Sie erwartet letztlich ‚Erlösung', nicht mehr durch Gott, sondern durch die Organisation der gesellschaftlichen Verhältnisse."[7]

Aus theologischer Sicht könnte man nun dem Historiker die Worte des sozialistischen Barthianers Helmut Gollwitzer zurufen: „Der ganz andere Gott will eine ganz andere Gesellschaft."[8] Nach meinem Dafürhalten aber ist der Hinweis Plumpes gerade für die Theologie durchaus zu beherzigen. Die mit der christlichen Rede von Gott verbundene Erlösungsperspektive verliert ihre besondere Eigenart, wenn sie zum sozialpolitischen Programm degradiert wird. Zugleich aber ist hier kein unversöhnlicher Gegensatz zu behaupten, sollen religiöse Aussagen für die gegenwärtige, eben auch ökonomisch bestimmte Lebensführung von Belang sein können.

Vor diesem Hintergrund stelle ich im Folgenden drei Autoren vor: Eberhard Jüngel (1.), Falk Wagner (2.) und Traugott Koch (3.). Alle drei blicken sie aus unterschiedlicher theologischer Perspektive kritisch auf mit dem Kapitalismus einhergehende Pathologien. Was sie diesbezüglich verbindet, ist die Fokussierung sozialer Anerkennung als entscheidendes Thema. Sie stehen damit in starker Nähe zur eingangs erwähnten Kritik des Kapitalismus, die gegen dessen entpersonalisierenden Charakter bisweilen ausdrücklich einen „Kampf um [die] Anerkennung"[9] verweigerter Freiheitsansprüche zu initiieren sucht. Axel Honneth, dessen Position sich so zuspitzen lässt, wird den drei theologischen Autoren

---

5 Werner Plumpe, „Die Konjunkturen der Kapitalismuskritik", *Merkur* 66, 757 (2012), 523–530, hier 528–529.

6 A. a. O., 528.

7 A. a. O., 528–529.

8 Hellmuth Gollwitzer, „Veränderung im Diesseits" in: Ders., *Ich frage nach dem Sinn des Lebens* (München: Chr. Kaiser, 1974), 34–64, 62. Vgl. dazu: Andreas Pangritz, *„Der ganz andere Gott will eine ganz andere Gesellschaft." Das Lebenswerk Helmut Gollwitzers (1908–1993)* (Stuttgart: Kohlhammer, 2018).

9 Axel Honneth, *Kampf um Anerkennung. Zur moralischen Grammatik sozialer Konflikte. Mit einem neuen Nachwort* (Frankfurt a. M.: Suhrkamp, [9]2016).

deshalb als sozialphilosophischer Gesprächspartner an die Seite gestellt. Nach der Darstellung der besagten Positionen ziehe ich ein kurzes Fazit (4.), das dem wie angedeutet strittigen Verhältnis von göttlicher Erlösung und politischen Lösungen gewidmet ist.

1 Gewinn im Himmel und auf Erden – Eberhard Jüngel

Gewinn im Himmel und auf Erden – so lautet der Titel einer Studie Eberhard Jüngels, die dem Für und Wider ökonomischen Profitstrebens aus theologischer Perspektive nachgeht.[10] Wie die von ihm gewählte Überschrift bereits andeutet, steht es für Jüngel außer Frage, dass „das Empfangen *irdischer Güter* und das Empfangen *ewigen Lebens* durchaus auch parallel zu stehen kommen [kann]“[11]. Zum Beleg führt er u. a. die durch den Gebrauch ökonomischer Metaphern geprägten Gleichnisse Jesu, etwa vom ungerechten Haushalter, an. „Gewinnstreben, das lassen diese“ und viele andere biblische Texte in Jüngels Augen „unmißverständlich erkennen, ist menschlich“[12], lässt sich also nicht *per se* diskreditieren. Jedoch „kommt es [...] darauf an, nach dem *rechten* Gewinn zu streben“, was konkret bedeutet, „beim irdischen Gewinnstreben den *Gewinn ewigen Lebens* nicht aufs Spiel zu setzen“[13]. Das titelgebende Entsprechungsverhältnis gilt demnach nur, solange der Vorordnung der himmlischen vor die irdischen Dinge im wirtschaftlichen Handeln entsprochen wird. „Wer sich selbst verwirklichen will, der wird sein Leben verwirken. Wer sich jedoch hingibt, der wird sein Leben retten“[14], bringt er die damit einhergehenden Alternativmöglichkeiten mittels modernitätsaffiner Paraphrase eines Jesusworts auf den Punkt. Was diese hier nicht weiter ausgeführte Differenz zwischen Selbstverwirklichung und Selbsthingabe für das menschliche Dasein im Kapitalismus bedeutet, legt Jüngel andernorts, in einem Beitrag zum Thema der modernen Erwerbsarbeit, dar.[15]

10 Vgl. zum Folgenden insgesamt: Eberhard Jüngel, „Gewinn im Himmel und auf Erden. Theologische Bemerkungen zum Streben nach Gewinn“ in: Ders., *Indikative der Gnade – Imperative der Freiheit. Theologische Erörterungen IV* (Tübingen: Mohr Siebeck, 2000), 231–251, hier 244–251.

11 A. a. O., 250.

12 A. a. O., 246.

13 Ebd.

14 A. a. O., 251.

15 Vgl. Eberhard Jüngel, „Arbeit und Lebensführung aus der Sicht der Evangelischen Theologie“ in: *Die Gesellschaft im 21. Jahrhundert. Perspektiven auf Arbeit, Leben, Politik*, hg. v. Gerhard Gamm, Andreas Hetzel, Markus Lilienthal (Frankfurt a. M., New York: Campus, 2004), 174–180.

Dabei bezieht er sich auf den durch Gerd-Günter Voß und Hans J. Pongratz diagnostizierten Wandel hin zu einem neuen „Leittypus von Arbeitskraft für den globalisierten Neokapitalismus“: dem „Arbeitskraftunternehmer“.[16] Immer weniger, so die erstmals 1998 formulierte These der beiden Soziologen, ist die Arbeitspraxis durch konkrete betriebliche Vorgaben bestimmt. Mehr und mehr sind es hingegen die Beschäftigten selbst, an denen es hängt, wie genau sie ihre Arbeitskraft in, den jeweiligen Unternehmenszielen entsprechende, Leistungen umsetzen. Dieser Autonomiegewinn hat zur Kehrseite, das dem Einzelnen in zunehmenden Maße die Kontrolle und Ökonomisierung seiner selbst, sowie die Ausrichtung auch seiner nichtberuflichen Lebenszusammenhänge auf den Gelderwerb hin abgefordert wird. Der Frankfurter Sozialphilosoph Axel Honneth kann deshalb in der die Selbstverwirklichungsfähigkeit des Einzelnen „anerkennende[n] Titulierung als ‚Arbeitskraftunternehmer‘“[17] nur eine ideologische Form von Anerkennung entdecken. Sie soll seines Erachtens „zur freiwilligen Übernahme erheblich veränderter Arbeitsbelastungen“ motivieren, „die mit dem neoliberalen Strukturwandel des Kapitalismus einhergehen“[18], ohne dass für den versprochenen Autonomiegewinn darin wirklich Platz wäre.

Auch Jüngel nimmt das mit der Rede vom Arbeitskraftunternehmer verbundene Freiheitsversprechen kritisch in den Blick. Was er abschlägig beurteilt ist jedoch, worauf Honneth gerade hinauswill: Dass „[d]ie Arbeit [...], statt dem Erwerb des Lebensunterhaltes zu dienen, zum Medium menschlicher Selbstverwirklichung“ wird.[19] Denn dann meint „das menschliche Ich [...], sich durch Arbeit diejenige Anerkennung verschaffen zu sollen, die [...] das Personsein des Menschen konstituiert“.[20] Als sündiges Wie-Gott-sein-Wollen brandmarkt Jüngel den Versuch solch einer tätigen Selbstbegründung. Analog zu traditionellen Vorstellungen göttlicher Allmacht wähnt sich der Mensch nämlich so „durch nichts vorherbestimmt [...] als allein durch die mit der eigenen Arbeitskraft gegebene unbegrenzte Möglichkeit, sich selber zu bestimmen“.[21] Darin aber kommt

---

16 Hans J. Pongratz, G. Günter Voß, „Der Arbeitskraftunternehmer. Zur Entgrenzung der Ware Arbeitskraft, (Vortrag in der Sitzung der Sektion Industrie- und Betriebssoziologie auf dem Kongress für Soziologie, Freiburg 1998 – Textfassung)“, unter: <http://ggv-webinfo.de/wp-content/uploads/2016/05/Arbeitskraftunternehmer-Vortrag-SozTag-Freiburg.pdf> (1998), zuletzt abgerufen: 26.06.2020, 1–5, hier 5. Vgl. diesen Text insgesamt für die folgende Darstellung.

17 Axel Honneth, „Anerkennung als Ideologie. Zum Zusammenhang von Moral und Macht“ in: Ders., *Das Ich im Wir. Studien zur Anerkennungstheorie* (Frankfurt a. M.: Suhrkamp, 2010), 103–130, hier 127. Vgl. insgesamt 126–130.

18 A. a. O., 127.

19 Jüngel, *„Arbeit und Lebensführung“* (s. Anm. 15), 177–178.

20 A. a. O., 178.

21 A. a. O., 179.

nur der von Jüngel herausgestellte Charakter der Sünde als einer den Menschen in ideologische „Lebenslügen“ verstrickenden Macht zum Tragen.[22] Als Unternehmer seiner selbst nämlich ist der Mensch „sowohl Herr als auch Knecht seiner selbst“, ohne aber seine eigene Knechtschaft zu durchschauen.[23] Ganz Ähnliches war, freilich ohne Verwendung des Sündenbegriffs, bereits aus den kritischen Hinweisen Axel Honneths zu vernehmen. Der Philosoph aber erhofft sich Erlösung allein daraus, dass man die Anerkennung der Selbstverwirklichungspotenziale beruflicher Arbeit „über die bloß symbolische Ebene hinaus bis zur materiellen Erfüllung vollende[t]“[24]. Der Theologe hingegen setzt auf die heilsame Unterbrechung aller menschlichen Aktivität.

So entdeckt Jüngel die „penetranteste unter allen Lebenslügen [...] nach reformatorischen Verständnis“ gerade in der „große[n] Selbsttäuschung, der Mensch könne durch sein eigenes Tun zu sich selbst kommen“ – womit er auch alle politischen Versuche meint, die Menschheit durch Schaffung neuer Verhältnisse zu vervollkommnen.[25] Im Hintergrund dieser Diagnose steht die von ihm als Pointe der Lutherschen Rechtfertigungslehre identifizierte Unterscheidung von Person und Werk.[26] Mit dieser will er nichts Geringeres als die Frage nach dem Menschsein des Menschen beantwortet wissen. Dass der Mensch allein aus Glauben und nicht durch Werke des Gesetzes vor Gott gerecht wird, übersetzt Jüngel dabei in die Sprache der Anerkennung. „[D]er Mensch“, so heißt es dann sinngemäß, „[wird] allererst dadurch ein Mensch [...], daß er sich von Gott [...] unwiderruflich *anerkannt* weiß“, nicht aber indem er versucht, „sich selber definitive Anerkennung zu verschaffen“[27]. Letzteres ist in Jüngels Augen eben dann der Fall, wenn – wie es die soziologische Diagnose in Sachen Arbeitskraftunternehmer anzeigt – das ganze Leben eines Menschen dem Zweck der Erwerbsarbeit

---

22 Vgl. dazu: Eberhard Jüngel, *Das Evangelium von der Rechtfertigung des Gottlosen als Zentrum des christlichen Glaubens. Eine theologische Studie in ökumenischer Absicht* (Tübingen: Mohr Siebeck, 1998), 108–109.

23 Jüngel, *„Arbeit und Lebensführung“* (s. Anm. 15), 179–180.

24 Honneth, *„Anerkennung als Ideologie“* (s. Anm. 17), 130.

25 Vgl. Eberhard Jüngel, „Das Evangelium und die evangelischen Kirchen Europas“, in: Ders., *Indikative* (s. Anm. 10), 279–295, hier 289. Vgl. zur folgenden rechtfertigungstheologischen Beurteilung der Situation des Arbeitskraftunternehmers: Jüngel, *„Arbeit und Lebensführung“* (s. Anm. 15), 178–180.

26 Vgl. dazu grundlegend: Jüngel, *Evangelium* (s. Anm. 22) und ders., „Der menschliche Mensch. Die Bedeutung der reformatorischen Unterscheidung der Person von ihren Werken für das Selbstverständnis des neuzeitlichen Menschen“ in: Ders., *Wertlose Wahrheit. Zur Identität und Relevanz des christlichen Glaubens. Theologische Erörterungen III* (Tübingen: Mohr Siebeck, [2]2003), 194–213.

27 Jüngel, *„Der menschliche Mensch“* (s. Anm. 26), 198.

untergeordnet wird. Deren Erfolg oder Misserfolg gerät so zum einzigen Maßstab – theologisch gesprochen: zum Gesetz –, an dem sich Wert oder Unwert dieses Lebens beurteilen lassen. Angesichts dieser Ambivalenz, so Jüngel, hat „[d]as Evangelium [...] dem Menschen etwas *Gutes* mitzuteilen, das nicht erst dadurch entsteht, daß man es tut: eben Anerkennung durch Gott. Sie macht die menschliche Person ihren Taten und Leistungen gegenüber zu einem unbedingten ‚Selbstwert'."[28] Vor diesem Hintergrund ist in seinen Augen, „die personkonstiuierende Funktion von Arbeit"[29] theologisch in Frage zu stellen.

Von Gott anerkannt zu sein, das erschließt sich aber, so Jüngel, inmitten der permanent tätigen Arbeits- und Leistungsgesellschaft nicht von selbst. Dazu bedarf es vielmehr jener „elementare[n] Unterbrechung der Arbeitszeit"[30], die vermittels der Feiertagsheiligung vollzogen wird. Der Gottesdienst ist für ihn diejenige „Institution, in der wir uns selbst als Empfangende und Gott als den Gebenden entdecken".[31] Sonntags tritt also gewissermaßen das vor Augen, was im arbeitsamen Alltag vergessen zu werden droht: Dass das je eigene Selbstsein seinen Grund außerhalb seiner selbst, nämlich in Gott, hat und allem Handeln wie aller dafür gewährten oder verwehrten sozialen Anerkennung entzogen ist. Äußerst sparsam argumentiert Jüngel, wenn es darum geht, aus diesem gläubigen Selbstverständnis hervorgehende lebenspraktische Konsequenzen aufzuzeigen. Ausgeschlossen soll es dadurch in seinen Augen nur sein, „daß der zur Leistung noch nicht oder nicht mehr fähige Mensch als nutzloses Wesen gesellschaftlich marginalisiert wird"[32], indem man dessen Anerkennungswürdigkeit von berechenbaren Werten abhängig macht. Dem soll im individuellen Handeln und durch eine Humanisierung sozialer Institutionen entsprochen werden. „Deren Humanität ist aber immer nur eine der absoluten Würde der Person relativ entsprechende und also grundsätzlich steigerungsfähige Menschlichkeit."[33] Wie „die Arbeitswoche vom Sonntag herkommt und auch wieder zu ihm zurückkehrt"[34], muss deshalb auch der auf irdischen Gewinn ausgerichtete Mensch immer wieder neu seiner Anerkennung durch Gott, seines „Gewinns im Himmel", gewiss werden.

Nicht nur tendenziell aber wird so einem diastatischen Verhältnis von göttlichen und gesellschaftlichen Verhältnissen das Wort geredet, dem die rigide

28 A. a. O., 211.
29 Jüngel, *„Arbeit und Lebensführung"* (s. Anm. 15), 178.
30 Ebd.
31 Jüngel, *Evangelium* (s. Anm. 22), 226.
32 Jüngel, *„Arbeit und Lebensführung"* (s. Anm. 15), 180.
33 Jüngel, *„Der menschliche Mensch"* (s. Anm. 26), 212–213.
34 Jüngel, *Evangelium* (s. Anm. 22), 225.

Unterscheidung zwischen aktiver Selbstverwirklichung und passivem Konstituiertwerden korrespondiert. Den sozialen Leistungsansprüchen, die nach Jüngel im Menschen ein zwanghaftes Anerkennungsstreben erzeugen, stellt er die durch nichts zu verdienende Heilszusage Gottes einigermaßen abstrakt gegenüber. Mit Falk Wagner aber lässt sich fragen, ob so nicht letztlich dem sozialen „Bedingtsein" dadurch „entkommen" werden soll, dass man es „gegen ein anderes Bedingtsein austauscht"[35]. Worin der höhere Freiheitsgrad solchen göttlichen Befreitwerdens von den Zwängen gesellschaftlicher Anerkennungsordnungen liegt, bleibt eine offene Frage.

2 Geld oder Gott? – Falk Wagner

Während Jüngel mögliche Entsprechungen von irdischem und himmlischem Gewinn zumindest in Aussicht stellte, heißt es bei unserem nächsten Autor Falk Wagner mit rigoristischem Anspruch: *Geld oder Gott?*[36] Die Titelfrage seiner hier einschlägigen Publikation scheint eine klare Entscheidung provozieren zu wollen. Wer für eine Seite des besagten Gegensatzes votiert, schließt demnach die jeweils andere aus. Ein geldbestimmtes Leben kann kein gottbestimmtes sein und umgekehrt. Die „kapitalistisch organisierte Marktwirtschaft", so weiß Wagner dementsprechend zu sagen, „zeichnet sich durch ihre besondere Entfernung von religiösen Einstellungen und moralischen Prinzipien aus".[37] Was sie nämlich von ihren Teilnehmern erwartet, manifestiert sich seines Erachtens im Begriff des *homo oeconomicus*, eines einzig am Nutzenkalkül effizienter Gewinnoptimierung orientierten Egoisten mit einem prinzipiell unerfüllt bleibenden Lebensziel: „Handle so, daß du aus weniger mehr Kapital und aus mehr noch mehr Kapital machst".[38] Werden damit zwar im Bereich der Wirtschaft „aus Lastern [...] Tugenden und aus Tugenden Laster"[39] gemacht, setzt diese doch, wie am „Frei-

35 Diesen Vorwurf richtet Wagner gegen Albrecht Ritschl in: Falk Wagner, *Geld oder Gott? Zur Geldbestimmtheit der kulturellen und religiösen Lebenswelt*, hg. v. Thomas Scheiwiller, Karl Tetzlaff (Wien: Vienna University Press, ²2019), 149.

36 So die Titelfrage von Wagner, *Geld oder Gott?* (s. Anm. 35).

37 Falk Wagner, *Metamorphosen des modernen Protestantismus* (Tübingen: Mohr Siebeck 1999), 18. Vgl. zum folgenden Abschnitt insgesamt in diesem Buch: 18 – 20.188 – 190; Wagner, *Geld oder Gott?* (s. Anm. 35), 47 ff.107 ff.167 ff. und ders., „Gott oder Geld. Systematisch-theologische und sozialethische Erwägungen zum Geld als alles bestimmende Wirklichkeit" in: Ders., *Christentum in der Moderne. Ausgewählte Aufsätze*, hg. v. Jörg Dierken, Christian Polke (Tübingen: Mohr Siebeck, 2014), 100 – 118, bes. 102 ff.

38 Wagner, *Metamorphosen* (s. Anm. 37), 19.

39 A. a. O., 18.

heitspathos der *freien* Marktwirtschaft“[40] erkennbar, die Selbstbestimmungstätigkeit des Einzelnen voraus. Damit erweist sie sich prinzipiell als aufgeschlossen für normative Offerten vonseiten christlicher Theologie.

So entdeckt Wagner die innovative Eigenart des Christentums in einer „Revolutionierung des Gottesgedankens“[41], die zugleich eine „Revolutionierung der Freiheit“[42] bedeutet. Es ist die Figur des auf unmittelbare Weise selbstmächtigen und selbständigen Herrschergotts, dem allein menschliche Ohnmacht entspricht, die dabei vom Sockel gestoßen wird. Ihr kreuzestheologisch dokumentierbares Ende wird zum Ausgangspunkt einer intersubjektiven Verhältnisweise, die anstelle einseitig machvoller Selbstdurchsetzung auf die wechselseitig-symmetrische Anerkennung subjektiver Freiheit zielt. „Gott ist nur Gott als Mensch und der Mensch ist nur Mensch als Gott“[43], lautet kurz gefasst die bahnbrechende Einsicht der christlichen Religion. Aus ihr folgt die Anerkennung des Menschen als unverlierbar frei und die Anerkennung Gottes durch eine bestimmte menschliche Freiheitspraxis. Diese ist dadurch charakterisiert, dass sie sich für das freie Selbstsein der Anderen im gesellschaftlichen Miteinander öffnet, denn: „Anerkennung kann nur durch Anerkennung gelebt werden.“[44] „Die so verstandene Religion“ weiß sich, so Wagner, „dem Projekt der Moderne verpflichtet“, das in „der praktischen Idee der Freiheit“ aus und durch Anerkennung sein normatives Zentrum hat, wie sie insbesondere in Gestalt von Freiheits- und Menschenrechten bereits verwirklicht ist.[45] Letztere gelten Wagner denn auch „als Realisierungsweise der christlichen Freiheit“[46]. Die „kapitalistisch organisierte Marktwirt-

---

40 A.a.O., 188.

41 Diese mittels der Hegelschen *Wissenschaft der Logik* explizierte Formel hat für Wagners Denken, das in seiner Entwicklung von Umbrüchen nicht frei ist, einen kontinuitätsstiftenden Charakter. Sie begegnet wortwörtlich oder dem Gehalt nach in nahezu allen Texten aus seiner Feder. Vgl. zu dieser Figur *pars pro toto:* Wagner, *Metamorphosen* (s. Anm. 37), 120–166 und den frühen Aufsatz „Die Wirklichkeit Gottes als Geist. Dogmatische Erwägungen zur Gotteslehre“ in: Ders., *Christentum* (s. Anm. 37), 406–413. Vgl. zur Entwicklung von Wagners Denken seine autobiografische Selbstdarstellung in: *Systematische Theologie der Gegenwart in Selbstdarstellungen*, hg. v. Christian Henning, Karsten Lehmkühler (Tübingen: Mohr Siebeck, 1998), 276–299 und zu seinem sozialethischen Profil: Thomas Schweiwiller und Karl Tetzlaff, „Einleitung der Herausgeber“ in: Wagner, *Geld oder Gott?* (s. Anm. 35), 7–41.

42 Falk Wagner, „Verantwortung des Bösen. Theologisch-philosophische Überlegungen zum Subjekt des Bösen“ in: Ders., *Christentum* (s. Anm. 37), 119–135, 132.133.

43 Wagner, *„Die Wirklichkeit“* (s. Anm. 41), 411.

44 Falk Wagner, „‚Lasset die Toten ihre Toten begraben‘ (Mt 8,22). Das menschliche Leben zwischen Erfahrung und Erwartung des Todes“ in: Ders., *Christentum* (s. Anm. 37), 92–99, hier 99.

45 Wagner, *Metamorphosen* (s. Anm. 37), 188.

46 Falk Wagner, „Recht und Religion in der Sicht protestantische Theologie“ in: Ders., *Christentum* (s. Anm. 37), 136–158, hier 158.

schaft“ hingegen folgt in seinen Augen „weitgehend dem Prinzip unmittelbarer Selbstbestimmung“ des am Kreuz gestorbenen Willkürgottes.[47] Dies bringt er zum einen für das asymmetrische Verhältnis von unternehmerischer Kapitalakkumulation und zu deren bloßem Verwertungsmittel degradierter Arbeit, sowie für die Diskrepanz zwischen „privater Gewinnmaximierung“ und „allgemeine[r] Bedürfnisbefriedigung“ in Anschlag.[48] Zum anderen aber diagnostiziert Wagner vom Wirtschaftssystem ausgehende Entdifferenzierungstendenzen: Über das Faktum hinaus, dass jeder ohnehin finanzielle Transaktionen zu tätigen hat, werden auch in den anderen Teilsystemen zunehmend „Kommunikationsvollzüge, Handlungen und Entscheidungen [...] durch wirtschaftliche Gesichtspunkte bestimmt oder gar dominiert“.[49] Degeneriert aber die menschliche Lebenswelt zur ‚Kolonie‘ ökonomischer Funktionen, wie Wagner mit Habermas herausstellt,[50] gerät zugleich das Geld zum Leitmedium des Selbst- und Weltumgangs. Ihm eignet dann das Vermögen, „alles, was durch es kommuniziert wird, midasartig so in seinen Bann“ zu ziehen, „daß es zum be- und verrechenbaren Mittel“[51] einer allgegenwärtigen Verwertungslogik wird. Das Resultat ist eine um sich greifende Vergleichgültigung der spezifischen Eigenart von Inhalten und Personen nach dem Gesichtspunkt von Effizienz und Verkaufbarkeit: Politische Botschaften, künstlerisch-kulturelle Schöpfungen, religiöse wie moralische Werte, wissenschaftliche Erkenntnisse, sportliche Wettkämpfe werden ebenso austauschbar wie ihre Produzenten und Konsumenten.[52] Die Bedürfnisse und Belange von Individuen werden durch die „Parole der Selbstverwirklichung“ als egalisierte Mittel zum Zwecke der gewinnträchtigen Absetzung ständig modisch aufgehübschter Neuheiten verwertet.[53] Zugleich aber finden sich die Individuen von der fundamen-

---

47 Wagner, *Metamorphosen* (s. Anm. 37), 188–189. Vgl. insbesondere auch: Wagner, *Geld oder Gott?* (s. Anm. 35), 167 ff.

48 Falk Wagner, „Religionssoziologisch-theologische Rahmenbedingungen und theologisch-sozialethische Prinzipien und Kriterien für die Konstitution und Beurteilung sozialer, insbesondere sozioökonomischer Verhältnisse“ in: Ders., *Was ist Theologie? Studien zu ihrem Begriff und Thema in der Neuzeit* (Gütersloh: Gütersloher Verlagshaus, 1989), 455–498, hier 486.

49 Falk Wagner, „Die religiöse Lage der Gegenwart zwischen zweideutiger Moderne und pluralen Religionskulturen“ in: Ders., *Zur gegenwärtigen Lage des Protestantismus* (Gütersloh: Gütersloher Verlagshaus, 1995), 11–46, hier 20. Vgl. auch Wagner, *„Gott oder Geld“* (s. Anm. 37), 102 ff.

50 Vgl. zu Jürgen Habermas‘ Diagnose einer „Kolonialisierung der Lebenswelt“: Jürgen Habermas, *Theorie des kommunikativen Handelns*, Bd. 2, (Frankfurt a. M.: Suhrkamp, 1981), 489 ff. Wagner rekurriert darauf, ohne sich der Habermasschen Kommunikations- und Gesellschaftstheorie anzuschließen, in: Wagner, *Geld oder Gott?* (s. Anm. 35), 94.115 ff.

51 Vgl. Wagner, *„Gott oder Geld“* (s. Anm. 37); Wagner, *Geld oder Gott?* (s. Anm. 35), 50.110.

52 Vgl. Wagner, *„Gott oder Geld“* (s. Anm. 37), 105 ff; Wagner, *Geld oder Gott?* (s. Anm. 35), 107 ff.

53 Vgl. Wagner, *„Gott oder Geld“* (s. Anm. 37), 109; Wagner, *Geld oder Gott?* (s. Anm. 35), 124 ff.

talen „Ungleichwertigkeit“ bestimmt, dass „wer nicht tausch- und zahlungsfähig ist, [...] von der Kommunikation des Geldes ausgeschlossen“[54] und so ins gesellschaftliche Abseits verbannt wird. Wagner führt diese Negativsituation jedoch nicht etwa auf die zuweisbare egoistische Profitgier einer herrschenden Klasse zurück. Vielmehr entdeckt er in ihr einen „objektiven Weltzustand, für den kein einzelner verantwortlich ist, dem aber auch kein einzelner durch die individuelle Entscheidungsakte moralischer oder religiöser Art ohne weiteres entkommen kann“[55].

In diesem Sinne regiert das Geld seines Erachtens als „irdische[r] Gott“ [56] die Welt: Der diesem eignende Verwertungsmechanismus hat sich zu einem sämtlich Lebensbereiche dominierenden Prinzip verselbständigt, das kein Anderssein zulässt, sondern alles und jeden zum Mittel seiner absoluten Selbstdurchsetzung werden lässt. Nun kann in Wagners Augen „[d]ie christliche Theologie [...] angesichts dieser Situation nicht triumphieren“, hat sie doch „Gott jahrhundertelang als unmittelbar selbst- und allmächtiges Wesen gefaßt“.[57] Um die Herrschaft des Geldes zugunsten menschlicher Freiheit zu brechen, bedarf sie vielmehr eines Begriffs von Gott, der nicht mit der monetären Verwertungslogik verwechselbar ist. Die Kritik des mit Totalitätsanspruch auftretenden Geldmechanismus führt notwendig zu einer theologischen Selbstkritik, die auf das konsequente Durchdenken der christlichen Revolutionierung des Gottesgedankens pocht. Dadurch erst kann die auf der unmittelbaren Selbstdurchsetzung des Eigenen beharrende Logik des Geldes auf eine veränderte Gestalt des Sozialen hin überschritten werden. Wie angesichts des Gottes der Selbst- und Allmacht lässt sich nämlich auch „unter der Bedingung der geldgesteuerten Gewinnmaximierung [...] die selbstzweckhafte Freiheit der Individuen nicht adäquat realisieren“[58]. Dazu müsste erstere sich letzterer „öffnen und für sie aufgeschlossen“[59] sein, d. h. der Freiheit als vermittelter Selbstbestimmung entsprechen. Eine Übersetzung des dieser verpflichteten Gottesgedankens in die Zusammenhänge der Wirtschaft dient dann in Wagners Augen der „Erinnerung an die praktische Freiheitsidee“[60]. Sie stellt die Frage „nach den Bedingungen [...], die es den Individuen ermögli-

54 Wagner, *Metamorphosen* (s. Anm. 37), 190.
55 Wagner, *Metamorphosen* (s. Anm. 37), 188; Wagner, *Geld oder Gott?* (s. Anm. 35), 95 ff.
56 Wagner, *Metamorphosen* (s. Anm. 37), 190; Wagner, *„Gott oder Geld“* (s. Anm. 37), 109 ff.116 ff.; Wagner, *Geld oder Gott?* (s. Anm. 35), 47 ff.131 ff.167 ff.
57 Wagner, *Geld oder Gott?* (s. Anm. 35), 173.
58 Wagner, *Metamorphosen* (s. Anm. 37), 189.
59 A. a. O., 190.
60 Ebd.

chen, daß ihre Belange und Bedürfnisse nicht bloß nach Wertsteigerungsgesichtspunkten verrechnet werden“[61].

Diese theologisch zu stellende Frage kann aus Wagners Sicht an Ambivalenzerfahrungen anknüpfen, die aufseiten der Individuen im ökonomisch bestimmten Sozialleben gemacht werden. Diese wissen sich zwar rechtlich-politisch „als freie und autonome, selbstbestimmende und selbstzweckliche Personen anerkannt“, sehen aber ihre daraus resultierenden Selbstverwirklichungsansprüche an den gesellschaftlichen Verwertungsmechanismen ständig abprallen.[62] Doch verstummen die individuellen Erwartungen angesichts der ihnen gegenüber rücksichtslosen gesellschaftlichen Mechanismen nicht. An ihnen wird „vielmehr kontrafaktisch“[63] festgehalten, sodass Erwartungsüberschüsse entstehen, die religiös produktiv werden. Darin nämlich wird die gegenwärtige Wirklichkeit bereits auf ein mögliches Anderssein hin überschritten, in dem die symmetrische Wechselseitigkeit von Anerkennung, der nach Wagner das Prädikat ‚göttlich‘ zukommt, realisiert wäre. Wagner spricht diesbezüglich von einer „immanente[n] Transzendenz“[64] und gerät damit in starke Nähe zu Axel Honneth. Auch der Sozialphilosophie bemüht „die Rede von der ‚Transzendenz in der gesellschaftlichen Immanenz‘“, die, wie er hinzufügt, „religiösen Ursprungs ist“[65]. Mit ihr macht er eine „Dimension überschießender Ansprüche“[66] geltend, die „zur Faktizität sozialer Verhältnisse stets [...] hinzugehört“[67] und darin kontrafaktische Veränderungshoffnungen freisetzt. Honneths „kritische Gesellschaftstheorie“ vermag genauer gesagt „in der massenhaften Empfindung sozialer Mißachtung jenes Moment einer innerweltlichen Transzendenz“ zu entdecken, das bereits

61 Ebd.

62 Falk Wagner, „Religion und die Zweideutigkeit der modernen Individualitätskultur“ in: *Gott im Selbstbewusstsein der Moderne. Zum neuzeitlichen Begriff der Religion*, hg. v. Ulrich Barth, Wilhelm Gräb (Gütersloh: Gütersloher Verlagshaus, 1993), 140–151, hier 148. Vgl. zum folgenden in diesem Text die Seiten 143–151 und Wagner, *Metamorphosen* (s. Anm. 37), 176–178.188–190.

63 Wagner, *„Religion und die Zweideutigkeit“* (s. Anm. 62), 149. Vgl. auch: 144.

64 Vgl. zum Motiv der immanenten Transzendenz und zum Folgenden: Wagner, *Metamorphosen* (s. Anm. 37), 72.178; ders., „Kann die Religion der Moderne die Moderne der Religion ertragen? Religionssozologische und theologisch-philosophische Erwägungen im Anschluß an Niklas Luhmann“ in: Ders., *Christentum* (s. Anm. 37), 337–367, hier 363–367.

65 Axel Honneth, „Die Pointe der Anerkennung. Eine Entgegnung auf die Entgegnung“ in: Ders., Nancy Fraser, *Umverteilung oder Anerkennung? Eine politisch-philosophische Kontroverse* (Frankfurt a.M.: Suhrkamp, 2003), 271–305, hier 280. Vgl. zum Motiv der innerweltlichen oder immanenten Transzendenz auch: Ders., „Die soziale Dynamik der Mißachtung. Zur Ortsbestimmung einer kritischen Gesellschaftstheorie“ in: Ders., *Das Andere der Gerechtigkeit. Aufsätze zur praktischen Philosophie* (Frankfurt a.M.: Suhrkamp, 2000), 88–109.

66 Honneth, *„Die Pointe der Anerkennung“* (s. Anm. 65), 281.

67 Ebd.

über „die soziale Wirklichkeit“[68] hinausweist. Darin entdeckt er die „Antriebsquelle gesellschaftlicher Veränderungen“[69], an die er seine eigene kritische Theorie der Anerkennung mit dem Ziel anknüpft, moralische Fortschritte zu initiieren.

Honneth setzt letztlich auf das auch den Bereich der Ökonomie einbeziehende Realwerden einer erneuerten *Idee des Sozialismus*, der

> [i]nnerhalb des liberaldemokratisch verfaßten Kapitalismus [...] die geschlichtliche Tendenz [vertritt], soziale Abhängigkeiten und Exklusionen schrittweise zu überwinden, indem er stets und überall zur Geltung bringt, daß unter den gegebenen Bedingungen eine Verwirklichung des versprochenen Zusammenspiels von Freiheit, Gleichheit und Solidarität noch gar nicht möglich ist [...].[70]

Wagner geht es betontermaßen nicht um die Formulierung eines „Programm[s] zur direkten Sozialgestaltung der Welt“.[71] Am Orte der christlichen Religion aber soll ebenso der Ausdruck der gesellschaftlich waltenden „Abhängigkeiten wie der mögliche Protest gegen sie“ initiiert werden – im Bewusstsein ihrer prinzipiellen Veränderbarkeit.[72] Welche Perspektiven ihm diesbezüglich innerhalb des real existierenden Kapitalismus vor Augen standen, lässt sich angesichts seiner drastischen Negativdiagnose kaum absehen. Eine Affirmation des Ökonomischen über die zähneknirschende Feststellung hinaus, dass menschliche Selbsterhaltung eben nicht ohne zweckrationale Handlungsmuster bewerkstelligt werden kann, findet sich bei Wagner nicht. Religiös wird den immer auch ökonomisch bestimmten Individuen vielmehr eine Selbstthematisierung ermöglicht, die eine Transzendierung der geldbestimmten und sie nicht anerkennenden Verhältnisse initiiert. Welche sozialen Formationen dabei in den Blick kommen, bleibt unklar.

3 „Du sollst nicht stehlen!“ – Traugott Koch

Während Wagner den Gegensatz von Gott und Geld beschwört, scheint Traugott Koch auf das Einleuchten göttlicher Weisungen in ökonomischen Kontexten zu

---

68 A. a. O., 108.

69 A. a. O., 282.

70 Axel Honneth, *Die Idee des Sozialismus. Versuch einer Aktualisierung. Erweiterte Ausgabe* (Frankfurt a. M.: Suhrkamp, 2017), 164–165.

71 Vgl. Falk Wagner, „Die Zukunft des Protestantismus zwischen religionslosem Glaubensdogmatismus und undogmatischer Religion“ in: Ders., *Zur gegenwärtigen Lage* (s. Anm. 49), 47–67, hier 67.

72 Wagner, *„Religion und die Zweideutigkeit“* (s. Anm. 62), 151.

setzen. In seiner „kleine[n] Ethik“, die anhand der Zehn Gebote verschiedene Lebensbereiche auf das, „was sein und getan werden soll und was nicht“[73] hin durchleuchtet, nimmt Koch die Wirtschaftssphäre im Ausgang vom siebten Gebot ins Visier. „Du sollst nicht stehlen!“ steht dort über einer wirtschaftsethischen Betrachtung, die sich um das Thema des Eigentums gruppiert.

Seinen Reflexionen stellt Koch eine allgemeine Anmerkung voran, die entgegen *per se* ökonomiekritischer Moralismen, wie sie bei Wagner begegnen, einschärft, „daß das ‚Machen‘ und ‚Verfügen‘ nicht in *jedem* Zusammenhang verwerflich sind“ (56–57). Vielmehr folgt die Legitimität solch instrumenteller Handlungsvollzüge in Bezug auf Dinge und Sachen aus dem modernen Grundrecht auf Eigentum, wie es etwa durch Art. 14 GG verfassungsmäßig garantiert ist. Dies steht in engstem Zusammenhang mit den grundlegenden Freiheitsrechten, die ungezwungene Selbstentfaltung und körperliche Unversehrtheit gewährleisten (Art. 2 GG). Dadurch aber wird für Koch nur zum Gesetz erhoben, was prinzipiell gilt: Dass Freiheit sich zum Ausdruck bringen muss, wenn sie nicht bloß abstrakte Möglichkeit sein soll. Mit Hegel versteht er „Eigentum als elementare Äußerung der Freiheit“, die einen Menschen allererst zur „selbständigen Person“ (58) macht. So nämlich erhebt er für Andere erkennbar den Anspruch, aus sich heraus da zu sein. „Freiheit, die im Eigentum sich darstellt, [...] ist die Willkürfreiheit beliebigen Verfügens, ist Herrschaft über Dinge“ (58–59), auf die *idealiter* sonst niemand Zugriff hat und durch deren exklusiven Gebrauch die Autonomie des Einzelnen gleichsam manifest wird.

Dass die Grenze zwischen „Mein und Dein“ nicht verletzt wird, versteht sich nun aber keineswegs von selbst: „Nur kraft der Anerkennung als Glied einer Rechtsgemeinschaft hat ein Mensch Eigentum und ist er dadurch in der Öffentlichkeit eine selbständige Person.“ (59) Der allgemeinen Gewährleistung freien Habens und Verfügens eignet in Kochs Augen jedoch ein eklatanter Widerspruch, der für den wirtschaftlichen Bereich insgesamt charakteristisch ist: „Eigentum wäre nicht ohne das Recht der Rechtsgemeinschaft, es beruht sogar darauf – und es schließt doch die Anderen aus“ (59). Wie Koch einschärft, kennt nämlich die öffentlich anerkannte „Willkürfreiheit [...] an sich keine Grenze“ und läuft tendenziell Gefahr, sich zum egoistischen „Verfügen über die andere Person“ aufzuspreizen, „das diese um ihr Eigenes bringt, diese *sich* anzupassen sucht“ (60). So schießt der notwendige Egoismus des Gewinnerzielungsinteresses tendenziell über das Recht des Anderen hinaus, dem nichts gegönnt wird, was zum eigenen

73 Traugott Koch, *Zehn Gebote für die Freiheit. Eine kleine Ethik* (Tübingen: Mohr Siebeck, 1995), 1. Vgl. für die folgenden Ausführungen aus diesem Buch die Seiten 56–75. Die Seitenangaben im Text beziehen sich auf dieses Buch.

Nachteil gereichte. Und so ist „[d]as Miteinander des Marktes [...] ein Gegeneinander" (63), in dem jeder ohne Rücksichtnahme das Seine sucht. Zwar hängt das Funktionieren des Marktes seinerseits von rechtlichen Regelungen, etwa solchen des Vertragsrechts ab, die überhaupt eine Erwartungssicherheit garantieren. Dass der Einzelne, wie er als Eigentümer anerkannt ist, auch den Anderen etwas Eigenes zugesteht und sie damit als selbständige, von ihm unterschiedene Personen respektiert, folgt jedoch nicht von selbst als „ethische Forderung [...] aus der Rechtsordnung" (60). In Kochs Augen resultiert der Apell zu reziprokem Verhalten vielmehr „aus der kritischen *Einsicht*, daß das rechtsstaatliche gesetzte Recht auf Eigentum wirklich *Recht*, also richtig und gut für das Zusammenleben der Menschen – wahres Recht – ist" (60 – 61). Wer dies individuell einsieht, weiß sich auch verpflichtet, das „Recht des Zusammenlebens [...] *selbst* zu wollen" (61) und in seiner Lebenspraxis zu verantworten. Jedoch ist diese Einsicht eben keine direkte Folge der Anerkennung als Person, sondern von dieser frei zu vollziehen, woraus die Spannung zwischen der sozialen Zusicherung von Freiheitsräumen und ihrer individuellen Inanspruchnahme resultiert.

Axel Honneth bringt die besagte Spannung auf den Begriff, wenn er von einer „desozialisierend[n] Wirkung der subjektiven Rechte" spricht:

> Indem sie dem einzelnen den rechtlichen Schutz seiner Privatssphäre garantieren und ihm damit die Möglichkeit an die Hand geben, sich unzumutbarer Erwartungen und Belastungen zu erwehren, ‚entfremden' sie ihn der Tendenz nach zugleich auch von seiner kommunikativen Umwelt und lassen ihn als in sich selbst kreisendes, ‚monologisches' Rechtssubjekt zurück.[74]

Aus dieser desozialisierenden Tendenz folgt, wird die „rechtliche Freiheit"[75] verabsolutiert, ebenso ein Umsichgreifen rein nutzenkalkulatorischer Handlungsweisen wie eine Entsolidarisierung im Blick auf mögliche Unrechtsempfindungen. Solche Orientierungsmuster offenbaren in Honneths Augen jedoch einen „tiefsitzenden Hang zum gesellschaftlichen Selbstmißverständnis", weil darin in Vergessenheit geraten ist, dass alle sozialen „Handlungssysteme [...] durch Normen der wechselseitigen Anerkennung reguliert"[76] sind. So müssen sich eben auch „die ökonomischen Akteure [...] vorweg als Mitglieder einer kooperativen Gemeinschaft anerkannt haben [...], bevor sie sich wechselseitig das Recht zur individuellen Nutzenmaximierung einräumen können".[77] In dieser reziproken Berechtigung und Verpflichtung, die sicherstellt, dass alle zur Verwirklichung

74 Honneth, *Das Recht der Freiheit* (s. Anm. 4), 427.

75 Vgl. zu diesem Begriff a. a. O., 129 – 172.

76 A. a. O., 223.

77 A. a. O., 349. Vgl. zum folgenden die Seiten 454 ff.

ihrer eigenen Absichten und Interessen gelangen können, entdeckt Honneth die weitgehend verschüttetgegangene normative Grundlage des kapitalistischen Marktes. Sie mithilfe einer „nachholende[n] Internationalisierung von Gegenbewegungen“ neu zu Bewusstsein zu bringen, ist sein, etwas ratlos vorgetragenes, Lösungskonzept, um die „heute weitgehend desozialisierte Vorstellung des Marktes“ zu überwinden.[78]

Bei Koch hingegen kommt die christliche Religion ins Spiel, um mit der besagten Spannung zwischen der sozialen Zusicherung von Freiheitsräumen und ihrer individuellen Inanspruchnahme produktiv umzugehen. Sie impliziert nämlich ein Freiheitsverständnis, das er als „Sich-Bestimmen-Lassen“[79] zur Sprache bringt. Weder um eine verabsolutierte Selbstbestimmung, noch um bloße Abhängigkeit, ob von sozialer oder von göttlicher Anerkennung, geht es in ihr. In seinem freiheitlichen Vermögen, sich von allem und jedem distanzieren zu können, ist der Mensch – darin liegt für Koch dessen gottebenbildliche Würde – „*selbst* etwas Göttliches, Unbedingtes“[80]. So zielt christliche Religion Koch zufolge auf die Erfahrung einer *frei gewollten* Gemeinsamkeit, wie sie etwa im von niemandem erzwingbaren gegenseitigen Verstehen zwischen Gesprächspartnern real wird. Eine solche Gemeinsamkeit zeigt sich auch im durch nichts garantierbaren Gelingen von sozialen Anerkennungsverhältnissen, die stets von der unhintergehbaren Freiheit der Beteiligten durchkreuzt werden können. Wo Menschen sich die hierfür entscheidende Freiheit wechselseitig gewähren und auf das Gelingen ihres Verhältnisses vertrauen, kommt für Koch das Absolute, kommt Gott zum Tragen: Als das, „was unterschiedliche Subjekte eint oder verbindet – *so* eint, dass jedes *darin* sich selbst als verstanden erfahren kann“, als „der Geist der Gemeinsamkeit“[81].

Vor diesem Hintergrund schreibt Koch nun dem kirchlich verfassten Christentum eine zentrale gesellschaftliche Aufgabe zu: Es hat mittels der Rede von Gott u. a. auch Vertrauen in die Güte eines der Freiheit aller förderlichen, rechtlich organisierten Zusammenlebens zu wecken.[82] Ob die öffentlich anerkannte Ver-

---

78 A. a. O., 468 – 469. Honneth räumt aber ein, „auf normative Gegenbewegungen im Augenblick nicht mehr setzten zu können“ (468).

79 Traugott Koch, „Religion und die Erfahrung von Sinn“ in: ders., *Freiheit in Gemeinsamkeit. Beiträge zu einer gegenwärtigen Theologie*, hg.v. Karl Tetzlaff, Tübingen 2021, 195 – 213, hier 199.

80 Traugott Koch, „Menschenwürde als Menschenrecht. Zur Grundlegung eines theologischen Begriffes des Rechts“, in: ders., *Freiheit* (s. Anm. 79), 419 – 439, hier 424.

81 Traugott Koch, „Anerkennung – das Absolute? Oder: Religion und Recht“ in: ders., *Freiheit* (s. Anm. 79), 469 – 483, hier 479.

82 Vgl. neben dem in den folgenden Fußnoten aufgeführten Texten: Traugott Koch, „Protestantisches Christentum und der neuzeitliche Rechtsstaat“ in: ders., *Freiheit* (s. Anm. 79), 263 – 274.;

folgung ökonomischer Interessen so praktiziert wird, dass dabei das Freiheitsrecht des Anderen nicht verletzt wird, ist jedoch letztlich eine Gewissensfrage. Ihre Beantwortung lässt sich also keinesfalls äußerlich verfügen. Sie ist jedoch unbedingt zu stellen. So plädiert Koch dafür, dass sich „die Kirche – und das heißt nach evangelischem Verständnis: alle Amtsträger in der Kirche und alle Christen gegenseitig – [als] für die Gewissensbildung des einzelnen" zuständig begreift[83], ihn also „in seiner Gewissensüberzeugung nicht allein" lässt, sondern „eine zwang-freie Kommunikation" über das für alle Gute ermöglicht.[84]

Vonseiten des Staates ist aus Kochs theologischer Sicht demgemäß einzuräumen, dass der Einzelne überhaupt die Möglichkeit hat, seine auch im ökonomischen Bereich sich realisierende Freiheit wahrzunehmen. Deshalb plädiert er für eine soziale Marktwirtschaft und einen sozialen Rechtsstaat, weil nur durch eine geregelte Umverteilung dafür gesorgt werden kann, dass jeder etwas Eigenes hat, worüber er verfügen kann.[85] Anders aber könnte auch niemand an der Marktwirtschaft teilhaben, die genau darauf aufbaut und sonst keine freie wäre, wenn der Zugang zu ihr nicht allen gleichermaßen geöffnet wäre. So sehr es aber um der Freiheit willen Aufgabe des Staates ist, „die ‚Ungerechtigkeiten' aufgrund des Eigentumsrechts und seiner Willkürlichkeit abzuschwächen", so wenig kann er andererseits „die Ursache dieser Ungerechtigkeit" (68) beseitigen. Die Unauflöslichkeit des Widerspruchs von sozialer Anerkennung und individueller Freiheitspraxis ist in Kochs Augen nur zum Schaden des Rechts auf Eigentum einerseits und der Subsistenz des Staates andererseits auszublenden. Er ist nicht lösbar, so wie auch niemand „verhindern [kann], daß es Menschen gibt, die auf Kosten Anderer gar nicht arbeiten wollen" (68). Gleichheitsideale sind Koch zufolge nur durchsetzbar unter Inkaufnahme von Unfreiheit. Wer die Freiheit des Einzelnen anerkennt, muss hingegen die daraus sich ergebenden Asymmetrien im sozialen Leben akzeptieren, die immer nur annäherungsweise ausgleichbar sind.

Dass hingegen jemand alle Nützlichkeitserwägungen und Kalkulationen fahren lässt, wie es etwa mit Rekurs auf die Besitzlosigkeit Jesu bisweilen eingefordert wird, kann schon aus Gründen der Selbsterhaltung nie ein dauerhafter

Ders., „Kriterien einer Ethik des Politischen" in: *Handbuch der christlichen Ethik*, hg. v. Anselm Hertz u. a. (Freiburg i. Br.: Herder, 1982), 244–252.

83 Traugott Koch, „Gewissen und Ermessen. Zur politischen Verantwortung der Christen", *LM 26,1* (1987), 72–75, hier 73.

84 Traugott Koch, „Gesellschaft und Reich Gottes" in: *Christlicher Glaube in moderner Gesellschaft*, Bd. 28, hg. v. Franz Böckle (Freiburg i. Br: Herder, 1982), 5–60, hier 53.

85 Vgl. auch zum folgenden: Koch, *Zehn Gebote* (s. Anm. 73), 66–72. Die Seitenangaben im Fließtext beziehen sich auf dieses Werk.

Zustand sein. Koch sieht aber in religiösen Erfahrungen zwangloser Gemeinsamkeit zumindest das Potenzial angelegt, den Einzelnen „in einem geistig-innerlichen Sinne selbst ‚beweglich' im Blick auf sein Eigentum" werden zu lassen, sodass er „sich in seinem Haben-Wollen selbst" (71) einzuschränken vermag. Solches kann – muss aber nicht – z. B. hervorgehen aus dem Bewusstwerden von Wahrheit, die recht verstanden keinem Menschen zu gehört, weil niemand das Verstehen des Anderen steuern kann oder aus der Erfahrung von Liebe, in der „es kein Mein und Dein, sondern nur einend Gemeinsames" (71) gibt und die sich im zweckfreien Geben und Nehmen erneuert. Den Nachweis, wie solche Verhaltensweisen zu öffentlicher Wirkung kommen sollen, aber bleibt Koch schuldig.

4 Schluss: Zwischen göttlicher Erlösung und politischen Lösungen

Das liebevoll-zweckfreie Geben und Nehmen, von dem wir bei Koch gehört haben, steht in scharfem Kontrast zu jener „nackten Marktvergemeinschaftung", wie sie mit Max Webers Worten zu Anfang des Textes beschrieben wurde. „[N]ur Ansehen der Sache, kein Ansehen der Person" zu kennen – das ist nach Webers nüchterner Analyse die Funktionsgrundlage einer an Gewinnerzielung orientierten kapitalistischen Wirtschaft. Die drei theologischen Autoren, deren Auseinandersetzungen mit dieser Depersonalisierungstendenz ich soeben vor Augen geführt habe, versuchen auf unterschiedliche Weise die christliche Religion als Widerlager gegen Negativfolgen der gesellschaftlich wirkmächtigen Ökonomie zur Geltung zu bringen. Erlösungsperspektiven ziehen dabei mehr oder weniger explizite politische Lösungswege nach sich. Bei Eberhard Jüngel ist es die Gewissheit, durch Gott unabhängig von eigenen Leistungen anerkannt zu sein, aus der eine soziale Anerkennung insbesondere der ökonomisch Leistungsunfähigen folgen soll. Falk Wagner zielt darauf, den durch ökonomische Gesetzmäßigkeiten konterkarierten Freiheitsansprüchen am Orte der Religion ihres legitimen Anerkanntseins zu vergewissern und damit Veränderungspotenziale zu mobilisieren. Traugott Koch möchte Räume dafür schaffen, dass sich die ökonomischen Akteure der Abhängigkeit ihrer freiheitlichen Praxis von sozialer Anerkennung eigens bewusstwerden können und sich auf das ihnen zugutekommende Zusammensein mit Anderen selbstbestimmt einlassen. Die Anerkennung menschlicher Freiheit stellt für alle drei Autoren dasjenige dar, worauf gegen die kapitalistische Logik der Versachlichung zu insistieren ist. Ob es dabei hilfreich ist, mit Jüngel alle menschlichen Selbstverwirklichungsansprüche dem Bereich der Sünde zuzuordnen, um die christliche „Freiheit aufgrund von göttlicher Anerkennung" in

Szene zu setzen, will ich jedoch ausdrücklich bezweifeln. Vielmehr ist Wagner darin zu folgen, auch den sich sozialen oder religiösen Erwartungen widersetzenden Freiheitsbestrebungen des modernen Individuums christliche Weihen zu verleihen. Dass dazu aber ebenfalls die Verfolgung ökonomischer Interessen zählt, ist nur eine von vielen ambivalenten Folgen des so Anerkannten. Hierfür lässt sich gegenüber Wagners negativer Sicht des Ökonomischen bei Koch der nötige Realitätssinn finden. Eine blanke Verurteilung von Gewinnerzielungsabsichten muss sich demnach die Frage gefallen lassen, wie denn sonst die allgemeine Versorgung mit Gütern und Dienstleistungen soll bewerkstelligt werden können. Auch wer alternativ aus Nächstenliebe handelt, kann schließlich nicht mehr ausgeben, als er hat. Über diese banale Einsicht hinaus aber ist zu sagen: Dass Motivationsquellen, die über Rentabilitätserwartungen hinausgehen, für den Einzelnen bestimmend werden, kann nur eine Sache der Freiheit, der freien Gewissensüberzeugung, sein. Dies hat gerade protestantische Theologie gegen eine Kapitalismuskritik einzuwenden, die auf revolutionäre, mehr oder weniger gewaltsame Umbruchs- und Erlösungsfantasien setzt. Die Spannung zwischen individueller Freiheit und sozialer Anerkennung, deren Aufhebung sich etwa Honneth aus einer Mobilisierung jener normativen Grundlagen erhofft, die dem Marktgeschehen wie aller gesellschaftlichen Interaktion innewohnen – sie ist nur zuungunsten von Selbstbestimmung für gänzlich überwindbar zu halten. „Die Attacke gegen den Kapitalismus heute“, so heißt es hellsichtig in Max Horkheimers Notizen aus den Jahren 1966–1969,

> hat die Reflexion auf die Gefahr des Totalitären in doppeltem Sinne mit aufzunehmen. Ebenso wie der Tendenz zum Faschismus in kapitalistischen Staaten muß sie des Umschlags linksradikaler Opposition in terroristischen Totalitarismus bewußt sein. [...] Heute schließt ernste Resistenz gegen gesellschaftliches Unrecht notwendig die Bewahrung der freiheitlichen Züge bürgerlicher Ordnung mit ein, die nicht verschwinden, sondern im Gegenteil auf alle Einzelnen übergehen sollen.[86]

Die Gefahr des Totalitären ist auch als Balken im eigenen, kritisch auf die Ungerechtigkeiten und Asymmetrien der gegenwärtigen Wirtschaftsordnung blickenden Auge wahrzunehmen. Dazu vermag eine Theologie beizutragen, die zwischen göttlicher Erlösung und politischen Lösungen zu unterscheiden vermag, indem sie das unauflösliche Spannungsverhältnis von Freiheit und Anerkennung bewusst hält.

---

86 Max Horkheimer, „Gegen den Linksradikalismus“ in: ‚*Zur Kritik der instrumentellen Vernunft*‘ *und* ‚*Notizen 1949 – 1969*‘, Bd. 6, *Gesammelte Schriften*, hg. v. Alfred Schmidt (Frankfurt a. M.: Fischer, 1991), 414.

Jörg Dierken

Gott und Geld – oder: Ähnlichkeit im Widerstreit

1 Phänomenale Streiflichter

Gott und Geld sind einander ebenso konträr wie ähnlich. Dass zwischen beiden ein ausschließender Gegensatz besteht, drängt sich in den Fluchtlinien des klassischen Bibelworts „Ihr könnt nicht Gott dienen und dem Mammon" auf (Mt 6,24; Lk 16,13). Dass gleichwohl große Ähnlichkeit waltet, illustriert Luthers Beschreibung des Glaubens an Gott durch den Vergleich mit dem Mammon: An beide hänge man sein Herz.[1] ‚Trauen' und ‚Glauben' mache Gott – wie auch das Geld, das allerdings ein ‚Abgott' sei. Es ähnelt Gott im Widerstreit. Während die Ähnlichkeit darin liegt, dass beide Glaube und Vertrauen motivieren, zeige sich ihr Widerstreit, insofern Gott auch in Nöten angerufen werde und Hilfe eröffne, das Geld aber keine Zuversicht gewähre, wenn es fehlt. Beide wirken sowohl in Präsenz wie Entzug, allerdings so, dass nur Gott auch die Negativerfahrungen kontrafaktisch umgreife, während das Geld in der Psychologie des auf ihn bezogenen Glaubens keine Negation umfasse. Haben bedeutet Glück und Zuversicht, Nicht-Haben Unglück und Verzweiflung. Dass auch das Geld im Negativ von Schulden wirksam ist, ist bei Luther noch kein Thema.

Das verschlungene Ähnlichkeits- und Gegensatzverhältnis von Gott und Geld zeigt sich bereits in biblischen Traditionen. Erinnert sei nur das sog. ‚Matthäus-Prinzip' „Wer da hat, dem wird gegeben werden" (Mt 25,29) im Kontext des Gleichnisses von den anvertrauten Silberzentnern, in dem die Ökonomie des Heils mit kluger, weil gewinnorientierter Haushalterschaft verglichen wird. Umgekehrt kann der Gegensatz von Gott und Mammon an das Gleichnis vom unehrlichen Verwalter anschließen (Lk 16,1 ff.). Es sieht Klugheit darin, sich „Freunde mit dem ungerechten Mammon" durch einen betrügerischen Schuldenerlass zulasten des Eigentümers zu machen (Lk 16,9). Gewiss gibt es eine Grundlinie von Aussagen, dass Geld und Gott nicht zusammenpassen und irdischer Reichtum vom Heil ausschließt, und gewiss gilt die bereits im Alten Testament etablierte Ordnung

---

Gekürzte Fassung des Büchleins *Gott und Geld. Ähnlichkeit im Widerstreit* (Tübingen: Mohr Siebeck, 2017) (dort weiterführende sozialethische Konsequenzen zur Ordnung der Wirtschaft).

1 Vgl. Martin Luther, „Der große Katechismus, Das erste Gebot" in: *BSLK* (Ausg. Göttingen: Vandenhoeck & Ruprecht, 1930), 560.

https://doi.org/10.1515/9783110705614-011

einer Sozialpflichtigkeit des Eigentums bis hin zu regelmäßigem Schuldenerlass. Doch es ist nicht zu übersehen, dass Geld und Gott auch eine geradezu unheimliche Nähe im Gegensatz auszeichnet. Die Erzählung vom Goldenen Kalb, in deren Hintergrund ein Religionskonflikt um den wahren Führer als Repräsentant Gottes bei der Wüstenwanderung schimmert, lässt das Gold geradezu zum Gegen-Gott werden. Dessen Huldigung bedroht den Allerhöchsten, sowohl in seiner Souveränität als auch in seiner Güte (Ex 32). Noch nachdem das Goldene Kalb zerstört und das dabei pulverisierte und mit Wasser vermischte Gold nahezu in einem Anti-Abendmahl vom Volk getrunken wurde, verlangt Gottes Zorn, dass „vom Volk dreitausend Mann" fallen, indem jeder sein Schwert gürte und „seinen Bruder, Freund und Nächsten [erschlage]" (Ex 32,27).

Der Vergleich von Gott und Geld offenbart diabolische Züge. Sie schlagen einerseits auf Gott in seiner Güte zurück, wie die Erzählung vom Goldenen Kalb zeigt, und ermöglichen andererseits die Opposition vom 'rechten' Gott gegenüber seinem irdischen Abgott, wie sie bei Luther sichtbar wird. Natürlich verfolgen solche Explikationen Gottes durch den Gegensatz zum diabolischen Geld-Gott die Intention, den wahren Gott herauszustellen, der schließlich noch über diesen Gegensatz erhaben ist. Doch unterschwellig wird auch deutlich, dass der Gegenspieler Gottes – ähnlich wie die Figur des Teufels – an seinen divinen Merkmalen teilhat. Dem Geld scheint eine nahezu göttliche Macht zu eignen. Es motiviert das Handeln ähnlich stark wie Gott, allerdings in entgegengesetzter Richtung. Wie Gott führt, so verführt es.

Niklas Luhmann hat dem Geld in seiner Funktion als symbolischem Code auch eine diabolische Seite zuerkannt. Es funktioniert als Geld nach seinem eigenen Prinzip in moralisch höchst gegensätzlichen Zahlungsentscheidungen und dokumentiert seine durchgängige Eigenart. Sie besteht im Vollzug einer Zahlung, der Nicht-Zahlung entspricht – und zwar bei moralisch positiven wie negativen Zahlungsgründen. Sie werden gleichgültig. Der Geldeinsatz für *caritas* gleicht dem für unmoralische oder verbrecherische Zwecke. Auch Schwarzgeld bleibt Geld. Geld kennt nur den Gegensatz von Zahlen und Nicht-Zahlen. Modaltheoretisch bedeutet dies, dass die Wirklichkeit des Geldes für alle Möglichkeiten steht.[2] Die pure Aktualität des Geldes ist seine Potentialität, die sich auf alles erstreckt und dabei alles ebenso gleichsam eingemeindet wie externalisiert. Genau darum ist es omnipräsent und allgegenwärtig, vermag alles in alles zu verwandeln, ohne sich zu verlieren. Das gilt auch für Gott.

---

2 Darin unterscheidet sich das Geld von einem im Zeichen von Modalkategorien gedachten und zugleich handelnden Gott, der nicht nur in seiner Kontingenz Möglichkeiten repräsentiert, sondern zuspielt und eine entsprechende Erwartungshaltung der Hoffnung weckt. Vgl. Ingolf Ulrich Dalferth, *Die Wirklichkeit des Möglichen* (Tübingen: Mohr Siebeck, 2003), bes. 116 ff.

Natürlich bezieht sich der Vergleich von Gott und Geld insbesondere auf die symbolische Dimension dieser Begriffe, die zugleich beanspruchen, mehr als bloße Begriffe zu sein. Demgegenüber treten die drei weiteren Dimensionen des Geldes, die die meisten Geldtheorien mit Bezug auf besondere Funktionen auflisten, zurück. Gemeint sind die Funktionen der Recheneinheit, des Mittels zur Wertaufbewahrung und des Tauschinstruments.[3] Diese Funktionen sind beim Vergleich von Geld und Gott unterschwellig immer dabei, allerdings leitet den Vergleich von Gott und Geld insbesondere die Dimension des Symbolischen, mit dem Diabolischen als Komplement.

Die symbolische Dimension des Geldes erstreckt sich auf die Sozio-Psychologie des Umgangs mit ihm. Insbesondere hier macht sich deren Ähnlichkeit im Widerstreit geltend. So verlangt das Geld Vertrauen für sein Fungieren, ohne Vertrauen schwindet seine Bonität. Das gilt auch für staatlich emittiertes, als gesetzliches Zahlungsmittel dekretiertes Geld. In der modernen Form als Giralgeld kann es darüber hinaus dezentral durch Kredite von Geschäftsbanken geschöpft werden, es existiert hier gleichsam im Negativ von ablösepflichtigen Verbindlichkeiten. Quantitativ kann das gleichsam negative Giralgeld das gleichsam positiv emittierte Umlaufgeld weit übertreffen. Während dieses den Ausgleich in Handelsgeschäften durch beiderseitiges Quitt-Werden ermöglichen soll, schafft jenes Schuldverhältnisse zwischen Gläubigern und Schuldnern mit verpflichtendem Charakter. In jeder Form motiviert Geld zum Handeln und ändert darüber die reale Welt, obwohl es selbst ein bloßes Mittel ist und inzwischen zum reinen Zeichen mutiert. Das gilt in besonderer Weise nach dem Ende der langen bestehenden Deckung des Geldwertes durch Edelmetallwerte, deren letzte Form das System fester Wechselkurse zur Leitwährung des Dollars war, der auf den Goldstandard gestützt gewesen ist. Dass eine gedachte Größe wie die in elektronischen Systemen verarbeitete Recheneinheit Wirklichkeit setzt oder verändert, lässt Grundfragen der Ontotheologie anklingen. Geld ist in seiner Funktion immer eins und dasselbe, dennoch kann es sich in einer Vielzahl von Währungen pluralisieren. Durch deren Konvertibilität bildet es wiederum Einheit im Vielfältigen. Es emanzipiert sich als fungible Größe auch von seiner durch die staatliche Rechtsordnung festgelegten Gestalt, wie an Phänomenen wie Bitcoins sichtbar wird. Auch das virtuell durch Computernetzwerke erzeugte Geld lässt sich in Euro und Dollar konvertieren und einheitlich bewerten.

Wie für die Ökonomie, so gilt auch für die Religion, dass sie von Mustern und Metaphern aus der anderen Sphäre durchzogen ist. Hinter Schuld stehen Schul-

---

3 Vgl. exemplarisch Wolfgang Ernst, *Geld. Ein Überblick aus historischer Sicht*, Jahrbuch für Biblische Theologie 21 (2006), 3–21.

den. Die religiöse Semantik von Erlösung rekurriert auf den Loskauf aus dem Schuldverhältnis. Kreatürliche Endlichkeit geht mit Bedürfnissen und Knappheit einher. Mit der Knappheitsbearbeitung ist gleichsam der schöpfungstheologische Ankerpunkt für ökonomische Kreativität markiert. Knappheit führt im Schöpfungsnarrativ der Genesis über die Sexualität zur Arbeitsteilung im Sozialverhältnis, welche wiederum die Voraussetzung für ökonomischen Tausch und die damit einhergehenden Schuldverpflichtungen darstellt.

Das lässt genauer nach Ähnlichkeit im Widerstreit von Gott und Geld mitsamt ihren sozialen und kulturellen Sphären fragen. Das sei nun im Blick auf aktuelle Positionierungen in Theologie und Kulturwissenschaften, in kategorialen Überlegungen und wirtschaftsethischen Überlegungen getan.

2 Positionierungen

(1) Das Grundmuster neuerer theologischer Positionierungen in Sachen Gott und Geld zeichnet sich durch eine dualisierende Antithetik aus. Insbesondere die kapitalistische Geld-Ökonomie sei zu verneinen und harre eschatologischer Überwindung.[4] Immer wieder wird appellativ dazu aufgerufen, sich seinem verführerischen, der Sünde selbstverliebten Konsums ausliefernden Sog zu verweigern – sei es durch individuelle Moral, einen asketisch-ökologischen oder einen der Nächstenliebe verpflichteten Lebensstil,[5] sei es durch polemische Kapitalismuskritik im Interesse politischer Aktion.[6] Als Gegenmodell zum Kapitalismus kommen Figuren einer Gabe- oder Geschenkökonomie ins Spiel, wie sie v. a. die französische Ethnologie an vormodernen ozeanischen Gesellschaften beschrieben hat.[7]

4 Vgl. Friedrich Delekat, *Der Christ und das Geld. Eine theologisch-ökonomische Studie* (München: Christian Kaiser Verlag, 1957).

5 So ein gängiges Predigtmuster.

6 Diese Kritik kann sich vielfach des klassischen rhetorischen Musters einer Opposition von Gott und Mammon bedienen. Vgl. exemplarisch Friedrich-Wilhelm Marquard, „Gott oder Mammon" in: *Einwürfe 1*, hg. v. dems., Dieter Schellong u. Michael Weinrich (München: Christian Kaiser Verlag, 1983), 176–216; „Processus confessionis. Dient Gott, nicht dem Mammon", EPD-Dokumentation 22/2002; Ulrich Duchrow, Hans G. Nutzinger, Hgg., *Befreiung vom Mammon* (Münster, 2015)

7 Vgl. als Klassiker Marcel Mauss, *Die Gabe. Form und Funktion des Austauschs in archaischen Gesellschaften* (1924) (Frankfurt a. M.: suhrkamp taschenbuch wissenschaft, 1968). – Das Spektrum der Rezeption des Gabe-Motivs ist weit: Vgl. exemplarisch Theodor Ahrens, *Vom Charme der Gabe. Theologie interkulturell* (Frankfurt a. M.: Lembeck, 2008); *Leget Anmut in das Geben*, hg. v. Jürgen Ebach, Magdalene Frettlöh, Michael Weinrich und Hans M. Gutmann (Gütersloh: Gütersloher Verlagshaus, 2001); Hans Joas, „Die Logik der Gabe und das Postulat der Menschenwürde"

Dieses Muster hat die älteren Modelle eines asketischen Berufsmenschentums, dem Erfolg als Heilsstandzeichen galt, zurückgedrängt.[8] Anschluss finden sie unter erheblicher Simplifizierung am ehesten in pentecostalen Formen eines Glückschristentums. Während diese Formen der Heiligung des Gelderwerbs v. a. in angelsächsischen, lateinamerikanischen und afrikanischen Kontexten Zuspruch finden, erscheint im deutschsprachigen Feld ein Versuch, die auf Zukunft gerichtete Dynamik des Geldes gleichsam als Vehikel christlicher Erwartung des Reiches Gottes zu interpretieren, ziemlich randständig.[9] Bei den Positionierungen, die zu simplen Dämonisierungen auf Abstand gehen, dominiert gegenwärtig ein pragmatisches Verständnis, das Geld als notwendiges Mittel einer komplexen Ökonomie versteht, vor schneller Rendite gegenüber langfristigen Zukunftsinvestitionen warnt und für einen gewissen Ausgleich des Gegensatzes von Arm und Reich über sozialstaatliche Umverteilung von Eigentum und durch Interventionen für Chancengerechtigkeit plädiert.[10]

Nur wenige Positionen bemühen sich um eine begriffliche Durchdringung der Logik des Geldes. Exemplarisch seien Falk Wagner auf evangelischer und Alois Halbmayer auf katholischer Seite genannt. Demgegenüber beansprucht David Graeber, aus kulturanthropologischer Perspektive Geld und Gott bzw. Götter aus ursprünglicheren Schuldverhältnissen heraus zu explizieren. Auf diese drei Positionen sei nun ein genauerer Blick geworfen.

(2) Falk Wagners Grundthese lautet, dass das Geld der spinozistischen Substanz ähnele, weil es alles ineinander übersetzbar mache und den jeweiligen

in: *Gott, Geld und Gabe*, hg. v. Christof Gestrich, *Berliner Theologische Zeitschrift* 21 (Berlin: Wichern Verlag, 2004), Beiheft, 16–27.

8 Die Formel spielt natürlich auf die These von Max Weber zum Zusammenhang des Geistes des Kapitalismus und des Protestantismus an, vgl. ders., Die protestantische Ethik und der Geist des Kapitalismus, in: Ders., *Gesammelte Aufsätze zur Religionssoziologie I* (Tübingen: J. C. B. Mohr, [8]1988), 1–236. – Gegenwärtig wird höchstens am Rand des seriösen theologischen Spektrums für die Affinität von Christentum und Kapitalismus geworben, vgl. z. B. Robert Grözinger, *Jesus der Kapitalist. Das christliche Herz der Marktwirtschaft* (München: FinanzBuch Verlag, 2012).

9 Vgl. Wilhelm F. Kasch, *Geld und Glaube* (Paderborn: Verlag Ferdinand Schöningh, 1979). In weitem Sinn schließt gegenwärtig Jörg Hübner (*„Macht euch Feinde mit dem ungerechten Mammon!" Grundsatzüberlegungen zu einer Ethik der Finanzmärkte* [Stuttgart: Kohlhammer Verlag, 2009]) an diese geldfreundliche Position an und schreibt sie mit Modifikationen, die einige Forderungen zur Regulierung der Finanzmärkte angesichts der Bankenkrise 2007/08 aufgreifen, fort.

10 Vgl. exemplarisch Wolfgang Huber, „Gott und Geld – Christliche Ethik und wirtschaftliches Handeln" in: *Kontinuität und Umbruch im deutschen Wirtschafts- und Sozialmodell*, Jahrbuch Sozialer Protestantismus 1 (Gütersloh: Gütersloher Verlagshaus, 2007), 62–71 (Festvortrag anlässlich der Eröffnung der KD Bank in Dortmund, 06.06.2007).

Charakter vergleichgültige.[11] Im Tausch werden Güter zu Waren. Auch das Geld ist zunächst eine Ware, allerdings eine solche, der die Eigenschaft, auch ein brauchbares Gut zu sein, abgeht, so dass es als einzige Ware den Wert aller anderen Waren zu quantifizieren erlaubt. In der Kapitalwirtschaft wird sodann die Geld-Ware, die zunächst ein bloßes Mittel zum Tausch ist, in einen eigenständigen Zweck verwandelt. Durch deren Einheitlichkeit wird die Zirkulation von Waren durch Geld durch eine Zirkulation von Geld durch Waren abgelöst. Damit kann Geld zum Kapital werden, dem es um die „Verwandlung von Geld in mehr Geld" geht.[12] Begrifflich lasse sich der ‚Geldmechanismus' daher mit einem ‚Pantheismus' vergleichen, in dem alles Einzelne unter Absehung seines Eigenseins nur für Anderes tauschbar sei – und darin zugleich einer übergeordneten Logik „verabsolutierter Kommunikation" folge, die ihrerseits wie ein pantheistischer Gott das Einzige ist, was ein Sein für sich selbst beanspruchen kann (70). Fraglich und unerörtert bleibt allerdings, wie die reine Medialität des Geldes mit seiner kapitalistischen Selbstzweckhaftigkeit zusammenpassen kann. Gott hingegen steht für Wagner für etwas, das sich durch ein aller Kommunikation vorausliegendes „Konstituiertsein" an ihm selbst auszeichne (102). Maßgeblich dafür sei die trinitarische An-sich-Bestimmtheit Gottes als Möglichkeitsgrund für seine Weltverhältnisse, insbesondere der der christlichen Menschwerdung. Als ‚vermittelte Selbstbestimmung' erweise sich Gott an seiner eigenen Stelle als offen für das menschliche Anderssein, das seinerseits für Gott offen ist – die Struktur von Anerkennung und „gelungener Kommunikation". Hier kann umgekehrt gefragt werden, wie sich diese von jener „verabsolutierten Kommunikation" absetzen lässt. Wenn diese mit der Selbstzwecklichkeit des Geldes verbunden wird, zeigt sich eine ähnliche Spannung, wie wenn in der Theologie das An-sich-Sein Gottes zur Kommunikation führt.

(3) Alois Halbmayr will „Geld" zum „Interpretament Gottes" und „Gott" zum „Interpretament des Geldes" machen, um die Ablösung des Paradigmas Gott durch das des Geldes zu verstehen.[13] Unter Rückgriff auf Georg Simmels Philosophie des Geldes werden die geldvermittelten Sozialverhältnisse als Relativismus durchgängiger Wechselwirkung, der selbst unhintergehbar und damit absolut ist, beschrieben. Deren alles einbeziehende Universalität ähnele

11 Vgl. Falk Wagner, *Gott oder Geld. Zur Geldbestimmtheit der kulturellen und religiösen Lebenswirklichkeit*, Stuttgart 1985 (im Folgenden Nachweise im Text in Klammern).

12 Falk Wagner, „Gott oder Geld" in: Ders., *Christentum in der Moderne*, hg. v. Jörg Dierken und Christian Polke (Tübingen: Mohr Siebeck, 2014), 100 – 119, hier 108 (im Folgenden Verweise im Text in Klammern).

13 Vgl. Alois Halbmayr, *Gott und Geld in Wechselwirkung. Zur Relativität der Gottesrede*, Paderborn 2009, 33; 35 (im Folgenden Nachweise im Text in Klammern).

prädikativer Absolutheit und erlaube es, Gott diesseits metaphysischer Substanzialität zu denken und mit der sozialen Welt zu verbinden. Sie ist von ökonomischen Tauschbeziehungen geprägt, in denen das Sein der zu tauschenden Dinge in die logische Form des Wertes überführt wird, den sie für das jeweils andere haben. Durch Vergesellschaftung wird Sein zu Wert, der allein im und vom Tauschvollzug gesetzt wird. Der Wert entspricht daher ganz dem Preis am Markt, er ist das, was ein Anderer für ein zur Ware werdendes Gut bezahlt. Während Dingen als Gütern immer auch ein in ihnen selbst begründeter Gebrauchswert eignet, geht der zum Geld auskristallisierte Wert ganz in seiner Funktion, alle Werte als Sein für Anderes auszudrücken, auf. Daher ist Geld an ihm selbst nichts, es hat kein Für-sich-Sein, sondern es ist ein reines Mittel. Eben das macht paradoxerweise sein Eigensein aus, das gleichsam negativ ist: Es ist nichts für sich selbst. Darum kann das Geld alle Einzelwerte vermitteln und aufeinander beziehen. Und darum kann es dahingehend verstanden werden, dass es in seiner gleichsam selbst wertlosen Repräsentanz aller Werte seinerseits einen Wert darstellt und zum Ziel des Begehrens wird. Das ist in Simmels psycho- und soziologischen Logik des Geldes der Punkt, an dem das reine Mittel zum handlungsmotivierenden Selbst- und Letztzweck mutiert. Das führt zu einer Versachlichung von Sozialbeziehungen mit gesteigerten Spielräumen für Individualität, aber auch zu einer Handlungsmotivation im bloßen Gewinn des für sich leeren, aber alles mit allem vermittelnden Geldes. Das führt vom Geld zu Gott. Der Logik des Geldes folgend, symbolisiert Gott mehr noch als es selbst eine letzte Einheit des Ganzen, die freilich zugleich darin besteht, dass alles mit jedem qua Wechselseitigkeit zusammenhängt. „Der Gottesgedanke hat sein tieferes Wesen darin, dass alle Mannigfaltigkeiten und Gegensätze in ihm zur Einheit gelangen, dass er ... die Coincidentia oppositorum ist."[14] Der dem Geld ‚formähnliche' Gott ist ein sich durch immer neue Differenzrelationen realisierendes HEN KAI PAN – ein Ein und Alles zugleich. Ihm entspricht eine Religiosität innerlicher Versöhnt- und Getragenheit durch eine Vielfalt von Stimmungen hindurch. Dieser Gedanke ähnelt Wagners Motiv eines Pantheismus des Geldes. Anders als dieser fokussiert Halbmayr allerdings ein ökonomisches Gegenmodell des Gabentauschs („Anders-Ökonomie Gottes"). Das Anderssein Gottes führe zu einer anderen Ökonomie. Sie funktioniert tendenziell nur in sozialen Nischen und sie lebt von hochgradig verpflichtenden Sozialbeziehungen: Mit der bedingungslosen Gabe ist die Erwartung an eine angemessenen Gegengabe verbunden, wer sie nicht liefert, verliert seine soziale Stellung.

---

14 Georg Simmel, Philosophie des Geldes, in: Ders., *GA Bd. 8*, hg.v. David Frisbye u. Klaus Köhnke (Frankfurt a. M.: Suhrkamp Verlag, 1989), 305.

(4) Während Wagner und Halbmayr das Geld funktional im Kontext von Tauschvollzügen entstehen sehen, versteht David Graeber das Schuldverhältnis als seinen Ursprung.[15] Weil sich Markt und Tausch gegenseitig voraussetzten, sei das Tauschprinzip in der „Folge von Gewalt“ entstanden (24f.). Gemeint ist die Verpflichtung zur Rückzahlung, mithin das Schuldverhältnis. Schulden seien die „Urform von Geld“, das Schulden „misst“. Und mit diesen Schuldverpflichtungen wird Handel getrieben. Graeber zieht große kulturgeschichtliche Linien bis zum gegenwärtigen Derivatenhandel, dessen forcierteste Form der Handel mit negativen Schulden statt positiven Werten – oder deren Pendant: Kreditausfallrisiken – ist. Und er zeigt, dass im Umfeld des Tauschverkehrs Macht- und Gewaltstrukturen stehen, die von der zwangsbewehrten Rechtsordnung bis zum Wer- oder Manngeld führen. Den Hintergrund der These, dass Geld aus Schulden resultiert, bildet der Sachverhalt, dass jedes menschliche Leben Anderen verdankt ist. Es ist daher für Graeber mit einer Art „Urschuld“ belastet (66). In kleineren Einheiten ist sie auf die soziale Gemeinschaft von Ahnen, Familien und Clans bezogen. In ihrer Gesamtheit gilt sie einem – göttlichen – Geber des Lebens überhaupt. Darin sieht Graeber den Ankerpunkt für die Nähe von Ökonomie und Theologie, wie sie sich im Symbol von Banken als Tempeln des Geldes und Tempeln als Orten des Handelns manifestiert. Während das religiöse Opfer an die Urschuld gemahnt, verheiße das Geld letztlich die generelle Möglichkeit, grundsätzlich „quitt“ zu werden (69). Darin sieht Graeber eine elementare Erlösungsutopie.[16] Es geht um Erlösung von der verschuldenden Gottheit. Sie ist zugleich eine Erlösung von der verschuldenden Gesellschaft. Das Ende der Schulden bedeutet am Ende die Auslöschung aller verpflichtenden Sozialrelationen. Das Resultat solcher Erlösung wird von Graeber allerdings nur vage angedeutet. Es kann eigentlich nur in einem von allen Schulden freien, mithin autarken Menschen bestehen – dem Urbild der kritisierten liberalen Theorie der Marktvergesellschaftung.

Die Modelle Wagners, Halbmayrs und Graebers haben in unterschiedlicher Weise Ähnlichkeit und Widerstreit im Verhältnis von Gott und Geld zutage treten lassen. Das lässt näher nach kategorialen Klärungen fragen.

---

15 Vgl. David Graeber, *Debt: The first 5,000 Years* (New York: Melville House NY, 2011), dt. Übersetzung: Schulden. Die ersten 5000 Jahre (Stuttgart: Klett-Cotta, [7]2012) (im Folgenden Verweise im Text in Klammern).

16 Dass das – religiöse – Erlösungsmotiv v.a. auf – profane – Schulden gemünzt ist, betonen auch Peter Sloterdijk und Thomas Macho in: Dies. u. Manfred Osten, *Gespräche über Gott, Geist und Geld* (Freiburg i.Br.: Verlag Herder, 2014), bes. 46ff.

3 Kategoriale Klärungen

Insbesondere drei Themenkreise drängen sich zu weiterer kategorialer Klärung auf. Sie betreffen zunächst den Realitätsstatus von Gott wie Geld, insofern beide als Zeichen, Konvention, Recheneinheit, Wunschprojektion, Gedanke oder Vorstellung existieren. Damit ist das klassische Themenfeld der Ontotheologie im Spiel. Sodann ist die Frage zu klären, ob und inwiefern Gott und Geld neben dem Vermögen, alles mit allem zu verbinden, auch durch Selbstverhältnisse ausgezeichnet sind, an denen Eigendynamik bis hin zu Selbst- oder Letztzwecklichkeit hängt. Schließlich ist danach zu fragen, in welcher Weise Gott und Geld Ankerpunkte für eine normative Ordnung bilden.

(1) Die ontotheologische oder ideenontologische Thematik kommt angesichts des Gott und Geld verbindenden Status', keine empirischen Dinge zu sein, auf. Gott und Geld sind Zeichen oder Symbole, Ideen oder Gedanken. Wenn ihnen ein Realitätsstatus zugesprochen wird, sei es über Münzen, Warenwerte oder auch Schulden beim Geld, sei es über religiöse Empfindungen und Lebenspraktiken bei Gott, ist dieser Status mental oder sozial vermittelt. Er ist darum aber nicht willkürlich oder leer. Die Frage nach der Rationalität des Status der Ideen von Geld und Gott schließt von tatsächlichen Lebensvollzügen auf deren Voraussetzungen. Dieser Rückschluss ähnelt, *cum grano salis*, denen des kosmologischen und teleologischen Gottesbeweises aus der metaphysischen Tradition. Deren Rationalität besteht darin, die Begriffe der Ursache bzw. des Ziels, die fundamental für allen gleichsam innerweltlichen Vernunftgebrauch sind, durch Abschluss- oder Grenzbegriffe wie die einer ersten Ursache bzw. eines letzten Ziels vor innerer Zersetzung zu bewahren. Damit gewährleisten die Begriffe von Ursache bzw. Ziel, für die letztlich Gott steht, den innerweltlichen Vernunftgebrauch. Das ist ihr vermittelter Realitätsstatus. Ähnlich hat die gedanklich-ideale Größe des Geldes die reale Funktion, soziale Interaktion über den Tausch von Gütern und Dienstleistungen zu ermöglichen. Der Status des Geldes korreliert mit exakt-zählbarer Identifizierbarkeit zwischen immer verschiebbaren, aber nie erreichbaren Grenzen. Hierfür wird Unermesslichkeit beansprucht, eine Art immanente Transzendenz als dialektisches Gegenmoment zu Zählbarkeit im Endlichen.

Mit dieser Logik ist das Umfeld des ontologischen Arguments markiert. Es funktioniert nicht als Nachweis von Gottes gleichsam dinglicher Existenz höherer Ordnung, wie Kant gezeigt hat. Dennoch lässt sich seine Thematik nicht verabschieden. Denn zum einen geht es bei dem Argument um den Zusammenhang von Zeichen und Bezeichnetem, Symbol und Sache oder ganz allgemein: Denken und

Sein. Und zum anderen bleibt das Motiv, einen Zusammenhang aus sich heraus zu setzen, bestehen.

Den Zusammenhang von Denken und Sein zu erweisen, gehört zu den klassischen Themen der Ontotheologie. Ohne eine zumindest partielle Übereinstimmung gäbe es kein Erkennen und Handeln. Natürlich ist die Übereinstimmung von Denken und Sein in allem endlichen Erkennen und Handeln stets nur partiell, doch ein gänzliches Auseinanderfallen machte dieses vollkommen unmöglich. Selbst Irrtum und Zielverfehlung sind als solche immer schon auf jene Übereinstimmung bezogen, insofern sie hiervon abweichen. Gott kommt mit der partiellen Übereinstimmung von Denken und Sein insofern ins Spiel, als er als unbedingter Grund, umfassender Inbegriff oder gütiger Garant dieser Übereinstimmung gilt. Das ist das innere Motiv des ontologischen Arguments, das den Begriff Gottes als widersprüchlich erweist, wenn er nicht mit Sein verbunden ist – wie brüchig auch immer die Schlüsse sein mögen. Die Ähnlichkeit zum Geld ergibt sich daraus, dass auch es Gedankliches und Reales verbindet. Der an ihm selbst wertlose Wert des Geldes erlaubt es in seiner rein ideellen Symbolizität, reelle dingliche Waren tauschbar zu machen – natürlich in sozialen Handlungsprozessen. Obwohl in es „kein Atom Naturstoff" eingeht,[17] kann es tendenziell alle Naturprodukte, Dienstleistungen und Güter nach ihrem Wert über Raum und Zeit hinweg repräsentieren. Allerdings kann das Geld nicht an ihm selbst zum Grund der Übersetzbarkeit und Übereinstimmung von Denken und Sein, Zeichen und Bezeichnetem werden. Es würde seine Funktion ruinieren: Bloßes Geld an sich, ohne Bezug auf Güter, wäre wertlos – ebenso wie diese keine Güter mehr wären, wenn sie gänzlich in Geld mutieren. Geld bleibt ein reines Mittel. Gott hingegen wirkt über Narrative auf die sich in seinem Horizont verstehenden Menschen und deren Handlungen. Das schließt kontrafaktische Momente ein, die sich insbesondere durch fiktive Dimensionen der Gottesvorstellung motiviert finden. Allerdings dürfen sie keine nur leeren Fiktionen sein. Das Thema der Übereinstimmung mit dem Sein bleibt präsent.

Damit ist der zweite Problemkreis der Ontotheologie berührt: Die Motivik der Selbstursächlichkeit oder -mächtigkeit. Es ist mit der elementarsten Bestimmung des Gottesgedankens – *esse a se* im Unterschied zu allem Endlichen als *esse ab alio* – verbunden. Von der göttlichen Aseität führen Linien zu der paradoxen Figur der *causa sui*, die die Kausalitätsstruktur unmittelbar sprengt. Ihre Pointe liegt darin, die Struktur der Freiheit zum Ausdruck zu bringen. Über die Abwesenheit

---

17 Mit dieser Metapher beschreibt Karl Marx die zum Geld als allgemeine Wertform führende besondere Wertform einzelner Waren. Vgl. ders., *Das Kapital*, Bd. 1 (1867), zit. nach MEW 23 (Berlin: Karl Dietz Verlag, 1977), 62.

von externem Zwang hinaus beinhaltet Freiheit Wesensübereinstimmung und Kreativität zugleich. Wenn Kreativität sich in Veränderung und Anderswerden – etwa von Neuem gegenüber Altem – darstellt, bedarf es in Gott zur Wahrung der Wesensübereinstimmung einer internen Differenz, an der das Anderswerden der Kreativität manifest werden kann. Nach christlicher Tradition umfasst Gott in seinem Selbst die Differenz des Anderswerdens. Gott ist darin Gott, dass er auch das Andere seiner selbst ist. In der christlichen Tradition ist dieses Motiv im Trinitätsgedanken sowie der christologischen Figur der Menschwerdung mit ihrer kreuzestheologischen Spitze, in der das innere Anderssein Gottes bis hin zur Negativität des Gegenteils seiner selbst ausgezogen wird, enthalten. Aufgrund dieser gestuften Negativität in Gott kann er als solcher Freiheit in ihrem Vollzug sein. In diesem Freiheitsvollzug kann Gott ebenso alles umfassen wie zugleich selbstgenügsam sein.[18] Darum braucht er nicht, wie das alles verschuldende Absolute, die permanente Rückzahlung der Schulden von allem Anderen. Die Selbstgenügsamkeit Gottes ermöglicht demgegenüber die eigene Freiheit eines Anderen. Die zunächst paradoxen, sodann aber negationsdialektisch dechiffrierbaren Figuren der *creatio ex nihilo* und der *causa sui* gehören freiheitstheologisch zusammen. Das Selbstsein des Kreatürlich-Anderen wird seinerseits von Gott frei gelassen und kann darum selbständig sein. Die Selbständigkeit des Kreatürlichen hat an der göttlichen Selbstgenügsamkeit teil, allerdings in der Differenz des Anderen und als Endliches seinerseits bezogen auf Anderes. Darin vollzieht es in seiner Freiheit zugleich den Selbstvollzug göttlicher Freiheit. Gott lässt das Kreatürlich-Andere in Teilhabe an ihm zugleich selbständig und mithin frei sein. Das unterscheidet ihn vom Geld. Es mag wohl aus seiner Abwesenheit oder Negation heraus kreiert werden, wie an der Geldschöpfung durch Kreditvergabe oder gar an der Genese des Geldes aus Schulden überhaupt sichtbar werden kann. Obwohl es auf seine Negation bezogen ist, eignet ihm aber gerade keine Selbstursächlichkeit. Denn die Negation bleibt dem Geld als ihm selbst äußerlich, im Unterschied zum christlichen Gott. Dem Geld gehen Selbstgenügsamkeit wie Kreativität ab. Kreativität mag vom Geld motiviert sein, aber nicht von ihm selbst vollzogen. Selbst die gegenwärtig diskutierte Idee des ‚Helikoptergeldes',[19] das irgendwie von ‚oben' und gleichsam ‚aus dem Nichts' heraus ab-

18 Damit wird ein Motiv von Dieter Henrich aufgenommen. Vgl. ders, *Denken und Selbstsein. Vorlesungen über Subjektivität* (Frankfurt a. M.: Suhrkamp Verlag, 2007), 268 f.

19 Gemeint ist der Vorschlag von Milton Friedman, die Wirtschaft durch noch mehr Geld zu beleben, als es die Zentrabanken mit ihrer Politik des billigen, weil zinslos ausgegebenen Geldes und die Geschäftsbanken mit ihrer Geldschöpfung durch Kredite tun – wobei dieses Geld, gleichsam von Helikoptern abgeworfen wird. Der Helikopter soll mithin das Motiv der *creatio ex nihilo* vergegenwärtigen. – Bei diesem Vorschlag wird die Negation in Gestalt inflationärer

geworfen wird und die glücklichen Finder zur wirtschaftsstimulierenden Verausgabung anstacheln soll, beansprucht für sein Wirken Akteure, die in ihm gerade nicht nur Geld, sondern mögliche Güter sehen. Helikoptergeld müsste zudem in unermesslicher Menge vorhanden sein, da es vorab nicht an Güter gebunden ist. Das würde jedoch seine Selbstentwertung bedeuten.

(2) Simmel zufolge hat das Geld kein Für-sich-Sein.[20] Als reines Mittel ist es gänzlich Sein-für-Anderes. Seine Eigenart ist leer, sein Charakter „Charakterlosigkeit" (273), kurz: es ist „substanzgewordene Relativität" (134). Aus dieser Spannung resultiert die Leistungskraft des Geldes, soziale Beziehungen in rein sachlicher Weise mit universaler Reichweite zu vermitteln und dabei über alle personalen Bindungen wie Ehre, Stand oder Privilegien hinwegzugehen. Dadurch wird durchaus individuelle Freiheit ermöglicht, und zwar in universaler Wechselseitigkeit. Die Geldwirtschaft führt zu „Nivellierung, ... Ausgleichung, ... Herstellung immer umfassenderer sozialer Kreise durch die Verbindung des Entlegensten unter gleichen Bedingungen", und sie ermöglicht „die Herausarbeitung des Individuellsten, ... die Unabhängigkeit der Person, ... die Selbständigkeit ihrer Ausbildung".[21] Diese formalisierte Verbindung von tendenziell allen mit allen durch das reine Mittel des Geldes ähnelt einer pantheistischen Ganzheit, deren Zentrum leer ist, weil sie in geradezu einheitslose Pluralität dezentriert wird. Das zeigt die Vielzahl von Währungen – bis hin zu gegenwärtigen staatsfernen elektronischen Währungskreationen wie Bitcoin. Weil seine Einheit nur im Vielen ist, provoziert das Geld aber zugleich permanente Verletzungen seines Charakters als reines Mittel. Sie liegen darin, dass das Geld seinen reinen Mittelcharakter immer auch gleichsam verschleiert. Es verspricht eine unendliche Fülle von Möglichkeiten, es wird in seinem Versprechen selbst zum Ziel des Begehrens und stiftet darüber subjektiven Handlungssinn.

Damit geht einher, dass Geld im Tausch ‚Ausgleich' vermittelt, der durch Ungleichheit motiviert wird und sie am Ende noch potenziert: Die Geldökonomie basiert auf unterschiedlichem Eigentum, das den Tausch motiviert und am Ende andere Eigentumsverhältnisse hervortreibt. Eigentum ist ein durch Exklusivität der Verfügung und mithin Ausschließung konstituiertes Sozialverhältnis, das gleichwohl von allen respektiert sein will. Die damit verbundenen Asymmetrien

---

Geldentwertung billigend in Kauf genommen und zugleich aus dem Geld in reale Vermögensverhältnisse ausgelagert, um psychologisch die Verausgabung zu befeuern und die Wirtschaft zu stimulieren.

20 Vgl. Georg Simmel, Geld, a.a.O., passim (im Folgenden Nachweise im Text in Klammern).

21 Georg Simmel, „Das Geld in der modernen Cultur" in: Ders., *GA Bd. 5: Aufsätze und Abhandlungen 1894–1900*, hg. v. Heinz-Jürgen Dahme, David P. Frisby u. Otthein Rammstedt (Frankfurt a.M.: Suhrkamp Verlag, 1992), 178–196; hier 184.

können in naturwüchsigen Voraussetzungen wie unterschiedlich verteiltem Geschick der Individuen liegen. Mehr noch sind geschichtlich-soziale Unterschiede in der Verteilung von Eigentumsvermögen, das zum produktiven Kapital zur Steigerung des Geldvermögens eingesetzt wird, hierfür verantwortlich. Die Struktur des Kapitals korreliert mit der Mutation des Geldes vom Mittel zum Zweck. Allerdings hat auch das zum vermeintlichen Selbstzweck gewordene Geld kein Für-sich-Sein, seine Zweckhaftigkeit bleibt mittelbar auf den Zweck weiteren Gelderwerbs ausgerichtet. Das lässt sich insbesondere an der Logik eines sich von der Realwirtschaft abkoppelnden Finanzkapitalismus erkennen, bei dem aus reinem Handel von Geld gegen Geld in Gestalt von Finanzderivaten spekulativ mehr Geld generiert werden soll. Seine Logik scheint auf einem Reflexivwerden des Geldes zu basieren – Geld bezieht sich im Geldhandel auf Geld –, obwohl und insofern Geld kein reflexives Zentrum oder Für-sich-Sein besitzt. Faktisch wird durch den Finanzkapitalismus auch kein Mehrwert an Geld generiert, sondern es werden, in vielfach verschleierter Form, reale Eigentums- und Freiheitsverhältnisse verändert. Auch der Finanzkapitalismus vermag Aristoteles' Einsicht, dass Geld ‚keine Jungen zeugt' nicht zu widerlegen,[22] und die Generation von Geld durch Geld ist keine *creatio ex nihilo* in der Funktionslogik einer *causa sui*. Das zeigen etwa die Studien von Thomas Piketty, wonach mit der zunehmend von realwirtschaftlichen Prozessen abgekoppelten Finanzwirtschaft eine verstärkte Umverteilung der Erträge von Arbeits- und Kapitaleinkommen zugunsten von letzterem stattfindet.[23] Da Kapital selbst nicht produktiv ist, stecken hinter diesem Phänomen reale Verschiebungen von Erträgen. Freilich kann die Kapitalwirtschaft komplexe ökonomische Prozesse in entsprechenden Unternehmen stimulieren, wie der börsennotierte Aktienhandel zeigt. Allerdings gilt auch, dass die mit dem Finanzkapitalismus verbundene Beschleunigung[24] der wirtschaftlichen Entwicklung nicht nur innovationsfreundliche ‚kreative Zerstörung' von strukturellen Entwicklungshemmnissen im Sinne von Joseph Schumpeter auf der ma-

22 Vgl. die Chrematismuskritik von Aristoteles, *Politik I*, 10 (1258 b).

23 Vgl. Thomas Piketty, *Das Kapital im 21. Jahrhundert*, dt. (München: C. H. Beck Verlag, 2014), v.a. Teil III (313–624). Dessen Diagnosen kann auch der aufnehmen, der mancher verteilungspolitischen Schlussfolgerung nicht zustimmt.

24 Vgl. zu den vielfältigen Implikationen dieses Stichworts Hartmut Rosa, Beschleunigung. Die Veränderung der Zeitstrukturen in der Moderne (Frankfurt a. M.: Suhrkamp Verlag, 2005). – Dass Rosa trotz seiner Einsicht in die dynamische Stabilisierung moderner Gesellschaften durch ‚Beschleunigung' inzwischen die eher weiche Kategorie der ‚Resonanz' zum Grundmuster seiner Soziologie der Weltbeziehung erhebt, mag damit zu tun haben, dass darin die gleichsam harte Folie der Ökonomie kaum in Betracht kommt. Vgl. Hartmut Rosa, *Resonanz. Eine Soziologie der Weltbeziehung* (Berlin: Suhrkamp Verlag, 2016).

kroökonomischen Ebene impliziert,[25] sondern auch destruktive Zerstörung von Existenzen und individueller Freiheit auf mikroökonomischer Ebene mit sich bringt. Damit zeigt sich eine innere Ambivalenz in Simmels These vom Geld als ‚Ausgleich' von Universalität und Individualität.

Mit dem Geld hat Gott die Einheitsstruktur der Wechselwirkung, oder besser: der allseitigen Relationalität gemein; anders als es weist er jedoch Elemente interner Rückbezüglichkeit auf. Seine Struktur des Seins-für-Anderes ist ohne jedes Für-sich-Sein nicht denkbar. Das ergibt sich schon aus der gleichsam panentheistischen Funktion, die Einheit des Ganzen als durchgängige Wechselwirkung des Vielen zu symbolisieren. Diese symbolische Einheit kann selbst nicht wiederum ein bloßes Teilmoment der Vielheit sein. Darum muss auch der panentheistische Gott der All-Einheit als Einziger gedacht werden. Damit zeigen sich Fluchtlinien zum Monotheismus. Singularität lässt sich ohne internes Selbstverhältnis nicht verstehen, sie kann nicht allein durch numerische Bezüge auf externes Anderes bestimmt sein. Bereits darum muss Gott Für-sich-Sein zugesprochen werden, und zwar mit Fluchtlinien zu Selbstbestimmung und -bewusstsein. Das korrespondiert mit der ontotheologischen Thematik der Selbstursächlichkeit und führt zu ihrer Pointe, der Freiheit. Sowohl Selbstübereinstimmung als auch -genügsamkeit rekurrieren auf ein Selbstverhältnis. Das Selbstverhältnis Gottes wird freilich immer nur in der Perspektive des menschlichen Bewusstseins zugänglich. Damit ist die Differenz von Mensch und Gott, von Immanenz und Transzendenz im Spiel. In der Transzendenz Gottes kommen Für-Anderes-Sein und Für-sich-Sein zusammen, das panentheistische Motiv verbindet sich konsequent mit dem monotheistischen. In der menschlichen Immanenz bleiben Für-sich-Sein und Für-Anderes-Sein jedoch immer auch unterschieden. Das Selbstverhältnis und das Sozialverhältnis fallen hier nicht zusammen, ihre Differenz ermöglicht und verlangt Austausch – einschließlich des ökonomischen, der durch das symbolische Medium des Geldes vermittelt wird. Diese Differenz von Selbstverhältnis und Verhältnis zum Anderen bedeutet, dass Gott auch das Andere der Sphäre von symbolisch vermittelten Austauschvollzügen wird. Er ist nicht der Markt des geldvermittelten Austauschs. In religiöser Symbolik wird dies durch die Vorstellung einer nichtmedialen, zeichenlosen Kommunikation der innertrinitarischen Personen zum Ausdruck gebracht; der Mittler, also der Geist, ist als Liebe bereits der Geist des Vaters und des Sohnes.[26] Wie auch immer die trinitarischen Vorstellungen beurteilt werden mögen: Das Anderssein Gottes gegenüber des ver-

---

25 Vgl. Joseph Schumpeter, *Kapitalismus, Sozialismus und Demokratie* (engl. 1942), dt. (Stuttgart: UTB, 2005), passim.

26 Das gilt jedenfalls für die westkirchliche Intuition der Trinitätsvorstellung, sofern sie in einer nicht subordinatianischen Weise gefasst wird.

mittelten Austauschs im Endlichen hat den Sinn, darüber Aufschluss zu gewähren, dass die Selbständigkeit und Freiheit des Einzelnen mit dem Ganzen in einer Weise zusammen gedacht werden können, welche die Differenz beider konstruktiv einbezieht. Das ist die Grundfigur moralischer Selbstbestimmung. Sie haftet am Für-sich-Sein der Freiheit, und zwar der Freiheit Gottes und der des Menschen gleichermaßen. Während Freiheit in Gott mit dessen Selbstvollzug als dem Einen, Differenz umschließenden Ganzen zusammenfällt, ist sie dem Menschen als Einzelnem unter Anderen immer auch im Modus des Sollens aufgegeben. Anders als bei Gott, kommen beim Menschen Wesensübereinstimmung und das Kontrafaktische des Anderswerdens als zentrale Elemente von Freiheit nicht gänzlich zur Deckung.

Phänomenal macht sich diese Dimension moralischer Selbstbestimmung darin geltend, dass in christlich-theologischer Perspektive der Mensch in dem Motiv der Gottebenbildlichkeit in seinem Für-sich-Sein anerkannt und mit seiner Freiheit auf die Gleichheit aller anderen bezogen wird – ohne dass damit seiner kreatürlichen Endlichkeit, die ihn auch in Arbeit und ökonomischen Austausch verwickelt, Abbruch getan wird. Das führt mit der Begründung der ökonomischen Sphäre im Endlichen zugleich zu deren Begrenzung. Nach Simmel ist das mit dem Christentum aufgekommene Motiv, dass der Mensch „absoluten Wert" und dass „jede einzelne Seele Platz im Hause Gottes" hat, das ideelle Fundament der Verneinung „des Blutgeldes wie der Sklaverei" (489, 491). In diesem Motiv steckt das Kontrafaktische der im Absoluten gründenden, zugleich auf den ihm ebenbildlichen Menschen übertragenen moralischen Selbstbestimmung. Vom Für-sich-Sein des das Ganze einenden Gottes führen offensichtlich Linien zu einem Normativen, das immer auch quer steht zum Geld als reinem Mittel, so sehr es dieses auch umfasst.

(3) Dem Geld ist allerdings nicht alles, was Normativität ähnelt, abzusprechen. Das folgt bereits daraus, dass sein Realitätsmodus die sprachlich verwandte Geltung ist. Zudem steht Geld für Werte, und zwar im Abgleich von Gütern. Dadurch rationalisiert es den Umgang mit knappen, von vielen Anderen begehrten Gütern im Warentausch. Damit ist eine Gewalt eingrenzende Funktion verbunden. Geld eröffnet eine Rationalität des Vergleichs. Er begrenzt die rohe Gewalt, die mit dem Streben nach knappen Gütern unter Konkurrenzbedingungen einhergeht.[27] Geld rationalisiert durch die Wertform soziale Tauschverhältnisse auf Abgleich und Kommunikation hin und pazifiziert so den mit Markt und Tausch gesetzten

---

27 Vgl. Niklas Luhmann Die Wirtschaft der Gesellschaft (Frankfurt a. M.: Suhrkamp Verlag), 253. Ähnlich auch Theodor W. Adorno, *Negative Dialektik* (1966) (Frankfurt a. M.: Suhrkamp Verlag, 1975), 150.

Konkurrenzkampf.[28] Das ist eine soziale Leistung, die nicht gering zu schätzen ist. Zudem vermittelt das Geld auch Freiheit. Sie steckt im Verfügungspotenzial über die vom Geld repräsentierten Möglichkeiten an Gütern. Das gilt freilich nur für den, der Eigentümer von Geld ist, und das Verfügungspotenzial ist zugleich rückgekoppelt an die Menge des Geldeigentums. Geld ist in seiner alles vergleichenden Idealität an die Realität höchst unterschiedlicher Eigentumsverhältnisse gebunden. Sie sind hochgradig wandelbar, je nach Erfolg oder Misserfolg auf dem Markt. Dort ist die Verteilung von Chancen und Risiken immer auch naturwüchsig, je nach politischen Regelungen über die Offenheit des Marktzugangs für alle und einen Ausgleich der Ergebnisse für die, die aufgrund begrenzter Kräfte ohne Chancen sind. Dies alles ist hochgradig kontingent, bis hin zur Willkür. Die Verteilung von Geld und die Verfügung darüber sind in ihrer kontingenten Faktizität jedenfalls nicht durch die schwache Ähnlichkeit von Geld und Normativem bedingt. Das zeigt auch der unentscheidbare Streit über die Fragen, in welchem Grad in das Geld die naturwüchsige Gewalt asymmetrischer Schuldverhältnisse eingeht und in welchem Maß demgegenüber im geldvermittelten Äquivalententausch eine Minimierung von Gewalt steckt. Die normativen Implikationen der relativen Wertform des Geldes sind offensichtlich schwach.

Das hat seinen Grund im Charakter des Geldes als reines Mittel. Es kann nicht zur Quelle des Normativen werden. Dazu ist eine Instanz vonnöten, deren innerer Selbstbezug es ihr erlaubt, sich von Anderem zu unterscheiden und zugleich selbst zu setzen. Diese Instanz ist strukturell durch Selbsthaftigkeit und Für-sich-Sein ausgezeichnet, ihr eignen mithin wesentliche Merkmale von Subjektivität. Sie sind Voraussetzungen für Normativität, hinter der stets Grundmuster von Wollen oder auch Sollen stehen. Damit gehen immer Momente von Kreativität und Kontrafaktizität einher. Sie stellen darauf ab, dass etwas anders sein oder werden möge, es faktisch der Fall ist. Schon daher kann die Quelle des Normativen nicht darin aufgehen, was ohnehin gegeben ist – und sei es auch im Modus einer ideellen Wechselseitigkeit wie im geldvermittelten Tausch. Dieser Wechselseitigkeit gegenüber eignet jener Quelle des Normativen mithin eine grundlegende Transzendenz, die sich in der Fähigkeit, momentan Distanz zu nehmen und etwas zu ändern, ausprägt. Das ist ein wesentliches Merkmal von Freiheit. Ohne Freiheit ist Normativität unmöglich.

Allerdings geht Normativität ebenso mit einer regelhaften, das Selbst und das Andere verbindenden Struktur einher, die tendenziell universalisierbar und mithin allgemein ist. Anderenfalls reduzierte sich Freiheit auf Willkür, und der Wi-

---

28 Dieses Grundmotiv wird weiter ausgeführt von Max Weber, *Wirtschaft und Gesellschaft* (1921/22) (Tübingen: Mohr Siebeck, 1972), Kap. II (31–121), bes. §§ 1, 11, 13; Kap. VI (382–385).

derspruch wäre unausweichlich, dass alles Wollen und jeder Akt der Freiheit sich auch von sich selbst distanzieren und zu seiner Faktizität kontrafaktisch setzten müsste. Kontrafaktizität hebt sich in reiner Selbstanwendung auf. Daher ist mit Normativität immer auch ein Gegenmoment zu Für-sich-Sein und Freiheit verbunden. Es steckt in dem sich tendenziell auf alles erstreckenden Für-Anderes-Sein. Damit wird ein Grundelement von durchgängiger Wechselwirkung aufgenommen. Deren inneres Einheitsmoment korrespondiert mit der Selbstbezüglichkeitsstruktur der Freiheit, und diese bindet sich an die Universalität und Allgemeinheit der Wechselseitigkeitsverhältnisse. Normativität ist durch eine innere Gegenläufigkeit gekennzeichnet. Stichwortartig lassen sich als deren Elemente Freiheit und Einheit, Für-sich-Sein und Wechselwirkung, Selbstbezug und Sein-für-Anderes benennen. Sie stehen jeweils in einer durch Negation vermittelten Polarität.

Es liegt auf der Hand, dass die Elemente des Normativen eher Fluchtlinien zum Gottesgedanken aufweisen als zum Begriff des Geldes. Denn der Gottesgedanke zeichnet sich im Unterschied zum Geldbegriff dadurch aus, dass er neben der Wechselseitigkeit auch Für-sich-Sein beinhaltet. Während die Freiheit beim Geld in der mit anderen Dingen abgleichbaren Verfügungsmacht über Güter und Dienstleistungen besteht und damit dem Geld selbst entzogen wird, fungiert die Freiheit in Gott als Voraussetzung des Normativen, dessen kontrafaktisches Moment zugleich mit dem Allgemeinen in Verbindung steht. Gott wird mit dem Normativen geradezu zusammengedacht. Mehr noch als beim Geld ist sein Modus die Geltung. Das impliziert, dass er immer auch in Differenz zu den sozialen Bewusstseinsformen, in denen er zur Sprache kommt, gedacht werden muss. Diese Negativität der Transzendenz Gottes gegenüber der Immanenz seiner Artikulationsgestalten korrespondiert mit der Dynamik von Freiheit und Regelhaftigkeit in der durch Gott symbolisierten Normativität. Diese Dynamik basiert auf der Gegenläufigkeit ihrer Elemente Freiheit und Regelhaftigkeit, und sie hat in Gott als transzendentem Ankerpunkt für beides ihre Einheit. Beide Grundelemente beanspruchen einander, ohne dass die doppelte Inanspruchnahme noch etwas ihnen formal Übergeordnetes wäre. Das führt dazu, dass das Normative in wenigstens zwei polaren Formen erscheint und zu entsprechenden Ordnungsmustern führt. Das eine ist auf Kreativität und Kontrafaktizität gestimmt, das andere auf Wechselseitigkeit und Universalität. Beide Muster benötigen einander, und beide verweisen aufeinander im Modus von Kritik und Korrektur.

Geld ist demgegenüber auf externe normative Ordnungsfaktoren angewiesen, um funktionieren zu können. Es repräsentiert wirtschaftliche Güter und Dienstleistungen, vermag als solches aber die Kreativität von deren Produktion nicht zu setzen. Es ist auf eine Ordnung der Wirtschaft bezogen, die es selbst nicht hervorbringt. Diesseits roher Gewalt wird die Durchführung geldvermittelter

Tauschprozesse durch das Recht und seinen Zwang gewährleistet. Geldwährungen sind in begrenzten Territorien und Zeiten gesetzliche Zahlungsmittel, und die Menge ihrer Zirkulation wird durch staatliche Institutionen wie Zentralbanken festgelegt. Der Staat ist der organisatorische Rahmen der Rechtsordnung für die Geldwirtschaft. Er muss in Differenz zur Geldwirtschaft gedacht werden und nicht als deren Teil. Dies nicht berücksichtigt zu haben, ist der normative Fehler des Neoliberalismus. Umgekehrt kann der Staat nicht als selbst geldförmiger Akteur in der Sphäre der Wirtschaft auftreten. Das wäre ein umgekehrter, etatistischer Fehler. In der Differenz von Staat und Markt spiegelt und bewährt sich die Differenz der beiden normativen Ordnungsmuster. Damit spiegelt und bewährt sie auch Gott als deren verbindenden transzendenten Grund im Immanenten.

Demgegenüber hat das Geld die Tendenz, in seiner alles einbeziehenden, tendenziell grenzenlosen Ubiquität und Omnipräsenz selbst eine umfassende Ordnung: den Kapitalismus, zu generieren. Sie verdeckt, dass Geld gerade kein Für-sich-Sein hat und insofern nicht absolut ist. Als universales Sein-für-Anderes hat es darin seine Grenze, dass ihm Für-sich-Sein gerade abgeht. Darum kann es nicht das Ganze einer Ordnung sein. Das gilt auch für den Kapitalismus. Es bedarf vielmehr einer das Geld übergreifenden, komplexeren Ordnung im normativen Sinn. Sie ermöglicht sein Fungieren, indem sie es auf seine Funktion begrenzt. Zu dieser Ordnung kann die Erinnerung an Gott beitragen, indem sie kategoriale Unterschiede wachhält. Nicht moralisieren gegen Geld und Kapitalismus, sondern Ideologiekritik im Zeichen ihrer ureigensten Gehalte ist die Aufgabe der Religion im Kapitalismus.

Traugott Jähnichen

Wider die Tyrannei der Monopole – Über die Sicherung eines fairen Wettbewerbs angesichts neuer Monopolbildungen im digitalen Zeitalter

Einleitung

Die Kritik konzentrierter ökonomischer Macht gehört seit der Zeit der Reformation zu den grundlegenden Anliegen evangelischer Wirtschaftsethik. Bereits in der frühen Neuzeit hatte das Entstehen von Monopolgesellschaften mit ihren enormen wirtschaftlichen und oft auch politischen Einflussmöglichkeiten grundsätzliche wirtschaftsethische Bedenken hervorgerufen. Mit besonderem Nachdruck ist im 20. Jahrhundert diese Kritik fortgeführt und vertieft worden. So hat die Weltkirchenkonferenz von 1937 in Oxford, die als „breakthrough in ecumencial social ethics" gewürdigt worden ist,[1] konzentrierte ökonomische Macht scharf verurteilt, weil diese, da kaum zu kontrollieren, einer „Tyrannei" gleichkommt.[2] Eine Tyrannei bedeutet in diesem Zusammenhang das Einwirken von gesellschaftlichen Organisationsmechanismen auf Bereiche, für die sie keine Zuständigkeit besitzen. Michael Walzer, der diesen Begriff in jüngerer Zeit erneut in die sozialphilosophische Debatte eingeführt hat, sieht im Anschluss an Blaise Pascal in der Tyrannei das Verlangen, „überall und auch außerhalb seines eigenen Bereiches zu herrschen."[3] Tyrannisch könnten wirtschaftliche Monopole somit nicht allein auf Grund eines Übermaßes an Dominanz in ihrem besonderen Marktsegment sein, sondern wenn sie auf weitere ökonomische und darüber hinausgehend andere gesellschaftliche Funktionssysteme bestimmenden Einfluss erlangen.

Vor dem Hintergrund solcher Monopol-Kritiken konnte im 20. Jahrhundert weltweit, vor allem in den USA, aber auch in Deutschland, eine Vielzahl politi-

---

1 John C. Bennet, „Breakthrough in Ecumenical Social Ethics: The Legacy of the Oxford Conference on Church, Community and State (1937)", *The Ecumenical Review, Genève*, Vol. 40, N. 2 (1988), 132–146.

2 John H. Oldham, Hg., *The Oxford Conference Report* (Genève: World Coucil of Churches, 1937), 45.

3 Blaise Pascal, *Gedanken* (Bremen: Schünemann, 1964), Nr. 332 (Zählung nach Brunschvicg); vgl. Michael Walzer, *Sphären der Gerechtigkeit. Ein Plädoyer für Pluralität und Gleichheit* (Frankfurt a.M., New York: Campus-Verlag, 1992), 48–51.

https://doi.org/10.1515/9783110705614-012

scher Initiativen zur Begrenzung wirtschaftlicher Monopole – vor allem in den damaligen Schlüsselbereichen der Erdöl- und Montanindustrie – erfolgreich durchgesetzt werden. Eine ähnliche Herausforderung stellt sich in der Gegenwart angesichts der heutigen Schlüsselindustrien, der digitalen Monopolkonzerne, in neuer Weise. Anders als in früheren Zeiten scheint die digitale Monopolbildung viel enger mit der Funktionslogik dieser Wirtschaftsunternehmen verknüpft zu sein, weshalb in der Öffentlichkeit die Kritik zurückhaltender und auch die Schwierigkeiten der Begrenzung dieser Monopolmacht deutlich komplizierter sind. Ungeachtet dessen bezeichnet es eine zentrale wirtschaftsethische und darüber hinausgehend gesellschaftsethische Aufgabe, einen fairen Wettbewerb zu sichern und entsprechende Begrenzungen von Monopolbildungen durchzusetzen.

1 Die ordnungspolitische Bedeutung der Sicherung eines fairen Wettbewerbs

Die Sicherung eines fairen Wettbewerbs ist eines der grundlegenden Elemente der Ordnungskonzeption der Sozialen Marktwirtschaft, wie sie nicht zuletzt durch Impulse der protestantischen Sozialethik entwickelt worden ist. Die das durchschnittliche Verhalten von Menschen, speziell im Bereich wirtschaftlichen Handelns, bestimmende Haltung des Eigeninteresses[4] ist ethisch dann zu legitimieren[5], wenn sie „durch einen geordneten Wettbewerb zur Förderung des Gemeinwohls nutzbar“[6] gemacht werden kann und sich so das Eigeninteresse „in eine Ordnung der Gegenseitigkeit einbinden“[7] lässt. Eine auf fairer Konkurrenz beruhende Wettbewerbsordnung, in der sich der Leistungsfähigere durchzuset-

4 Vgl. Adam Smith, *Theorie der ethischen Gefühle oder Versuch einer Analyse der Prinzipien, mittels welcher die Menschen naturgemäß zunächst das Verhalten und den Charakter ihrer Nächsten beurteilen* (1788), hg. v. Walther Eckstein (Hamburg: Meiner, 1985), 1f.

5 Alexander Rüstow verweist zur Legitimation des Selbstinteresses, sofern es in eine gemeinwohlorientierte Ordnung eingebunden ist, auf das Liebesgebot der Evangelien und speziell auf die im Nachsatz des Gebotes betonte Selbstliebe. Alexander Rüstow, „Wirtschaftsethische Probleme“ in: *Der Christ und die soziale Marktwirtschaft*, hg. v. Patrick M. Boarman (Stuttgart, Köln: Kohlhammer-Verlag, 1955), 48–71, hier 58.

6 „In der Stunde Null. Die Denkschrift des Freiburger Bonhoeffer-Kreises. Anlage IV: Wirtschafts- und Sozialordnung“ (1943), in: *Die protestantischen Wurzeln der Sozialen Marktwirtschaft. Ein Quellenband*, hg. v. Günter Brakemann, Traugott Jähnichen (Gütersloh: Gütersloher Verlagshaus, 1994), 341–362, hier 345.

7 Rat der EKD, Hg., *Gemeinwohl und Eigennutz. Eine Denkschrift der EKD* (Gütersloh: Gütersloher Verlagshaus, 1991), Nr. 139.

zen vermag, bietet in dieser Perspektive die Gewähr für eine effiziente Produktivität, da sie es im Wesentlichen ermöglicht, zu „brauchbaren Preisverhältnissen zu kommen“.[8] Die sich auf Wettbewerbsmärkten bildenden Preise ermöglichen eine dezentrale Lenkung der Produktion, sodass durch die Berücksichtigung der Nachfrager in effizienter Weise die allgemeine Güterversorgung sichergestellt und darüber hinaus die Freiheit des Konsums ermöglicht wird.[9]

Allerdings ist eine marktwirtschaftliche Ordnung nach Auffassung der Vertreter der Sozialen Marktwirtschaft – dies markiert eine wesentliche Differenz zum klassischen Wirtschaftsliberalismus – keine in sich selbst stabile Ordnung, sondern sie bedarf insbesondere angesichts der Monopolisierungsbestrebungen der Marktteilnehmer regulierender Prinzipien.[10] Monopole oder auch Oligopole stellen ebenso wie Kartelle kaum zu kontrollierende Machtbildungen in allen gesellschaftlichen Bereichen[11] dar und bedeuten daher eine schwere Störung der Leistungskonkurrenz. Da auf monopolistischen oder durch Kartelle beherrschten Märkten die Leistungskonkurrenz mehr oder weniger ausgeschaltet ist, werden die Preise nicht frei ausgehandelt, sondern können „durch Macht diktiert“,[12] ökonomisch gesprochen: verfälscht werden und gehen somit zu Lasten der Kund*innen.[13] Daher sind sie Ursache einer Vielzahl sozial unerwünschter Folgen, insbesondere führen sie häufig zu Verteilungsungerechtigkeiten. Marktbeherrschung durch eine Monopolstellung kann ferner dazu führen, dass die Innovationsanstrengungen von Unternehmen zurückgehen, weil der Druck des Wettbewerbs fehlt. Dadurch wird eine weitere zentrale Aufgabe des Wettbewerbs beeinträchtigt, durch Innovationen Verbesserungen für Konsument*innen herbeizuführen.

Der Sinn der marktwirtschaftlichen Ordnung ist demgegenüber der, die ökonomische Macht einzelner Akteure durch „ein Gegensystem von Kräften“[14] zu

---

8 Constantin von Dietze, „Aussagen evangelischer Christen zur Wirtschafts- und Sozialordnung“ (1946), in: *Die protestantischen Wurzeln der Sozialen Marktwirtschaft. Ein Quellenband*, hg. v. Günter Brakemann, Traugott Jähnichen (Gütersloh: Gütersloher Verlagshaus, 1994), 363–368, 367.

9 Vgl. Walter Eucken, *Grundsätze der Wirtschaftspolitik*, hg. v. Edith Eucken, Karl Paul Hensel (Tübingen: Mohr, 1955), 36 f.

10 Vgl. Eucken, *Grundsätze* (s. Anm. 9), 291–296; vgl. von Dietze, „*Wirtschafts- und Sozialordnung*“ (s. Anm. 8), 367.

11 Vgl. von Dietze, „*Wirtschafts- und Sozialordnung*“ (s. Anm. 8), 367.

12 Rüstow, „*Wirtschaftsethische Probleme*“ (s. Anm. 5), 71.

13 Vgl. Wilhelm Röpke, *Civitas humana. Grundfragen der Gesellschafts- und Wirtschaftsreform* (Zürich: Erlenbach, 1946), 74.

14 Alfred Müller-Armack, „Wirtschaftspolitik in der sozialen Marktwirtschaft“ in: *Der Christ und die soziale Marktwirtschaft*, hg. v. Patrick M. Boarman (Stuttgart, Köln: Kohlhammer-Verlag, 1955), 92.

binden. Weil dies in der Wirtschaftsgeschichte seit der Mitte des 19. Jahrhunderts – anders als in den theoretischen Modellierungen des Wirtschaftsliberalismus – nur unzureichend geschehen ist, bedarf es politischer Initiativen, um eine faire Wettbewerbsordnung zu garantieren. Da zudem öffentliche Macht aus demokratietheoretischen Gründen ein Monopol des Staates sein soll, ist die „Monopolbekämpfung" ein „entscheidender Punkt, wo der Weg der sozialen Marktwirtschaft sich vom Weg der unsozialen Marktwirtschaft scheidet."[15] Einem möglichst „starken" Staat kommt dementsprechend die Aufgabe zu, faire Bedingungen der Konkurrenz zu sichern und zu verteidigen, nicht zuletzt um auf dem Weg einer demokratisch legitimierten Politik eine wirksame Gesetzgebung, zum Beispiel im Blick auf soziale und ökologische Auflagen wirtschaftlichen Handelns, durchsetzen zu können. In der unmittelbaren Nachkriegszeit forderte eine Freiburger wirtschaftsethische Arbeitsgruppe der EKD um Constantin von Dietze aus diesen Gründen, dass die monopolartigen Unternehmen, die aus technischen oder wirtschaftlichen Gründen notwendig sind, unter Staatsaufsicht gestellt werden sollten.[16]

Zur Bekämpfung von Kartell- und Monopolbildungen sowie zur Kontrolle von Fusionen ist nach langen, politisch schwierigen Vorarbeiten[17] im Jahr 1958 schließlich in der Bundesrepublik Deutschland das „Gesetz gegen Wettbewerbsbeschränkungen" verabschiedet worden. Allerdings lässt sich dieses Gesetz nur bedingt als Einlösung des Leitbildes einer Sicherung der Leistungskonkurrenz verstehen. Ökonomisch bedingte Konzentrationsprozesse, aber häufig auch das grundsätzlich erwünschte Auftreten von Pionierunternehmen, die sich auf Grund ihrer Innovationskraft die Möglichkeit von Extra-Gewinnen haben sichern können, stehen in einer Spannung zum Leitbild möglichst intensiver Leistungskonkurrenz, das man daher durch die Konzeption eines „funktionsfähigen Wettbewerbs" ersetzt hat. Obgleich Kennzeichen sowie Messdaten zur Bestimmung der Intensität des Wettbewerbs oder auch zur Feststellung eines funktionsfähigen Wettbewerbs umstritten sind, ist die ordnungspolitische Sicherung des Wettbewerbs gegen Wettbewerbsbeschränkungen wie Kartellbildungen, Fusionen oder abgestimmtes Verhalten der Anbieter nach wie vor ein wesentliches ordnungs-

15 Rüstow, „*Wirtschaftsethische Probleme*" (s. Anm. 5), 71.

16 Vgl. von Dietze, „*Wirtschafts- und Sozialordnung*" (s. Anm. 8), 367.

17 Alfred Müller-Armack („*Wirtschaftspolitik*", 91 f.) und Alexander Rüstow („*Wirtschaftsethische Probleme*", 70 f.) hatten sich bereits im Jahr 1955 unzufrieden über die schwierigen Beratungen über diese Gesetzgebung gezeigt und scharf die Lobbyarbeit von Seiten einzelner Gruppen der Industrie gegen dieses Gesetz kritisiert. Sie sahen hierin eine Nagelprobe für die Ernsthaftigkeit der Weiterentwicklung der Sozialen Marktwirtschaft.

politisches Steuerungsinstrument der sozialen Marktwirtschaft[18] und gilt – teilweise sogar mit mehr Entschiedenheit durchgesetzt als in der Bundesrepublik – auch auf der Ebene des EU-Rechts.

2 Erfahrungen und Logiken von Monopolisierungstendenzen in der Netzwerk- und Feedback-Ökonomie

Im Unterschied zu klassischen Mustern der Entwicklung von Schlüsselindustrien ist die digitale Wirtschaft durch außerordentlich starke Pioniergewinne und insbesondere durch eine häufige Stabilisierung und sogar Ausbaumöglichkeit dieser Stellung geprägt.[19] Der Pionier in Betriebs- und Anwendungssystemen von PCs, Microsoft, erreichte mit seinem Betriebssystem Windows schnell einen weltweiten Marktanteil von 90 %. Ähnlich erfolgreich sind die Digitalunternehmen Google mit der gleichnamigen Suchmaschine und dem Betriebssystem Android, Facebook mit dem entsprechenden sozialen Netzwerk, der Plattform Instagram und dem Messenger-Dienst WhatsApp, oder auch die Verkaufsplattformen eBay und Amazon. Von klassischen Industrien unterscheiden sie sich durch eine äußerst schnelle Marktdurchdringung und eine nahezu zeitgleiche, internationale Präsenz mit der Etablierung einer weltweiten Marktführerschaft. Daher ist die Gewinnhöhe im Verhältnis zum Umsatz in der digitalen Wirtschaft deutlich höher als in anderen Wirtschaftszweigen.[20] So beschäftigen im Gegensatz etwa zur Automobilindustrie Internetkonzerne mit hohen Umsätzen und Gewinnen relativ wenige Menschen. Anhand eines einfachen, wenngleich zugespitzten Beispiels lässt sich die Dramatik der Veränderungen ablesen: Im Jahr 1990 erwirtschafteten in Detroit die drei größten Unternehmen der US-Automobilindustrie mit 1,7 Millionen Beschäftigten einen Umsatz von 250 Milliarden US $. Im Silicon Valley verzeichneten die drei größten Internet-Unternehmen im Jahr 2015 ebenfalls einen Umsatz von 250 Milliarden $, allerdings mit nur 137.000 Mitarbeitenden. Ein wichtiger Grund hierfür ist die Netzwerkstruktur der Unternehmen, bei der ein-

---

18 Vgl. Franz Josef Link, „Wettbewerb, Konjunktur und Wirtschaftspolitik“ in: *Soziale Marktwirtschaft. Elemente einer erfolgreichen Wirtschaftsordnung*, hg. v. Institut der deutschen Wirtschaft (Köln: Deutscher Instituts-Verlag, 1997), 96 – 103.

19 Vgl. Traugott Jähnichen, Joachim Wiemeyer, *Wirtschaftsethik 4.0. Der digitale Wandel als wirtschaftsethische Herausforderung* (Stuttgart: Kohlhammer, 2020), 179 – 182.

20 Vgl. Achim Wambach, Hans Christian Müller, *Digitaler Wohlstand für alle* (Frankfurt a. M.: Campus, 2018), 38 f.

fache Arbeiten ausgelagert werden, zum Beispiel die Hardware-Produktion von Apple in China. Die Kernbelegschaft besteht – im Verhältnis zu Umsatz und Gewinn – aus relativ wenigen, jedoch hoch qualifizierten Mitarbeitenden. Daher sind Umsatz und Gewinn pro Beschäftigtem entsprechend hoch, was die Börsen-Bewertungen dieser Unternehmen enorm steigert.

Für diese kurz skizzierten Tendenzen zur digitalen Monopolbildung gibt es verschiedene Gründe. Der erste Grund ist die besondere Kostenstruktur in diesem Bereich: So ist der Programmieraufwand, zum Beispiel zur Erstellung einer Suchfunktion, in der Regel sehr hoch. Ökonomisch gesprochen fallen zu Beginn bedeutsame „sunk costs" – versunkene Kosten der einmaligen Investition – an, während anschließend jede einzelne Suchanfrage kaum zusätzliche Kosten verursacht. Damit liegen die Grenzkosten jeder einzelnen zusätzlichen Anfrage fast bei null, weil nur eine vergrößerte Rechnerkapazität und ein erhöhter Energieaufwand für Rechner notwendig werden, wenn statt einer Million eine Milliarde Anfragen erfolgen. Es kommt zudem ein weiterer, technisch bedingter Faktor hinzu: Wenn Systeme sich selbst verbessern, weil aus einer bestimmten Anzahl von Suchanfragen immer bessere/ genauere Antworten für zukünftige Anfragen generiert werden können, ergibt dies einen Selbstverstärkungseffekt (Feedbackeffekt), der von potenziell neu in einen Markt eintretenden Wettbewerbern nicht erreicht werden kann.[21]

Eine weitere wesentliche Ursache der Monopolbildung liegt in direkten Netzwerkeffekten. Wenn man sich neu entscheiden muss, ob man einer Social Media-Plattform beitritt, wird man berücksichtigen, in welchem Netzwerk schon die meisten Kontaktmöglichkeiten gegeben sind, um einen möglichst großen Nutzen zu erzielen. Daher werden gegenwärtig in sehr hohem Maße Facebook, WhatsApp oder Instagram gewählt. Dadurch bekommt der Marktführer immer weiteren Zulauf und konkurrierende Anbieter fallen in eine Nische oder verschwinden ganz vom Markt.

Schließlich sind indirekte Netzwerkeffekte zu berücksichtigen. Wenn man bei eBay oder Amazon die breiteste Angebotspalette findet, wird man dort zuerst suchen und nicht bei den Marktplätzen, bei denen es weniger Angebote gibt. Umgekehrt gilt dies auch für Anbieter von Gütern. Da das Nachfragepotenzial bei Amazon oder eBay am größten ist, werden sie dort ihre Güter anbieten, obschon der Wettbewerb dort intensiv ist, bieten sie aber auch die größten Chancen, Abnehmer für die eigenen Angebote zu finden.

---

21 Vgl. Viktor Mayer-Schönberger, Thomas Ramge, *Das Digital – Markt, Wertschöpfung und Gerechtigkeit im Datenkapitalismus* (Berlin: Econ, 2017), 189 f.

3 Die zunehmende Konzentration von Werbeeinnahmen bei den monopolartigen Internetkonzernen

Die datenbasierte Ökonomie der digitalen Großkonzerne verwendet digital aufbereitete und bearbeitbare Informationen als strategische Ressourcen nicht nur im Bereich des jeweiligen eigenen Geschäftsmodells, etwa in der Produktion von IT-Geräten oder der Entwicklung von Plattformen und Suchmaschinen, sondern kann diese auch in abgeleiteten Bereichen wie dem Marketing für beliebige Waren und Dienstleistungen oder sogar für politische Kampagnen nutzen. Insbesondere der Markt für Werbung und Anzeigen hat sich in den letzten Jahren durch die Digitalisierung dramatisch verändert. Während klassische Printprodukte und auch die Fernsehwerbung zu den Verlierern dieser Entwicklung gehören und zuletzt die Höhe der Netto-Werbeeinnahmen in Deutschland insgesamt leicht gesunken ist, wächst der Werbeetat im Internet nach wie vor in beträchtlicher Weise.[22] Viele der dort vermeintlich kostenlos zu nutzenden Angebote, etwa die Suchfunktion von Google oder die Nutzung von Facebook, werden durch Werbung finanziert. Was immer man im Internet recherchiert oder liest, die Einblendung von Werbung ist kaum zu umgehen. Problematisch ist für Nutzer*innen neben dieser dominanten Präsenz von Werbung deren häufig mangelnde Transparenz. Werbevideos werden auf YouTube teilweise als Produkttests inszeniert, Influencer*inner vermarkten ihre Sympathiewerte als Werbeträger*innen, Werbebeiträge sind teilweise nur schwer von journalistischen Beiträgen zu unterscheiden.

Exemplarisch lässt sich dieses Problemfeld im Blick auf Facebook-Newsfeed zeigen, einer Mischung aus Beiträgen von Influencer*innen und deren Followern, journalistisch aufbereiteten Nachrichten und Werbung – letztere gekennzeichnet als „gesponsert“. Allerdings listet Facebook dort Werbenachrichten für eigene Produkte ohne dieses Label. Immerhin werden diese mit dem Facebook-Logo markiert, was in diesem Kontext jedoch nicht eindeutig auf Werbung hinweist, weshalb hier eine Wettbewerbsverzerrung vorliegen könnte. Dieser Sachverhalt ist juristisch zu klären, zeigt jedoch, wie wenig transparent Werbemöglichkeiten gerade von den dominanten Akteuren im Netz genutzt werden.

Wesentliche Probleme von Marketingstrategien sind traditionell die mangelnde Zielgenauigkeit von Werbemaßnahmen und die Schwierigkeiten, deren Wirkungsgrad im Vergleich zu den Kosten zu erfassen. Diese Problematik scheint durch Werbung in digitalen Medien zunehmend besser bearbeitet werden zu

---

22 Vgl. Jähnichen/Wiemeyer, *Wirtschaftsethik 4.0* (s. Anm. 19), 119.

können. Zunächst ist digitale Werbung häufig kostengünstiger als Printprodukte oder Werbezeiten in Rundfunk und Fernsehen. Vor allem aber kann die Zielgenauigkeit erhöht werden: Digitale Werbealgorithmen sammeln Daten und „wissen" somit, was man sich in den letzten Tagen oder Wochen angeschaut hat und versuchen entsprechende Angebote zu platzieren. Der Werbemarkt verändert sich aktuell in dramatischer Weise mit dem Ergebnis, dass nunmehr auch dieser Markt weitgehend von den großen Digitalunternehmen, insbesondere Google und Facebook, dominiert werden wird. Bisher funktionierten digitale Werbealgorithmen wesentlich auf der Basis von „Third Party Cookies", das sind Programmschritte, mit denen Werbetreibende Menschen im Netz beobachten. Auf der Grundlage der Datenschutzgrundverordnung (DSGVO) der EU aus dem Jahr 2016 und ähnlichen Gesetzen in anderen Ländern ist deren Einsatz nun erheblich beschränkt worden.[23] Hinzu kommt, dass auch die Hersteller von Internet-Browsern seit Ende 2019 zunehmend gegen diese Werbetechnik vorgehen. Apple etwa hat neuerdings seinen Browser Safari mit automatischen Löschfunktionen gegen Cookies ausgerüstet, Google kündigte Frühjahr 2020 an, ab 2022 Werbe-Cookies komplett zu blockieren. Im Ergebnis geht der Online-Werbebranche damit ihr wichtigstes Werkzeug verloren, während zum Beispiel Google, Facebook oder YouTube auf den Einsatz von Cookies nicht angewiesen sind, da bei ihnen die Zustimmung zum Tracking eine Bedingung für die Nutzung ist und sie mit ihren Apps, Browsern und Webdiensten genügend Informationen für personalisierte Werbung sammeln können. Im Ergebnis teilen sich Google und Facebook inzwischen mehr als die Hälfte der Onlinewerbeumsätze, mit steigender Tendenz speziell in dem teurer werdenden Markt für personalisierte Werbung. Ferner erhalten diese beiden Internetriesen gegenwärtig im US-Wahlkampf mehr als drei Viertel der knapp 1,5 Billionen US-$ (ca. 1,25 Milliarden €), welche die Kandidaten für ihre Kampagnen im Netz ausgeben. Die dominante Stellung der Unternehmen in ihrem jeweiligen Kernbereich Suchmaschinen beziehungsweise Social-Media-Plattformen wird nunmehr auf die Werbebranche ausgeweitet.

Hinzu kommt das politisch höchst sensible Phänomen, dass einige Unternehmen der digitalen Wirtschaft durch ihr Geschäftsmodell auch auf die politische Willensbildung Einfluss nehmen. Dies geschieht zunächst in einer eher indirekten Form, indem die Internet-Riesen faktisch den Großteil der Aufmerksamkeit der Bevölkerung lenken und somit großen Einfluss darauf nehmen, welche Nachrichten kommuniziert werden. Teilweise geschieht dies auch in direkter Weise, wenn sie Suchergebnisse steuern oder politisch unliebsame Mei-

23 Gemäß Art. 4 der DSGVO müssen Nutzer*innen der Verarbeitung ihrer Daten zustimmen, was von ihnen zunehmend verweigert wird.

nungen löschen.[24] Schließlich hatte Facebook im US-Wahlkampf 2016 Nutzerdaten an das Unternehmen Cambridge Analytica verkauft, das die Internet-Kampagne von Trump organisierte. Diese Möglichkeiten der Einflussnahme auf das politische System gehen somit weit über die traditionelle Lobby-Arbeit von Wirtschaftsunternehmen hinaus, indem politische Entscheidungsprozesse direkt beeinflusst werden.

4 Maßnahmen zur Sicherung fairer Wettbewerbsbedingungen in der Digitalwirtschaft

Unter Wettbewerbsgesichtspunkten stellt sich zentral die Frage, ob es sich bei den Machtpositionen der Internet-Unternehmen um relativ abgesicherte Monopolstellungen handelt oder ob die Marktführerschaft angreifbar ist. Die Beantwortung dieser Frage hängt von vielen Faktoren ab, etwa dem Innovationspotenzial der Branche, der Dynamik des technischen Fortschritts oder Indizien für Absprachen der großen Unternehmen. Diese Fragen werden gegenwärtig von Ökonomen und auch von Wettbewerbshütern mehrheitlich so beantwortet, dass die gegenwärtigen Vorteile von Google, Facebook oder Apple nicht notwendig lang andauernd sein müssen. Lediglich eBay hat es bisher geschafft, eine dominante Marktposition für eine zeitlich relativ lange Dauer behauptet zu haben. Zugleich ist sicher zu stellen, dass die bisher dominanten IT-Unternehmen nicht auch neu entstehende Digitalmärkte monopolisieren. Da sich der digitale Wandel der Wirtschaftsstruktur in vielen Bereichen noch in der Anfangsphase befindet, kommt es darauf an, dass in den neuen Sektoren digitaler Märkte trotz der skizzierten starken Positionen der großen Internet-Konzerne in einzelnen Bereichen faire Wettbewerbsbedingungen bestehen.

Daneben sind weitere Aspekte für die Bewertung der Wettbewerbsstruktur notwendig, wie insbesondere das Offenhalten der Märkte für neue Wettbewerber. So haben in der Vergangenheit Hotelvermittlungsplattformen durch sogenannte „Bestpreisklauseln" Hotelbetreibern untersagt, gegebenenfalls Restzimmer über andere Anbieter oder auf anderen Wegen anzubieten. Der Präsident des Bun-

---

24 Vgl. Heike Schweitzer, Justus Haucap, Wolfgang Kerber, Robert Welker, *Modernisierung der Missbrauchsaufsicht für marktmächtige Unternehmen, Endbericht* Projekt im Auftrag des Bundesministeriums für Wirtschaft und Energie, Projekt 66/17 (2018), https://www.bmwi.de/Redaktion/DE/Publikationen/Wirtschaft/modernisierung-der-missbrauchsaufsicht-fuer-marktmaechtige-unternehmen.pdf?__blob=publicationFile&v=15 (letzter Zugriff 20.08.2019), 91.

deskartellamtes schrieb dazu: „Zentrales Ziel der Wettbewerbsaufsicht in der digitalen Plattformwelt ist, Märkte für Newcomer und Wettbewerber offenzuhalten. So haben wir etwa Verfahren gegen die Hotelbuchungsplattformen HRS.de und Booking.com geführt (...). Neue Anbieter oder App-Anbieter, die Restbestände an Hotelzimmern zu günstigen Preisen kurzfristig vergeben wollten, konnten kein preiswerteres Angebot machen als die bestehenden Plattformen und wurden so vom Marktzutritt ferngehalten. Solche Klauseln können zu höheren Preisen für den Verbraucher führen. Wir haben daher die Bestpreisklauseln untersagt".[25]

Weitaus problematischer waren und sind in mehrerlei Hinsicht Verhaltensweisen des Unternehmens Google, das bei Suchanfragen in Europa einen Marktanteil von 90 % hält. Bei bestimmten Suchanfragen wurden auf den ersten Seiten bevorzugt Informationen und kostenpflichtige Angebote aus der eigenen Unternehmensfamilie angeboten, weshalb die EU-Kommission ein Bußgeld-Verfahren gegen Google mit einer Strafe in Höhe von 2,42 Mrd. Euro abgeschlossen hat.[26] Im Juli 2018 hat die EU-Kommission ein weiteres Bußgeld gegen Google in Höhe von 4,34 Mrd. Euro verhängt, weil Google seine marktbeherrschende Stellung im Zusammenhang mit Android, dem Betriebssystem für Smartphones, missbraucht haben soll. Die kostenlose Nutzung von Android ist nur möglich, wenn zugleich eine Vielzahl von Google-Apps auf einem Smartphone installiert wird, was es Google ermöglicht, eine große Zahl personalisierter Daten von Nutzer*innen zu sammeln und auszuwerten. Diesbezüglich ist noch keine rechtskräftige Entscheidung getroffen. Insbesondere ist hier auf die im dritten Abschnitt skizzierte Entwicklung auf dem Werbemarkt hinzuweisen, was kartellrechtlich relevant ist, wenn der wichtigste Browserhersteller zum größten Unternehmen auf dem Online-Werbemarkt wird und gegebenenfalls mit Hilfe seines Browsers Werbekonkurrenten den Zugang zu Daten blockiert.

Eine ähnlich dominante Stellung nimmt Facebook ein, das rund 75 % der mobilen Kommunikation kontrolliert und in Deutschland 32 Mio. Nutzer hat, davon 23 Mio. täglich.[27] Seit Dezember 2016 untersucht das Bundeskartellamt, ob Facebook in Deutschland seine marktbeherrschende Stellung missbraucht, „indem es die Nutzung des sozialen Netzwerks davon abhängig macht, unbegrenzt

---

25 Andreas Mundt, „Wettbewerb und Verbraucherschutz im Internet stärken" in: *Wohlstand für Alle – Geht's noch?* Sonderveröffentlichung der Ludwig-Erhard-Stiftung, hg. v. Roland Tichy (Bonn, 2017), 60 – 61, hier 60 f.

26 Vgl. Rupprecht Podzsun, „Kartellrecht in der Datenökonomie", *Aus Politik und Zeitgeschichte* 69, H. 24 – 26 (2019), 28 – 34, 31.

27 Vgl. Bundeskartellamt (2019), *Jahresbericht 2018*, Interdokument, https://www.bundeskartellamt.de/SharedDocs/Publikation/DE/Jahresbericht/Jahresbericht_2018.pdf (Zugriff am 09.07.2019), 28.

jegliche Art von Nutzerdaten aus Drittquellen sammeln und mit dem Facebook-Konto zusammenführen zu dürfen. Zu diesen Drittseiten gehören konzerneigene Dienste wie WhatsApp oder Instagram, aber auch Webseiten und Apps anderer Betreiber, auf die Facebook über Schnittstellen zugreifen kann. So können beispielsweise Daten an Facebook fließen, wenn man eine Internetseite mit einem ‚Gefällt mir'-Button aufruft – auch wenn man diesen Button gar nicht nutzt. Es sei nicht davon auszugehen, dass den Nutzern dies bewusst ist. Angesichts der marktbeherrschenden Position des Unternehmens könne auch nicht von einer wirksamen Einwilligung der Nutzer zu dieser Form der Datensammlung und Weiterverarbeitung ausgegangen werden."[28] Im Jahr 2019 hat das Bundeskartellamt Facebook schließlich untersagt, die Daten von Facebook, WhatsApp und Instagram zu verknüpfen.

Darüber hinaus gibt es im Blick auf die Wettbewerbsstruktur weitere gravierende Problembereiche. In ihrem Hauptgutachten des Jahres 2018 hat die Monopolkommission festgestellt, dass Unternehmen, insbesondere im Onlinehandel, ihre Preise zunehmend über Algorithmen bestimmen, wobei häufig sich selbst optimierende Systeme, die man als Preisanpassungssoftware[29] bezeichnen kann, eingesetzt werden. Diese Algorithmen sind in der Lage, sich für Preisabsprachen mit denen anderer Wettbewerber zu koordinieren, etwa um gemeinsam höhere Preise durchzusetzen – ganz ohne dass ein Mensch direkt in diese Mechanismen eingreift. Die KI-Systeme reagieren augenblicklich und automatisiert auf neue Preise, sodass einzelne Abweichler in den Preisen nach unten zum Beispiel keine zusätzlichen Umsätze machen können. Teilweise geschieht dies auch dadurch, dass Händler eine ähnliche Software vom gleichen Unternehmen verwenden. Diese Mechanismen begünstigen sogenannte Kollusionen, das heißt informelle Absprachen beziehungsweise gleichgerichtetes Verhalten zwischen mindestens zwei Unternehmen, um Verbrauchern höhere Preise abzuverlangen. Gegen diese Formen der Wettbewerbsverzerrung vorzugehen, erweist sich als ungemein schwierig. Die Monopolkommission plädiert dafür, den Verbraucherschutzverbänden mehr Rechte, zum Beispiel zur Initiierung von kartellbehördlichen Sektorenuntersuchungen, einzuräumen. Außerdem sollten IT-Dienstleister, welche entsprechende Algorithmen entwickeln und vermarkten, weitergehenden Regelungen unterliegen, um für etwaige Wettbewerbsverzerrungen in Haftung genommen werden zu können.

---

28 Ebd.

29 Justus Haucap, *Big Data aus wettbewerbs- und ordnungspolitischer Perspektive*, Ordnungspolitische Perspektiven Nr. 96 (Düsseldorf: Düsseldorfer Institut für Wettbewerbsökonomie, 2018), 20 f.

5 Entflechtungen und der Zwang zur Datenteilung als Wege zur Sicherung fairen Wettbewerbs?

Die traditionellen Maßnahmen zur Monopolbekämpfung, wie sie vor allem in den USA im späten 19. und zu Beginn des 20. Jahrhunderts durchgesetzt wurden, sind angesichts der geschilderten Marktdominanz speziell der großen Digitalunternehmen nur teilweise und bedingt tragfähig. Ungeachtet dessen bestehen durchaus Möglichkeiten der Weiterentwicklung und Anpassung des herkömmlichen Kartellrechts auch auf die digitale Wirtschaft. Im Blick auf die Schlüsselindustrien der Vergangenheit hatte man in den USA zu Beginn des 20. Jahrhunderts und nach 1945 teilweise auch in Deutschland zur Bekämpfung von Monopolbildungen das Instrument der Entflechtung der entsprechenden Unternehmen gewählt.[30] So wurde das Erdölunternehmen Standard Oil von John Rockefeller im Jahr 1911 in 34 unabhängige Unternehmen aufgeteilt. Angesichts der heutigen Marktmacht von Unternehmen der digitalen Wirtschaft wird in der Öffentlichkeit erneut über die Möglichkeiten von Entflechtungen diskutiert. So ist es denkbar, dass man Facebook zwingt, WhatsApp und Instagram zu verkaufen und damit eine Entflechtung vorzunehmen.[31]

Bei Amazon gibt es eine Kombination aus Eigenhandel Amazons selbst und der Bereitstellung seiner Plattform für andere Händler. Das Bundeskartellamt hat eine Untersuchung eingeleitet, ob Amazon Informationen aus dem Handel der angeschlossenen Händler für eigene Zwecke nutzt, diese Händler gegebenenfalls benachteiligt und damit eine marktbeherrschende Stellung missbraucht. Der Präsident des Bundeskartellamts erklärte dazu: „Die Doppelrolle als größter Händler und größter Markplatz birgt das Potential für Behinderungen von anderen Händlern auf der Plattform. Aufgrund der vielen uns vorliegenden Beschwerden werden wir prüfen, ob Amazon seine Marktposition zu Lasten der auf dem Marktplatz tätigen Händler ausnutzt."[32] Sollte ein solcher Missbrauch vorliegen ist zu prüfen, ob eine Entflechtung zwischen dem Eigenhandel von Amazon und Amazon als Plattform für fremde Händler stattfinden sollte.

Weithin unbeobachtet von einer größeren Öffentlichkeit ist Amazon mit Amazon Web Services (AWS) zudem zum weltweiten größten Anbieter von Cloud-Speicherkapazität geworden; AWS beherrscht rund ein Drittel des globalen Cloud-

---

30 Vgl. Podzsun, *„Kartellrecht in der Datenökonomie"* (s. Anm. 26), 20 f.

31 Vgl. Wambach/Müller, *Digitaler Wohlstand* (s. Anm. 20), 72.

32 Bundeskartellamt (2018), *Einleitung eines Missbrauchsverfahrens gegen Amazon*, Internetdokument, <https://www.bundeskartellamt.de/SharedDocs/Meldung/DE/Pressemitteilungen/2018/29_11_2018_Verfahrenseinleitung_Amazon.html> vom 29.11.2018 (Zugriff am 03.12.2018).

Marktes. Da viele Unternehmen ihre Daten und Programme auf AWS speichern, könnten sich Wettbewerbsverzerrungen daraus ergeben, dass Amazon bestimmte Programme identifizieren, kopieren und gegebenenfalls danach auch leicht modifiziert selbst anbieten könne.[33] Diese Kombination von marktbeherrschenden Stellungen in unterschiedlichen, aber vernetzbaren Marktsegmenten ist in Hinblick auf die Wettbewerbsstruktur ebenfalls höchst problematisch. Gefordert wird, die Cloud AWS zu entflechten, indem sie etwa in verschiedene regionale Dienste aufgespalten werden könnte.

Schließlich wird als neuer, alternativer Weg der Begrenzung von monopolartigen Strukturen in der Digitalökonomie ein Vorschlag diskutiert, der auf das wichtigste Kapital der betroffenen Unternehmen zielt, auf die Daten. Monopolartige Unternehmen der Digitalwirtschaft sollten gezwungen werden, ihre Daten offenzulegen und diese mit möglichen Konkurrenten zu teilen.[34] Für einen neuen, in den Wettbewerb eintretenden Akteur, der die bestehenden, marktbeherrschenden digitalen Unternehmen unter Druck setzen will, wäre der Zugang zu den Daten der etablierten Unternehmen ein wichtiges Instrument insbesondere in der Startphase.[35] Da Konsument*innen immer nur bestimmten Unternehmen die Zustimmung zur Nutzung ihrer Daten gegeben haben, dürfte es sich hier aber nur um entpersonalisierte Daten handeln, die etwa statistische Informationen über das Kaufverhalten einer abgrenzbaren Personengruppe enthalten. Unternehmen zu zwingen, ihren Konkurrenten Daten offenzulegen, ist allerdings nur dann sinnvoll, wenn solche Daten, zum Beispiel die Standortdaten der Nutzer*innen, nicht auf anderen Wegen beschaffbar sind. Dies ist häufig möglich, weil es eine Vielzahl von Datenquellen gibt, sodass wesentlich aus diesem Grund die Kartellbehörden bisher eine Öffnung von Daten nicht angeordnet haben. Grenzen des Datenaustausches und der Datenübermittlung ergeben sich ferner daraus, dass es Daten gibt, die für gleichförmiges Verhalten im Wettbewerb beziehungsweise für eine Kartellbildung hilfreich sind. Deshalb muss verhindert werden, dass Datenübermittlung nicht – wie beabsichtigt – zu mehr Wettbewerb, sondern tendenziell zu einer Wettbewerbsminderung führt.

Im Hinblick auf die Forderung der Datenteilung gibt es somit eine Vielzahl bisher nicht gelöster Fragen. Selbst wenn man diesen Weg beschreiten würde, müssten weitere Probleme geklärt sein, etwa welchen Akteur – und wie lange in

---

33 Ein Beispiel ist hier der Fall des New Yorker Start-Ups MongoDB, das eine Software zum Organisieren von Daten entwickelt hatte und die Cloud AWS nutzte. Amazon schuf einen Klon und verdrängte MongoDB. Vgl. Stefan Beutelsbacher, „Amazons allmächtige Wolke“, *WamS* vom 19.04.2020, 29.

34 Vgl. Mayer-Schönberger/Ramge, *Das Digital* (s. Anm. 21), 194–199.

35 Vgl. Schweitzer et al., *Modernisierung* (s. Anm. 24), 128.

einem dynamischen Markt – man als marktbeherrschend bewertet, sodass Daten offengelegt werden sollen? Ferner ist zu fragen, ob der Zugang zu Daten kostenlos oder im Sinn von Lizensierung bezahlt werden soll? Auch der Aspekt, ob nur vergangenheitsbezogene Daten mit einem zeitlichen Abstand oder aktuelle Echtzeitdaten geteilt werden sollen, ist ungeklärt.[36] Diese Fragen zeigen, wie wenig präzise die bisweilen pauschal erhobene Forderung der Datenteilung zur Verhinderung von Monopolstrukturen im digitalen Bereich ist. Gleichzeitig ist es notwendig, angesichts der nur bedingten Wirksamkeit traditioneller Wege zur Monopolbekämpfung, neue Instrumente zu entwickeln und in diesem Sinn die angesprochenen Fragen zu bearbeiten und zu klären.

6 Eine Erinnerung an die monopolkritische Argumentation Martin Luthers

Interessant ist eine historische Erinnerung an die frühe Neuzeit und die damaligen Versuche der Bearbeitung der Monopol-Problematik. Die Reformatoren haben wirtschaftliches Handeln grundsätzlich gewürdigt, dabei aber mit Nachdruck die Grundregel eingeschärft, dass sich die Marktakteure in ihrem Bereich jeweils an das Recht halten und angesichts rechtlich nicht eindeutig geklärter Konstellationen nach dem Grundsatz der Billigkeit verfahren sollen. Ein solches Verhalten auf von Konkurrenz und Wettbewerb geprägten Märkten hielten sie für ethisch unbedenklich.[37] Als äußerst problematisch galten ihnen jedoch alle Bestrebungen von Monopolbildungen. Diese wurden in der Zeit der Reformation einerseits durch den monopolartig strukturierten Fernhandel und andererseits durch das komplette Aufkaufen einer Ware durch speziell für diesen Zweck gebildete Kaufmannsgesellschaften realisiert.

Diese Praktiken wurden von Luther in einer der Logik moderner Ökonomie weitgehend entsprechenden Weise scharf verurteilt, da der Monopolist die Preise beliebig diktieren kann und sich dabei in der Regel nicht an die ethische Regel der Billigkeit hält. Vielmehr kann er völlig ungezügelt seinen eigenen Vorteil suchen, sodass es im Ergebnis zu „Teuerungen“[38] kommt. Unkontrollierter Eigennutz auf der einen und soziale Notlagen auf der anderen Seite hielt er für eine zwangs-

---

36 A. a. O., 151 f.

37 Vgl. Traugott Jähnichen, Wolfgang Maaser, *Die Ethik Martin Luthers* (Bielefeld: Luther-Verlag, 2017), 168 – 171.

38 Luther, WA 15,305. Luther, Martin. *M. Luthers Werke. Kritische Gesamtausgabe*, Weimar 1883 – 1983.

läufige Konsequenz aller Monopolbestrebungen, denen er daher grundsätzlich ablehnend gegenüberstand. Ferner verurteilte Luther die Absicht der Monopolisten, sich dauerhaft die Möglichkeit hoher Gewinne zu eröffnen, da es gegen Gottes Willen sei, sich Erträge oder andere zeitliche Güter „ohne Gefahr und Unsicherheit“[39] zu sichern. „Das“, insbesondere das komplette Aufkaufen einer Ware durch einen Anbieter, „sind eigennützige Käufe, die man in Stadt und Land nicht dulden sollte“.[40] Dementsprechend rief er Fürsten und Stadtherren dazu auf, gegen Monopolbildungen einzuschreiten, denn die Monopol-Kaufleute „tun gerade so, als wären die Geschöpfe und Güter Gottes allein für sie geschaffen und nur ihnen gegeben und als könnten sie nach Belieben diese den anderen nehmen und ihren Preis festlegen.“[41] Der Versuch der Aneignung aller Güter in einem bestimmten Handelsbereich führt nach Luther nicht nur zu überteuerten Preisen für Konsument*innen, sondern auch zum Ruin aller „kleineren Kaufleute, so wie ein Hecht die kleinen Fische im Teich“[42] vertilgt. Auf diese Weise agieren Monopol-Kaufleute so, „als wären sie die Herren über Gottes Kreaturen und frei von allen Gesetzen des Glaubens und der Liebe.“[43] Schließlich beobachtete Luther mit großem Argwohn, wie sich Monopol-Kaufleute, konkret hatte er die Fugger im Blick, auf der Grundlage ihres immensen Reichtums „Könige und Kaiser auskaufen“[44] konnten. Bereits bei Luther wird somit der tyrannische Charakter der Monopolbildungen deutlich, die sich jenseits aller Ordnungen und Gesetze zu stellen scheinen und auch auf die politischen Machthaber bedeutsamen Einfluss gewinnen. In dieser Selbstüberhebung sah er eine tiefgreifende Störung der weltlichen Ordnung.

Vor dem Hintergrund dieser Argumentation unterstützte Luther mit Nachdruck die Bemühungen der Reichstage zur Bekämpfung der Monopole. Diese Initiativen hatten jedoch keinen nachhaltigen Erfolg. Angesichts des Scheiterns rechtlicher Regulierungen gab er christlichen Kaufleuten individualethisch den Rat, dass sie nicht mit gutem Gewissen Mitglied einer solchen Monopol-Gesellschaft sein könnten: „Es gibt keinen anderen Rat als den: Lass es! Anders geht es nicht.“[45] Hier setzte Luther somit eine klare Grenze des ethisch Legitimierbaren und appellierte, sofern keine entsprechenden rechtlichen Regelungen vorhanden

39 WA 15,312.
40 WA 15,301.
41 WA 15,305.
42 WA 15,312.
43 Ebd.
44 Ebd.
45 WA 15,313.

beziehungsweise zu erwarten waren, an das Gewissen der Einzelnen. Auf dem Gebaren der Monopol-Kaufleute kann nach Luthers Auffassung kein Segen liegen.

Diese Überlegungen zur Kritik der Monopolgesellschaften verdeutlichen Luthers Verständnis von Wirtschaftsethik. Grundsätzlich hielt er politische Regulierungen sowie angemessene strukturelle Bedingungen, wie eine faire Preisbildung auf Märkten, für notwendig und erstrebenswert. Wenn solche ethisch legitimierten, allgemeinen Rahmenbedingungen bestehen, ist es die sicherste Handlungsempfehlung, sich im Sinn der Rechtstreue oder der Üblichkeiten auf den Märkten an entsprechenden Vorgaben zu orientieren. Sofern solche allgemeinen Regelungen fehlen, ist es die Gewissensentscheidung der Einzelnen, im Hören auf die evangelische Auslegung der Schrift Maßstäbe des Verhaltens zu entwickeln. Eine kritische Abgrenzung im Blick auf das, was ethisch akzeptabel ist, setzte er allen Formen von Monopolbildungen gegenüber.

Ausblick

Die Problematik des Entstehens, der Verfestigung und eines möglichen wettbewerbsverzerrenden Missbrauchs wirtschaftlicher Macht ist im Blick auf die großen digitalen Unternehmen eine bisher kaum gelöste Aufgabe. In dem hoch dynamischen Marktumfeld der IT-Branche sind zwar der Zwang zur Innovation und somit auch der Nutzen von Konsument*innen durch neue und verbesserte Produkte nach wie vor hoch, es bleiben allerdings die Probleme der hohen Gewinnmargen, der damit verbundenen Verteilungsprobleme und insbesondere der Einschränkungen des Wettbewerbs in bestimmten Marktsegmenten, vor allem im Blick auf die Online-Werbung, bestehen. Insofern ist es eine zentrale Aufgabe der Monopolkommissionen im Bund und in der EU, die entsprechenden Entwicklungen kritisch zu beobachten, gegebenenfalls Strafzahlungen – wie bereits vereinzelt praktiziert – zu veranlassen oder weitergehende Eingriffe in die Struktur der betroffenen Unternehmen vorzunehmen.

Diese Aufgabe ist nicht zuletzt auf Grund der eingangs skizzierten demokratietheoretischen Problematik monopolartiger Unternehmen von größtem öffentlichem Interesse. Indem wirtschaftliche Macht einen bedeutsamen Einfluss auf politische Entscheidungen gewinnt, wirkt sie tyrannisch und schränkt massiv die Ausübung demokratisch legitimierter politischer Macht ein. Damit steht die Grundlage der Organisation und Gestaltung des Gemeinwesens auf dem Spiel. Bereits Martin Luther hat in einem ganz anderen gesellschaftlichen und politischen Umfeld entsprechende Bedenken explizit geäußert. Wirtschaftliche Monopole agierten damals wie heute zu einem beträchtlichen Grad außerhalb der allgemein gültigen Gesetze und Regeln. Dieser tyrannischen Selbstüberhebung und Störung der öffentlichen Ordnung durch Monopole ist mit Nachdruck zu widerstehen, da sie eine förderliche Entwicklung des Gemeinwesens und ein nachhaltiges Wachstum, theologisch gesprochen: den Segensfluss verhindern.

Constantin Plaul

Arbeit als Beruf. Ethisch-religiöse Überlegungen in protestantischer Perspektive

Einleitung

Religion hat damit zu tun, das Leben auf spezifische Weise als sinnvoll zu erfahren. Die religiöse Lebensperspektive verbleibt nicht allein innerhalb der Sphäre empirisch fassbarer Ereignisse und ihrer Zusammenhänge. Vielmehr werden sie im Medium einer Bedeutungsdimension thematisiert, in der die Grenzen mundaner Sachhaltigkeit auf letzte Sinnhorizonte hin überschritten werden. Das, was der Fall ist, kommt gleichsam in einer besonderen Beleuchtung zu stehen, innerhalb derer eine höhere Sinnhaftigkeit gewahrt werden kann. Dabei bringt diese Perspektive die unmittelbaren Kontexte und Umstände der jeweiligen Lebensposition nicht etwa zum Verschwinden, sondern ergänzt und vertieft sie vielmehr. Solch religiöses Verstehen betrifft dabei den Bereich der natürlichen Umwelt des Subjekts genauso wie das komplexe Spannungsfeld seiner individuellen Position innerhalb von Gesellschaft und Kultur. Denn gerade auch die intersubjektiven Verhältnisse des Individuums stehen einer religiösen Wirklichkeitsdeutung gegenüber offen, seien diese Verhältnisse eher direkter Natur, wie in der unmittelbaren Begegnung, seien sie eher indirekter Natur, wie in der Übernahme sozialer und kultureller Verantwortung. So dürften sich kaum Religionen finden lassen, in denen soziokulturelle Verhältnisse nicht im Licht religiöser Symbolisierung erscheinen würden, wobei sowohl die Art und Weise, in der dies geschieht, als auch die Auswahl der jeweiligen Gegenstände enorm variieren kann.

Eine für die westliche Kultur in Neuzeit und Moderne überaus bedeutende Konzeption dieser Art bildet der protestantische Berufsgedanke mit seiner Auffassung von täglicher Arbeit als Gottesdienst in der Welt. Zwar konnte dieser Gedanke auch zur Stilllegung von (berechtigter) Kritik verwendet werden, indem der Verweis auf die göttliche Fügung allem Aufbegehren ein Ende bereiten sollte. Der Grundidee nach lässt sich die religiöse Auffassung von Arbeit als Beruf jedoch auch als eine besondere Form der religiösen Sinnstiftung würdigen. Diese ist allerdings im Zusammenhang der Entstehung moderner ausdifferenzierter Gesellschaften, insbesondere den damit einhergehenden Industrialisierungsschüben unter Druck geraten. Seitdem steht die Plausibilität und die Relevanz der pro-

https://doi.org/10.1515/9783110705614-013

testantischen Berufsauffassung für die moderne Arbeitswelt zur Debatte, einschließlich theologischer Stimmen, die sie für erledigt erachten. Diesem Problem soll im Folgenden nachgegangen werden. Dabei möchte ich dafür plädieren, jene Berufsvorstellung nicht vorschnell zu den Akten zu legen, sondern ihr Potential zur religiösen Lebensweltdeutung auch in der Gegenwart fruchtbar zu machen. Dabei wird sich zeigen, dass die religiöse Berufsvorstellung als religiöse zugleich einen ethischen Orientierungsgehalt besitzt.

Um dies vorzuführen, sei zunächst kurz etwas zum reformatorischen Entdeckungszusammenhang der Berufsidee gesagt. Sodann sollen einige Faktoren benannten werden, durch die letztere in der Moderne an Plausibilität verloren hat. Warum sie dennoch nicht einfach aufgegeben werden kann, soll in einem dritten Abschnitt erörtert werden, ehe abschließend eine theoretische Miniatur des protestantischen Berufsgedankens entwickelt werden soll.

1 Der reformatorische „Beruf“ und seine Folgen

In der reformatorischen Theologie hat die alltägliche Arbeit bekanntlich eine vormals unbekannte Aufwertung erfahren. Das lässt sich besonders gut an Luthers Fassung des Arbeits- und Berufsverständnisses zeigen: War es nach überkommener Lehre common sense gewesen, dass sich das Gottesverhältnis über fromme Werke konstituiert, deren eigentlicher und letztlich einziger Raum die sakrale Sphäre klerikalen Handelns ist, so hob Luther diese religiös-theologische Konzeption sowie die zugehörige Diskriminierung aus den Angeln. Denn zum einen machte der reformatorische Rechtfertigungsglaube den Gedanken unmöglich, der Mensch müsse oder könne durch eigene Tätigkeit überhaupt etwas zur Konstitution seiner Anerkennung durch Gott beitragen. Zum anderen unterminierte die Idee des allgemeinen Priestertums letztlich die Differenz von sakraler und profaner Sphäre überhaupt, so dass die Hervorhebung eines geistlichen Berufsstandes letztlich hinfällig wurde. Darüber hinaus erfuhr die Notwendigkeit unterschiedlicher Berufe für das Funktionieren der gesellschaftlichen Wirklichkeit eine Interpretation durch die religiöse Vorstellung: Gott selbst habe die Vielzahl jener Berufe gewollt. Angesichts dessen aber vermag jeder beruflichen Tätigkeit – selbst noch der äußerlich niedrigsten – eine besondere Dignität zuzukommen. So sollen auch Knechte und Mägde „mit lust und freuden“ ihre Arbeit verrichten, wie es in den Erläuterungen des *Großen Katechismus* zum vierten

Gebot lautete, weil „es Gottes gepot ist und yhm fur allen andern wercken wolgefellet".[1]

Der dezidiert religiöse Charakter von Luthers Aufwertung des gesamten Bereichs weltlich-alltäglicher Arbeit zeigt sich dabei in einem spezifisch überempirischen Moment, das zum reformatorischen Berufsgedanken notwendig hinzugehört: Zwar kann prinzipiell jede soziokulturell erforderliche und in arbeitsteiliger Spezialisierung verrichtete Tätigkeit als Gottesdienst in der Welt angesehen werden; dass dies aber geschieht, ist vom Hinzutreten des Glaubens abhängig. Nur wo die fraglichen Akteure selbst ihr eigenes Tun als Gottesdienst verstehen, ist dieses Tun auch wirklich Gottesdienst. Angesichts dessen ist es nicht überraschend, dass man diesen Sachverhalt später mithilfe kantischer Formeln zum Ausdruck bringen konnte: „Der Wert der A.[rbeit] lag in der Gesinnung, mit der sie betätigt wurde, nicht in ihrem Ziel, noch viel weniger in ihrem Erfolg".[2] Eine solch kantianisierende Beschreibung mag aus einer Abstraktionsebene heraus erfolgen, die den historischen Abstand von Luther und Kant unterläuft. Festzuhalten bleibt jedoch, dass auch für Luther die Einsicht in den religiösen Sinnüberschuss der Arbeit nur aus der subjektiven Perspektive des christlichen Glaubens heraus behauptet werden kann. So heißt es etwa in einer Predigt aus dem Jahr 1529 einmal: „Wer sind diese, die so arbeiten? Die Christen".[3]

Unbeschadet dessen, dass das Verständnis der Arbeit als göttlicher Beruf gleichsam durch das Nadelöhr des subjektiven Bewusstseins hindurchmuss, verläuft diese Verstehensleistung nicht etwa willkürlich, sondern ist an ein klares Kriterium gebunden, nämlich das der Nächstenliebe. An einer Stelle von Luthers Auslegung von Mt 21 in seiner Adventspostille von 1522 ist beispielsweise zu lesen: „Findistu eyn werck an dyr, das du gott odder seynen heyligen oder dyr tzu gutt thuest und nit alleyn deynem nehisten, ßo wisse, das das werck nit gutt ist".[4] In dieser Praxis der Nächstenliebe partizipiert der oder die Einzelne dann geradezu am Liebeshandeln Gottes, was Luther zum Ausdruck bringt, wenn er vom Menschen als ‚larva divina'[5] spricht. Als ein solcher Mitwirkender Gottes agiert der

1 Martin Luther, „Der große Katechismus" in: *D. Martin Luthers Werke. Kritische Gesamtausgabe*, Bd. 30/I (Weimar: Böhlau, 1910), 123–238, 153.

2 Georg Wünsch, „Arbeit" in: *Die Religion in Geschichte und Gegenwart, zweite Auflage*, Bd. 1 (Tübingen: Mohr Siebeck, 1927), 471–480, 475.

3 „Quot autem sunt qui sic laborant? Christiani", Martin Luther, „Predigt am 5. Sonntag nach Trinitatis" in: *D. Martin Luthers Werke. Kritische Gesamtausgabe*, Bd. 29 (Weimar: Böhlau, 1904), 436–443, 441.

4 Martin Luther, „Das Evangelium am ersten sontag des Advents. Matth. 21,1–9" in: *D. Martin Luthers Werke. Kritische Gesamtausgabe*, Bd. 10/I.2 (Weimar: Böhlau, 1925), 21–62, 42.

5 Vgl. Martin Luther, „Annotationes Martini Lutheri In Epistolam Pauli ad Galatas" in: *D. Martin Luthers Werke. Kritische Gesamtausgabe*, Bd. 40/I (Weimar: Böhlau, 1911), 39–688, 174.

Mensch in allem Tun, durch das er einen Dienst am Nächsten verrichtet, also nicht etwa nur in der dem Lebensunterhalt gewidmeten Tätigkeit. Gleichwohl bildet gerade letztere Form der Arbeit einen herausragenden Teil des Berufshandelns.

Mit seiner religiösen Auffassung von weltlicher Arbeit steht Luther in weiten Teilen exemplarisch für das reformatorische Berufsverständnis insgesamt. Die eigene konkrete Position in Geschichte und Gesellschaft als denjenigen Wirkungsort zu begreifen, an dem das eigene verantwortliche Tun nichts Geringeres denn ein göttlich gewolltes Handeln ist, ist eine Vorstellung, die sich auch bei Zwingli und Calvin finden lässt. Aufgrund der Forcierung des Prädestinationsgedankens ergibt sich bei Calvin dann allerdings eine Fokussierung auf den beruflichen Erfolg als Zeichen des Erwähltseins. Gemeinsam ist der reformatorischen Berufsauffassung der Gedanke, dass das gläubige Individuum sich in seiner alltäglichen Arbeit nicht selbst verliert, sondern noch seine einfachste Tätigkeit als Teilhabe am Absoluten ansehen kann. Diese Deutungsperspektive trifft insbesondere auf die Arbeit im engeren Sinne zu, die in der Regel den größten Teil des Erwachsenenlebens in Anspruch nimmt.

Für die Entstehung der modernen Berufs- und Arbeitsauffassung waren die reformatorischen Impulse und ihre entsprechenden Weiterentwicklungen überaus bedeutsam, ein Zusammenhang, der seine klassische Herausarbeitung in Max Webers *Die protestantische Ethik und der Geist des Kapitalismus* gefunden hat.[6] Dabei mögen Formulierungen, wie diejenige, wonach „die rationale Lebensführung auf Grundlage der Berufsidee ... aus dem Geist der christlichen Askese [geboren ist]“[7], irritieren, klingen sie doch allzu sehr nach einer monokausalen Geschichtstheorie, die empirisch weder verifiziert noch falsifiziert werden kann.[8] Doch so sehr man Webers Arbeit in wirtschaftsgeschichtlicher Hinsicht mit einer gewissen Vorsicht rezipieren muss, man täte ihr Unrecht, wenn man ihren Gehalt auf jene kritische Lesart verkürzen würde. Denn wie Michael Murrmann-Kahl überzeugend herausarbeitet[9] behauptet Weber gar kein solch großräumiges Ableitungsverhältnis, sondern beansprucht lediglich, „[*e*]*ine*[*n*] der konstitutiven Bestandteile des modernen kapitalistischen Geistes“[10] herauszuarbeiten. Freilich

---

6 Max Weber, „Die protestantische Ethik und der Geist des Kapitalismus“ in: Max Weber, *Gesammelte Aufsätze zur Religionssoziologie*, Bd. 1 (Tübingen: J.C.B. Mohr, ^{9}1988), 17–206. Zur historisch-systematischen Einordnung dieses Textes von Weber vgl. die Ausführungen in: Georg Neugebauer, *Die Religionshermeneutik Max Webers* (Berlin, Boston: de Gruyter, 2017), 265–326.

7 Weber, *„Die protestantische Ethik“* (s. Anm. 6), 202.

8 Vgl. Heinz Steinert, *Max Webers unwiderlegbare Fehlkonstruktion. Die protestantische Ethik und der Geist des Kapitalismus* (Frankfurt a. M.: Campus Verlag, 2010).

9 Vgl. dazu seinen Beitrag in diesem Band.

10 Weber, *„Die protestantische Ethik“* (s. Anm. 6), 202, Hvh. v. Verf.

erübrigen sich auch im Rahmen einer solch ermäßigten Interpretationsperspektive nicht alle Rückfragen.[11] Als plausiblen Gedanken wird man aber festhalten können, dass der reformatorisch-protestantische Berufsgedanke einen bedeutsamen Faktor in der Herausbildung des modernen Berufsverständnisses darstellt. Der Gedanke, dass Arbeit „Gottesdienst, Beruf und so Berufung zum Dienst an Gott ist", wurde jedenfalls „zu einem entscheidenden Grundstein für die hohe Bedeutung" derselben „in der Entwicklung der eur. Wirtschaftsgeschichte".[12] Dies zeigt sich nicht zuletzt daran, dass der Begriff des Berufs heute vielfach geradezu synonym zu dem der Erwerbsarbeit verwendet wird,[13] was man sicherlich als eine Wirkung des Protestantismus wird betrachten können.

2 Die Krise des protestantischen Berufsgedankens

Weber hat bekanntlich nicht nur die Kontinuitätslinien zwischen reformatorisch-protestantischer und moderner Berufsauffassung, sondern auch den Unterschied beider herausgearbeitet, wonach letztere sich im Zuge der weiteren Entwicklung von ersterer unabhängig gemacht hat.[14] So einleuchtend diese Sicht ist: Sie bedeutet freilich nicht, dass der religiöse Berufsgedanke in modernen Gesellschaften keine Bedeutung mehr spielen könnte. Denn jene Verselbständigung gegenüber der Religion macht die Aneignung der eigenen Erwerbsarbeit als göttlich gewollten Beitrag ja keineswegs unmöglich. Aufgrund der Arbeitsbedingungen in der Moderne ist sie allerdings auch dem oder der religiös Musikalischen mitunter nicht unwesentlich erschwert. Mindestens vier Aspekte sind diesbezüglich zu nennen.

---

11 In methodischer Hinsicht wäre etwa darauf hinzuweisen, dass sich die im Zusammenhang von Prädestination, Beruf und Askese behauptete Motivationsstruktur empirisch gar nicht einholen lässt. Inhaltlich wären Rückfragen sowohl an Webers weiträumige Eingemeindung überaus unterschiedlicher konfessioneller Spielarten unter den Begriff des ‚asketischen Protestantismus' als auch die von ihm als selbstverständlich vorausgesetzte Geltung des Prädestinationsgedankens zu stellen, vgl. den Beitrag von Michael Murrmann-Kahl in diesem Band, Fußnoten 51.77.

12 Severin Müller, „Arbeit. V. Theologisch-sozialethisch" in: *Die Religion in Geschichte und Gegenwart, 4. Auflage*, Bd. 1 (Tübingen: Mohr Siebeck, 2008), 684–687, 684; vgl. Severin Müller, *Phänomenologie und philosophische Theorie der Arbeit*, 2 Bde, (Freiburg i. Br., München: Alber, 1992–1994).

13 So trägt beispielsweise das wöchentlich erscheinende arbeitsjournalistische Ressort der Frankfurter Allgemeinen Zeitung die Überschrift „Beruf und Chance".

14 „Der siegreiche Kapitalismus ... bedarf ... dieser Stütze nicht mehr", Weber, *„Die protestantische Ethik"* (s. Anm. 6), 204.

Der erste hängt mit der Transformation der Gesellschaft von einer ständischen in eine funktional ausdifferenzierte Gesellschaft zusammen. Wie gesehen hatte ein wesentliches Fortschrittsmoment des reformatorischen Berufsgedankens in der religiösen Aufwertung der profanen Welt bestanden. Jedes Individuum kann sich demnach an seinem konkreten geschichtlich-gesellschaftlichen Ort als von Gottes Vorsehung eingesetzt und die damit verbundene Arbeit in innerer Verbindung zum Willen Gottes begreifen. Diese Gewissheit wurde von den Reformatoren allerdings vor dem Hintergrund einer ständegesellschaftlichen Ordnung formuliert. In ihr fand der oder die Einzelne sich immer schon in einer konkreten sozialen Gruppe wieder, die die Wahl der eigenen Lebensarbeit in weitem Teil von vornherein feststellte. Die Vorstellung des von anderwärts her Eingesetztseins, aus der sich ein wesentlicher Teil jener religiösen Gewissheit speiste, fand damit eine Art objektive Stütze im Äußeren. In dem Maße aber, in dem sich die Gesellschaft nicht mehr durch eine göttlich sanktionierte Ständeordnung aufbaut, musste diese Außenstütze wegfallen.

Ein zweiter Aspekt hat damit zu tun, dass nicht wenige Arbeitsverhältnisse moderner Gesellschaften mehr oder weniger durch Entfremdungstendenzen gekennzeichnet sind. Im Zusammenhang der neuzeitlich-modernen Rationalisierungsprozesse – deren wesentliche Grundlage im Zusammenwirken von Naturwissenschaft, Technik und kapitalistischer Wirtschaftsordnung erblickt werden kann – wandelte sich die vormals agrikulturelle Gesellschaftsform zur Industriegesellschaft. Für die Erfahrungswelt der Arbeitenden bedeutete dies, dass sie in Folge gesteigerter Arbeitsteilung vielfach in hochspezialisierte Arbeitsverhältnisse mit teilweise überaus monotonen Charakter hineingenötigt wurden, denen zudem eine Einengung der Erfahrungswelt korrespondiert. Dies hat psychologisch beschreibbare Auswirkungen, die Arnold Gehlen einmal im Anschluss an John Dewey dahingehend beschrieben hat, dass die „gesellschaftlichen Funktionen von sehr vielen Menschen eigentlich weniger gelebt als geleistet“ werden.[15] Und auch wenn er dabei das „industriell-bürokratische System“[16] vor Augen hat, so dürfte dieser Umstand ebenso in spätmodernen Zeiten vielfach noch zutreffend sein. Exemplarisch sei dafür auf eine vor einigen Jahren erschienene Studie des Psychologen Stephan Grünewald verwiesen, in der auf breiter empirischer Basis herausgearbeitet wird, dass ein Gros der Zeitgenossen ihre Arbeitserfahrung durch zunehmend gesteigerte Leistungs- und Effizienzanforderungen, Fremdbestimmtheit und Hektik mit entsprechendem Druck- und Erschöpfungsgefühl ge-

---

15 Arnold Gehlen, „Die Seele im technischen Zeitalter. Sozialpsychologische Probleme in der industriellen Gesellschaft“ in: Arnold Gehlen, *Gesamtausgabe*, Bd. 6, hg. v. K.-S. Rehberg (Frankfurt a. M.: Vittorio Klostermann, 2004), 1–137, 44.
16 Ebd.

prägt finden, woraus vielfach ein Wunsch nach weniger Arbeit und mehr Freizeit resultiere.[17] Angesichts solcher Phänomene dürfte es in der Tat „schwer sein", sich zur eigenen Arbeit „als dem gottgewiesenen Platz der Glaubensbewährung im rechten Werk zu bekennen".[18]

Der dritte Aspekt hängt mit dem eben genannten eng zusammen, verläuft aber gleichsam in umgekehrte Richtung, und betrifft die Entstehung und den Ausbau von Freizeit. Im selben Zuge nämlich, in dem moderne Gesellschaften eine abstrakte Arbeitswelt hervorgebracht haben, ist es ihnen möglich geworden, den Einzelnen Freizeit von der Arbeit zu ermöglichen, über die sie tendenziell zweckfrei verfügen können. Die Arbeit erfährt dadurch eine markante Relativierung in ihrer Funktion als sinnstiftendes Lebenselement. Man sucht und findet Erfüllung stattdessen auch und – aufgrund des eben beschriebenen Entfremdungscharakters – vor allem in Freizeitaktivitäten. Diejenige Konkretion des Berufungsgedankens, die Sinnerfüllung in der Erwerbsarbeit sucht, muss hier freilich eine Grenze finden.

Der letzte Aspekt betrifft diejenige Transformation der modernen Gesellschaft, für die sich das – durchaus erklärungsbedürftige – Stichwort der Säkularisierung eingebürgert hat. Im hiesigen Kontext soll damit lediglich gemeint sein, dass Sinnerfüllung nicht mehr notwendig auf religiöse Weise zum Ausdruck gebracht werden muss, sondern auch auf innerweltlicher Ebene verbleiben kann. Angesichts der zunehmenden Ausdifferenzierung einer nicht-religiösen Sinnsphäre in der modernen Gesellschaft und Kultur muss also selbst dort, wo konkrete Arbeit als sinnvoll und erfüllend erlebt wird, keineswegs auf religiöse Formen rekurriert werden, um diesem Erlebnis zur Artikulation zu verhelfen.

3 Preisgabe religiöser Aneignung von Arbeit?

Angesichts der eben genannten Gesichtspunkte ist es offensichtlich, dass der reformatorische Berufsgedanke in der Moderne nicht unmittelbar fortgeschrieben werden kann. Fraglich ist allerdings, was dies für letzteren bedeutet. Sieht man einmal von der randständigen Forderung nach einer Repristination vormoderner Gesellschaftszustände ab, die ohnehin an den modernen Entwicklungstendenzen abprallt, so besteht ein ernst zu nehmender Vorschlag hinsichtlich der Vermittlung von religiösem Beruf und moderner Lebenswelt darin, die Berufsvorstellung

17 Stephan Grünewald, *Die erschöpfte Gesellschaft. Warum Deutschland neu träumen muss* (Freiburg, Basel, Wien: Herder 2015).

18 Franz Lau, „Beruf III. Christentum und Beruf" in: *Die Religion in Geschichte und Gegenwart, dritte Auflage*, Bd. 1 (Tübingen: Mohr Siebeck, 1957), 1076–1081, 1080.

von ihrem Zusammenhang mit der Erwerbsarbeit zu lösen und stärker für Tätigkeiten außerhalb des Arbeitslebens im engeren Sinne in Anschlag zu bringen. So hat etwa Hans G. Ulrich auf die Forderung nach einer „neue[n] Ethik der Arbeit“ verwiesen, „weil viele Formen der Erwerbstätigkeit nicht als B.[erufs]arbeit verstanden werden können, die durch Verantwortung für den Nächsten und persönlichen Einsatz gekennzeichnet ist“.[19] Der darin enthaltenen Problemanalyse ist – in wohlbestimmter Hinsicht – durchaus zuzustimmen. Auch ist der Hinweis ernst zu nehmen, dass die protestantische Berufsethik die Ausübung des Berufs „nicht an bestimmte Formen der Erwerbsarbeit bindet“.[20] Denn schon Luther hatte jeden geregelten Dienst am Mitmenschen zum Beruf erklären können.[21] Gerade angesichts der gestiegenen Bedeutung von Freizeit bieten sich fraglos auch Praxisfelder außerhalb der Erwerbsarbeit als Möglichkeiten zur Realisierung religiöser Berufstätigkeit an.

Das Plädoyer für eine gesteigerte Wahrnehmung außererwerbstätiger Praktiken als Berufsarbeit erweist sich so gesehen als realistisch und durchaus plausibel. Es ist aber darauf zu achten, dass mit ihm nicht die prinzipielle Preisgabe der Aneignung von Erwerbstätigkeit als Beruf verbunden wird. Denn letztere besitzt für die Lebensführung des modernen Menschen eine kaum zu überschätzende Bedeutung. Sieht man einmal von dem grundlegenden Faktum des Gelderwerbs ab, so sind mindestens drei weitere Aspekte zu nennen.[22] Erstens vermittelt die Teilnahme am Arbeitsleben ein Bewusstsein vom sozialen Wert des eigenen Lebens: Man hat einen Ort in der Gesellschaft, an dem man gebraucht wird und an dem man eine Aufgabe übernimmt. Zweitens ist die Teilnahme am Arbeitsleben mit der Vermittlung zwischenmenschlicher Kontakte verbunden, die im Alltag nicht unwesentlich durch das Zusammentreffen in den jeweiligen Arbeitszusammenhängen bedingt ist. Drittens stellt die Berufsarbeit einen der wichtigsten Bereiche dar, innerhalb derer die komplexe Wirklichkeit der Gesellschaft dem Individuum in primärer Erfahrung zugänglich wird. Von den meisten anderen sozialen Bereichen besitzt man in der Regel nur eine medial vermittelte „Erfahrung zweiter Hand“ (A. Gehlen). Stellt man sich diese Gesichtspunkte vor Augen, so wird deutlich, dass die Arbeit einen der zentralen Bestandteile des

---

19 Hans G. Ulrich, „Beruf III. Kirchengeschichtlich“ in: *Die Religion in Geschichte und Gegenwart, vierte Auflage*, Bd. 1 (Tübingen: Mohr Siebeck, 1998), 1338–1341, bes. 1340.

20 Ebd.

21 Vgl. Carl Gustav Adolf Siegfried, „Beruf II. Christentum und Beruf“ in: *Die Religion in Geschichte und Gegenwart, zweite Auflage*, Bd. 1 (Tübingen: Mohr Siebeck, 1927), 930–936, 931.

22 Vgl. Trutz Rendtorff, *Ethik. Grundelemente, Methodologie und Konkretionen einer ethischen Theologie*, Bd. 2 (Stuttgart, Berlin, Köln: Kohlhammer, ²1991), 52–57.

modernen Lebens darstellt, was sich indirekt auch an den vielen negativen Konsequenzen des Phänomens der Arbeitslosigkeit zeigt.

Angesichts dessen erweist es sich aus religiöser und theologischer Perspektive als problematisch, mit einer Ausgliederung der Erwerbsarbeit aus dem Möglichkeitsraum religiöser Sinnerfahrung zu rechnen. Umgekehrt sagt es aber auch etwas über die Qualität von Arbeitsverhältnissen aus, wenn sie sich gegenüber der religiösen Aneignung durch den Berufsgedanken von vornherein sperren. Die Frage nach der religiösen Aneignung der Arbeit als Beruf weist dadurch eine zutiefst ethische Dimension auf. Dies soll im letzten Teil der Ausführungen beschrieben werden.

4 Kleine ethische Theorie von Arbeit als Beruf

Damit Arbeit zum Beruf werden kann, müssen mindestens zwei Bedingungen erfüllt sein. Die erste ist negativer Art und besteht darin, dass die Arbeit nicht so organisiert sein darf, dass die Arbeitenden dadurch von ihrer Tätigkeit entfremdet werden. Angesichts der Auflösung der Ständegesellschaft und des damit gegebenen Übergangs in eine funktional organisierte Gesellschaft mit entsprechender Ausweitung individueller Freiheitsmöglichkeiten bezüglich der arbeitsmäßigen Betätigung bedeutet das zunächst einmal, dass die Einzelnen die prinzipielle Möglichkeit haben müssen, sich selbst zu ihrer Arbeit bestimmen und bilden zu können.[23] Die Möglichkeit zur Selbstbestimmung und Bildung ist aber nur dann gegeben, wenn der Zugang zur Arbeit so gestaltet ist, dass das Subjekt sie sich als Konkretion der eigenen Lebensführungspraxis anzueignen vermag, und wenn die Arbeit so vollzogen werden kann, dass die Ausführenden sich dabei nicht bloß als beliebig austauschbare Elemente, sondern als verantwortliche Teile erfahren.

Die zweite Bedingung hängt mit dem Kriterium der Nächstenliebe zusammen: Die Tätigkeit muss demnach von solcher Art sein, dass sie als ein irgendwie sinnvoller Beitrag humaner Daseinsbewältigung begriffen werden kann. Dabei sollte man vorsichtig sein, bestimmten Tätigkeiten, die auf den ersten Blick nicht sogleich als unmittelbare Nächstenliebepraxis erscheinen, von vornherein diesen Bezug abzusprechen. Gerade in hochmodernen Gesellschaften, die durch ein großes Maß an Abstraktheit und Unüberschaubarkeit ausgezeichnet sind, wird mit vielfältigen äußerst indirekten Beiträgen zum Gemeinwohl zu rechnen sein.

Sind diese beiden Bedingungen erfüllt, so kann von einem Arbeitsverhältnis gesprochen werden, das der religiösen Sinngebung nach Maßgabe protestanti-

23 Vgl. ebd.

scher Berufsauffassung prinzipiell offensteht. Allerdings bedeutet die Erfüllung jener Bedingungen nicht per se, dass es auch zur Erfüllung von *Berufs*bewusstsein kommt. Schon Luther hatte ausdrücklich hervorgehoben, dass letzteres nicht unmittelbar aus den Umständen hervorgeht, sondern sich allererst im Zuge des hinzutretenden Glaubens aufbaut. In der Moderne, in der der Glaube zur Option geworden ist,[24] tritt diese Differenz nochmals umso schärfer hervor. So können dieselben Tätigkeiten, die aus einem christlich-religiösen Bewusstsein heraus als Gottesdienst begriffen werden können, für eine säkulare Perspektive ganz im Innerweltlichen verbleiben. Dann werden sie zwar vielleicht als sinnvoller ethischer Beitrag gewürdigt und es kann sich ein entsprechendes Erfüllungsbewusstsein einstellen. Ob dieses allerdings nochmals religiös reflektiert und artikuliert wird, steht keineswegs von vornherein fest. Jene beiden Arbeitsbedingungen – die Abwesenheit grober Entfremdung und der konstruktive Bezug auf Andere – garantieren somit nicht das reale Vorhandensein von Berufsglauben, sondern bezeichnen nur die Ermöglichungsbedingungen dafür, dass sich ein solcher Glaube einstellen kann. Aber genau darin liegt ihre ethische Bedeutung. Denn indem sich aus christlich-protestantischer Perspektive die Schaffung solcher Arbeitsverhältnisse als erstrebenswert darstellt, mit denen sich die Möglichkeiten ihrer Aneignung als Beruf darbieten, trägt die religiöse Perspektive indirekt zur Humanisierung der Arbeitswelt bei.[25]

Der Berufsgedanke besitzt aber auch dort eine Bedeutung, wo solche Arbeitsverhältnisse in den Blick geraten, in denen Menschen Tätigkeiten nachgehen, in denen sie keine Erfüllung finden können oder die sich in ihren Vollzügen und Resultaten ethisch nicht rechtfertigen lassen. Die Vorstellung einer religiösen Würde weltlicher Arbeit verliert hier nicht einfach ihre Geltung, sondern zeigt sie vielmehr auf negative Weise, nämlich in Form von Kritik. Denn wenn die Einzelnen in religiöser Perspektive dazu aufgerufen sind, ihr eigenes Arbeitsleben als göttliche Berufung aufzufassen, dann muss Arbeit auch so gestaltet sein, dass eine solche Auffassung möglich wird.

Allerdings gilt es im Hinblick auf diese Forderung zwei Einschränkungen zu machen. Zum einen ist darauf hinzuweisen, dass der Entfremdungscharakter von Arbeitsverhältnissen nicht allein aus den objektiven Umständen abgelesen werden kann. Er kann auch aus einer Passungenauigkeit der betreffenden Person zu dem spezifischen Arbeitskontext resultieren – der für anders geartete Personen durchaus stimmig sein mag. Diesbezüglich gilt es den Blick nicht zuletzt auf die

---

24 Vgl. Hans Joas, *Der Glaube als Option. Zukunftsmöglichkeiten des Christentums* (Freiburg, Basel, Wien: Herder, ²2013).

25 Vgl. Günter Brakelmann, „Das Recht auf Arbeit“ in: *Recht auf Arbeit, Sinn der Arbeit*, hg. v. Jürgen Moltmann (München: Kaiser, 1979), 9–39.

bildungsmäßigen Zugangsbedingungen der Selbstbestimmung zur Arbeit zu richten, d.h. die Ausbildung von Kompetenzen zur Einschätzungsfähigkeit sowohl der eigenen Talente, Interessen und Fertigkeiten als auch der objektiven Verhältnisse anzubahnen. Darin können Einzelne individuell unterstützt werden, vor allem aber müssen dafür auch auf struktureller Ebene Vorkehrungen getroffen werden, etwa durch die Bereitstellung entsprechender Kapazitäten in Schule und außerschulischer Bildung. Damit ist der andere Sachverhalt bereits im Spiel: Die Notwendigkeit, sich in Arbeitsverhältnissen zu betätigen, die eine religiöse Deutung als Beruf zulassen, kann nicht einfach nur auf den Einzelnen abgewälzt werden, sondern besitzt immer auch einen sozialethischen Fluchtpunkt. So kann man zwar dafür plädieren, dass Menschen sich nicht zu Arbeiten bestimmen mögen, in den sie keine Erfüllung finden werden oder in denen sie ethisch nicht zu rechtfertigende Handlungen begehen. Wo aber gesellschaftliche Wirklichkeiten den Menschen keine andere Chance bieten, ihren Lebensunterhalt zu erwerben, wird man nur bedingt die arbeitenden Individuen in die Pflicht nehmen können. Diesbezüglich ist wie erwähnt schon vor geraumer Zeit eine Humanisierung der Arbeitswelt gefordert worden. Im Zeitalter der Digitalisierung findet sie eine Fortsetzung in einer Ethik des digitalen Humanismus,[26] die nicht nur das Bewusstsein für die humane Grundlage des Digitalisierungsprojekts wach hält,[27] sondern darüber hinaus auch konkrete Vorschläge zu einer am Wohl des Menschen orientierten Ökonomie unterbreitet.[28]

* * *

Es hat sich gezeigt, dass dem protestantischen Berufsgedanken auch in der Gegenwart auf unterschiedliche Weise besondere Bedeutung zukommt. Als religiöse Vorstellung hat er sich dabei zugleich als ethisch gehaltvoll erwiesen, da er erlaubt, bestimmte Bedingungen der Arbeitswelt zu formulieren, die notwendig erfüllt sein müssen, damit die Möglichkeit seiner Realisierung gegeben ist. Die

26 Julian Nida-Rümelin, Nathalie Weidenfeld, *Digitaler Humanismus. Eine Ethik für das Zeitalter der Künstlichen Intelligenz* (München: Piper, 2020); vgl. dazu Constantin Plaul, „Julian Nida-Rümelin/Nathalie Weidenfeld: Digitaler Humanismus. Eine Ethik für das Zeitalter der Künstlichen Intelligenz", *Zeitschrift für evangelische Ethik* 63 (2019), 234–235.

27 Vgl. dazu Constantin Plaul, „Die Selbstvergewisserung des Menschen. Digitaler Humanismus und seine ethisch-religiöse Tiefendimension" in: *Eindeutigkeit und Ambivalenzen. Theologie und Digitalisierungsdiskurs*, hg. v. Ralph Charbonnier, Jörg Dierken, Malte D. Krüger (Leipzig: Evangelische Verlagsanstalt, 2021), 161–193.

28 Vgl. dazu die Hinweise in Nida-Rümelin/Weidenfeld, *Digitaler Humanismus* (s. Anm. 26), 71–81.177–187; aus Perspektive theologischer Wirtschaftsethik vgl. Traugott Jähnichen, Joachim Wiemeyer, *Wirtschaftsethik 4.0. Der digitale Wandel als wirtschaftliche Herausforderung* (Stuttgart: Kohlhammer, 2020); vgl. auch den Beitrag von Traugott Jähnichen in diesem Band.

ethische Relevanz besteht dabei aber nicht in der Forderung nach allgemeinem Berufsglauben, was geradezu fundamentalistisch wäre. Es geht folglich nicht darum, dass alle Menschen Berufsglauben haben sollen, aber: sie sollen ihn haben können. In diesem Sinne liefert die am religiösen Berufsgedanken orientierte Reflexion der Arbeitswelt einen Beitrag zur allgemeinen ethischen Bestimmung guter Arbeit aus der besonderen Perspektive christlicher Wirklichkeitsauffassung heraus.

Malte Dominik Krüger

Work-Life-Balance? Evangelische Arbeitsethik heute

Jesus tut wundervolle Dinge. Und keiner kann sich – jedenfalls so ganz genau – erklären, wie er das macht. Jeden Tag arbeitet Jesus hart, um die Welt besser und schöner zu machen. Doch eines Morgens wacht er auf und ist völlig erschöpft. Beim Gang über das Wasser versinkt Jesus und beim Erzählen seiner Geschichten vergisst er plötzlich deren entscheidendes Ende. Also geht Jesus zum Arzt. Dieser untersucht ihn und kommt zum Ergebnis: Jesus hat ein Burnout. Der Arzt verordnet Jesus einen Tag, an dem er bloß das machen soll, wozu er Lust hat. Und so picknickt Jesus gemütlich unter einer Palme, badet zweckfrei im Meer und testet auf einem Esel seine Reitkünste. Doch als es Abend wird, bekommt er ein schlechtes Gewissen. Denn er hat an diesem Tag niemandem geholfen. Und so wendet er sich zerknirscht an seinen himmlischen Vater, der ihn beruhigt, es sei alles in Ordnung. Soweit das Bilderbuch des englischsprachigen Autors Nicholas Allan „Jesus' Day Off" aus dem Jahr 1998, das auf Deutsch als „Jesus nimmt frei" erstmals im Jahr 1999 erschienen und inzwischen in dritter Auflage auf dem Markt ist.[1]

In der Landeskirche Hannover habe ich dieses Buch 2008 zu meiner Ordination als Pfarrer geschenkt bekommen, und ich war damit nicht der Einzige. Offenbar ist die in die Gestalt Jesu zurückgespiegelte Erschöpfung des – in Anführungsstrichen: „göttlichen" – Berufs, der Leistungsdruck und das Effizienzdiktat, die Betriebsamkeit und Fremdbestimmung, der rasante Stillstand im Hamsterrad des Alltags auch für den Pfarrberuf ein zentrales Thema – einschließlich eines schlechten Gewissens, das als gut protestantisch gilt. Das „Deutsche Pfarrerblatt" hat in der Ausgabe vom September 2014 die „Burnout"-Problematik und die „Vereinbarkeit von Beruf und Familie" – auf Englisch: Work-Life-Balance – als sogenannte „Gretchenfragen"[2] des Pfarrberufs bezeichnet.

Erstmals erschienen in: *Religion und Politik. Historische und aktuelle Konstellationen eines spannungsvollen Geflechts*, hg. v. Jörg Dierken, Dirk Evers (Frankfurt a. M.: Peter Lang GmbH, 2016), 309 – 327.

1 Nicholas Allan, *Jesus nimmt frei*, (zuerst engl., New York: Doubleday Books for Young Readers, 1998) 1999 (ohne S.). Es handelt sich im Folgenden um die Probevorlesung meines Hallenser Habilitationsverfahrens, die ich nach der sehr positiven Rückmeldung von Hartmut Ruddies gern zu seiner Festschrift beisteuere.

2 Peter Haigis, „Gretchenfragen", *DtPfrBl* 114 [09/2014], 491.

https://doi.org/10.1515/9783110705614-014

Ähnlich urteilt der rheinische Theologe Siegfried Eckert in seiner Streitschrift „2017. Reformation statt Reförmchen“[3], die in den betriebswirtschaftlich inspirierten EKD-Reformvorgaben den Grund für die Erschöpfung sieht. Letzteres sei einmal dahingestellt. Doch auch aus einer Außenperspektive, in dem vor einigen Jahren veröffentlichten Buch „Burnout“[4] von Manfred Nelting, einem Bonner Facharzt für Psychosomatik, wird neben verschiedenen Berufen wie denen des Managers beziehungsweise der Managerin und des Lehrers beziehungsweise der Lehrerin der Pfarrberuf zu den Berufen mit sehr hohem Burnout-Risiko gezählt. Pfarrerinnen und Pfarrer haben damit an etwas teil, das inzwischen fast sämtliche Berufs- und Altersgruppen erfasst und dem man programmatisch die Forderung einer „Work-Life-Balance“ entgegensetzt.

Dem möchte ich im Folgenden mit drei Fragen nachgehen. Erstens „Worum geht es, wenn man von Work-Life-Balance spricht?“, zweitens „Was hat die Work-Life-Balance mit protestantischer Arbeitsethik zu tun?“ und drittens „Taugt die Work-Life-Balance als Programm protestantischer Arbeitsethik?“

3 Siegfried Eckert, *2017: Reformation statt Reförmchen* (Gütersloh: Gütersloher Verlagshaus, 2014), 7–14.

4 Manfred Nelting, *Burnout. Wenn die Maske zerbricht. Wie man Überbelastung erkennt und neue Wege geht* (München: Mosaik Verlag, 2014), 182 f. Vgl. exemplarisch aus der Fülle der Literatur zu den im Folgenden angesprochenen Themenfeldern: Andreas von Heyl, Konstanze Kemnitzer, Klaus Raschzok, Hg., *Salutogenese im Raum der Kirche. Ein Handbuch* (Leipzig: Evangelische Verlagsanstalt, 2015); Christina Berndt, *Resilienz. Das Geheimnis der psychischen Widerstandskraft* (München: dtv Verlagsgesellschaft, 2014); Andreas von Heyl, *Das Anti-Burnout-Buch für Pfarrerinnen und Pfarrer* (Freiburg i.Br.: Kreuz Verlag, 2011); Andreas Hillert, Michael Marwitz, *Die Burnout-Epidemie oder Brennt die Leistungsgesellschaft aus?* (München: C.H.Beck, 2006); Ina Rösing, *Ist die Burnout-Forschung ausgebrannt? Analyse und Kritik der internationalen Burnout-Forschung* (Kröning: Asanger R, 2003); Wolfgang Schmidbauer, *Helfersyndrom und Burnoutgefahr* (München, Jena, Amsterdam: Urban & Fischer Verlag/Elsevier GmbH, 2002); Christoph Jacobs, *Salutogenese. Eine pastoralpsychologische Studie zu seelischer Gesundheit, Ressourcen und Umgang mit Belastung bei Seelsorgern* (Würzburg: Echter Verlag, 2000); Cary Cherniss, *Jenseits von Burnout und Praxisschock. Hilfen für Menschen in lehrenden, helfenden und beratenden Berufen* (Weinheim: Beltz Verlag, 1999); Burkhard Flosdorf, *Berufliche Belastung, Religiosität und Bewältigungsformen. Eine qualitative Untersuchung von Burnout und Sinnfragen bei Ordensfrauen in der Caritas* (Würzburg: Echter Verlag, 1998); Aaron Antonovsky, *Salutogenese. Zur Entmystifizierung von Gesundheit* (Tübingen: dgvt-Verlag, 1997); Peter Abel, *Burnout in der Seelsorge* (Mainz: Matthias-Grünewald, 1995); Traugott Ulrich Schall, *Erschöpft – müde – ausgebrannt. Überforderung und Resignation: vermeiden – vermindern – heilen* (Würzburg: Echter Verlag, 1993); Herbert J. Freudenberger, Geraldine Richelson, *Ausgebrannt. Die Krise der Erfolgreichen* (München: Kindler Verlag, 1981).

1 Worum geht es, wenn man von Work-Life-Balance spricht?

Um die Antwort vorwegzunehmen, die ich gleich erläutern werde: Wenn man von Work-Life-Balance spricht, dann hat man es mit einem Begriff zu tun, der ursprünglich der sich dynamisch wandelnden Arbeitskultur entstammt und mit einem zunehmend ausgeweiteten Verständnis verknüpft ist. So bezieht sich die Work-Life-Balance im ersten Schritt auf berufstätige Frauen in den USA. Im zweiten Schritt weitet sich das Verständnis auf Erwerbstätige überhaupt aus. Im dritten Schritt wird die Work-Life-Balance mit Nichterwerbstätigen zusammengebracht.

Wenden wir uns dem ersten Schritt zu. Trotz der prominenten Rolle, die der Begriff „Work-Life-Balance" spielt, liegt für ihn meines Wissens bisher noch keine einzige begriffs- oder problemgeschichtliche Studie vor. Das mag damit zusammenhängen, dass derzeit fast jede(r) meint, den Begriff und seine Bedeutung zu kennen. Das war nicht immer so. Zwar lässt die englischsprachige Fassung leicht den Schluss zu, dass es um ein Gleichgewicht von Arbeit und Leben geht, doch erst am Ende der 1990er Jahre wurde der Begriff Work-Life-Balance in Deutschland richtig prominent, zunächst übrigens besonders in der Übersetzung „Vereinbarkeit von Beruf und Familie". Diese Übersetzung ist genauer, als es den Anschein hat, denn sie verrät den Hintergrund des englischsprachigen Begriffs. Soweit es sich ermitteln lässt, ist er ein Begriff aus der Arbeitswelt im Kampf um kürzere Arbeitszeiten. Er wird am Anfang der 1990er Jahre in den USA zu einem Schlagwort, als sehr gut ausgebildete Frauen in Führungspositionen aufsteigen und vor dem Problem stehen, Familie und Beruf zu vereinen.[5] Anders als die in ähnlichen Zusammenhängen häufig gebrauchten Begriffe wie Stress und Burnout, die aus der modernen Technik und ihrer naturwissenschaftlichen Theorie stammen – „Stress" stammt aus der Materialphysik und meint ursprünglich den Grad der Belastbarkeit eines Stoffes, und „Burnout" stammt aus der Raketentechnologie und meint ursprünglich das Teil einer Raketenstufe, das ausgebrannt als unbrauchbarer Schrott auf die Erde fällt –,[6] stammt der Begriff Work-Life-

---

5 Vgl. Annelen Collatz, Karin Gudat, *Work-Life-Balance. Praxis der Personalpsychologie* (Göttingen: Hogrefe Verlag unter anderem, 2011), 1–7, <http://www.selfmade.de/ratgeber/was-ist-eigentlich-work-life-balance> (abgerufen am 11.09.2014); Terence Hogarth, Derek Bosworth, *Future horizons for work-life balance* (Institute for Employment Research, University of Warwick, 2009), 1–11, <http://www.beyondcurrenthorizons.org.uk> (abgerufen am 04.12.2014).

6 Vgl. einführend zu den Phänomenen „Stress" und „Burnout" und auch grundlegend für das Folgende: Thomas Vašek, *Work-Life-Bullshit. Warum die Trennung von Arbeit und Leben in die Irre*

Balance also *ursprünglich* aus der spätmodernen Arbeitskultur und ihrer individuellen Praxis. Thetisch zugespitzt: Die Rede von der Work-Life-Balance reagiert auf die Veränderungen der Arbeits- und Lebenswelt unserer Spätmoderne, und zwar mit einer starken Konzentration auf ihre individuellen Auswirkungen. Das wird sich, wie noch zu zeigen ist, als ein Problem erweisen.

Im Folgenden geht es um den zweiten Schritt der genannten Entwicklung. Im Verlauf der 1990er Jahre fühlen sich in den USA auch Alleinerziehende, ob nun Frauen oder Männer, und Singles von dem Begriff „Work-Life-Balance" angesprochen, schließlich auch Paare. In diesem erweiterten Sinn kommt zeitnah die Work-Life-Balance auch zunehmend in Europa an und auf. Sie wird zum Programm derer, die nicht mehr 60 oder 70 Stunden arbeiten wollen. „Arbeit ist das halbe Leben"[7], wie es im Sprichwort heißt, aber eben auch nicht mehr. 60 oder 70 Stunden sind übrigens nicht grundsätzlich so unglaublich, wie manche(r) denken mag. So betrug in Deutschland im 19. Jahrhundert die Wochenarbeitszeit über 80 Stunden. Im Jahr 1900, nunmehr auch infolge der 6-Tage-Woche, sank sie auf 60 Stunden ab. Und 1918, mit dem Übergang zum 8-Stunden-Tag, ging sie auf 48 Stunden herunter. 1956 setzten die Gewerkschaften die 5-Tage-Woche durch. Und in den folgenden Jahrzehnten nahm die Arbeitszeit weiter ab. Seit 1990 ist es dazu gekommen, dass die Freizeit die Arbeitszeit übertrifft.[8] Das heißt: Die Forderung nach der Work-Life-Balance kommt also dann auf, als man durchschnittlich so wenig arbeitet, wie es anscheinend regelhaft niemals zuvor der Fall war.

---

führt (München: Riemann Verlag/Verlagsgruppe Random House GmbH, 2013), 187–199. Der Begriff „Stress" geht auf den Wiener Mediziner Hans Seyle zurück, der ihn entscheidend geprägt und ihn der Materialphysik entlehnt hat (vgl. *Duden. Deutsches Universalwörterbuch*, unter anderem 62007, „Stress"). Im Jahr 1974 wurde der Begriff „Burnout" von dem New Yorker Psychoanalytiker Herbert Freudenberger übernommen. Er bezeichnete damit den Erschöpfungszustand von Menschen mit „Helfersyndrom". Im internationalen Diagnose-Klassifikationssystem ICD-10, wie es zwischen der Ärzteschaft und den Krankenkassen benutzt wird, ist „Burnout" keine Behandlungsdiagnose, sondern allenfalls eine Zusatzdiagnose (vgl. Nelting, *Burnout* (s. Anm. 4), 27 f.31). Von „Stress" und einer „Depression" ist ein „Burnout" im Einzelnen relativ schwer zu unterscheiden (vgl. Christian Stock, *Burnout. Erkennen und verhindern* (Freiburg i. Br.: Haufe-Lexware, 2011), 6–14). Es gibt bisher noch keine verbindliche medizinische Definition für „Burnout" (vgl. Wolfgang P. Kaschka unter anderem, Burnout – a fashionable diagnosis, *Dtsch. Ärzteblatt*, Int. 2011, 781–787).

7 Collatz/Gudat, *Work-Life-Balance* (s. Anm. 5), 1–7; vgl. auch die diagnostischen Erwägungen bei: Jörg Schindler, *Stadt, Land, Überfluss. Warum wir weniger brauchen als wir haben* (Frankfurt a. M.: FISCHER Taschenbuch, 2014), 89–118.

8 Vgl. Vašek, *Work-Life-Bullshit* (s. Anm. 6), 48 f.60; Christoph Strawe, *Arbeitszeit, Sozialzeit, Freizeit: Ein Beitrag zur Überwindung der Arbeitslosigkeit*, 1994 <http://www.dreigliederung.de> (abgerufen am 01.12.2014).

Dass dennoch eine Work-Life-Balance gefordert wird, zeigt, wie stressig die Arbeit heute wahrgenommen wird. Da die Wirtschaftsproduktivität grundsätzlich keineswegs abgenommen hat,[9] ist das kein Wunder: Was zuvor in deutlich mehr Arbeitsstunden zu erledigen war, muss nunmehr in kürzerer Zeit bewältigt werden, natürlich unter Zuhilfenahme weiterentwickelter Technologie. Doch diese fordert ihren Tribut: Weitverbreitetes Multitasking, Beschleunigung von Informationsvorgängen durch neue Medien wie das Internet und allgemein ein hoher Grad an Flexibilität verursachen Stress und Erschöpfung.[10] Psychische Beschwerden sind dabei häufiger im Dienstleistungsbereich als im Bereich der direkten Industrieproduktion anzutreffen.[11] Wenn man unter einem Burnout versteht, dass ein Mensch aufgrund von anhaltendem Stress sich hilf- und hoffnungslos, verängstigt und leer sowie chronisch übermüdet fühlt und beziehungsweise oder Störungen des Herz-Kreislauf- und Magen-Darm-Systems hat,[12] dann ist nach Studien der deutschen Krankenkassen mindestens ein Drittel der Erwerbstätigen Burnout-gefährdet.[13] Die im Dezember 2014 in Berlin vorgestellte Umfrage des „Deutschen Gewerkschaftsbundes“ [14] etwa ging von einem Viertel der Erwerbstätigen aus.

Die Forderung der Work-Life-Balance hängt also nicht nur – in Anlehnung an Kategorien von Karl Marx formuliert – mit der ökonomischen Basis zusammen, sondern ist auch im Überbau medial wirkmächtig. So titelt die Zeitschrift „Stern“ vom 7. Februar 2013 „Rettet den Feierabend“ und warnt: Das Leben müsse vor dem Job gerettet werden. Die Wochenzeitung „Die Zeit“ vom 17. Januar 2013 diagnostiziert eine neue Sehnsucht, mehr Freizeit haben zu wollen, und stellt das unter den Titel „Puschendeutschland“ – mit der Abbildung von ein paar plüschigen Hausschuhen. Das Wissenschaftsorgan des Deutschen Hochschulverbandes „Forschung und Lehre“ thematisiert in seiner Juliausgabe 2014 die Work-Life-Balance in eingedeutschter Form unter dem Titel „Arbeit und Leben“. Darin findet man den für dieses Organ eher ungewöhnlichen Hinweis auf Jesus, der

---

9 Vgl. zur Einordnung: Stefan Empter, Robert B. Vehrkamp, *Wirtschaftsstandort Deutschland* (Wiesbaden: VS Verlag für Sozialwissenschaften, 2006).

10 Vgl. Vašek, *Work-Life-Bullshit* (s. Anm. 6), 188f. Wenn es um Überstunden geht, dann ist Deutschland in der Euro-Zone führend. Der Unterschied zwischen der tarifvertraglich beschlossenen und der tatsächlich geleisteten Wochenarbeitszeit ist nirgendwo in der Euro-Zone so groß wie in Deutschland, urteilte der EU-Sozialkommissar Lázló Andor im September 2014 (vgl. Christoph B. Schiltz, S. von Bostel, Deutsche machen die meisten Überstunden, *Die Welt* vom 08.09.2014, 1).

11 Vgl. Nelting, *Burnout* (s. Anm. 4), 43.

12 Vgl. Stock, *Burnout* (s. Anm. 6), 15.

13 Vgl. Nelting, *Burnout* (s. Anm. 4), 42f.

14 Vgl. index-gute-arbeit.dgb.de (abgerufen am 05.12.2014).

schon die Vögel dafür gepriesen habe, dass sie leben und essen, obwohl sie nicht arbeiten. Provokativer beschreiben britische Arbeitswissenschaftler in ihrem 2012 erschienenen Buch „Dead Man *Working*" – „Working", nicht „Walking"! – die Arbeitswelt als eine Zone von gleichsam zombiemäßig ihren Job auslebenden Akteuren. Die spätkapitalistische Erwerbstätigkeit kenne keine Grenzen und bringe den Menschen ums Leben. Entsprechend findet sich auf dem Buch-Cover der englischsprachigen Originalausgabe eine Blutlache abgebildet. Und die Sprachgeschichte scheint ihnen Recht zu geben, wenn das germanische „arebeit" Strapazen, das französische „travail" – lateinisch auf „Dreipfahl": „tripalis" zurückgehend – Folter und das slawische „robota" Zwangsarbeit bedeutet, wie der „Roboter" eigentlich nur ein „schwer arbeitender Mensch" ist. Andere Bücher nehmen diesen schlechten Ruf der Arbeit schon im Titel auf. Ich nenne aus der Vielzahl von Sachbuch-Bestsellern, die sich für eine Begrenzung der Arbeit oder sogar für den Ausstieg aus dem Job aussprechen, um das eigene Leben zu retten, nur das Folgende. So hat Volker Kitz 2012 sein Buch „Die 365-Tage-Freiheit. Ihr Leben ist zu wertvoll, um es mit Arbeit zu verbringen" veröffentlicht. Schon das Buch-Cover illustriert die These: Menschliche Selbstverwirklichung sei möglich, aber nur, wenn man sich schnell von seinem Job verabschiede.[15] Man mag seine und ähnliche, weitverbreitete Thesen vielleicht nicht ganz ernst nehmen, doch die Veröffentlichung „Die erschöpfte Gesellschaft" des Psychologen Stephan Grünewald aus dem Jahr 2012 beruht auf mehreren tausend Tiefeninterviews und zahlreichen Studien. Und auch sie weist in die angedeutete Richtung: Viele Erwerbstätige fühlen sich heute bei ihrer Arbeit und durch ihre Arbeit gestresst und erwägen, weniger zu arbeiten, um mehr vom Leben zu haben. Vor allem zeigt die Studie von Grünewald aber: Unruhe, Stress und Erschöpfung unserer Arbeitsgesellschaft sind keineswegs auf die Erwerbstätigen beschränkt. Vielmehr strahlen der Stress und das Effizienzdiktat, denen die Erwerbstätigen unterworfen sind, auch auf deren Familien und andere Gesellschaftsgruppen aus.[16]

Damit sind wir beim dritten Schritt: Die Forderung der Work-Life-Balance wird nunmehr als Lebenskonzept verstanden, das Menschen *vor* und *nach* ihrer Erwerbstätigkeit und auch *ohne* Erwerbstätigkeit betrifft. So nehmen Kinder teil am Arbeitsstress ihrer Eltern, wenn kranke Kinder häufiger als früher in die Kita gegeben werden, weil die Eltern aufgrund des eigenen Berufsdrucks keine andere

15 Vgl. mit Belegen zu den genannten Quellen und zu der Etymologie: Vašek, *Work-Life-Bullshit* (s. Anm. 6), 12f.30f.; *Forschung & Lehre* 21 (7/2014), Arbeit und Leben, 535.

16 Vgl. Stephan Grünewald, *Die erschöpfte Gesellschaft. Warum Deutschland neu träumen muss* (Frankfurt a.M.: Campus Verlag, 2013), 7–28.106–156. Vgl. ähnlich auch: Nelting, *Burnout* (s. Anm. 4), 167–201; Alain Ehrenberg, *Das erschöpfte Selbst. Depression und Gesellschaft in der Gegenwart* (Berlin: Suhrkamp Verlag, 2008).

Lösung sehen. Das Effizienzstreben zeigt sich darüber hinaus, wenn Kinder nach einem Kita-Ganztagsplatz noch zahlreiche Aktivitäten wahrnehmen. In der Schule empfinden viele Beteiligte aufgrund verkürzter Schulzeit ihren Alltag zunehmend als stressig; Freizeitaktivitäten an Feiertagen und Zusatzförderungen kommen hinzu. Schule – das ist heute für weite Teile der Lehrer-, Schüler- und Elternschaft vor allem Stress und Druck. Und im Studium führt die Bologna-Reform – mit Reizwort der „Modularisierung" – zu einer stärkeren Überprüfung von Leistungen bei kürzeren Studienzeiten.[17] Auch nach der Erwerbsarbeit tritt keineswegs der Ruhestand ein. Wie Grünewald in seiner Studie belegt, sind Senioren heute im vermeintlichen Ruhestand rastlos. Das hat auch mit inneren Einstellungen zu tun, die sich von Veränderungen der Arbeitswelt nicht ganz abkoppeln lassen. So halten die 68er, die 68 werden, an der Möglichkeit des Aufbruchs fest. Das Bild vom Rentner auf der Parkbank wird als trostlos empfunden und das Idealbild entworfen, mit 66 Jahren finge das Leben erst richtig an, wie Udo Jürgens schon seit 1977 gesungen hat. Doch anders als Udo Jürgens meint(e), ist der Stress mit dem Beruf eben nicht vorbei: Heute stehen Menschen nach dem Erwerbsleben unter dem Druck, mithilfe von Sport, gesunder Ernährung und verschiedenster Aktivitäten bis ins hohe Alter hinein dem Idealbild des immer agilen Menschen zu entsprechen.[18] Besonders betroffen vom Burnout sind Erwerbslose. Zwar haben sie keine Arbeit, die zur Forderung einer Work-Life-Balance führen könnte. Doch Erwerbslose sind gerade von der Arbeit gestresst, die sie nicht haben. Hier ist an die Studie „Die Arbeitslosen von Marienthal" aus dem Jahr 1933 zu erinnern. Diese klassische Pionierstudie empirischer Sozialforschung untersucht die Situation der Menschen in Marienthal (nahe Wien), in dem in den 1930er Jahren infolge der damaligen Weltwirtschaftskrise ungefähr 75 % der Familien von Arbeitslosenunterstützung abhängig waren. Ihr Fazit lautet: Es gibt fast nichts, was Menschen so resignieren und ihr Leben so sinnentleert empfinden lässt wie die Tatsache, keine Arbeit zu haben: Arbeit strukturiert den Tag, Arbeit bringt Sozialkontakte, Arbeit stiftet Sinn und Identität.[19] Eindrucksvoll wird dies von der genannten DGB-Studie vorgeführt: Arbeit ist entscheidend für den Einzelnen, um sich in der sozialen, sinnstiftenden Dimension seiner selbst zu vergewissern. Laut DGB-Studie identifizieren sich 87 % der Erwerbstätigen mit ihrem Beruf und 69 % haben den Eindruck, „dass sie mit ihrer Arbeit einen wichtigen Beitrag für die Gesellschaft

---

17 Vgl. grundsätzlich zu diesen Phänomenen auch: Jürgen Kaube, *Im Reformhaus. Zur Krise des Bildungssystems* (Springe: zu Klampen Verlag – zu Klampen & Johannes GbR, 2015), 7–35.75–112; Dieter Lenzen, *Bildung statt Bologna!* (Berlin: Ullstein eBooks, 2014), 41–103.

18 Vgl. Grünewald, *Gesellschaft* (s. Anm. 16), 106–118.

19 Vgl. Marie Jahoda, Paul F. Lazarsfeld, Hans Zeisel, *Die Arbeitslosen von Marienthal* (Berlin: Suhrkamp Verlag, 1975) (Neuauflage).

leisten"; für DGB-Chef Reiner Hoffmann ist diese Motivation „ein Wettbewerbsvorteil für Deutschland".[20] Doch auch die Alltagsfrage „Und was machen Sie?" verrät die basale Bedeutung von Arbeit. Denn als Antwort erwartet man den Beruf des Gefragten. Verständlicherweise setzen wir voraus: Was wir sind, lässt sich nicht ganz davon trennen, was wir regelmäßig und hauptsächlich tun.

Letzteres gilt freilich nicht nur für die Erwerbstätigkeit. Im Fall einer Familie mit Kindern werden zum Privatleben etwa Partnerschaft und Kindererziehung, Hausarbeit und Freizeitaktivitäten gezählt. Dabei steckt nicht nur im Begriff „Hausarbeit" der Begriff der Arbeit. Man kann auch Kindererziehung als Erziehungs*arbeit* auffassen, Freizeitaktivitäten durchaus als Ehrenamts*arbeit* ausüben und die Partnerschaft als Beziehungs*arbeit* ansehen. Alles scheint Arbeit zu sein können. Dies hatte der Intellektuelle und Schriftsteller Ernst Jünger schon 1932 in seinem Essay „Der Arbeiter" hellsichtig feststellt. Jünger gilt die Gegenwart als Beginn einer neuen Epoche von umfassendem Arbeitscharakter, auch wenn Jünger noch nicht gerade vorrangig die Hausarbeit für Männer im Blick hatte. Wie das Titelbild der Erstausgabe verrät, hat der Soldat und Insektenkundler, der Jünger auch war, einen soldatisch organisierten Ameisenstaat im Auge, der in den verhängnisvollen Jahren um 1933 – politisch hochproblematisch – als attraktiv galt.[21] Doch wenn alles Arbeit sein kann, was unterscheidet dann die Erwerbsarbeit von privaten Tätigkeiten? Die Antwort ist ebenso basal wie naheliegend: Es ist grundsätzlich die Bezahlung, die Entlohnung. Insofern ist die Work-Life-Balance elementar mit der Frage verknüpft: Wie ist die Entlohnung mit gesellschaftlicher Anerkennung verbunden? Das Schlagwort „Anerkennung" deutet hier theoretische Dimensionen an, auf die ich noch zurückkommen werde. Doch fragen wir zuvor:

2 Was hat protestantische Arbeitsethik mit der Work-Life-Balance zu tun?

Die Work-Life-Balance ist aus zwei Gründen ein Thema protestantischer Arbeitsethik.

Der erste Grund ist basal: Wenn protestantische Arbeitsethik aktuell sein möchte, und es ist ihr programmatischer Anspruch, normativ gehaltvoll zu sein,

---

20 Vgl. mit Belegen: Anne-Beatrice Clasmann, Hochmotiviert bei der Arbeit, *Cellesche Zeitung* vom 05.12.2014.

21 Vgl. Ernst Jünger, *Der Arbeiter. Herrschaft und Gestalt* (Stuttgart: Klett-Cotta, 1982), bes. 89–306.

dann muss sie sich auf aktuelle Problematiken einlassen, wie sie mit der geforderten Work-Life-Balance verbunden sind. „Normativ gehaltvoll" – das heißt: Man soll nicht einfach wünschenswerte Normen für eine bestehende Gesellschaft aufstellen, die man ihr dann abstrakt entgegenhält. Vielmehr muss deutlich werden, wie Veränderungen in der bestehenden Gesellschaft sich bereits anbahnen und worin ihre bisher noch nicht verwirklichten Möglichkeiten liegen.[22]

Der zweite Grund ist historisch, aber darin durchaus von systematischer Bedeutung: In der Forderung einer Work-Life-Balance begegnet die protestantische Arbeitsethik sich selbst, und zwar in einer zweideutigen, gleichsam halbierten Gestalt. Protestantische Arbeitsethik begegnet nämlich den Folgen eines Kapitalismus, der seine protestantische Eigenart und damit verbundenen Begrenzungen abgestreift hat und so die Forderung einer Work-Life-Balance provoziert. Kein Geringerer als Max Weber, der berühmte Heidelberger Nationalökonom und einer der Begründer der modernen Soziologie in Deutschland, ist hier zu nennen. Er hat nicht nur den Begriff der protestantischen Arbeitsethik geprägt, sondern hat zu ihr wirkmächtig eine klassische These formuliert.[23] Ihren vermutlich elementarsten Niederschlag findet diese These in dem 1961 verfassten Kirchenlied „Danke für diesen guten Morgen" und dessen Textzeile „Danke für meine Arbeitsstelle".[24]

Ihr ungleich komplexerer Kern findet sich in Webers Studie „Die protestantische Ethik und der Geist des Kapitalismus" aus den Jahren 1904/05. Webers sogenannte Protestantismusthese besagt: Der Calvinismus beeinflusst grundlegend die Entstehung des modernen Kapitalismus: Die calvinistische Lehre von der Gnadenwahl beinhaltet eine innerweltliche Askese, die im Sinn eines bürgerlichen Berufsethos hervorragend zum Kapitalismus passt. Mit der Zeit verblasst die religiöse Jenseitigkeit zugunsten einer gewinnorientierten Diesseitigkeit. Und so sind wir alle unweigerlich Berufsmenschen, die in den Kapitalismus hineingeboren werden. Was ist gemeint? Weber kann von der Frage ausgehen, wie Protestantismus und moderner Kapitalismus zusammenhängen. Weber dreht dabei –

22 Vgl. Axel Honneth, „Die Pointe der Anerkennung. Eine Entgegnung auf die Entgegnung" in: *Umverteilung oder Anerkennung. Eine politisch-philosophische Kontroverse*, hg. v. Nancy Faser, Axel Honneth (Berlin: Suhrkamp Verlag, 2003), 271–305, 295. Vgl. zur Literatur der protestantischen Arbeitsethik (mit weiteren Literaturangaben): Günter Brakelmann, *Zur Arbeit geboren? Beiträge zu einer christlichen Arbeitsethik* (Bochum: SWI Bochum, 1988); Ulrich H. J. Körtner, *Evangelische Sozialethik. Grundlagen und Themenfelder* (Stuttgart: UTB GmbH, 1999), 303–326; Nils Ole Oermann, *Anständig Geld verdienen? Eine protestantische Wirtschaftsethik* (Gütersloh: Gütersloher Verlagshaus, 2014).

23 Vgl. auch den Überblick: Hans-Peter Müller, *Max Weber. Eine Einführung in sein Werk* (Stuttgart: UTB GmbH, 2007), 76–106.

24 EG 334.

in gewisser Weise – die Marx'sche These um, dass das Sein das Bewusstsein bestimmt. „In gewisser Weise" heißt: Weber zufolge gibt es keine einlinige Kausalität im Sinn von „Erst Reformation, dann automatisch daraus folgend der Kapitalismus". Doch es gibt einen engen Zusammenhang der Beeinflussung. Das protestantische Arbeitsethos besagt nämlich: Wir arbeiten nicht, um zu leben. Vielmehr leben wir, um zu arbeiten. Die Berufsarbeit wird zum Selbstzweck. So hat Luther den weltlichen Beruf rechtfertigungstheologisch aufgewertet und die Erfüllung von Pflichten innerhalb des weltlichen Berufes zum wahren Gottesdienst im Alltag der Welt erklärt. Dabei bleibt freilich bei Luther ein stark traditionalistisches Moment, wenn der weltliche Beruf als göttliche Fügung bestimmt wird, die der Mensch hinzunehmen hat. Dies wird nach Weber von Johannes Calvin überboten. Die calvinistische Lehre von der Gnadenwahl übertrifft die bei Luther angelegte Weltfrömmigkeit. Nach dieser calvinistischen Lehre kann dem Individuum kein kirchliches Heil mehr helfen. Denn Gott hat endgültig in seinem ewigen Ratschluss vorherbestimmt, wer erwählt und wer verworfen ist. Was man als Mensch für sich zu klären hat, das ist die Frage, ob man selbst erwählt oder verworfen ist. Das zeigt sich wiederum am Erfolg der Berufsarbeit. Damit aber wird die Welt radikal entzaubert. Sie wird der fast uneingeschränkten Bearbeitung durch den Menschen überlassen. Nun möchte der Mensch sich durch den Erfolg seiner Berufsarbeit der Seligkeit vergewissern. Das heißt: Der Mensch lebt, um zu arbeiten, und die Früchte seiner Arbeit verprasst oder genießt er nicht, sondern kann sie als Unternehmer wiederum in Produktionsmittel reinvestieren, die zu noch weiterem Erfolg und umso größerer religiöser Vergewisserung führen. Diese Einstellung zur Arbeit als Beruf gilt aber nicht nur für den Unternehmer, sondern auch für den modernen Arbeiter. So entsteht der moderne Kapitalismus, der das Abendland bestimmt. Und so sind wir heute alle Berufsmenschen, die wir in dieses kapitalistische Triebwerk hineingeboren werden. Wie ein stahlhartes Gehäuse umschließt es uns ungefragt.[25]

Diese These von Weber über den Zusammenhang von Protestantismus und Kapitalismus provozierte und provoziert eine Grundlagendebatte, deren Kontroversen andauern. Es gibt hier eine Reihe von Gegeneinwänden. Zwei wichtige Hauptkritikpunkte sind: Weber führt erstens wirtschaftliche Umwälzungen zu

25 Vgl. Max Weber, *Die protestantische Ethik und der Geist des Kapitalismus* (Erftstadt: AREA Verlag, 2006), bes. 66–162; vgl. Müller, *Weber* (s. Anm. 23), 76–106; Markus Lilienthal, „Interpretation. Max Weber: Die protestantische Ethik und der Geist des Kapitalismus" in: *Interpretationen. Hauptwerke der Sozialphilosophie*, hg. v. Gerhard Gamm, Andreas Hetzel, Markus Lilienthal (Ditzingen: Reclam, Philipp, jun. GmbH, Verlag, 2001), 94–107; Jan Rohls, *Protestantische Theologie der Neuzeit II. Das 20. Jahrhundert* (Tübingen: Mohr Siebeck, 1997), 124f.

sehr auf ideelle Motive zurück.[26] Zweitens kann seine umfassende These historisch-empirisch nicht bewahrheitet oder widerlegt werden. Es ist festzuhalten, dass man von Webers „unwiderlegbaren Fehlkonstruktionen" spricht.[27] Damit ist indirekt auch angedeutet, dass Weber etwas Richtiges erfasst hat. So kann man zustimmend feststellen: Weber erkennt den Zusammenhang von religiöser Hochschätzung innerweltlicher Askese und der Ausbildung eines an wirtschaftlicher Wirkkraft orientierten Ethos. Das heißt schlicht: Wer aus religiösen Gründen bescheiden und sparsam ist und gleichzeitig sehr viel arbeitet, der verschreibt sich und sein Leben der Arbeit. Die Folge ist, wie wir über Weber hinaus aus heutiger Sicht hinzufügen dürfen: Die Work-Life-Balance ist gefährdet.

Doch die protestantische Arbeitsethik ist nicht nur ein wesentlicher Faktor, der zu der Problematik der modernen Arbeitsgesellschaft führt, sondern sie markiert auch gegenüber der Zeit davor einen Einschnitt. Während das moderne Verständnis die Arbeit offenbar verabsolutieren kann, ist das Verständnis der Antike dem entgegengesetzt. Der eigentliche, freie Mensch ist hier dadurch definiert, dass er nicht arbeitet; dies haben in Griechenland die Handwerker und Sklaven zu tun. Nach Platon und Aristoteles ist die Handarbeit eines freien Mannes unwürdig, wenn er seine wahre Bildung in der Teilnahme am Leben der Polis und im Umgang mit der kontemplativen Philosophie erhalten soll.[28] In unserer Spätmoderne denkt noch Hannah Arendt in ihrer Studie „Vita activa" aus dem Jahr 1960 mit gewissen Einschränkungen in diesen Bahnen: Nicht die Arbeit beziehungsweise das Herstellen von Dingen, sondern das politische Handeln ist die vornehmste Tätigkeit des Menschen.[29]

In der Antike wird diese von Arendt aufgenommene Ansicht durch das Christentum verändert. Zwar ist Arbeit nach dem Sündenfall auch mit großer Last und unseligen Folgen verbunden, doch schon dem Menschen im Paradies ist die Arbeit gegeben, wenn er den Garten Eden behüten und bebauen soll. In den frühchristlichen Gemeinden gilt das Wort des 2. Thessalonicherbriefes (3,10) „Wer nicht arbeiten will, soll nicht essen", das es übrigens bis in die „Stalin-Verfassung" der Sowjetunion vom Dezember 1936 brachte: „Die Arbeit ist in der UdSSR Pflicht und Ehrensache eines jeden arbeitsfähigen Bürgers nach dem Grundsatz,

---

26 Vgl. so zum Beispiel: Richard Sennett, *Der flexible Mensch. Die Kultur des neuen Kapitalismus* (München: btb Verlag, 1998), 141 f.

27 Heinz Steinert, *Max Webers unwiderlegbare Fehlkonstruktionen: Die protestantische Ethik und der Geist des Kapitalismus* (Frankfurt a. M.: Campus Verlag, 2010).

28 Vgl. mit Belegen: Helmut Thielicke, *Theologische Ethik II/1* (Tübingen: Mohr Siebeck, 1959), 397 f.

29 Vgl. Hannah Arendt, *Vita activa oder Vom tätigen Leben* (München: Piper Taschenbuch, 2014), bes. 7–32.375–415.

Wer nicht arbeitet, soll nicht essen". Doch nicht nur im frühen, sondern auch im mittelalterlichen Christentum wird die Arbeit geschätzt. „Ora et labora", „bete und arbeite" – dafür steht der Benediktinerorden, der weite Teile Europas kultiviert hat. Sogar der sogenannte Bettelorden der Franziskaner hat mit Franz von Assisi einen Gründer, der in seinem Testament die Mönche auf Arbeit verpflichtet. Selbst die Scholastik, also die mittelalterliche Schultheologie, die sich vom griechischen Wort für Muße und Bildung ableitet, nämlich *scholé*, versteht darunter eine geistige Tätigkeit, die grundsätzlich daneben eine körperliche Betätigung zulässt. Besonders im 14. und 15. Jahrhundert steigt dann die Arbeit – auch im Zuge der Ausbildung eines städtischen Bürgertums – im Ansehen. Doch noch in der frühen Neuzeit definieren sich Menschen nicht über ihre berufliche Arbeit, sondern ihre ständische Familienzugehörigkeit.[30]

Das ändert sich, wie soeben mit Max Weber gezeigt, unter religiösen Vorzeichen mit der protestantischen Arbeitsethik. Sowohl Martin Luther als auch Johannes Calvin meinen, dass der Mensch aus Glauben gerecht wird und nicht durch gute Werke selbst zu Gott kommt. Das schließt freilich keine Arbeit aus. Vielmehr gilt: Wer erfahren hat, dass Jesus Christus für einen im Glauben alles getan hat, der kann in der Liebe für den anderen nicht genug tun und wird darum seinen weltlichen Beruf als göttliche Berufung ausüben. Das Wort „Beruf" ist von Luther geprägt. Allerdings streicht Luther ebenso heraus: Die Arbeit ist begrenzt, nämlich durch den Feiertag. Durch das Ruhen kann sich der Mensch seines Gottes gewiss sein. Warum? Weil Luther der Meinung ist, dass Gottes rechtfertigende Kreativität und damit sein alleiniges Schöpfertum[31] uns besonders dann erreicht, wenn wir zur Ruhe kommen. Und so habe Luther, wird berichtet, als Melanchthon in seiner Gegenwart bei Tisch während des gemeinsamen Essens geschrieben habe, Melanchthon ermahnt: „Man dient Gott auch mit Ruhen, ja mit nichts mehr als Ruhen".[32] – Nun, dass heute gerade der Feiertag immer mehr durch verkaufsfördernde Sonderregelungen eingeschränkt wird, in denen manche Menschen wiederum dessen eigentlichen Erholungswert erkennen, zeigt nicht nur die unheilsame Einebnung des Unterschieds von Alltag und Feiertag. Es verstärkt vielmehr auch die Frage, wie heute eine protestantische Arbeitsethik im Alltag aussehen könnte.

---

30 Vgl. mit Belegen: Thielicke, *Ethik* (s. Anm. 28), 396–402; Vašek, *Work-Life-Bullshit* (s. Anm. 6), 37–50.

31 Vgl. Paul Althaus, *Die Ethik Martin Luthers* (Gütersloh: Gütersloher Verlagshaus G. Mohn, 1965), 105–108.

32 WA Br 5, 317, 40. Vgl. zu den Umständen und Überlieferungstraditionen: Althaus, *Ethik* (s. Anm. 31), 108.

3 Taugt die Work-Life-Balance als Programm protestantischer Arbeitsethik?

Drei Aspekte erscheinen mir hier wichtig, die aufeinander aufbauen. Erster Aspekt: Das Anliegen der Work-Life-Balance ist gut nachvollziehbar. Doch ihre Konzeption ist problematisch. Zweiter Aspekt: Gute Arbeit hat mit der Möglichkeit von Kreativität zu tun; dies erscheint allerdings nur bedingt praktikabel. Dritter Aspekt: Ein normativ gehaltvolles und bild(ungs)theoretisch fundiertes Konzept von Anerkennung ist plausibel.

Zum ersten Aspekt. Das Anliegen der Work-Life-Balance zielt darauf ab, Arbeit so in das Leben zu integrieren, dass der Mensch mit sich selbst in einem relativen Einklang ist. Das ist verständlich und gut nachvollziehbar. Doch die Durchführung des Konzepts ist unzulänglich, da sich Arbeit und Leben nicht auf einer Ebene befinden und sachlich Arbeit eine soziale, sinnstiftende Funktion hat. Das heißt: Schon begrifflich lässt sich kein Gleichgewicht von Arbeit und Leben herbeiführen, weil es sich nicht um zwei Phänomene handelt, die auf einer Ebene verhandelt werden können. Denn die Arbeit ist ein Teil des Lebens und wird vom Leben umfasst.[33] Zudem gilt mit der genannten Studie „Die Arbeitslosen von Marienthal“, die von der ebenfalls genannten DGB-Studie bestätigt wird: Arbeit ist entscheidend für den Einzelnen, um sich in der sozialen, sinnstiftenden Dimension seiner selbst zu vergewissern. Folglich kann es nicht, wie die Work-Life-Balance meint, darum gehen, in erster Linie mehr Freizeit zu fordern, sondern Arbeit als Chance wahrzunehmen: Nicht weniger, sondern bessere Arbeit ist zu fordern.[34] Das schließt ganz protestantisch einerseits eine Hochschätzung des Feiertags und eine Begrenzung von Arbeit ein, andererseits wird man so der protestantischen Einschätzung von Arbeit als Gottesdienst im Alltag der Welt gerecht, ohne dass die Forderung „Nicht weniger, sondern bessere Arbeit!“ als exklusiv protestantisch missverstanden werden muss. Doch was ist gute Arbeit?

Das führt zum zweiten Aspekt: Es ist die Kreativität, eine gewisse Muße und Bildung – *scholé* – mit der Möglichkeit, Einfälle zu haben, welche die Arbeit attraktiv und letztlich auch effizient machen, wie man mit Grünewalds genannter Studie „Die erschöpfte Gesellschaft“ sagen kann. Gute Arbeit hat danach Strukturen, die arbeitspsychologisch sogenannte „Flow“-Erfahrungen hervorbringen, also Zustände positiver Anspannung, bei denen Menschen schöpferisch mit ihrer Arbeit verschmelzen. Projektbegeisterung und Zeitoffenheit, Frei- und Über-

33 Vgl. so auch: Vašek, *Work-Life-Bullshit* (s. Anm. 6), 11–28.
34 Vgl. ebd.

gangsphasen, Eigenverantwortung und Initiative, Entfaltungsmöglichkeiten, spielerische Erprobung und Weiterbildung lauten die Stichworte einer arbeitswissenschaftlichen Stoßrichtung, die sich zu den Vorgaben einer sozialistischen Planwirtschaft ebenso kritisch verhält wie zu kapitalistischen Arbeitskulturen, die einseitig an Formalisierung und *Controlling* interessiert sind.[35] Das Problem ist: Kreativität hat nur bedingt etwas mit „normaler" Arbeitswelt zu tun; und unklar erscheint es, wie man das ändern kann. Wenn die Kunst als Ort des Schöpferischen, des Kreativen unser Verständnis von Arbeit bestimmen soll, erscheint dies utopisch und extravagant. Hat das Kreative, Schöpferische nicht relativ wenig mit der normalen Arbeitswelt zu tun? Ist der Künstler – man denke nur an das regelmäßige und frühe Aufstehen – nicht die bis zur Karikatur überzeichenbare Alternative zum Erwerbstätigen der bürgerlich-kapitalistischen Arbeitswelt? Und selbst wenn es nicht so sein sollte: Wie könnte man in der kapitalistischen Arbeitswelt das Schöpferische verankern, wenn sie sich dagegen sträubt? Verschärft wird dies, wenn man daran denkt, dass ein wachsender Bevölkerungsteil nur noch darum kämpft, überhaupt Zugang zum Arbeitsmarkt zu haben, der dann wiederum seine Bedingungen diktieren kann. Die Berufungen auf einen jenseitigen, partikularreligiös zugänglichen Gott oder auch eine universale Moral ohne Motivation aus der Dynamik wirtschaftlicher Binnenverhältnissen wirken heute hier hilflos. Sie bleiben abstrakt und sind damit nicht im vorhin skizzierten Sinn normativ gehaltvoll. Doch – ist das alles?

Ich komme zum dritten Aspekt: Ein normativ gehaltvolles Konzept von Anerkennung ist plausibel. Die Grundidee besagt: Der kapitalistische Arbeitsmarkt muss eine soziale Integration vollbringen; andernfalls verliert er die Akzeptanz, die er braucht, um zu funktionieren. Dann haben wir es aber nicht nur mit Arbeit, sondern auch mit deren Anerkennung zu tun. Dies schließt kontrafaktische Normen ein, die alternative Spielräume eröffnen. Das ist der Ansatz, den Axel Honneth, der Habermas-Nachfolger in der Frankfurter Schule seit seiner 1992 veröffentlichten und inzwischen in siebter Auflage erschienenen Habilitationsschrift „Kampf um Anerkennung" vertritt. Dabei beruft sich Honneth besonders auf Hegel. Der Clou dieses Modells ist es, an die internen Dynamiken des Kapitalismus anzuknüpfen. Der Kern dieser im Einzelnen komplizierten Theorie ist einfach. Menschen im erwerbsfähigen Alter sollen arbeiten und haben dabei Anspruch auf einen gerechten Lohn und einen sinnvollen Arbeitsplatz. Wenn dies nicht der Fall ist, also der Lohn grundsätzlich zu niedrig oder – vielleicht sogar noch zugleich – die Arbeit sinnentleert ist, dann unterminiert das auf Dauer die wechselseitige Anerkennung in der Gesellschaft und sprengt damit letztlich das

35 Vgl. Grünewald, *Gesellschaft* (s. Anm. 16), 157–178.

System. Der kapitalistische Arbeitsmarkt gehorcht also nicht nur wirtschaftlicher Effizienz. Er muss auch eine soziale Integration vollbringen, andernfalls verliert er seine Akzeptanz. Und darum gibt es grundsätzlich eine gesellschaftliche Tendenz auf die wechselseitige Anerkennung von Menschen. Dabei ist diese Anerkennung, so Honneth, in übergreifenden Zusammenhängen zu sehen, die sorgfältig austariert werden müssen und einen ständigen Kampf um Anerkennung einschließen. Konkret sind für Honneth soziale Asymmetrien der Ausgangspunkt. Doch soziale Ungleichheiten leben indirekt davon, dass sie nur dann akzeptiert werden, wenn sie als Übergangserscheinungen angesehen werden können. Soziale Ungleichheit wird nur dann nicht zu der Zerstörung gesellschaftlichen Zusammenhalts führen, wenn diese Ungleichheit als etwas annehmbar ist, was sich ändern lässt, und zwar mit dem nie ganz realisierbaren, aber darin orientierenden Ziel: Es ist eine wechselseitige Anerkennung anzustreben, von deren Normativität – ob nun bewusst oder unbewusst – eine Gesellschaft lebt.[36]

Wem das zu abstrakt oder zu utopisch erscheint, der kann an das Konzept der „Menschenwürde" denken: Obwohl wir wissen, dass ständig auf der Welt die Menschenwürde verletzt wird und sie somit kontrafaktisch ist, halten wir an ihr fest und wollen sie faktisch keinem Menschen absprechen. Und auch das funktioniert nur in wechselseitiger Anerkennung, weil letztlich allein Menschen untereinander sich als Menschen anerkennen können.

Das auf Hegel zurückgehende Konzept der kontrafaktischen Anerkennung von Honneth wird lebhaft, auch international, diskutiert und erfreut sich seinerseits einer relativ breiten Anerkennung,[37] es gibt aber auch Kritik. Die wichtigsten Einsprüche finden sich in der Kritik der New Yorker Politikwissenschaftlerin Nancy Fraser. Sie meint: Honneth argumentiert „kulturalistisch", verhindert so eine Umverteilungsdebatte (von oben nach unten) und spielt tendenziell die materiellen Aspekte der Arbeit herunter. Damit ist gemeint: Honneth würde mithilfe seines hegelianischen Ansatzes die Notwendigkeit aktiver Umverteilung überspielen, indem er den Anerkennungsbegriff kulturell so auflädt, dass dieser praktisch nichts mehr austrägt und die gegenständlichen Probleme der Arbeit zu kurz kommen. Auf diese Kritik hat Honneth geantwortet, dass für ihn gerade die Umverteilung von Geld eine Form von gesellschaftlicher Anerkennung ist und eine bloße Forderung nach Umverteilung zu simpel ist. Außerdem würde die in

36 Vgl. Axel Honneth, *Kampf um Anerkennung. Zur moralischen Grammatik sozialer Konflikte* (Berlin: Suhrkamp Verlag, 2012).

37 Vgl. Honneth, *Kampf* (s. Anm. 36), 305–341.

der Sphäre des Sozialen anzusiedelnde Anerkennung keineswegs das Materielle ausschließen, sondern voraussetzend einschließen.[38]

Meine Anfrage an Honneth ist etwas anders gelagert, wobei ich den Aspekt von Fraser aufgreife, wie es um die Aktivität der Veränderung steht: Mir scheint bei grundsätzlicher Zustimmung zu Honneth die Rückbindung an das Bewusstsein des Einzelnen etwas zu abstrakt. In Überbietung von Karl Marx und Jürgen Habermas nicht die revolutionäre Arbeiterklasse und nicht den kommunikativen Idealdiskurs als Subjekt der Veränderung zu identifizieren, wie Honneth es tut, hat etwas für sich. Doch woher soll das kreative Handeln stammen, das zur Veränderung führt? Auch Anerkennung ist nicht etwas, das sich über bloße Sozialität notwendig selbst verwirklicht. Es bedarf der Anbindung an die – intersubjektiv immer schon verflochtene – Individualität.

Eine interessante Anregung bietet die Studie „Gesellschaft als imaginäre Institution" des griechisch-französischen Philosophen Cornelius Castoriadis aus dem Jahr 1971: Danach ist die Imagination, die Einbildungskraft des Menschen entscheidend, die immer wieder als Bildvermögen zum Entwurf einer Gegenwelt anreizt. Man darf hier allerdings auch nicht *alles* auf eine fast mythologisch aufgeladene Einbildungskraft setzen und alles Institutionelle als reaktionär verdächtigen, wozu bei Castoriadis die Tendenz besteht. Damit hätte man die faktische Vernunft des Institutionellen verfehlt.[39]

Ich möchte daher dafür plädieren, Honneths Anerkennungskonzept mit dem Hinweis auf Castoriadis bildtheoretisch an das Individuum zurückzubinden. Dann gilt: Die wechselseitige Anerkennung, auf die als kritischer Grenzbegriff die Gesellschaft sich entwickelt, lebt davon, dass Menschen aufgrund ihres Bildvermögens zum Entwurf einer realisierbaren Gegenwelt angereizt werden. Schlicht gesagt: Die Welt könnte anders, besser sein, und sie wäre es, wenn wir untereinander uns immer mehr dem Zustand annähern würden, einander anzuerkennen. Nicht zufällig, sondern aus sachlichen Gründen hängt das Wort „Einbildung" mit dem der „Bildung" zusammen. Bildung in umfassender – affektiver wie kognitiver – Weise sensibilisiert für Anerkennung und kann zu einem Medium

---

38 Vgl. Nancy Fraser, Axel Honneth, *Umverteilung oder Anerkennung. Eine politisch-philosophische Kontroverse* (Berlin: Suhrkamp Verlag, 2003).

39 Vgl. Cornelius Castoriadis, *Gesellschaft als imaginäre Institution. Entwurf einer politischen Philosophie* (Berlin: Suhrkamp Verlag, 1990), 9 – 15.196 – 282.559 – 609. Vgl. dazu: Gerhard Gamm, „Interpretation. Cornelius Castoriadis: Gesellschaft als imaginäre Institution" in: *Interpretationen. Hauptwerke der Sozialphilosophie*, hg. v. Gerhard Gamm, Andreas Hetzel, Markus Lilienthal (Ditzingen: Reclam, Philipp, jun. GmbH, Verlag, 2001), 173 – 194.

derselben werden.[40] Wechselseitige Wertschätzung unter Menschen gelingt grundsätzlich einfacher, wenn sie sich so weit kultiviert haben, dass sie achtsam ihre soziale Umwelt einbeziehen.[41]

Was folgt daraus? Protestantische Arbeitsethik kann in einem normativ gehaltvollen und bild(ungs)theoretisch fundierten Anerkennungskonzept ihren programmatischen Ausdruck finden. Zugespitzt gilt dann: Statt Work-Life-Balance ist formelhaft die „gebildete Anerkennung" zu fordern. Letztere könnte man vielleicht übersetzt als „developed acknowledgement" bezeichnen. Anerkennung als Leitbegriff einer protestantischen Arbeitsethik zu identifizieren, fällt grundsätzlich nicht schwer: Nicht nur hat sich Hegel als Lutheraner verstanden, sondern es ist auch theologisch vielfach betont worden, dass Luthers Rechtfertigungslehre auf eine Anerkennungstheorie des Menschen in seinem Gottes-, Welt- und Selbstverhältnis hinausläuft, und zwar mit der Pointe: Im protestantischen Glauben wird realisiert, dass Gott die – grenzdialektisch darin stets kritisch auf ihn bezogene – Eigenständigkeit der Welt anerkennt, wie diese in Gott als ihrem Grenzbegriff vor Selbstverabsolutierungen geschützt wird. Theologisch ist daran der lutherische Ansatz, der zwischen Gott und Welt unterscheidet. In der Gegenwart hat dies – in Aufnahme von Einsichten, die Gerhard Ebeling vertreten hat – besonders der Bonner Sozialethiker Martin Honecker herausgestrichen: Danach befreit der christliche Glaube zur Weltlichkeit. Denn die Welt hat in sich die Tendenz, sich selbst zu verabsolutieren. Die zu ihrer wahren, relativen Weltlichkeit befreite Welt ist das Ziel evangelischer Sozialethik. Allerdings kann die Welt sich in kritischer Selbstbegrenzung auch selbst ethisch orientieren. Doch die Theologie hat eine besonders ausgeprägte, kritische Sensibilität für die Relativität der Welt. Was die Theologie letztlich für unser Leben positiv beisteuert, sind Motivationsimpulse für die Praxis, die allerdings selbst keiner (christlichen) Sondergruppenhermeneutik verpflichtet ist.[42] Für eine protestantische Arbeitsethik in kirchlicher Verantwortung kann dies meines Erachtens bedeuten, in der Binnenlogik der Erwerbsgesellschaft an die kontrafaktischen Bedingungen an-

---

40 Vgl. in dieser Fluchtlinie auch: Martina Kumlehn, Thomas Klie, „Seh- und Spielarten der Dynamik des Unsichtbaren als Impulse (religiöser) Bildungsprozesse" in: *Un/sichtbar. Wie Bilder un/sichtbar machen*, hg. v. Philipp Stoellger (Würzburg: Königshausen & Neumann, 2014), 111–127.

41 Dies ist nicht als Plädoyer für einen „Akademisierungswahn" zu verstehen. Vgl. kritisch dazu: Julian Nida-Rümelin, *Der Akademisierungswahn. Zur Krise beruflicher und akademischer Bildung* (Hamburg: Edition Körber, 2014).

42 Vgl. Martin Honecker, *Einführung in die Theologische Ethik* (Berlin: de Gruyter, 1990). Inwiefern dies wiederum mit dem Bemühen persönlicher Spiritualität in Einklang zu bringen ist, vgl. etwa: Gregor Wilbers, *Sinnfindung im Beruf* (Bielefeld: Inspire! Verlag, Kamphausen Media, 2005), bedürfte der ausführlichen Diskussion.

zuknüpfen, die dazu führen, dass Menschen in ihrer Arbeit anerkannt werden. Dabei spielt die protestantisch seit jeher hochgeschätzte und in ihrer Bedeutungsweite verstandene „Bildung“ eine maßgebliche Rolle.

Für die Kirche heißt das, dass sie mit ihren berechtigen Forderungen nach humaner Arbeit dann glaubwürdig ist, wenn sie selbst beispielhaft eine solche Kultur der Anerkennung immer mehr aus-*bildet*. Das schließt die Einsicht in die sinnstiftende Dimension von Arbeit und ihre Begrenzung durch den Feiertag ein.[43] Und die Kirche sollte vor allem darauf drängen, dass der Zugang zum Arbeitsmarkt nicht erschwert, sondern erleichtert wird.

Für den Einzelnen bedeutet der vorgeschlagene Ansatz: Das Anliegen der Work-Life-Balance, die Arbeit so in das Leben zu integrieren, dass der Mensch mit sich in einem relativen Einklang ist, lässt sich nicht im Selbstoptimierungsmodell der Work-Life-Balance verwirklichen, denn im menschlichen Leben kommt der Einzelne nur durch wechselseitige Anerkennung zu einer stimmigen Sozialität und zu einem positiven Selbst. Davon kann die Erwerbstätigkeit nicht getrennt werden. Man sollte sie daher nicht möglichst reduzieren, sondern besser gestalten (wollen). Nicht die selbstfixierte Work-Life-Balance, sondern die soziale und sinnvolle Bildung von Anerkennung kann im Wechselspiel von Alltag und Feiertag zum relativen Einklang des Menschen mit sich führen. Der Einzelne sollte sich daher für Berufsverhältnisse einsetzen, die auf wechselseitige Anerkennung abzielen. Und wenn letzteres nicht der Fall ist, sollte man sich so weiterbilden und verändern, dass es beruflich besser wird.

Religiös kann der Beitrag des Protestantismus zu einer „gebildeten Anerkennung“ in einer Kultivierung der – sich in der Bibel manifestierenden – Einbildungskraft bestehen, die grundsätzlich weder das Faktische einfach bejaht noch sich in jenseitige Sonderwelten flüchtet. Mit dem „Doppelgebot der Liebe“ und dem Symbol der Gottesebenbildlichkeit kann die Kirche die religiös inspirierte Anerkennung unter Menschen gut vermitteln.

Interessanterweise endet in dieser Fluchtlinie auch das anfangs vorgestellte Bilderbuch für Erwachsene „Jesus nimmt frei“: Als Jesus sich vor Gott anklagt, nicht gearbeitet zu haben, da antwortet ihm sein himmlischer Vater, indem er ihm zeigt, was alles passiert ist, als Jesus einen Tag frei hatte. Gerade das scheinbar paradoxe *Doing nothing* von Jesus hat bei den Menschen Aktivitäten hervorgerufen, die aus der Sicht Gottes gut sind. So haben etwa die Fischer, die zuvor auf Jesu direkte, wundertätige Hilfe angewiesen waren, erfolgreich selbst gefischt. Und Jesus erkennt: Das ist gut so. In diesem Urteil wird er wiederum von Gott

43 Vgl. Körtner, *Sozialethik* (s. Anm. 22), 309–324; Karl Barth, *Kirchliche Dogmatik III/4* (Zürich: TVZ Theologischer Verlag, 1957), 51–127.538–744.

anerkannt. Und das motiviert Jesus, sich wieder auf den nächsten Tag und seine Arbeit zu freuen. So verkörpert Jesus (auch auf dem Buch-Cover) in der Anschaulichkeit reflektierter Naivität die Wechselseitigkeit von Gott und Mensch, und zwar in der Freude an der Arbeit, welche die Muße kreativ und imaginativ einschließt.[44]

Zusammenfassung

Die Forderung nach Work-Life-Balance artikuliert ein zentrales Problem der heutigen Lebenswelt, das Wurzeln in der protestantischen Arbeitsethik hat. Doch nicht die selbstfixierte Work-Life-Balance, sondern die Bildung von Anerkennung kann zum relativen Einklang des Menschen mit sich führen.

44 Vgl. Allan, *Jesus* (s. Anm. 1).

Florian Priesemuth

Wozu noch arbeiten? Zum gegenwärtigen protestantischen Arbeitsbegriff

Die Geldwirtschaft, darauf hat bereits Georg Simmel hingewiesen, ermöglicht ein neues Verständnis von Arbeit. Durch das Geld entstehen neben den wirtschaftlichen die „spezifisch geistigen Tätigkeiten der Lehrer und Literaten, der Künstler und Ärzte, der Gelehrten und Regierungsbeamten.“[1] Protestantische Theologie und Kirche, deren Vertreterinnen und Vertreter in Deutschland zumeist zu zweiter Gruppe zählen, bringen sich auch in der gegenwärtigen ethischen Debatte zum Arbeitsbegriff ein. Simmels These war, dass sich Freiheit in der geistigen Arbeit durch eine „innere Arbeitsteilung“ zwischen der relativen Verwirklichung subjektiver Ideale und der Befriedigung der Bedürfnisse durch das Verdienen von Geld verwirklicht.[2]

Wie steht es heute um diese Arbeitsteilung in der geistigen Arbeit der protestantischen Theologie? Was sagt die Kirche zum Arbeitsthema? Sind hier eher ethische Ideale oder die konkreten Bedürfnisse der Arbeiterinnen und Arbeiter im Blick? Und wenn es für diese Ideale oder Bedürfnisse keiner Arbeit mehr bedarf, wozu eigentlich noch arbeiten?

1 Arbeiten für den Stoffwechsel (Eilert Herms)

Im Anschluss an Mt 4,4 „Der Mensch lebt nicht vom Brot allein“ entwickelt Eilert Herms seine Arbeitsethik im zweiten Band seiner *Systematischen Theologie.* Ich zitiere seine Definition von Arbeit:

> Das gesamte Zusammenwollen und -wirken der Menschen, welches der Hervorbringung und Erhaltung der institutionellen und materiellen Güter dient, die für die Sicherstellung des Stoffwechsels erforderlich sind, all diese Weisen des Zusammenwollens und -wirkens der Menschen, ihres operari, sind Weisen von menschlicher Arbeit.[3]

Alle Formen menschlichen Tuns, die durch Schöpfung und Erhaltung an Gottes Schöpfung mitwirken, nennt Herms *Arbeit.* Der Arbeitsbegriff ist gegenüber dem

---

1 Georg Simmel, *Philosophie des Geldes* [1900], hg. v. David P. Frisby und Klaus Christian Köhnke (Frankfurt a. M.: Suhrkamp, 1989), 416.

2 Simmel, *Philosophie des Geldes* (s. Anm. 1), 418.

3 Eilert Herms, *Systematische Theologie* (Tübingen: Mohr Siebeck, 2017), 1990.

https://doi.org/10.1515/9783110705614-015

Berufsbegriff in der protestantischen Ethik im 20. Jahrhundert in Mode gekommen.[4] Aber auch das Verständnis dessen, was der Arbeitsbegriff meint, wandelt sich nach wie vor. Das Bundesministerium für Arbeit spricht gegenwärtig von Arbeit 4.0.[5] Die damit verbundenen Stichworte lauten: Flexibilität, Mobilität und Digitalisierung. Bei Herms dominiert die Schöpfungstheologie, die Kooperation des Menschen an Erschaffung und Erhaltung.

Auffällig ist bei Herms die Bedeutung der Arbeit für den Stoffwechsel, den er auch Metabolismus oder Lebensunterhalt nennen kann, und der in seiner Ethik eine zentrale Rolle spielt.[6] Bei dem Problem der Arbeitsplatzverteilung geht er von folgender Situation aus: ein Angebot sozialer Güter (Dienstleistungen), ein Mitarbeiterangebot (einen Willen zur Mitarbeit) in der institutionellen Güterherstellung und eine Nachfrage (einen Wusch nach Empfang von Mitarbeit) auf Seiten der Institutionen. Zur Regulierung dieser Interessen seien „Marktfunktionen bei der Institutionalisierung der innergesellschaftlichen Arbeitsstellenverteilung wünschenswert".[7] Dort wo die Arbeitsmärkte ihre Funktion verfehlen, Arbeitnehmer als „vollberechtigte und voll partizipationsfähige Glieder des Gemeinwesens"[8] anzuerkennen, sieht er das Gemeinwesen in der Pflicht, durch Anpassung von Nachfrage und Angebot oder durch öffentliche Zuschüsse zu intervenieren.

Das Ideal der Vollbeschäftigung entspricht nicht dem aktuellen Arbeitsmarkt. Prekäre Arbeitsverhältnisse und Fachkräftemangel sind die Herausforderungen, die durch die Globalisierung und den demographischen Wandel weiter verschärft werden. Das von Herms vorgeschlagene „Aufstocken" der Löhne der Arbeitgeber durch die öffentliche Hand ist weithin Realität.[9]

Wichtige Bereiche der Arbeit lassen sich durch eine Engführung auf Erwerbsarbeit nicht erfassen: ehrenamtliches Engagement, die Erziehung von Kindern, die Pflege von Angehörigen. Um diese Arbeit aufzuwerten und gesellschaftlich zu würdigen, werden eine Reihe von sozialpolitischen Instrumenten

4 Zur Geschichte des Arbeitsbegriffs in der evangelischen Theologie vgl. Torsten Meireis, *Tätigkeit und Erfüllung. Protestantische Ethik im Umbruch der Arbeitsgesellschaft* (Tübingen: Mohr Siebeck, 2008), 61–221.

5 Was verständlicherweise sogleich zum Nachdenken über Arbeit 5.0 motiviert. Vgl. Martin Ramb et al., *Arbeit 5.0 oder Warum ohne Muße alles nichts ist* (Göttingen: Wallstein Verlag, 2018). Eine Übersicht zu den vom Bundesarbeitsministerium angenommenen vier Entwicklungsstufen der Arbeit bietet Hans Diefenbacher et al., *Zwischen den Arbeitswelten. Der Übergang in die Postwachstumsgesellschaft* (Frankfurt a. M.: Fischer Verlag, 2016), 108 f.

6 Vgl. Herms, *Systematische Theologie* (s. Anm. 3), 1977 ff.

7 A. a. O., 2180.

8 A. a. O., 2181.

9 Vgl. Diefenbacher, *Arbeitswelten* (s. Anm. 5), 135 f.

eingesetzt. Ein komplexes System von Unterstützungsleistungen in Form von Zuschüssen, Garantien, Versicherungen und Ermäßigungen kommt hier zum Zuge.

Die Sozialordnung geht der Wirtschaftsordnung voraus. Herms vertritt die These: „Faktisch ist jede Wirtschaft soziale Wirtschaft und jede Marktwirtschaft soziale Marktwirtschaft."[10] Aus christlicher Sicht besteht nach Herms die Pflicht politisch auf eine gerechte Sozial- und Wirtschaftsordnung hinzuwirken.[11] Die Kirchen handeln dabei seiner Ansicht nach in zweifacher Hinsicht unsachgemäß: erstens wenn sie wie wirtschaftliche oder politische Organisationen Einfluss zu nehmen versuchen und zweitens wenn sie sich nicht ihrer Verantwortung für die Gemeinschaft der Glaubenden sondern in Bereiche der Eigenverantwortlichkeit der einzelnen Glaubenden einmischen.[12]

Einem solch engagierten Votum für wirtschaftliche Selbstbestimmung, das auf Kommunikation der beteiligten Akteure setzt, um nötige Korrekturen der Sozial- und Wirtschaftsordnung auszuhandeln, stehen im Bereich protestantischer Ethik eine Reihe von stärker idealistischen Positionen gegenüber.

2 Arbeit als Aufwertung des alltäglichen Lebens (Torsten Meireis)

Torsten Meireis macht in *Tätigkeit und Erfüllung* mindestens fünf Dimensionen von Arbeit aus: Anerkennung, materielle Teilhabe, politisch-soziale Teilnahme, den Umgang mit der Natur und den subjektiv empfundenen Lebenssinn, das gute Leben.[13]

Wertschätzen sollten Christen diejenigen Tätigkeiten, die „als Ausübung oder Vorbereitung des Dienstes am Nächsten aus Liebe zur Beförderung der Gerechtigkeit im Sinne der wechselseitigen Ermöglichung von Freiheit"[14] verhelfen. Eine gefährliche Koppelung vom Wert der Person und dem Wert ihrer Arbeit ist dabei zu vermeiden.[15] Gleiches gilt für die Verbindung von Arbeit und gesellschaftlichen Partizipationsrechten. Meireis findet daher:

---

10 Herms, *Systematische Theologie* (s. Anm. 3), 2197.

11 Vgl. Herms, *Systematische Theologie* (s. Anm. 3), 2206. Diese Mitarbeit schließt seiner Ansicht nach „Almosen" (freiwillige Sonderleistungen) explizit aus. Vgl. auch: a. a. O., 2210 f.

12 Vgl. a. a. O., 2241 f.

13 Vgl. Meireis, *Tätigkeit und Erfüllung* (s. Anm. 4), 225 ff.

14 A. a. O., 361.

15 Meireis problematisiert die Kategorien Verdienst und Leistung für eine normative Bestimmung des Verhältnisses von Verteilung, Erwirtschaftung und Arbeit. Vgl. a. a. O., 480 f.

> aus der Perspektive der Intention christlicher Berufungstätigkeit die Bildungspartizipation wie ein nichtkonditionales Grundeinkommen wünschenswert, weil es den Individuen durch die mit ihm verbundene Absicherung einerseits ermöglicht, nur solche Erwerbstätigkeit ausüben zu müssen, die unter christlichen Bedingungen als gute Arbeit gelten darf, und weil es andererseits zum Dienst jenseits der Erwerbskontexte, aber auch jenseits der personal strukturierten ökonomischen Abhängigkeitsbeziehungen im Bereich der Nahbeziehungen befreien kann.[16]

Die Idee des Grundeinkommens möchte Meireis ausdrücklich nicht gegen das Recht auf Erwerbsarbeit ausspielen. Er gibt zu bedenken, dass das Grundeinkommen anders als die Erwerbsarbeit nicht unmittelbar Partizipationsmöglichkeiten einräumt. Die anderen etablierten Folgen von Arbeit, er nennt wieder Anerkennung, Teilhabe, Teilnahme und Lebenssinn, sind dadurch nicht automatisch erreicht. Er kann auch sagen, dass es sich beim Grundeinkommen um eine Unterstützung mit ökonomischem, nicht aber kulturellem und sozialem Kapital handelt.[17] Er stellt daher neben den Vorschlag eines Grundeinkommens, ein Bildungswesen, das die Chance zum Erwerb kulturellen Kapitals und damit einen grundlegenden Teil gesellschaftlicher Partizipation ermöglicht.[18]

Die oben bereits benannten Kennzeichen der Arbeit 4.0 wirken sich negativ auf die Partizipationsmöglichkeiten der Beschäftigten aus. Meireis geht davon aus, dass die Marktrisiken zunehmend von den Unternehmern auf die abhängigen Beschäftigten weitergegeben werden. Daraus resultieren unter anderem Arbeitsverhältnisse mit nicht auskömmlichen Löhnen, häufigen Arbeitsplatz- und Ortswechseln sowie changierenden Arbeitszeiten, die wiederum soziale Sicherungsstandarts und Partizipationsmöglichkeiten der Arbeitenden begrenzen.[19]

3 Anständige Arbeit (Nils Ole Oermann)

Den Fokus auf die Globalisierung der Arbeit legt Nils Ole Oermann in *Anständig Geld verdienen?*. Er schreibt:

> Die ethisch problematische Tatsache, daß die Abwerbung von Computerspezialisten etwa aus Indonesien die Entwicklungsmöglichkeiten dieser Länder signifikant beschneidet, spielte in der öffentlichen Diskussion in Deutschland praktisch keine Rolle, obwohl dort gut ausgebildete junge Menschen ihre Heimatländer verlassen, um auf Arbeitsplätze in Ländern

16 A. a. O., 418 f.
17 Vgl. a. a. O., 427.
18 Vgl. a. a. O., 428 f. Vgl. auch a. a. O., 488 f. und 535.
19 Vgl. a. a. O., 440 f.

> zu wechseln, die zu vermeintlichen Gewinnern der Globalisierung gehören. Ein nachhaltiger Umgang mit den Herausforderungen der Globalisierung ist dann nicht möglich, wenn man die Vorteile globaler Märkte (zum Beispiel Mobilität von Arbeitskräften) in Anspruch nimmt, sich aber den negativen Konsequenzen einer globalen Marktwirtschaft verschließt, bzw. seine rein nationalen Interessen zur bestimmenden Handlungsmaxime erhebt.[20]

Den genuinen Beitrag der theologischen Ethik sieht Oermann in der Frage nach dem Menschenbild der Wirtschaft. Menschliche Würde und Freiheit seien zwar zum Teil in Unternehmensethiken und Leitbildern notiert, selten aber im Arbeitsalltag erlebbar.[21] Die Folgen der Globalisierung für die Arbeitswelt werden zusätzlich durch die Entwicklungen der Demographie verschärft.[22] Was hier konkret getan werden könnte, erörtert Oermann am Beispiel von *failed states*, dem Zugang zu digitaler Kommunikation und dem Thema Entschuldung. Das Arbeitsthema lässt sich ohne die komplexen Wirtschaftsbeziehungen und damit heute auch dem Thema globaler Verantwortung thematisieren. Darauf weist Oermann zurecht hin, wenn seine Ausführungen vielfach im Vagen bleiben.

4 Gute Arbeit als Thema der Kirche

Auch kirchliche Stimmen reihen sich ein in die politische Diskussion um die konkrete Ausgestaltung von Arbeitsverhältnissen.[23] So äußerte sich etwa der ehemalige Ratsvorsitzende der EKD, Nikolaus Schneider, im Namen der Kirche zum Thema Einheitstarife:

> Ohne eine faire Sozialpartnerschaft auf Basis einer funktionierenden Tarifeinheit lassen sich die Auswirkungen künftiger Krisen für die Beschäftigten kaum, auf jeden Fall nur wesentlich schwerer eindämmen. Die Kirche spricht sich deshalb nachdrücklich für solidarische Allianzen aus. Wir sollten sie nicht durch Preisgabe der Tarifeinheit aufs Spiel setzen. Der Vorschlag zur Wahrung der Tarifeinheit, der gemeinsam von DGB und BdA unterbreitet wurden ist, ist deswegen richtig und voll zu unterstützen.[24]

---

20 Nils Ole Oermann, *Anständig Geld verdienen? Protestantische Wirtschaftsethik unter den Bedingungen globaler Märkte* (Gütersloh: Gütersloher Verlagshaus, 2007), 378.

21 Vgl. a.a.O., 399.

22 Vgl. a.a.O., 372–389.

23 Die Rheinische Kirche betreibt dazu die Internetseite: <https://www.kirche-und-arbeitswelt.de>. Vgl. zu kirchlichen Verlautbarungen zur Wirtschaftsethik Oermann, *Geld* (s. Anm. 20), 164–176.

24 Nikolaus Schneider, *60 Jahre Montanmitbestimmung – Die Würde des Menschen im Zentrum der Arbeit*, Jahrbuch Sozialer Protestantismus Bd. 5 „Arbeitswelten" (Gütersloh: Gütersloher Verlagshaus, 2011), 234.

Ob die Gestaltung von Tarifen Aufgabe der Kirchen sein soll, ist umstritten. Weitergehende Vorschläge für eine Reform der Arbeit hat die Heidelberger Forschungsstelle für Frieden und Nachhaltige Entwicklung des Instituts für interdisziplinäre Forschung (FEST) in dem Band *Zwischen den Arbeitswelten*[25] zusammengetragen. Die bei Meireis genannten Vorschläge, Grundeinkommen und Bildungsreform begegnen auch hier.[26] Die FEST nennt darüber hinaus als mögliche Instrumente zur Verringerung der Einkommensungleichheit die Wiederanhebung des Spitzensteuersatzes, eine Abgeltungssteuer auf Vermögenseinkommen und eine Einkommensobergrenze.[27] Für *gute Arbeit* benennen die Autoren eine ganze Reihe von Kriterien:

> Anforderungsvielfalt, Ganzheitlichkeit, Bedeutsamkeit, Autonomie, Rückkopplung. Gute Arbeit impliziert, dass Beschäftigte ein Mitspracherecht haben und ihre Arbeit mitgestalten können, nicht diskriminiert werden, ohne unangemessenen Leistungsdruck und Dauerstress arbeiten können, gerecht bezahlt werden und Anforderungen von Unfall- und Gesundheitsschutz gewährleistet sind. Gute Arbeit bedeutet auch, nicht ständig vom Verlust des Arbeitsplatzes bedroht zu sein.[28]

Die Arbeitsrealitäten heute sind demgegenüber vielleicht vielfach treffender mit Gen 3,19 beschrieben: „Im Schweiße deines Angesichts sollst du dein Brot essen, bis du wieder zu Erde wirst." Das durch die FEST aufgestellte Arbeitsideal und die Wirklichkeit passen kaum zusammen. Es trägt utopische Züge.

5 Arbeit und Konsum

Ich möchte noch einmal an Simmels eingangs zitierter These erinnern: Freiheit verwirklicht sich in der Arbeitsteilung zwischen der relativen Realisierung subjektiver Ideale und der Befriedigung konkreter Bedürfnisse. Die Ideale der eben vorgestellten protestantischen Arbeitsethiker lauten zugespitzt formuliert: wirtschaftliche Selbstbestimmung, individuelle Verwirklichung, globale und tarifliche Gerechtigkeit und Vermögensangleichung.

Welche konkreten Bedürfnisse werden heute – abgesehen von der Verwirklichung bestimmter Ideale – durch Arbeit befriedigt? Der Konsum hat sich wie die

25 Hans Diefenbacher et al., *Zwischen den Arbeitswelten. Der Übergang in die Postwachstumsgesellschaft* (Frankfurt a. M.: Fischer Verlag, 2016).

26 Vgl. a. a. O., 362 f. und 366 f. Vgl. auch die Überlegungen in Traugott Jähnichen, *Wirtschaftsethik* (Stuttgart: Kohlhammer, 2008), 185 ff.

27 Vgl. Diefenbacher, *Arbeitswelten* (s. Anm. 25), 234–236.

28 A. a. O., 357.

Arbeit vielfach gewandelt, sich milieuspezifisch ausdifferenziert und sämtliche sozialen Sphären durchdrungen.[29] Max Weber hatte bekanntlich im Bereich des Wirtschaftens das Haushalten und Erwerben unterschieden. Die Arbeitswelt entwickelt sich immer auch mit den Konsumbedürfnissen ihrer Beschäftigten.[30] Die Frage, wozu wir arbeiten wollen, ist daher auch die Frage, was und wieviel wir konsumieren wollen.[31] Die konkreten Bedürfnisse, für die Arbeit immer auch verrichtet wird, dürfen von der protestantischen Ethik nicht übersehen werden. Dabei wäre eine pauschale Konsumschelte durch eine vernünftige Konsumkritik zu ersetzen, die zulässt, dass Arbeitsteilung auch in unserer gegenwärtigen Gesellschaft Freiheitsräume eröffnet.

---

29 Vgl. exemplarisch Eva Illouz, *Der Konsum der Romantik. Liebe und die kulturellen Widersprüche des Kapitalismus*, (Frankfurt a. M.: Suhrkamp, 2007).

30 Vgl. dazu Jörg Rössel, „Kapitalismus und Konsum. Determinanten und Relevanz des Konsumverhaltens in Max Webers Wirtschaftssoziologie“ in: *Alte Begriffe – Neue Probleme*, hg. v. Thomas Schwinn und Gert Albert (Tübingen: Mohr Siebeck, 2016), 339–369.

31 Zum Verhältnis von Arbeit und Konsum vgl. Jähnichen, *Wirtschaftsethik* (s. Anm. 26), 236–242.

Personenregister

https://doi.org/10.1515/9783110705614-016

www.ingramcontent.com/pod-product-compliance
Lightning Source LLC
LaVergne TN
LVHW102230300926
849160LV00006B/83